A. d'Horta-1963

Arnaldo Pedroso d'Horta

O Olho da Consciência

Juízos críticos e obras desajuizadas

Escritos sobre arte

Vera d'Horta
organização

Imprensa Oficial SP
edusp
Secretaria de Estado da Cultura

A edição deste livro foi possível graças ao apoio de VITAE – Apoio à Cultura, Educação e Promoção Social e LINC – Lei de Incentivo à Cultura da Secretaria de Estado da Cultura, São Paulo.

Projeto e Organização
Vera d'Horta

Design
Victor Burton

Designers assistentes
Miriam Lerner
Raphaella Lemos

Pág. 1 **Incisão (detalhe)**
1955 / incisão a bisturi em cartolina amarela, laranja, preta e cinza / 47 x 67,5 cm

Págs. 2 e 3 **Desenho, série Peixes (detalhe)**
1963 / nanquim a bico-de-pena sobre pergaminho / 57,5 x 82 cm

Pág. 4 **Flor (detalhe)**
1955 / nanquim a bico-de-pena e pincel sobre cortiça / 50 x 44 cm

Pág. 6 (fundo) **Lagartos (detalhe)**
1955 / nanquim a bico-de-pena sobre papel / 67 x 94 cm

Pág. 8 **Gravura C (detalhe)**
1958 / xilogravura / 60 x 48 cm
III estado, 6/20

Pág. 9 **Desenho, série Pássaros (detalhe)**
1960 / nanquim a bico-de-pena e pincel sobre papel / 49 x 35 cm

Pág. 10 **Desenho (detalhe)**
1953 / nanquim a bico-de-pena e guache sobre papel / 49,5 x 70,5 cm

Para minha mãe Rachel e meu irmão Luis

Para Juliano, Rodrigo, Mariana, Fernando e Carolina, netos de Arnaldo Pedroso d'Horta

E a seus queridos e muitos amigos de todos os tempos

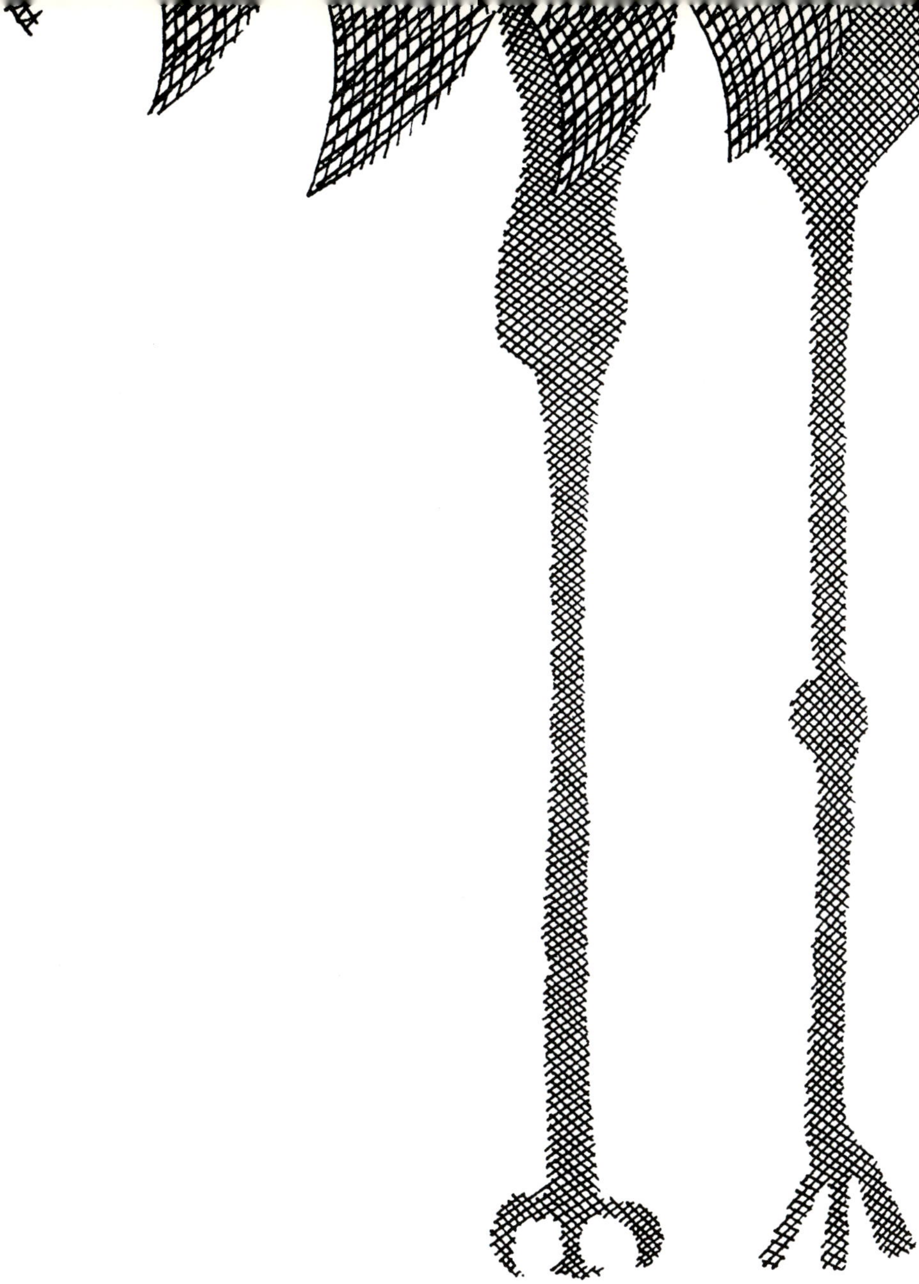

Sumário

Arnaldo
Povoou de-olhar o modo-falar-som do Silêncio
que sempre se poderá ver se se quer diluir a leitura dos próprios gritos pró-gemidos

Fernando Lemos

Samba Abstrato

Calado eu luto
sereno e resoluto
mas de minuto em minuto
sinto que a força se vai
Eu me mantenho e sustento
da fibra e do pensamento
mas de momento em momento
a resistência descai
Respiro fundo
pois de segundo em segundo
mais cresce o peso do mundo
– Jesus Cristo sem o Pai –
Resisto, porém não sei até quando
no fim acabo ajoelhando
só a coragem não cai
Mas ninguém pense
que não estou muito consciente
de que fundamentalmente
não existe diferença
entre morrer pela crença
e ser igual a toda a gente
É tudo um sonho
tudo uma sombra, uma idéia
autor, ator e platéia
espero que o pano caia
– Pra sair batendo palma
ou romper na maior vaia
ou dizer muito ao contrário
que espetáculo tão frouxo
nem merece comentário.

Paulo Vanzolini

Antonio Candido

Bilhete de Entrada

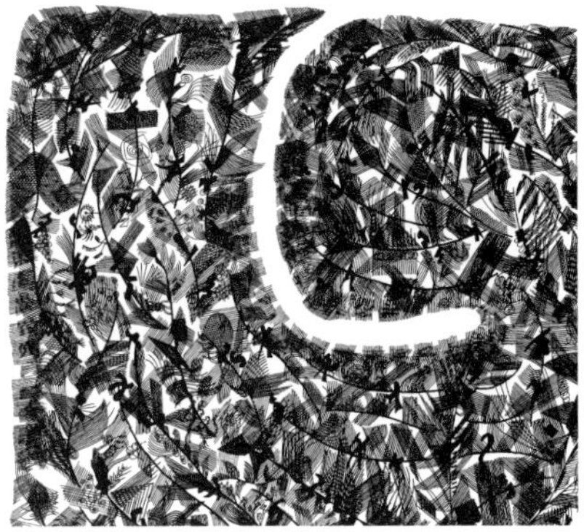

1954/56
nanquim a bico-de-pena sobre papel / 53,5 x 74 cm

Nunca ninguém esteve tão deslocado quanto eu nesta entrada da coletânea de escritos de Arnaldo Pedroso d'Horta, organizada com muito critério por sua filha Vera. De fato, são escritos que giram quase todos em torno das artes plásticas, sobre as quais a minha ignorância impede qualquer reflexão aproveitável. Mas o motivo pelo qual estou aqui nada tem a ver com a competência. É que fui amigo e companheiro de Arnaldo. Atuamos juntos na política literária (leia-se: Associação Brasileira de Escritores, ABDE) e na política propriamente dita, como militantes da Esquerda Democrática, denominada a seguir Partido Socialista Brasileiro. Estivemos em congressos, viajamos, participamos de publicações, gastamos um tempo infinito em reuniões, debates e atividades, mas também nos divertimos bastante em bares, restaurantes, casas conhecidas. A partir de meados dos anos de 1950 nos afastamos ambos das atividades partidárias e portanto nos vimos menos; mas continuamos afetuosamente amigos.

No entanto, apesar de amigo, tive grande surpresa quando vi que Arnaldo, já bem entrado na quadra dos trinta anos, começou a pintar e a desenhar. Nunca lhe perguntei, nem ele me disse quais tinham sido as raízes disso. Não lhe perguntei se desenhava em menino, nem por que enveredara de repente com tanta paixão por um trilho novo. Ele era reservado ao extremo e mantinha uma barreira firme contra qualquer intimidade maior. Por isso não sei se teve conselheiros, aulas ou professores na matéria. Sei que a certa altura, num cômodo de fundo da sua casa na rua da Consolação, comecei a ver desenhos e quadros dele. Não apenas ganhei alguns, dos primeiros, mas ele chegou a fazer o meu retrato a óleo ali por 1952 –, retrato penetrante como só eu posso avaliar, pintado com certa combinação aparentemente insólita de cores, denotando uma expressividade e uma firmeza de mão que não pareciam coisa de principiante. Mas bem cedo Arnaldo deixou esse gênero, para se tornar um mestre do desenho, seco, minucioso, preciso, quase compulsivo. E também de recortes com os mais variados materiais: papel de seda, cartolina, cortiça. De tudo tenho um pouco; e tenho também uma fotografia ao lado dele, em uma de suas exposições.

Neste livro o leitor encontrará algumas das facetas mais interessantes de Arnaldo, em quem havia um político, um jornalista, um crítico e um artista. A princípio creio que houve sobretudo o político, líder da Juventude Comunista no tempo da Aliança Nacional Libertadora (1935). Não conheci esse político inicial, pois quando estabelecemos relações, no começo dos anos de 1940, ele já era avesso ao stalinismo e caminhava lentamente para a solução que afinal veio não apenas a adotar, mas a difundir com grande força de convicção: o socialismo democrático.

Acho que o leitor deve percorrer este livro como se estivesse conhecendo progressivamente aspectos essenciais de Arnaldo.

Primeiro encontrará escritos de 1943, onde parece que ele ajusta contas com uma fixação comum a toda a nossa geração de jovens identificados com posições de esquerda: o dilema (falso) arte desinteressada ou arte participante. Na altura desses escritos ele já aparece como tendo superado a deformação ideológica que talvez tenha existido na sua primeira mocidade (imagino, por projeção e analogia). São opiniões maduras e compreensivas, que afirmam a autonomia e a dignidade específica do trabalho artístico e intelectual. É interessante como, naquele momento de forte polarização ideológica, ele focaliza com largueza de espírito o problema dos temas políticos e sociais, reconhecendo a sua legitimidade quando correspondem a uma necessidade interior do artista, mas rejeitando-os quando constituem mera tarefa imposta de fora para dentro. Nesses artigos, inclusive a densa resposta ao inquérito *Plataforma da Nova Geração*, é visível a obsessão com a liberdade. Uma paixão arraigada, ciosa, implacável pela liberdade de ser e de atuar.

Um segundo grupo de escritos, de 1956, mostra-o plenamente seguro na maneira de ver e sentir a arte. Já então era um artista reconhecido em pouco tempo como de primeira qualidade, de maneira que podia abordar como criador o que antes via como observador. Por isso, sentimos que nesses artigos predomina a mente de alguém que *faz* e, portanto, percebe a fundo a importância da técnica e o significado determinante da forma. Com esse espírito compôs alguns dos seus mais belos textos, descrevendo de maneira incrivelmente adequada ao tema as relações misteriosas entre o desenhista e os seus materiais: papel, tinta, pena, bisturi, associados aos cinco dedos da mão, que traduz as intenções, os sentimentos, as aspirações, transmutando-os em formas que adquirem autonomia, se destacam e vão ser objeto para os outros. Esses escritos admiráveis de 1956 nascem, por assim dizer, de um que os precedeu em 1950, *A Tela Branca*, e mostram Arnaldo-escritor identificado em profundidade a Arnaldoartista, fazendo-nos penetrar o máximo que é possível no que há de íntimo, de difícil de exprimir no trabalho criador.

De 1966 a 1967 ele produziu um bloco numericamente maior de artigos curtos, publicados no *Jornal da Tarde* como crítica regular de arte. Diríamos que aqui é o homem de imprensa que se associa ao artista para registrar o movimento vivo das artes em São Paulo: exposições, mostras individuais e coletivas, eventos, prêmios. São textos concisos, nos quais o jornalista lacônico, direto e franco ajuda o crítico a informar e instruir de maneira clara e penetrante. Como ambos têm por suporte um artista já maduro, o leitor sente que está sendo iniciado por alguém que fala de dentro, do coração do ofício. Esses escritos formam um panorama valioso sobre a arte daquele momento importante, quando ela estava deixando de ser em São Paulo uma atividade pouco profissionalizada e pouco visível, para tornar-se o que veio a ser, graças ao enriquecimento cultural do meio, ao impacto das bienais e à comercialização devida a certos marchands lúcidos. Sob esse aspecto, a colaboração no *Jornal da Tarde* possui, além da qualidade própria, um valor histórico.

E assim chegamos aos escritos do decênio de 1970, nos quais vemos um Arnaldo definitivamente lastreado pela experiência da sua produção consagrada, pelas viagens, pelos prêmios, pela convivência no meio artístico e cultural muito mais vigoroso que passou a ser São Paulo, ainda bem provinciano no tempo dos artigos de 1943. Com os anteriores, isto é, com todos os que os precedem nesta coletânea, eles têm em comum os traços básicos de Arnaldo: retidão, rigor, discrição, senso da justiça, busca da verdade –, que se traduzem na franqueza sem temores.

O livro termina de maneira adequada por um longo artigo sobre a 12ª Bienal de São Paulo, publicado no número 3 da revista *Argumento*, o último que a ditadura militar deixou circular. Nele Arnaldo exprime um juízo severo, desencantado e justiceiro, dando largas ao sentimento de decepção ante a decadência das bienais, que, após um começo brilhante nos anos de 1950, acabaram desandando. Com a costumeira veemência, contida mas cortante, denuncia a facilidade novidadeira que vinha (e vem) desfigurando o trabalho artístico. O texto apareceu em janeiro de 1974, pouco depois da sua morte ocorrida em dezembro do ano anterior. Não poderia haver melhor fecho para a coletânea de escritos desse artista exemplar.

Vera d'Horta **Apresentação**

Curió

1959 / nanquim a bico-de-pena sobre papel / 62,5 x 49 cm (mancha: 23,5 x 20 cm)

Que ia ser difícil, eu sabia, mas não imaginava que ia ser quase impossível. Tinha a certeza, porém, de que era necessário. Assim fui, aos poucos, superando o mal-estar, vencendo o desconforto. Olhei gavetas, remexi arquivos, vasculhei papéis, fui invadindo como uma inimiga a intimidade que meu pai, em vida, tanto cultivara e defendera.

Desde o início, meu envolvimento emocional com este trabalho foi de tal ordem que não teria sentido, agora, promover falsa assepcia desses laços afetivos. Não me cabe esboçar, nem mesmo tentar, uma apresentação teórica ou crítica do crítico de arte Arnaldo Pedroso d'Horta. Para mim essa tarefa é impossível, eu a deixo para outros. Minha pretensão, se ela existe, é justamente a de evitar o cacoete de tratá-lo com a formalidade com que um *scholar* trataria seu objeto de interesse. Suspendo juízos e vou abrindo estas páginas com o pudor de quem abre, a olhares alheios, uma fresta nos guardados mais íntimos. E, porque não é fácil para a filha falar do pai, chamo em meu auxílio o testemunho de alguns de seus amigos mais chegados.

Defensor de uma humanidade autêntica, com seus vícios e virtudes, tanto na criação de imagens, como na linguagem escrita ou falada, meu pai sempre deixou clara sua inclinação pelo traço honesto, a fala econômica, o pensamento direto. O discurso acadêmico, no mais das vezes impessoal e hermético, foi um dos alvos de sua crítica e, num certo momento, tornou-se assunto de vários escritos, como é o caso do artigo "Críticos e Artistas"[1],que inicia este livro.

Ele também tinha horror a ver-se aureolado como um santinho público, projetado pelos outros para além do território árduo e ético do indivíduo em sua solidão. Cioso de sua vida particular, na vida pública ele fazia parte do grupo de "intelectuais discretos", citados em recente debate sobre a Universidade e os rumos da vida cultural brasileira[2],Entre esses intelectuais discretos, Arnaldo Pedroso d'Horta foi justamente lembrado ao lado de Sérgio Milliet e Luis Martins. O círculo pode ser ampliado, pois dele faziam parte algumas outras personalidades, de dentro e de fora da Universidade – João Cruz Costa, Lourival Gomes

1 Publicado originalmente na *Folha da Manhã*, São Paulo, 7 de setembro de 1943.

2 Trecho do depoimento de Francisco Alembert Filho, no ciclo de debates "O Papel Atual da Universidade na Cultura Brasileira", promovido por *O Estado de S. Paulo:* "Para superar a manipulação da noção de cultura, precisamos começar por aquilo que o crítico de Candido [refere-se a Diogo Mainardi em sua crítica a livro do prof. Antonio Candido] negava. Eu me encontro cada vez mais interessado pela cultura dos intelectuais discretos, desimportantes na universidade e na mídia. Creio que não vivemos numa época de certezas e intelectuais que pouco afirmaram e muito duvidaram são bastante contemporâneos. Com Luis Martins, Sérgio Milliet, Arnaldo Pedroso d'Horta e outros ingenuamente criticados, aprendemos a ouvir vozes caladas muito cedo e que podem ser fundamentais para criar um conceito democrático e internacionalista de cultura.[...] Dar voz a esses intelectuais calados talvez seja o primeiro passo para a instauração dessa outra memória." *O Estado de S. Paulo*, 5 de junho de 1993. Cultura, p. 4.

Os irmãos Luis, Maria de Lourdes, Arnaldo e Agostinho no Jardim da Luz, c. 1923

Machado, Paulo Emílio Salles Gomes, Ruy Coelho, Azis Simão, Sérgio Buarque de Holanda e Alfredo Mesquita, por exemplo –, presenças discretas mas intensas, profundamente transformadoras da vida cultural do País, e que precisam ser melhor estudadas. Creio que a publicação da crítica de artes plásticas produzida por meu pai é um passo importante nessa direção. Desse grupo de intelectuais discretos, acima referido, também faz parte seu amigo e companheiro de lidas políticas, o professor Antonio Candido, a quem agradeço o "Bilhete de Entrada" que generosamente oferece a este volume.

Arnaldo Pedroso d'Horta pertencia à geração de jovens que começam a atuar intelectualmente nas décadas de 1930 e 40, vivendo internamente um tempo de acirradas disputas ideológicas, que repercutem, em grande parte, o agitado clima político europeu. Período que inclui a criação da Faculdade de Filosofia da USP (1934), a fundação dos principais museus de arte da cidade, como o Masp (1947) e o MAM (1948), e uma intensa atividade intelectual e crítica, desenvolvida em revistas especializadas ou nas páginas dos principais jornais nacionais, estimulando polêmicas que se estendiam nas praças de guerra e confraternização em que se transformaram alguns bares do centro da cidade de São Paulo, e outras tantas casas particulares.

Seus primeiros artigos publicados em jornal datam de 1931, quando tinha 16 anos de idade e começava sua militância política no Partido Comunista, usando o codinome Tamandaré – nome de rua próxima à Gualachos, no bairro da Aclimação, onde morava com os pais e seis irmãos (um sétimo irmão, Luis, morreu ainda criança). Fazia reportagens no *Correio da Tarde*, quando passa a ser responsável pela seção "Crônica Social", em que comentava assuntos variados, como notícias da cidade, política nacional e fatos culturais. A vigilância das autoridades sobre os comunistas o leva a assinar com o pseudônimo Clodoaldo Claxon, de inspiração modernista, quando fazia uma nota política mais contundente. Ele usaria novamente pseudônimo, nos anos 1970, quando algumas de suas matérias da quarta página do *Jornal da Tarde* trazem a assinatura de João Batista da Silva.

Os intelectuais de sua geração se caracterizaram por defender de modo ferrenho seus princípios, por lutar pela integridade de seu pensamento, por exercitar a idéia de liberdade em suas difíceis vidas cotidianas, construindo com uma conduta discreta e batalhadora a ética de uma geração, da qual somos hoje herdeiros diretos. Esse trabalho árduo era feito sem alarde, uma questão de foro íntimo, vivenciada no espaço defendido da solidão. "Calado eu luto, sereno e resoluto...", dizem os versos de Paulo Vanzolini que meu pai batizou de "Samba Abstrato" e publicou em uma crônica política no *Jornal da Tarde*[3]. Essa luta calada tinha como referência imediata o clima pesado imposto pelas forças da repressão e pela censura vigente no País durante a ditadura dos anos 70, mas refletia também o seu modo costumeiro de batalhar pelas idéias.

Em 1937, aos 23 anos

Arnaldo Pedroso d'Horta era em essência um ser político. Militante da juventude comunista e posteriormente um dos fundadores do Partido Socialista, em sendo político, não permanece muito tempo na convicção partidária. Dele já dissera Antonio Candido que "era um homem de amizades e era um homem de tarefas. Tendo muito de fanático, se afastou desde cedo das posições que erigiam o fanatismo em norma de conduta. O dele era um fanatismo da liberdade, uma paixão (rara) da responsabilidade, uma intransigência ríspida. Por isso, foi militante admirável, profissional perfeito e artista exigente, que escolhia sempre os fazeres mais difíceis e minuciosos. Creio que desconfiava de tudo o que era fácil, e quem sabe, paradoxalmente, foi por isso que pôde ser incomparável no jornalismo, onde a facilidade é a norma e o pão de toda hora. Ele se matava para fazer bem, para fazer melhor, orgulhoso e persistente. Em compensação, era exigentíssimo com os outros, não aceitando deles senão o mais raro, cobrando com agressividade as descaídas, as mancadas, a irresponsabilidade. Era preciso vê-lo numa reunião partidária, jogando lentamente as palavras como pedras, vermelho e espinhado, pedindo conta dos deslizes, algumas vezes meramente supostos pela sua vigilante desconfiança. E era preciso também vê-lo passar os dias e as noites, duas, três, quatro, chefiando um setor de trabalho, controlando as tarefas, distribuindo material – paciente, cortante, incansável, bebendo uma cerveja e comendo um vago sanduíche, aferrado como maníaco tranqüilo à tarefa, à obrigação, ao que era preciso fazer, ao que pesava inelutável porque era um compromisso. Arnaldo custava a tomar as suas resoluções bovinas, mas quando as tomava, era isso"[4].

3 Trata-se da crônica "De Prosa e Verso", *Jornal da Tarde*, São Paulo, 28 de outubro de 1970. p. 4.

4 CANDIDO, Antonio. "Arnaldo". *In: Recortes*. São Paulo, Companhia das Letras, 1993, pp. 194-195.

A COZINEIRA DEVE SABER
MACHINA DO ESTA
TEORIA REVOLUCIONARIA
O PODE HAVER MOVIMENTO REVOLUCI
PRECISO ENFORCAR O ULTIMO CAPITAL
TRIPAS DO ULTIM
DE PRODU
ESTADO É UM ORGAM DE CLAS
MISERIA NÃO TEM PATR
TERRA AOS QUE A

Apesar de cultivar uma séria disciplina na vida pessoal e no trabalho, seu espírito livre não lhe permitia abrir mão da lucidez e do julgamento crítico, mesmo diante dos argumentos programáticos da estratégia partidária. A uniformidade do comportamento intelectual, muitas vezes proposta pela ideologia dos partidos políticos ou das correntes estéticas, utilizava-se, segundo ele, das mesmas justificativas tortuosas. Ele era defensor da liberdade do indivíduo a todo custo, mesmo acima de uma suposta primazia de interesses gerais bem-intencionados. Desconfiava seriamente de qualquer programa político-partidário que sacrificasse a liberdade de pensamento e o exercício da crítica. Do interior de organizações formais ou informais, propugnar por uma massificação de conduta ou de valores devia ser visto, segundo ele, como uma atitude ditatorial, e portanto com sérias ressalvas. Em situações desse tipo, os ditos objetivos comuns, na sua ótica, acabavam por tornar-se cada vez mais longínquos, indefensáveis e apartados dos ideais originais.

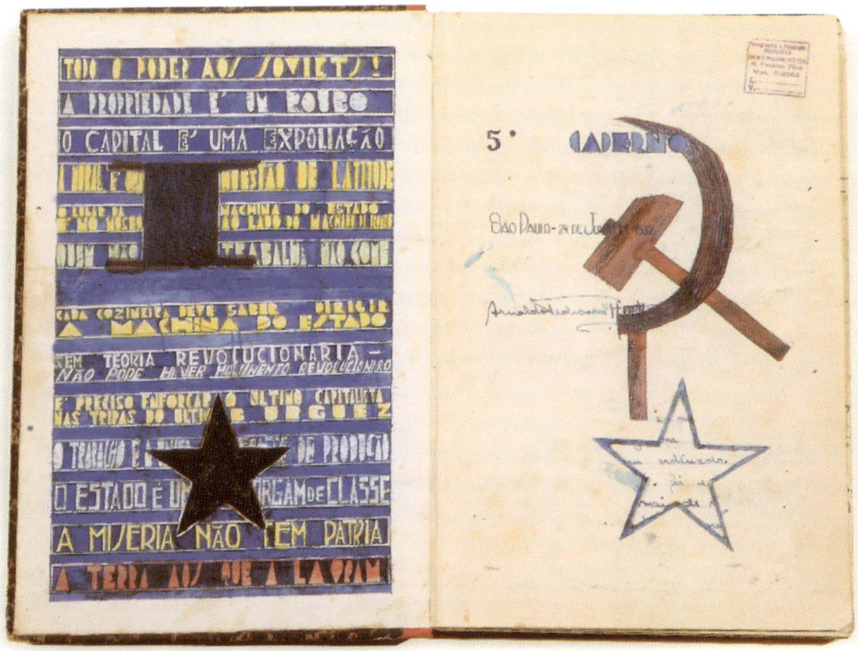

Página de abertura do "Diário 1932-1933 5° Caderno"

No citado artigo de 1970, ele aponta o tom obsessivo de certas campanhas partidárias, contra as quais se debateu sempre, tanto as de direita quanto as de esquerda, motivos do seu desencantamento com a militância política. Ele escreve: "Diante da imposição de determinados temas que a propaganda maciça quer ver retomados a todo tempo e hora; do clima de constrangimento criado, e que objetiva reduzir a expressão coletiva a um só modelo pré-elaborado; da obrigatoriedade de sustentar obedientemente as mesmas inverdades, enquadrando-as num vocabulário também de repetição sistemática – o simples fato de que alguém escape, eventualmente, a todas essas pressões, e tranqüilamente fale daquilo que não está na ordem do dia, e converse em termos que não são os da mais alta moda, constitui-se em escândalo público – mas leva alento a almas também sequiosas de escapar ao impiedoso cerco do martelar renitente das arapongas domesticadas."

Páginas 911 e 912 do "Diário 1932-1933 5° Caderno"

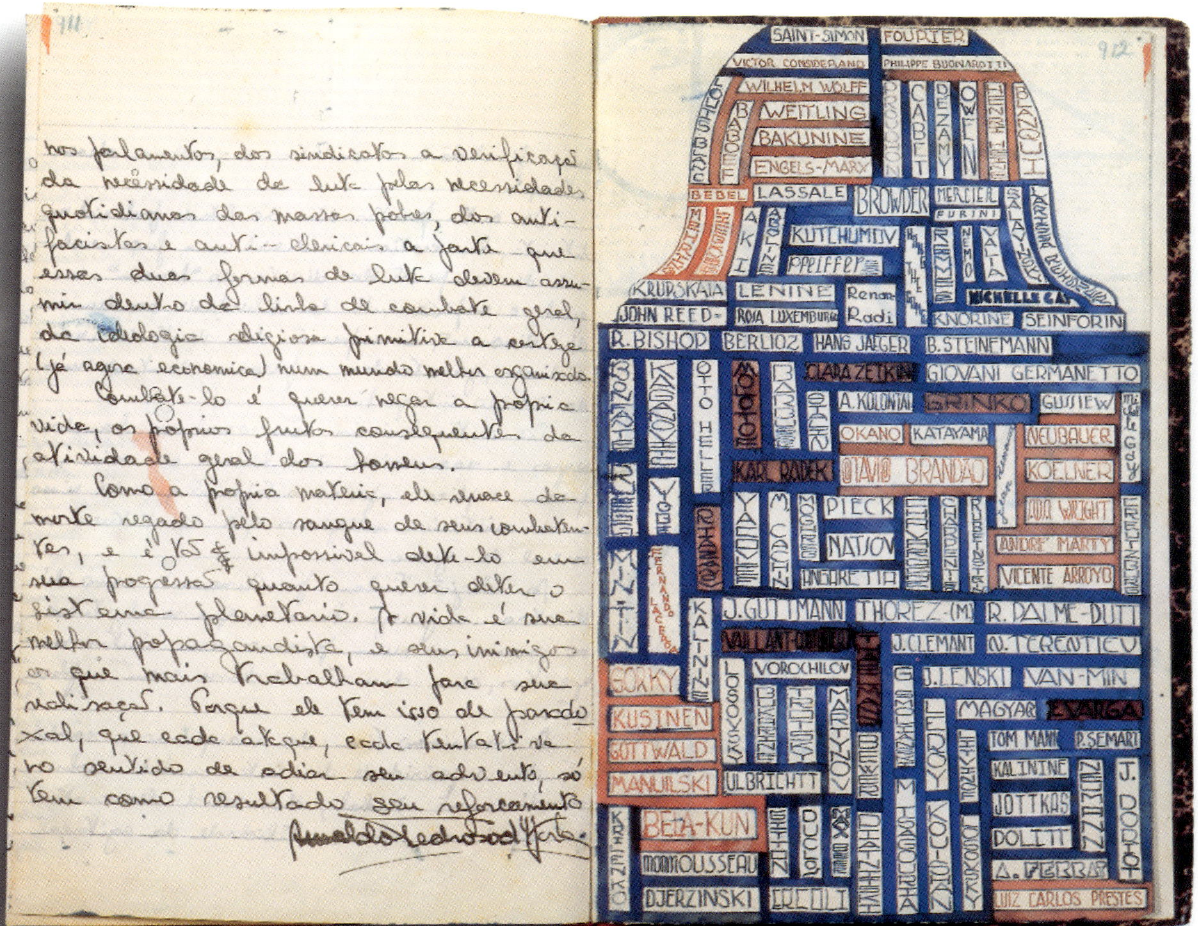
SAINT-SIMON
FOURIER
VICTOR CONSIDERANT
PHILIPPE BUONAROTTI
WILHELM WOLFF
WEITLING
BAKUNINE
ENGELS-MARX
BEBEL
LASSALE
BROWDER
MERCIER
FURINI
KUTCHUMOV
PFEIFFER
KRUPSKAIA
LENINE
JOHN REED
ROSA LUXEMBURG
KNORINE
SEINFORIN
R. BISHOP
BERLIOZ
HANS JAEGER
B. STEINEMANN
CLARA ZETKIN
GIOVANI GERMANETTO
OTTO HELLER
A. KOLONTAI
GRINKO
GUSSIEW
OKANO
KATAYAMA
NEUBAUER
KARL RADEK
OTAVIO BRANDÃO
KOELNER
PIECK
NATSOV
ANDRE MARTY
VICENTE ARROYO
J. GUTTMANN
THOREZ-(M)
R. PALME-DUTT
VAILLANT-COUTURIER
J. CLEMANT
N. TERENTIEV
VOROCHILOV
J. LENSKI
VAN-MIN
GORKY
MAGYAR
E. VARGA
KUSINEN
TOM MANN
P. SEMARD
GOTTWALD
KALININE
MANUILSKI
ULBRICHT
BELA-KUN
MOUSSEAU
DJERZINSKI
DOLITT
A. FERRAT
J. DORIOT
LUIZ CARLOS PRESTES

A CORRESPONDENCIA INTERNACIONAL - Año IV - 5 agosto

A CORRESPONDENCIA INTERNACIONAL - 12 ag

ROTSKY JUGÉ PAR LÉNINE · LIBRAIRI

CTAVE MIRBEAU · SEBASTIEN ROCH - ROMAN DE MŒ

CORRESPONDENCIA INTERNACIONAL - Año IV - 9 Septiembre 193

CORRESPONDENCIA INTERNACIONAL · Año IV - 16 septiem

CORRESPONDENCIA INTERNACIONAL · Año IV · 23 septi

CORRESPONDENCIA INTERNACIONAL · Año IV · 30 SEPTIEMBRE 1932 · N

Correspondencia Internacional · Año IV · 14 oc

ACKER - GOLDSCHMIDT · WITTFOGER - Cursos de iniciación marxista - ECONO

RUPSKAIA · SOUVENIRS SUR LENINE · Bureau d'Edition

CORRESPONCIA INTERNACIONAL · Año IV · 21 octobre 1932 · Nu

KA DE 2% OURO · Estudo elaborado pela Associação Comercial de S.P. -

AX BEER - KARL MARX SA VIE - SON

Essa análise, que tinha por foco a ditadura militar que se instala no Brasil a partir de 1964, não difere muito do tom dos artigos em que comenta a camisa-de-força das esquerdas, nos anos 1940. Às vésperas das eleições presidenciais de 1945, ele defende publicamente, e de forma enfática, a manutenção de certa lucidez na análise das alternativas políticas locais. Essa postura "rebelde" em relação à argumentação das esquerdas radicais o leva a polemizar com os trotzkistas[5], que o rotulam de "centrista", considerando que sua independência de pensamento era manifestação de um individualismo anti-socialista, ou de um "ceticismo pequeno-burguês".

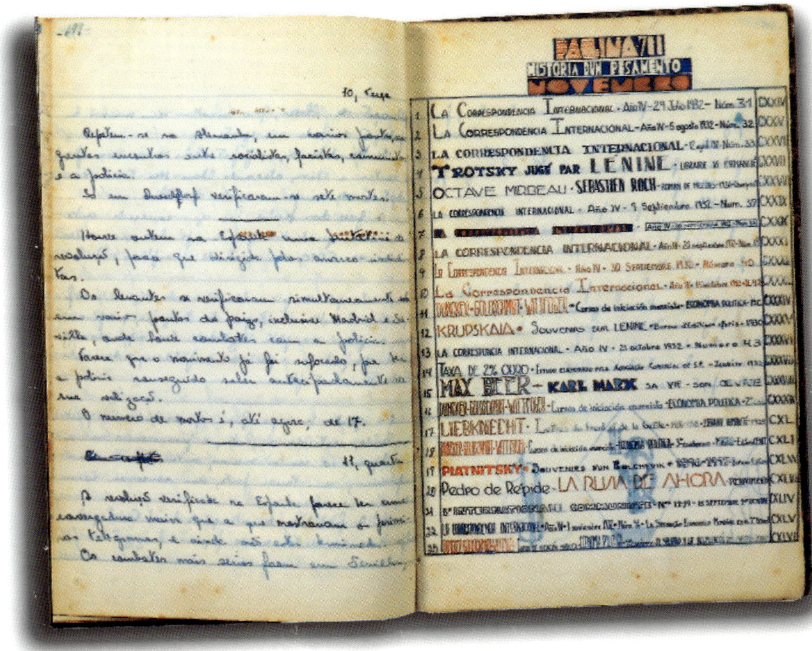

Páginas 699 e 700 do "Diário 1932-1933 5° Caderno"

Sua ética socialista era a ética não do homem ideal, mas a do homem real, forte e fraco, com seus vícios e virtudes, mas autêntico e esperançado, em que a vibração pela vida, a emoção, era o valor mais alto, mesclado em igual intensidade a uma angústia existencial que ele conhecia de perto, e aprendera a respeitar nos outros. Essa angústia sem limites vazava nos seus desesperos noturnos, quando ressoavam pela casa os concertos de Beethoven ou a faca cristalina da música de Erik Satie, regidos por seus murros surdos, aparados no braço de madeira da cadeira favorita. Ele preservava no silêncio essa vida interior intensa e dolorida, não se abria facilmente em palavras, preferindo comunicar-se através de mudas cumplicidades. Nos versos de Fernando Lemos, "Arnaldo / Povoou de-olhar o modo-falar-som do Silêncio / que sempre se poderá ver se se quer diluir / a leitura dos próprios gritos pró-gemidos"[6].

Os grandes olhos azuis, instrumento agudo com o qual examinava o mundo, freqüentemente se enchiam de água, enternecidos pelo riso de um neto, pela beleza do mar do Nordeste ou pelo canto de um dos muitos pássaros que moravam no quintal da nossa casa. Em 1964, em carta ao amigo José Cláudio da Silva[7], ele diz: "Hoje te escrevo meio triste, morreu ontem o meu Rouxinol do Pará, desde a morte do Antonio José não sentia um luto assim. Você se lembra dele, preto, com aquelas duas ombreiras amarelas, grande, vivo, can-

5 Polêmica travada entre APd'H e Hermínio Sacchetta em *Vanguarda Socialista*, por ocasião da disputa presidencial que envolvia Eduardo Gomes e Getúlio Vargas. APd'H publica o artigo "Stalin e Trotsky Ante o Problema das Eleições Brasileiras de Dezembro", em 7 de setembro de 1945. Sacchetta publica "Um Centrista, Antes e Depois", em 28 de setembro de 1945, e APd'H responde em "Discussão com 'Vanguarda Socialista' ", em 26 de outubro de 1945.

6 LEMOS, Fernando. Arnaldo. *In: Arnaldo Pedroso d'Horta: Desenhos, Incisões, Xilogravuras*. Centro Cultural São Paulo, outubro 1983. Catálogo.

7 Carta a José Cláudio da Silva, desenhista, pintor e escritor pernambucano, em Recife, enviada de São Paulo, agosto de 1964. Refere a morte do amigo Antonio José Carneiro da Cunha.

Banquete no Clube Comercial, à Rua Líbero Badaró, 12 de fevereiro de 1945, em homenagem a seis estudantes que se destacaram nas lutas democráticas, entre eles Germinal Feijó (ao fundo, sentado, com a mão no queixo, que lê o discurso redigido por uma comissão). A ocasião, em meio à Segunda Guerra, apresentou-se como pretexto para um ato público de repúdio ao Estado Novo e ao fascismo, reunindo escritores, artistas, advogados, prefeitos do Interior, estudantes de Faculdade, gente de formação política diversa, que integrava a Frente de Resistência, logo depois cindida entre socialistas (UDS) e liberais (UDN). Na mesa do fundo, ao centro, Arnaldo Pedroso d'Horta, à sua direita Mário de Andrade, Geraldo Ferraz, Rivadavia de Mendonça; em frente a eles, Rebolo Gonsales, Clóvis Graciano, Arthur Neves e Herculano Cruz; na mesa central, de frente, Frederico Viotti, Hilde Weber, Paulo Emílio Salles Gomes, Paulo Zingg, Oswald de Andrade, Aloysio Álvares Cruz, Cláudio Abramo, Saulo Antunes, Oswald de Andrade Filho (Nonê) e José Augusto Pereira de Queiróz; de costas, Edgar Carone, Maxim Tolstoi Carone, Guida Camargo Carone e Roberto de Abreu Sodré. Este foi o último ato público de que participou Mário de Andrade, falecido 13 dias depois, a 25 de fevereiro de 1945.

Em 1941, entre a advocacia, o jornalismo e a militância política

tador de tudo quanto é música e ruído do mato [...] Plantei-o no canteiro da frente da casa para ajudar a adubar as plantas." Essa mistura de pensamento agudo e exigente, com um olhar atento à delicadeza da vida e uma emoção contida mas intensa, fez dele um amigo de muitos amigos, o companheiro procurado, o interlocutor atento e necessário.

Jornalista político, artista plástico e cronista de arte, ele sempre se guiou por esse norte – buscar a consciência de si e procurar enxergar no mundo a consciência do outro. Como observador da vida política nacional e internacional, como analista crítico da produção artística alheia, ou como paciente de suas próprias incertezas enquanto criador de arte, eram sempre as mesmas exigências que fazia: não abrir mão da verdade íntima de cada um, não ir às tontas seguindo modismos, respeitar o sofrimento interior e aprender a dar voz às próprias entranhas. Ele mesmo segredou a um amigo, certa vez, que começara a desenhar para encher as madrugadas, porque a partir do suicídio de seu irmão e amigo Agostinho (Gusti), em 1945, não conseguia mais dormir.

Este trabalho pretendia, inicialmente, reunir apenas seus escritos como crítico de arte, mas é impossível compartimentar totalmente uma produção intelectual por natureza múltipla. Por esse motivo, a seleção aqui apresentada inclui alguns textos em que o espectro é um pouco mais amplo, em que ele discute cultura de modo geral, questões envolvidas na criação artística, com algumas referências a literatura e teatro, duas outras paixões suas.

Seu raciocínio plástico também se expressa através das linhas do desenho e, por esse motivo, alguns deles estão aqui reproduzidos – não como ilustração, mas demonstração de um modo de ser a um só tempo crítico e afetivo, que examina enquanto cria e que encoraja ao criticar. Em seus desenhos se percebe uma cabeça refletindo com as mãos, o pensamento comprometido com o gesto de criação. De seus dedos longos e certeiros escorrem riscos e arabescos, delicados e precisos, que imprimem ritmo mental ao branco inquietante do papel. Já nos cadernos de escola, aos treze e catorze anos de idade, vêem-se traços economicamente amorosos a decorar os pontos de Português, de Física, de Biologia, de Matemática, e a concentração que sai da caneta-tinteiro para anunciar a vocação do desenhista.

Sérgio Milliet, ao analisar sua obra artística, notou os pontos em comum entre o desenhista e o escritor: "Começou pela pintura, mas logo se viu que se achava mais à vontade no desenho, o que talvez se explique por ser Arnaldo um intelectual, um escritor. Escritor sutil,

Capa do "Caderno de Física", 1930

Página de abertura do "Caderno de Física", 1930

Página de abertura do caderno "Pontos de Português", 1929

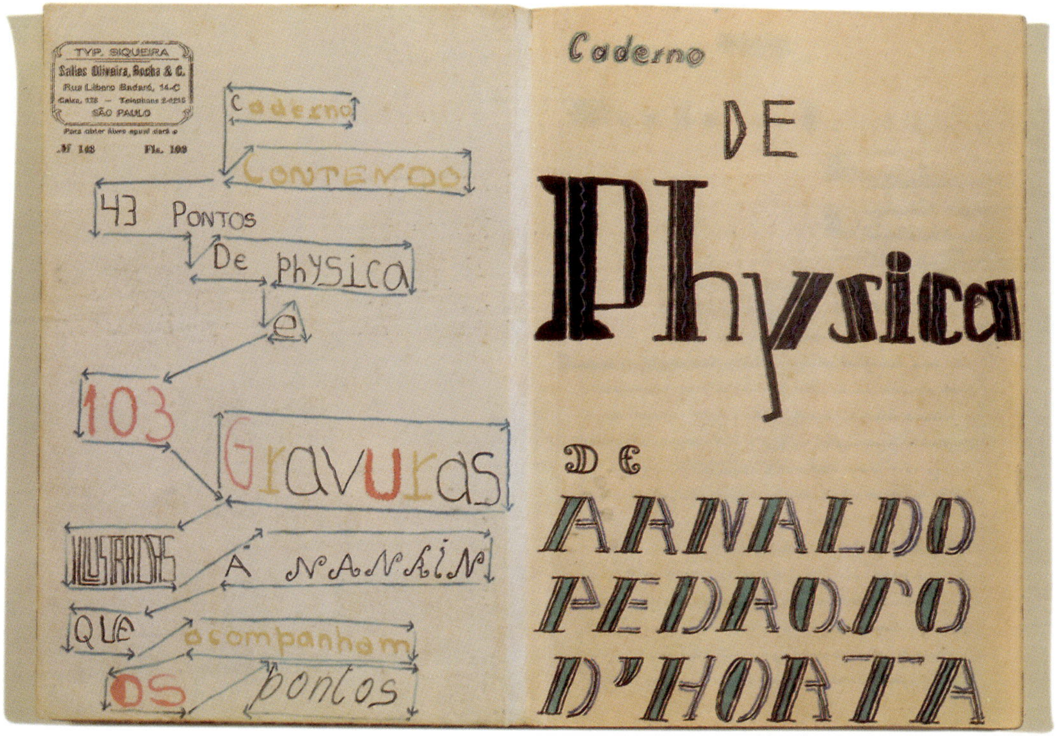

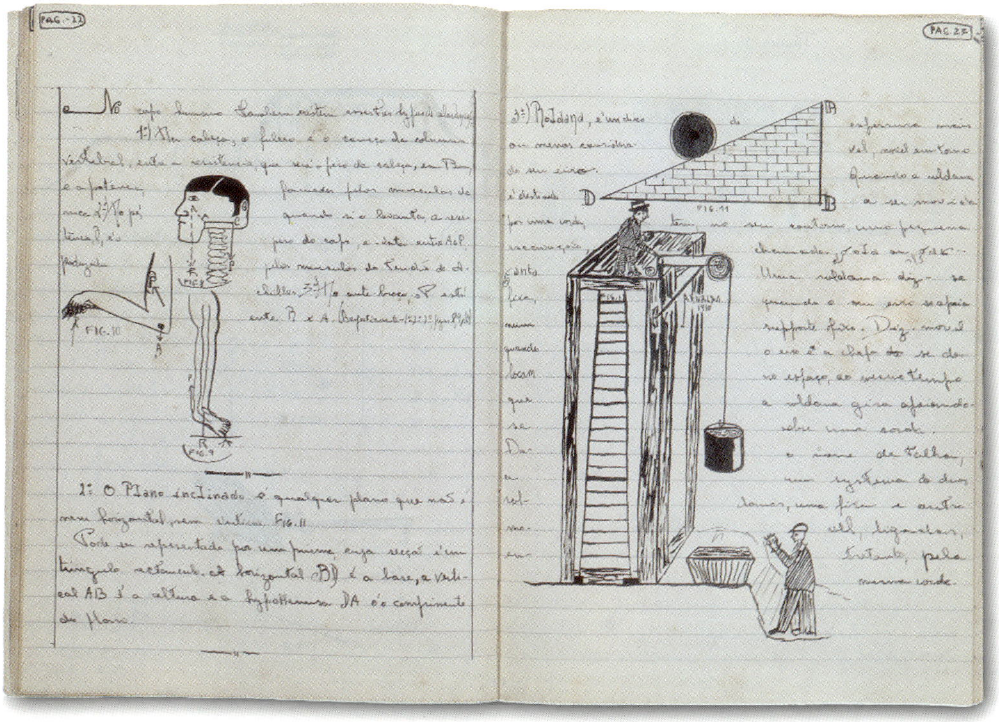

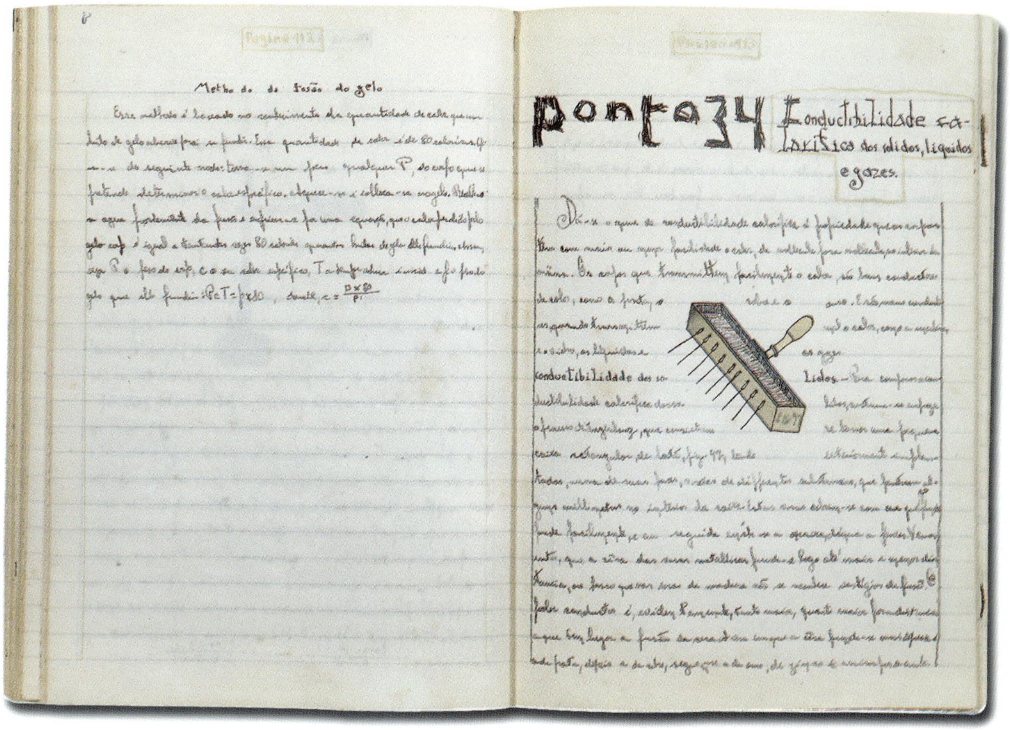

Páginas 22 e 23 do "Caderno de Física", 1930

Páginas 124 e 125 do "Caderno de Física", 1930

Chegando a Gênova, com o "Giulio Cesare", em 1952, representante da Comissão do IV Centenário da Cidade de São Paulo à Feira Internacional de Milão. Segue para Cannes, levando o filme "Tico-Tico no Fubá" ao "5° Festival International du Film".

amoroso da limpeza da forma, sem prejuízo entretanto do inesperado das soluções sintáxicas e vocabulares originais. Seu desenho, puro e fantasioso a um tempo, é bem, a meu ver, a tradução gráfica da predominância nele da sensibilidade sobre a sensualidade. Toda generalização é temerária, mas parece-me que há certa relação entre o grau de cultura e a predileção pela linha. O jogo das idéias é um jogo de linhas e não de matéria ou cores. A frase marcante é como o traço expressivo. Muitos escritores desenharam, pouquíssimos pintaram. Mas há em Arnaldo mais um aspecto de sua personalidade artística que se me afigura igualmente característica do escritor e que se reflete em seu desenho: a curiosidade. Essa curiosidade que, na sua vida de homem culto, o levou a ler cuidadosamente Joyce sem deixar de lado livros de política ou ensaios de sociologia, levou-o também a interessar-se por todos os problemas do grafismo e todos os gêneros em que tem aplicação" [8].

Durante a fase de organização deste trabalho, também foi reunido um conjunto expressivo de cartas, a maioria enviada por meu pai aos amigos durante as muitas viagens que fez para fora da cidade ou do País. No entanto, dado o volume desse material, a correspondência acabou ficando para uma publicação futura. Mas é preciso fazer aqui certa menção a ela, na medida em que ajuda a traçar o perfil do crítico e do artista.

Nas cartas corre fácil uma corrente de afeto, que ele expressava melhor pela via intelectual, e o não descuidar dos amigos mais jovens. Sobre eles podia exercer, de forma menos pudica, a pressão pedagógica que nele era quase uma compulsão. Esse era o caso de José Cláudio da Silva, com quem trocou extensa e fundamental correspondência, na qual se reservava o direito de dizer o que lhe passava pela cabeça, depois de percorrer os atalhos da emoção. Em uma delas, ele passa verdadeiro pito no amigo pintor, dizendo que arte é coisa séria: "Em arte, é difícil deslindar as doses necessárias em que se devem combinar a humildade e o orgulho, mas, se eu fosse tentar essa divisão, diria que é necessário comportar-se com humildade durante a execução, para que se possa sentir orgulho depois do trabalho concluído. No seu comportamento atual não se sente isso, e a sua frase o confirma: o seu tipo de comportamento habitual é bonachão e despreocupado, você anda com a camisa para fora da calça e se lambuza ao comer uma fruta, dá gargalhada quando tem vontade, dificilmente tira o chinelo para calçar um sapato e cultiva a própria preguiça com um amor de mãe; coça a pança, que cresce, e baforeia seu charuto, e reclama da comida. Na medida em que esses traços de sua personalidade são visíveis na sua pintura – '*procuro*

8 MILLIET, Sérgio. "Um Desenhista". *O Estado de S. Paulo*, 5 de abril de 1961.

ajustar um tipo de arte a mim' – a arte foge pela janela, pois ela é, na execução, inseparável da aplicação, da disciplina, da autocrítica, do sofrimento. Cheguei mais perto?"[9] Esse mesmo impulso pedagógico e encorajador aparece com bastante freqüência na sua crítica de arte publicada nos jornais.

Como artista que também expunha seu trabalho ao público, ele abria mais a guarda do que como escritor. No final da década de 1940, começa a pintar, em seguida a desenhar, e cerca de dois anos depois confessava a Carlos Drummond de Andrade: "Naturalmente é bastante ridículo um sujeito nesta altura da idade pensar que pode trocar de vida da noite para o dia, principalmente para se meter num terreno onde nada se improvisa, onde as conquistas são lentas e difíceis e pessoais, onde geralmente uma vida inteira não bastaria. Porém o ridículo que se dane pois minha conquista mais positiva na pintura foi que ela me tornou sem vergonha, e hoje sou capaz de agarrar um sujeito pela manga e levá-lo a ver um quadro, quando antes seria incapaz de perguntar se alguém lera o que eu escrevia"[10]. Em carta ao amigo Armando Ferrari, ele diz que "na medida em que um criticado pode compreender o crítico, gostei muito da sua apresentação para a minha sala da Bienal"[11]. Mas, de modo geral, manifestava certa desconfiança em relação aos críticos de seus trabalhos. Em outra carta a Drummond, fala explicitamente desse assunto: "A atmosfera que cercou a exposição foi muito amável, e se eu senti alguma coisa foi justamente a falta de uma crítica que estivesse *acima* dela no sentido de poder penetrar-lhe as deficiências e eventualmente constituir uma ajuda. [...] Esse tipo de admiração, sem dúvida lisonjeiro (ninguém gosta de receber pedradas), entretanto escorrega pela pele e cai no chão, pois todo trabalho de criação artística é um trabalho de insatisfação e o tipo que não sobrenada a essas homenagens sociais estará automaticamente naufragado. Tenho a vantagem de ser de tal modo enfatuado que quando um sujeito me critica eu o considero burro e quando me elogia ele me parece ingênuo"[12].

Sua paixão por bichos de modo geral deu origem a inúmeros desenhos, tanto os esqueletos de animais feitos sob os olhos de Paulo Vanzolini, então diretor do Museu de Zoologia, como peixes e lagartos observados ou inventados. Há também uma série grande de desenhos de pássaros, com os quais se identificava tanto quanto seu grande amigo Rubem Braga. Nela chama a atenção um curió tracejado a nanquim em 1959, seu corpo delicado solto no meio de uma grande folha branca de papel. Quando o pequeno pássaro de bico largo, um de seus preferidos,

Bruno Giorgi, Luis Martins, Luis d'Horta e Arnaldo Pedroso d'Horta, no jardim do ateliê de Bruno Giorgi, à Rua Irlandino Sandoval, São Paulo, c. 1948

9 Carta enviada de São Paulo, em 10 de setembro de 1972, a José Cláudio da Silva, em Olinda.

10 Carta enviada de São Paulo, em 31 de janeiro de 1950, a Carlos Drummond de Andrade, no Rio de Janeiro.

11 Carta enviada de Roma, em 26 de agosto de 1961, a Armando Ferrari, em São Paulo. Ferrari, sociólogo e psicanalista que hoje reside na capital italiana, organizou com Fernando Lemos a sala especial de meu pai na 6ª Bienal de São Paulo, e é autor do texto de apresentação no catálogo da mostra.

12 Carta enviada de São Paulo, 26 de novembro de 1953, a Carlos Drummond de Andrade, no Rio de Janeiro. Refere-se à sua exposição individual no Museu de Arte Moderna de São Paulo, em outubro de 1953.

Lançamento da Revista Brasiliense, 1955
Da esquerda para a direita: Clóvis Graciano, Caio Prado Jr., Sérgio Milliet, Luis Martins, Eduardo Maffei e Arnaldo Pedroso d'Horta (Fotografia reproduzida em *Momentos do Livro no Brasil*)

Na próxima página:

Colóquio (detalhe), *1959*
nanquim a bico-de-pena sobre papel / 67,5 x 50 cm

emudeceu na gaiola em 1961, ele contou a José Cláudio: "Morreu aquele curiozinho que você conheceu lá em casa. Estava com 10 anos, de modo que creio que morreu mesmo de velhinho. Agora está o rouxinol sozinho, sentindo falta de quem responda aos cantos dele" [13]. O pássaro calado viveu sua história no papel, espécie de auto-retrato em nova dimensão.

Seus primeiros desenhos com nanquim a bico-de-pena mostravam folhagens, e foi exatamente com cinco desses trabalhos que ele ganhou o prêmio de melhor desenhista nacional na 2ª Bienal de São Paulo. Ele comentou com o amigo Drummond a respeito do que estava fazendo, ao mesmo tempo em que chamava a atenção para um certo tipo de crítica que não apenas orientava mas que procurava dirigir o trabalho dos artistas: "Estou fazendo desenhos grandes, de pouco menos de um metro, meticulosamente trabalhados, com assuntos de plantas. Cada desenho consome 4, 5, 6 dias, de seis a sete horas de trabalho cada um, mas estou obtendo um resultado curioso. Meu esforço é para descobrir a pintura, e não ir nas águas dessas teorias que inundam o mercado. A crítica, de intérprete, está virando em mentora dos artistas, e isso me parece uma calamidade"[14].

Quando Renina Katz organizou em 1983, no Centro Cultural São Paulo, uma exposição que lembrava os dez anos de sua morte, foi editado um catálogo com depoimentos de seus amigos. Nessa publicação, Armando Ferrari observava com agudeza: "Na realidade a arte de Arnaldo, justamente pelos seus aspectos multiformes, tem uma mensagem para todos nós, para cada um de nós, que no nosso tempo viveu e sofreu, para cada um de nós que duvidou do destino do homem cegado pelas ideologias e, no fim, encontrou na própria história aquela porção de verdade que lhe concederam para recomeçar. Isto, justamente porque a arte é sempre 'feita', sempre por fazer, uma promessa que não precisa ser mantida, porque o importante são os atos febris de um processo sem fim. As obras de Arnaldo devem ser inscritas nesta antiga tradição, e nesse sentido não pretendem dizer nada mais do que dizem e nem prometem mais do que são: desenhos das coisas invisíveis, sinais traçados na terra, no papel, na madeira. Sinais que parecem ser o resul-

13 Carta enviada de São Paulo, 26 de janeiro de 1961, a José Cláudio da Silva, no Recife.

14 Carta enviada de São Paulo, 10 de fevereiro de 1953, a Carlos Drummond de Andrade, no Rio de Janeiro.

Memorandum sôbre o governo de Holden

Racismo c/ [illegible]

Angola – 97% analfabetos
"Réveil de l'Afrique"
"Presence africaine" – Angola e Congo –
Bazil Davidson (Daily Herald)
Oxford University Press – Duffy
Portuguese in Angola
Visita de Mário de Andrade

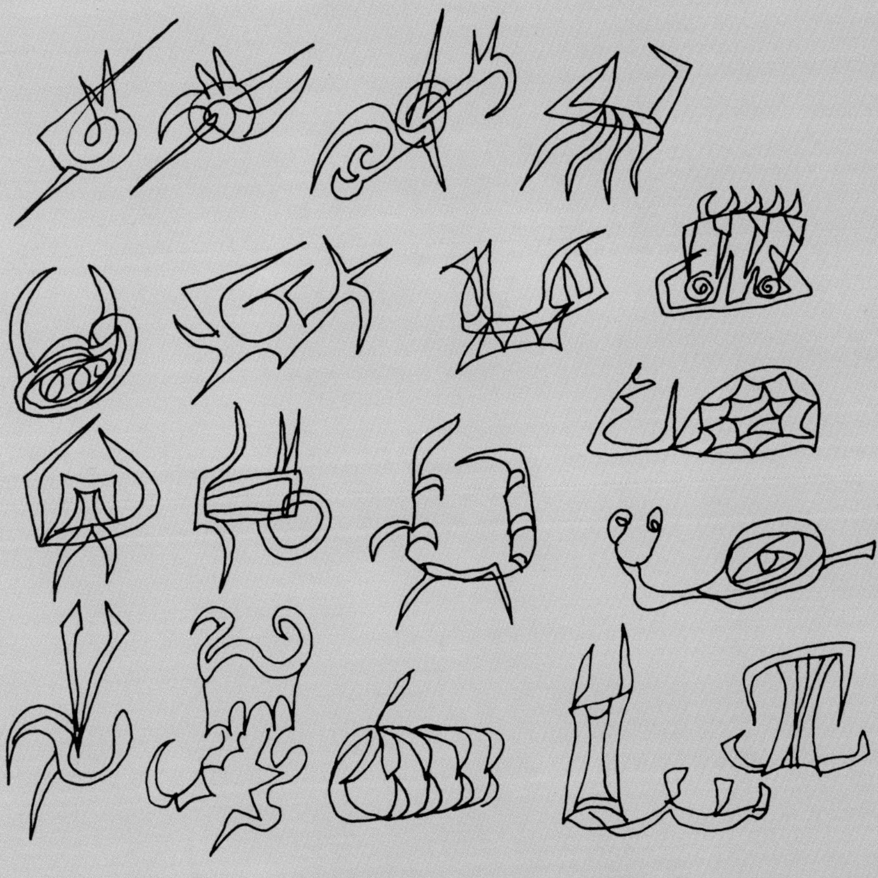

tado e o testemunho irredutíveis do que verdadeiramente somos e como somos. E é justamente por isso que o mundo de Arnaldo Pedroso d'Horta é o nosso, é o mundo que conhecemos mais, com a sua solidão sem elegia, o seu desespero sem lamento, a sua medida cavada na parte 'oculta' da realidade. Tanto ele como nós pertencemos àquela geração metafísica, que de cada um dos seus mitos soube fazer um absoluto e, no fim, um instrumento de dignidade moral"[15].

Como crítico, Arnaldo Pedroso d'Horta sempre se empenhou nas suas análises de modo autêntico, diferenciando-se daqueles profissionais pretensiosos e distantes, que diante das obras criticadas "parecem chateadíssimos." O primeiro artigo aqui reproduzido, "Críticos e Artistas", fala de seu horror à crítica que se coloca como "superior" à obra criticada, que teatraliza um certo saber "teórico", que parte da certeza de um descolamento "objetivo", que presumivelmente melhor capacitaria o crítico em sua investidura de "juiz". Coloco essas palavras todas entre aspas porque correspondem ao tipo de crítica que ele criticava, formada pelos livros, gerada nos anos 1940 no interior da Universidade, enquanto que ele, bacharel em Direito, formou-se crítico no dia-a-dia do jornalismo e da militância política. Se uns viviam no Olimpo, ele circulava quotidianamente pela terra.

No alto:

No Paraná, com Rubem Braga (à direita), quando da viagem que resultou no livro *Dois repórteres no Paraná*, 1953

João Leite Sobrinho, Arnaldo Pedroso d'Horta, Maurício Goulart e Newton Freitas, a caminho de Fronteira, cidade vizinha de Rio Preto, c. 1960

Página do Caderno de anotações "1962-3 Paris, Espanha, Londres"

Cronista de arte talvez definisse melhor a sua atividade. Ele via nesse trabalho uma prestação de serviços, acreditava que se aprende a ver, como se aprende a ler. A crítica exercida nos jornais tinha, portanto, essa função de intermediária entre a obra e o leitor comum. Por esse motivo, ele defendia para a crítica de arte uma linguagem cristalina, transparente. A ironia e o humor são parte integrante de seu discurso, freqüentemente poético, que estabelece uma cumplicidade imediata com o leitor. De quando em quando nos flagramos rindo de comentários espirituosos, de fina inteligência. Seu texto conquista, e através da sedução conduz às suas análises profundas e reflexivas.

O artigo com o qual retoma em 1966 sua colaboração na imprensa diária como crítico de artes plásticas, depois de um intervalo de sete anos, dois dos quais viajando pela Europa em gozo do prêmio de viagem do Salão Nacional de Arte Moderna – "Crítico De-

15 FERRARI, Armando. Para Arnaldo. *In: Arnaldo Pedroso d'Horta: Desenhos, Incisões, Xilogravuras.* Centro Cultural São Paulo, outubro 1983. Catálogo.

No alto:

Arnaldo Pedroso d'Horta, Rachel Bueno d'Horta e José Cláudio da Silva, na inauguração da exposição deste último no Clubinho, em 1956

Ao lado de desenho seu da série Pássaros, na abertura de exposição na Galeria Aremar, Campinas, 1960

ve é Ensinar o Público a Ver a Arte"[16] –, traz no título a idéia central que norteava essa sua atividade nos jornais. Nesse artigo, ele diz textualmente que "a linguagem plástica não pode ser substituída pela linguagem literária", embora a crítica de artes plásticas tente muitas vezes se exercitar "sob a forma de transliteração da linguagem plástica em linguagem literária".

Comparando-a com as outras críticas – de literatura, música, cinema e teatro –, ele diz que na crítica de artes plásticas o crítico com conhecimentos técnicos "poderá melhor aquilatar da qualidade da obra acabada, sob o ponto de vista profissional [...]. Mas hoje, quando tão grande é a liberdade de criação admitida [...] e quando o mais das vezes o artista não pretende fazer obra eterna, mas apenas causar uma momentânea impressão – o aspecto apontado diminui de importância". Esse raciocínio o levava a colocar em igualdade de condições de julgamento o crítico e "qualquer outro amador de arte".

Ele não via no crítico, portanto, alguém com qualidades diferenciadas. O crítico não é alguém que "tudo sabe", mas um observador privilegiado que tem uma função pedagógica, pois "há em Artes Plásticas uma série grande de problemas cuja discussão tem uma importância fundamental" para os leitores que também são ou podem vir a ser visitantes de exposições. Entre esses assuntos estão "os novos e mutáveis conceitos da arte, a posição do artista frente a seu próprio trabalho, relações entre artistas e público, seleção e montagem de exposições..." O que importa, concluía ele, é "mostrar ao público como ver uma exposição, pois aprende-se a ver, como se aprende a ler".

A função do crítico, esse observador mais preparado, é, portanto, a de apontar para aspectos que fazem parte da obra, mas que não se mostram na superfície, que não se oferecem de forma imediata ao olhar desatento ou não familiarizado com a arte. Como diz o versinho do "Breve Tratado de Não Versificação", de Carlos Queirós, reproduzido no *Aurélio*, "Ver só com os olhos / É fácil e vão: / por dentro das coisas / É que as coisas são."

Foram 383 os artigos, ensaios e críticas que meu pai publicou sobre arte. Na relação completa publicada ao final deste volume, estão assinalados os 170 artigos selecionados e aqui reproduzidos em ordem cronológica. Na edição dos textos, foi atualizada apenas a grafia das palavras, sendo conservados os grifos, pontuação e termos originais, inclusive palavras inventadas pelo autor.

16 *Jornal da Tarde*, São Paulo, 5 de novembro de 1966.

O índice foi pensado como um instrumento organizador dos assuntos, para além da cronologia. Ele auxilia na consulta dos textos, pois remete a nomes de artistas, galerias, museus, exposições, críticos, e às questões que eram o objeto principal de seu interesse: conceito de artista, natureza da crítica, criação artística, gravura, pintura, desenho, escultura, arte e sociedade, arte e política, conceito de museu, política das galerias, organização de exposições, o artista e o mercado, etc. Os assuntos do índice fornecem, de certo modo, pistas sobre os critérios que presidiram a escolha dos artigos selecionados.

Quero registrar meus agradecimentos especiais à Vitae – Apoio à Cultura, Educação e Promoção Social, pela concessão da Bolsa Vitae de Artes de 1990, que me incentivou a levar adiante este projeto. Na fase de organização do material selecionado, colaboraram Arlete Miranda de Araújo e Juliano d'Horta Beccari no trabalho de datilografia; Elza Barbosa na feitura do índice, instrumento de consulta dos múltiplos assuntos tratados nos artigos; e minha mãe, Rachel Bueno d'Horta, na revisão final dos textos. Não posso ainda deixar de mencionar a acolhida extremamente cordial que tive em *O Estado de S.Paulo*, na figura de seu diretor Oliveiros S. Ferreira, e principalmente devo agradecer a Carlos Garcia, chefe do Arquivo do jornal, que pessoalmente me auxiliou a dirimir dúvidas quanto a datas e páginas das publicações. O apoio da Linc – Lei de Incentivo à Cultura da Secretaria de Estado da Cultura foi fundamental para viabilizar a publicação deste livro tal como foi imaginado.

No alto:
No terraço do apartamento de Rubem Braga em Ipanema, Rio de Janeiro, 1971

Abaixo:
Página do Caderno de anotações "1962-3 Paris, Espanha, Londres"

Abaixo, à esquerda:
Mapa da Província de Santander, Espanha, com anotações de viagem, 1962

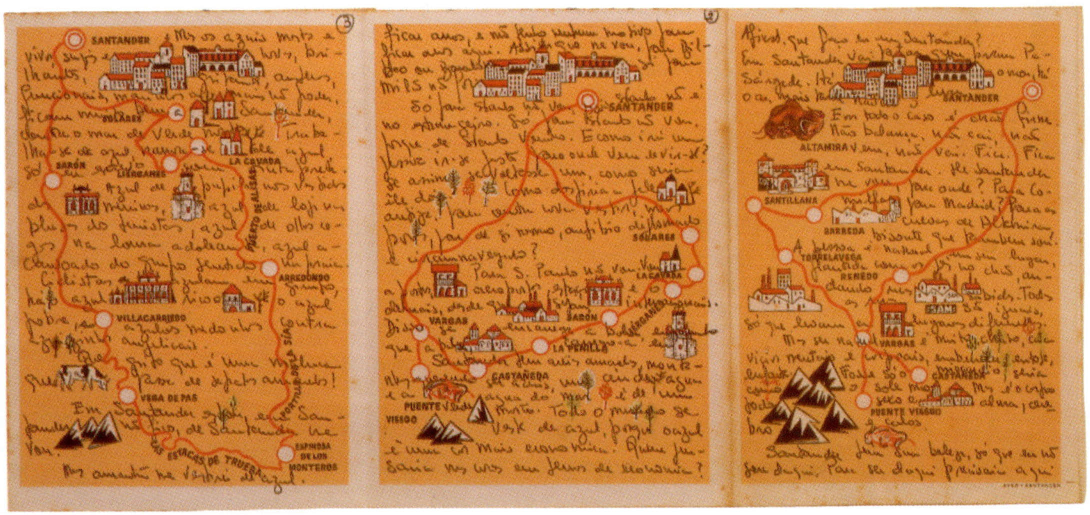

Um mês após a morte de meu pai, o poeta Dantas Motta finalizava o artigo em que lembrava o amigo, dizendo: "Do artista, cujas mãos eram policiadas no pensar, não me cumpre adiantar *rem*, que apoucado sou de conhecimentos. Do jornalista quase nada, se os seus artigos, enformados em livros, são admiráveis ensaios de aguda penetração. Apenas sei que nós outros, da sua geração, lhe somos bastante ingratos, deixando de estudá-lo, tocados pela preguiça e certa indigência mental. Agora, começa a história da sua Obra, para a qual ele deixou uma como que espécie de *facilitário*: os estudos introdutórios que são autênticas sínteses criadoras"[17].

Atropelado pela morte quando se encontrava em plena atividade, meu pai fecha os olhos claros para sempre no dia 29 de dezembro de 1973, dez dias depois de ter sofrido fatídico acidente, no centro da cidade. Ele acabara de entregar mais um de seus artigos ao jornal *O Estado de S.Paulo*, na Rua Major Quedinho, encontrara-se com os amigos na AAmmam (Associação dos Amigos do Museu de Arte Moderna de São Paulo) para um último uísque, e procurava um táxi em meio à chuva triste de dezembro, quando um carro apressado interrompe o seu caminho. Ficaram sobre sua mesa de trabalho: a Lettera 22 – "minha verdadeira caligrafia"[18] –, e os testemunhos de sua relação intensa e sistemática com o trabalho: várias pastas com recortes de notícias que ele pretendia comentar em futuros artigos políticos, catálogos e notas tomadas para alimentar as crônicas de artes plásticas, correspondência a ser respondida e uma pequena pasta verde recheada com anotações variadas. Dessa última pasta, uma folha de papel chamou especialmente minha atenção. Tinha um título – "Artevendações" –, e não sei se foi escrito para ser publicado. A forma poética semelha um desabafo, talvez escrito numa de suas muitas madrugadas insones. Nesse texto conciso – saído direto da máquina de escrever e com pequenas correções manuais, como a maioria de seus escritos –, estão reunidas suas angústias em torno do tema. Criador e pensador, vê-se o olho da consciência examinando a questão da arte sob todos os pontos de vista. Ficou sobre a mesa como uma espécie de diário muito íntimo, um testamento intelectual tirado das entranhas. É com esse seu último texto, inédito até agora, em que ele fala de sua ligação afetiva e dilacerada com a arte, que encerro esta apresentação. É ele também o melhor introdutor aos escritos que se seguem. Um aceno de futuro adormecido, a oferecer uma visão retrospectiva sobre as idéias de um crítico corajoso, como poucos houve ou haverá. Idéias avalizadas por seu

Com a "Lettera 22, minha verdadeira caligrafia", trabalhando na casa de José Cláudio em Olinda, 1972

Na página ao lado:
Na sala de jantar de sua casa, diante do armário repleto de cerâmicas e objetos de várias procedências, que ele recolhia nas viagens, 1970. Arquivo de *O Estado de S. Paulo*

Abaixo:
Página do Caderno de anotações **"1962-3 Paris, Espanha, Londres"**

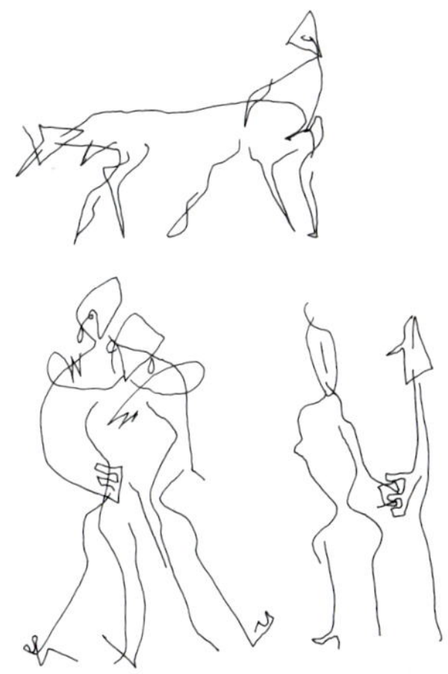

17 MOTTA, Dantas. "Arnaldo Pedroso d'Horta". *O Estado de S. Paulo*, 10 de fevereiro de 1974. Suplemento Literário, p. 5.

18 Carta a José Cláudio da Silva no Recife, escrita "entre Roma e Milão", 28 de agosto de 1961.

No alto:

Com o neto Rodrigo, em sua casa de Vila Mariana, 1970

Com o neto Rodrigo, o galo Sem Nome, a cachorra Joaninha, no quintal de sua casa, novembro 1973

olhar intenso e afetuoso, forte e frágil, imparcial ao mesmo tempo que comprometido com a ética da emoção, sempre disposto e atento às manifestações mais verdadeiras da vida vivida, e veementemente refratário a qualquer moral restritiva, de fundo político, religioso ou estético. Seu olhar era agudo como o dos pássaros – não o olhar de sobrevôo, distanciado e calculista da ave de rapina, mas o olhar insistente de um delicado pássaro canoro, o olhar mudo e curioso do curió.

Artevendações

Vendarte i preçoprix.

Vendimiarte vende-me vermiarte.

Ver.

Viraver, vermir. Veraarte vendo; vista; vendido.

Vermicelli al sul. Sugarte arte. Sularte e suz. Solerte.

Sol e arte. A sugar a arte o sol, a solar o sol está a arte; a arder o sal de sol, estar. Isto, arte. Destarte.

Ir. Ar. Ar i vir. Veriar. Vendar.

Dar e vender. Vendimia de ar. Arvender, dever, comprar.

Indodar. Revender. Der e haver.

Ondar.

Andar a derir, desvender. Obrar. Brar a braque, breque.

Brique é o tijolo. A olhar. Olheiro a olher. Ólio. Lio. Léo. Leia que lioléo. Linóleum a gravar.

Arvendar. Sem venda, a ver o ar, arrastar. Vendodar. Ir.

Vindo.

Ar vendido, de doar tevir. Tevendido. Anavista, nixarte, tú.

Tíbias. Tímidos, temidos, terarteiros. A ter em ti teremos ar. Tinidos.

Entre. Compre. Venda. Produza para o mercado.

A mercandejar, iriolante, semitotal, emituflada, mesque-se em si, missacalina, mescassalina. Missa és.

Misséis e missais, mísseis, mixtos. Missangas de artefatos.

Artefazendo, artevencendo, artefixando, artificiando. Fíccios, fatus, fartum.

Vendem-se fétus.

Artigos, ensaios e críticas de arte

1943-1957

Críticos e artistas

Folha da Manhã, 7 de setembro de 1943

O espírito crítico é altamente apreciável. Mas o estabelecimento da autoridade do crítico é um mal, pois pressupõe a eliminação do espírito crítico da parte de quem aceita como verdade e como regra o que sai da boca do Crítico.

O aumento do prestígio do crítico deve ter, no fundo, alguma ligação com situações políticas autoritárias, pois o mesmo espírito preside, afinal, a um e outra.

O Crítico, tal como ele se apresenta, seria o indivíduo que conhece exatamente as regras de como fazer as coisas, e que de posse delas, como de réguas, as aplica às obras surgidas, a ver se obedecem às medidas predeterminadas.

Nessa hipótese o crítico se confunde com o professor, o tipo que conhece as receitas. Mas nem só de receitas é feito um bolo, ou um livro. Bem o sabem as doceiras e cozinheiras, que se referem às pessoas que têm "mão" para aplicar as receitas.

Um gramático conhecerá exatamente todas as regras do bem construir as frases. Mas ainda assim, ou por isso mesmo, jamais escreverá *Macunaíma*.

Os ofendidos logo gritarão que a moderna crítica não cuida de figuras desfiguradas, de pronomes deslocados.

Porém ocorre apenas, de diferente, que a Crítica, como todo sistema de domínio à custa da ignorância, de prestígio à custa da autoridade constituída, de dominação fundada no mistério – é obrigada a mudar sua caixinha de surpresas cada vez que algum serelepe mais arrojado chega até perto, a destampa e esparrama pelo chão a quinquilharia que havia dentro fantasiada de bentinhos.

Uma coisa é o sujeito saber se a perspectiva está certa ou errada, se verde com azul dá vermelho ou amarelo, se o quadro tem densidade, proporção, volume. Com toda sua sabedoria, nunca sairá nenhum *3 Bailarinas Verdes*.

Ninguém vai fazer o elogio da burrice ou do acaso.

Não se trata de dizer que qualquer um pode chegar diante de uma tela, sem nada entender de luz e de sombra, de desenho e colorido, e ali botar uma paisagem das Arlenes.

Margaridas Pretas (detalhe)
1955 / incisão a bisturi em couro preto / 47,5 x 66 cm

Apenas se trata de asseverar que o fato do cidadão possuir, na cabeça ou na estante, o receituário completo de d. Maria Tereza, para qualquer que seja das artes, não lhe dá luzes fora do comum para julgar – no sentido de que seu julgamento seja lei – se tal coisa é bela ou ruim, se este artista deve passar a pintar motivos sociais, se aquele deve ficar apenas no desenho, se outro fará melhor pondo verdes mais claros, azuis mais diáfanos.

Pois que se trata, realmente, de defender a personalidade e a liberdade de expressão do artista. E não há, em arte, regras que sejam válidas para todos, que por todos devam ser aplicadas.

Querer que Baudelaire fizesse poesia social, seria impedir a poesia de Baudelaire.

Condenar Maiacovski por colocar a revolução em rimas, sob o pretexto de que tal não é o objeto da poesia – vale tanto quanto anatematizar Rebolo Gonsales, porque pinta quietos recantos, ao invés de vingativos obreiros.

O artista só poderá fazer bem, só poderá, pois, fazer obra de arte, daquilo em que põe o seu sentimento, o seu modo de ser, de ver, a sua preocupação, o seu gosto, a sua inclinação.

Dizer: – Não pinte flores! – a um sujeito que pintando flores fica contente, porque nas flores está pondo o que deseja exprimir, será sempre inútil ou prejudicial. Pois ou o sujeito continua a pintar flores, no que fará muito bem, ou deixará de pintar flores, para se amargurar pintando navios, ou laranjas, ou chaminés, que não deseja, que não conhece, que não saberá pintar.

*

O que parece ficar freqüentemente esquecido, é que os artistas também são homens comuns, que tomam chope no Rütli, às vezes conquistam um modelo, mais freqüentemente recebem avisos amarelos da Light, ou devem obter meio quilo de açúcar para o leite das crianças. Entretanto eles são realmente seres humanos, quase todos maiores de idade, vestem paletó, têm pai e mãe também.

Assim sendo, não adianta baixar decretos:

– Fazei pintura social!

– Cuidai dos desenhos, deixai de lado as tintas impuras!

– Cor, cor, muita cor e nada de linhas!

– A mensagem, entregai a mensagem!

Tenho para mim que nada disso adiante.

Se o pintor, como homem, não estiver preocupado com o fascismo; se for alheio às greves e seu significado; se não tiver leituras, orientação e preocupações políticas – de nada adiantará estar a martelar-lhe a cabeça com o grito de araponga:

– Pintura social! Pintura social!

Se ele for um tipo politizado, se realmente essas forem as suas preocupações dominantes, então provavelmente não será necessário estar a atazaná-lo, ele espontaneamente porá na tela aquilo que tem na cabeça. Assim, os críticos que querem pintura social, devem cessar seu berreiro e, sem falar em pintura, devem chegar aos pintores, como homens que chegam a outros homens, e devem doutriná-los, e devem convencê-los da necessidade de lutar contra o fascismo (não com tintas, apenas, mas com atitude permanente e diária), de participar das lutas sociais. Se conseguirem convencer o homem, fiquem certos que o pintor refletirá imediatamente a conquista.

Do contrário, se por causa somente do barulho o pintor não convencido condescender, será uma lástima.

*

Também seria necessário dizer que afora aquilo que o crítico possa ter de professoral, de conhecimento de formulário – o mais que ele pode fazer em torno da obra de arte, ou é crônica, de impressões pessoais, ou são ensaios, sobre temas avulsos, tomando como pretexto uma sugestão ocasional.

O que é apenas uma maneira delicada de dizer que ele brilhará à custa do outro, com a agravante de que sempre procura diminuir o brilho desse outro.

Uns fazem como aqueles que Luis Martins caricaturou outro dia, a propósito de quadros, referem as toaletes das damas que os admiravam, ou as conversas de ateliê. Esses são os mais simples.

Outros se tornam pedantes (desculpe, Lourival) – para dar a impressão de que perceberam no quadro coisas que os mortais comuns jamais verão, entram logo com jogo bruto, um palavreado rebarbativo que nem Nietzsche destrincharia: apenas não vêem que estão caindo nos mesmos excessos de fulgores de lantejoulas que tanto desancam.

Outros há mais hábeis, mais comedidos, que põem um pouco de cada uma dessas coisas, muitos nomes estrangeiros para assustar o nativo, alguns termos meio vagos como longitude, altitude, profundidade.

*

Claro é que cada cidadão da República dos Estados Unidos do Brasil, teoricamente, ainda tem o direito de dizer sua opinião, seja sobre as damas que passeiam pela rua Barão de Itapetininga, seja sobre as reais molas do funcionamento do sal, seja sobre óleos e molduras.

Porém estará dando a sua muito particular opinião, que será tanto mais agradável de ser lida quanto melhor for escrita. Apreciemos sua cultura, seus conhecimentos afins, demos passagem ao seu gosto.

Porém fiquemos nós com os nossos, e fiquem os artistas com a sua maneira de expressar o que são e o que sentem.

Condotieris das artes, não os deve haver mais que de homens.

Plataforma da nova geração [19]

O Estado de S. Paulo, 7 de outubro de 1943

1

Creio que é necessário assinalar, de começo, que o que vai dito adiante está limitado pelo que o seu questionário deixou fixado como tema, e pelo que é autorizado como assunto da conversa. Muito embora, para acompanhar as indagações que você faz, seja impossível deixar-se de ir bordejando precipícios.

2

Não parece justo atribuir à geração exatamente precedente, e englobadamente, o não-solucionamento dos problemas com que tem que se haver a atual. A história dos homens não se divide em capítulos de gerações, para que se possa balancear, assim, o deve e o haver exatos de cada uma. Ela não se processa como o trabalho dessas fábricas em que labutam turnos sucessivos de operários, e onde será possível dizer, com exatidão, o que foi feito por uns, o que outros deixaram por fazer. Todos os dias há gente nascendo, morrendo e fazendo toda a classe de aniversários.

Mas principalmente o espaço de duas gerações – e ainda mais de duas gerações vivas, sendo que uma delas ainda jovem – é excessivamente curto para que se pretenda a resolução de todos os problemas pendentes. Devendo-se levar em conta, também, que os problemas, do mesmo modo que os próprios homens, não se apresentam sucessivamente, em fila ordeira, um a seguir do outro, e à medida que o precedente foi solucionado; nem tão pouco estão distribuídos segundo uma regência suprema, uns exclusivamente a esta geração, outro grupo à geração posterior.

Até hoje – ora melhor, ora não tão bem – todas as gerações têm resolvido, sofrido, ou cuidado de resolver, os problemas que se apresentaram. Apenas acontece, por uma circunstância que possivelmente será inelutável, que os problemas, uma vez resolvidos, acarretam outros problemas, em geral não imaginados. Nossos pais ainda viram a escravidão no Brasil. A escravidão do negro foi abolida. Era problema, foi resolvido. Porém, concomitantemente,

19 Resposta ao questionário enviado por Mário Neme a "cerca de trinta escritores que representam a geração dos moços intelectuais do Brasil", conforme a orelha do livro que publicou o conjunto das respostas: *Plataforma da Nova Geração*, Porto Alegre, Livraria do Globo, 1945, Coleção Autores Brasileiros, v. 11.

surgia o industrialismo, que vinha trazer a uma nova forma de servidão. Resolveremos nós este outro problema? O analfabetismo é problema muito sério. Em alguns países, no espaço de poucas décadas, foi quase totalmente abolido. Todo o mundo passa a saber ler e escrever. Mas nem por isso tais faculdades podem ser exercidas, não há para ler o que se gostaria de ler, não se pode escrever o que se saberia escrever. Aí está o fascismo. Veio a guerra. Seguramente, a coligação eixista será derrotada. Mas acaso terá isso significado que o fascismo foi eliminado? Muitos problemas, aparentemente solvidos, ressurgem mais adiante, sob outros rótulos.

Assim é que a geração atual encontrou, deixados pela precedente, alguns problemas não solucionados, outros resolvidos a meio, outros efetivamente resolvidos, mas que resultaram em novos, com que nos defrontamos. Estes últimos estão hoje nos jornais, nas conversas de bonde, e também, genericamente, no seu questionário.

3

Confesso-lhe que não consigo considerar o intelectual, ou o artista, como ser à parte do homem, que ele é biologicamente, e da categoria social, a que pertence. Essa é, entretanto, uma conceituação bastante corrente, mesmo entre muitos que formalmente não a admitem. Será raro, hoje, o sujeito que defenda o "isolamento" do intelectual. Mas é generalizada a tendência a colocá-lo numa espécie de purgatório, entre os péssimos e os ótimos, dando-lhe assim como uma posição de juiz da sociedade, e também de dizedor de regras. Posição muito cômoda, apenas com a função de crítico irresponsável, sem nenhuma obrigação de atuação direta. Penso que isso é charlatanismo, para dar um nome benigno.

Com isso quero dizer que não são os "problemas" que "impedem" a atividade intelectual de qualquer geração. Sem dúvida, tais problemas condicionam essa atividade. Podendo ser que ela se oriente num sentido, ou noutro, conforme o jogo de uma série bem grande de fatores. Mas parece-me errado dizer que elas "impediriam" tal atividade, pois o intelectual não está para determinadas condições sociais na situação em que o peixe está para a água. É que o peixe, sem água, efetivamente morre, o que me parece injusto, pois o peixe não possui elementos que o autorizem a produzir água, nem meios de caminhar do seco para o molhado; enquanto que o intelectual, que também é homem, não apenas sofre o meio ambiente, mas também o influencia – são os homens mesmo que criam o meio social em que vivem. De modo que se o intelectual se sente dificultado pelos problemas existentes, cumpre-lhe cuidar de remover tais problemas. Ele não pode ser a bela adormecida do bosque, à espera de que príncipes encantados venham a tirá-lo do sono imposto por fadas más. Cumpre-lhe enfrentar a bruxa, a qual, se ficamos no terreno das lendas, será tão irreal quanto ele próprio, e se passamos aos casos concretos e correntes, não será também mais real do que ele mesmo.

O que parece certo dizer é que os problemas existentes, uns deixados pela geração anterior, ou pelas anteriores, outros surgidos mais recentemente, se espelham na produção intelectual da nova geração, e em grande parte a delimitam. Mas o problema que existe não será nunca apenas cultural e apenas para os intelectuais. Será um problema do povo, da coletividade, e o intelectual o sentirá tanto mais, quanto mais ligado estiver à vida de seus semelhantes.

Assim se pode dizer, por exemplo, que as condições que aparentemente impediriam a atividade do intelectual, são, na verdade, e exatamente, aquelas que a determinam. Os exemplos existiram a mãos-cheias. O czarismo não só não impediu o aparecimento de *Crime e Castigo*, como, sem czarismo, não existiria tal obra. A guerra de 1914, que pôs a Europa em condições muito mais difíceis do que quaisquer outras por nós aqui experimentadas, resultou no *Nada de Novo na Frente Ocidental*, no *O Fogo*. Sem o fascismo italiano, não teriam existido *Fontamara* nem *Pão e Vinho*. Sem o capitalismo norte-americano não teria surgido *Judeus sem Dinheiro* nem *Passageiros de Terceira*. É exatamente na medida dos problemas existentes, que surgem as obras literárias correspondentes.

Evidentemente, seria igual infantilismo preconizar um mundo de tormentos, para que todos os dias tivéssemos um "Inferno". O intelectual não é exatamente uma ostra. Nem estamos advogando o sofrimento como base da produção intelectual.

Apenas se quer acentuar que a existência de problemas não exclui a do artista. Se tais problemas não o preocupam, ele continuará a bailar entre nuvens. Se ele participa dos problemas, evidentemente seu trabalho os refletirá.

4

É claro que não se pode deixar de tomar conhecimento, nas circunstâncias atuais, dessa instituição a que poderíamos chamar, por exemplo, de – O Lápis Azul. Sob o império deste, é necessário, a quem escreve, andar por entre as palavras como navio que anda pelo mar em tempo de submarino, driblando os torpedos.

Porém, tais circunstâncias, somente, não seriam suficientes para abalar a produção intelectual, como no caso que se tem em vista. O importante é que isto ocorreu num período de depressão geral, quando não havia grande ânimo de luta contra.

A não ser isso, o resultado seria, pelo contrário, no sentido de espicaçar os ânimos.

5

É indiscutível que o panorama intelectual do Brasil, relativo à nova geração, não pode ser considerado separadamente do ambiente político correspondente.

Assim, por exemplo, tem sido geralmente assinalado, como característica da nova geração, e como seu grande título de glória – a invulgar atividade pesquisadora nela verificada. Sublinha-se que os moços de hoje têm todos espírito crítico, analista, são sérios e estudiosos.

Ora, vamos mais devagar.

Creio que tal espírito pesquisador não está muito longe, em suas raízes, o bastante em sua própria manifestação, daqueles mesmos motivos que em outros termos levaram outros jovens a disparados devaneios, em prosa e verso. Quero dizer é que tais pesquisas – que com muita propriedade já foram chamadas de "desconversa" – via de regra se voltam para o passado, ou então ficam girando em torno a inocentes curiosidades, que tanto dá como faz, que sejam assim ou assado.

Mais explicitamente: a mania pesquisadora é uma maneira de fugir aos tempos presentes e aos seus problemas prementes.

Um exemplo dos aspectos cômicos que tal tendência freqüentemente toma, ocorreu ainda há pouco, nesta mesma e tão desengraçada cidade, com um valoroso historiador, que, para bem se certificar da autenticidade dos retratos deixados pelo padre Feijó, conseguiu o desenterramento do cadáver, a fim de tomar-lhe as medidas cranianas. Não faria melhor tal cavalheiro tomando as medidas cranianas de Plínio Salgado, para o dia em que este deva usar o capacete destinado aos que tomam assento na cadeira elétrica? Não seria uma atividade igualmente prática, de pesquisa – científica?

É, porém, que Plínio Salgado ainda tem seus amigos, alguns dos quais em bons postos. Mussolini caiu, mas outros duces continuam firmes. Faz tempo que o fascismo se instalou e vem se alastrando pelo mundo. Parece que vai ser militarmente derrotado, mas certos profetas agourentos dizem que há bichos que ressurgem das próprias cinzas. De modo que fica mais cauteloso cuidar do regente Feijó.

Veja-se que a prole dos "sérios" está principalmente voltada para atividades inofensivas, nas quais não são tão perigosas as análises e teorizações: é a crítica de livros, de artes plásticas, de cinema, de música. São ensaios sobre problemas culturais, ou, no máximo, raciais. São escavações históricas, de templos, de monumentos, de documentos.

6

O que não quer dizer que os moços sejam, em conjunto, uns charlatães.

Não foi à toa, nem deliberadamente, que eles foram se arquivando em estantes, fichários, índices e relatórios. Se não há nisso mérito, também não há demérito.

Muitos dos que hoje vivem exibindo a lustrosa biqueira do sapato, cuidadosamente mantida sempre a brilhar, já viveram com mais intensidade, já participaram da vida corrente, já deram topadas e valentes esbarrões. Porém, cansaram de apanhar. Vendo a maré montante que tragava o mundo, e que encontrava cada vez menos resistência, se recolheram. Alguns confessaram que estavam se recolhendo. Outros, para esconder a derrota, alegaram novas e mais sérias preocupações: as fitas de Carlitos, as igrejas de Pirapora, os quitutes da Bahia.

Mas, de baixo das aparentes novas preocupações, o que existe é a preocupação muito mais forte, de se despreocupar em relação ao mundo presente, que a todos surge caótico, insolúvel, desagradável, inaceitável. É para não firmar os olhos na cara do fascismo, que este vai descobrir novas estrelas no firmamento. É para não ter que tomar posição diante da guerra, que aquele tanto se interessa pelas árvores genealógicas. É para afastar a preocupação angustiante da organização social capenga – mas ainda capaz de dar vigorosos trança-pés em quem com ela se meta a bulir – que outro relê velhos alfarrábios.

A atividade pesquisadora não me parece, assim, a bandeira de glória da geração atual. O que dá à mocidade de hoje o tom dessa seriedade é o conhecimento que, apesar dela mesma, lhe entra pelos olhos, da gravidade dos problemas mundiais.

A atividade pesquisadora é a maneira de fugir a esse conhecimento, que exige uma resposta que os tempos não tornam convidativa.

7

Mas não entendo que apenas por isso se possa fulminar de improdutiva a geração atual, mediante uma comparação mecânica com o estouro que nossos avós fizeram no ano de 1922.

Não padece dúvida que esse episódio ficará assinalado na história literária do país, como marcando uma etapa característica e uma virada decisiva. A esse respeito, não têm procedência os temores de alguns cavalheiros, que desde então não perdem a oportunidade de lembrar, com ou sem motivo, que em 1922 ouve uma semana. Eles podem estar descansados, seu lugarzinho está garantido.

Mas, com bem menor destaque do que gostariam. A "revolução" que fizeram foi toda de superfície, de forma. Tinha muito brilho, mas pouco tutano. O grupo que então os juntou, não agiu, como grupo, senão no terreno estritamente literário e da forma. Foi uma insurreição essencialmente contra a gramática. E a prova de que nenhum estímulo mais sério impelia os modernistas, é que do seu grupo saiu gente das mais variadas tendências. Sendo ainda de notar que saiu bom número de fascistas e adesionistas, os próprios fascistas não apresentando tipos bem convictos, mas especialmente empreguistas sem escrúpulos, que do fascismo se aproximaram principalmente pelo que este tresanda de irresponsabilidade para os maiorais.

A Semana foi do tempo de 22, quando se gestavam as revoluções de 24, de 25, de 30 – estas, como ela, visando transformações de cenário, de apresentação, de redação, sem tocar em nada condizente com a estrutura. Fogos de artifício, belos, porém fátuos. A geração de hoje não se exibe em folguedos de S. João. É, porém, que ela anda às voltas com tiros de canhão, campos de concentração e ilhas. Sua preocupação já não é a possibilidade gramatical de dizer – "Me pertence", mas sim a possibilidade social de tal mesmo enunciado. A geração de hoje passou por 35 e por 38.

Os modernos de 22 foram rapazes felizes e despreocupados, que queriam folgar e que folgaram – sem dúvida fazendo coisa bastante útil. Também foram gente satisfeita, que viu suas pretensões desembocarem na revolução de 30, com a qual se identificou e em geral se contentou. Inclusive nas ulteriores encarnações da mesma, conforme se comprovará lendo as relações dos funcionários de distintas repartições. A nova geração tomou na cabeça pelo mundo inteiro, sendo muito importante notar que o Brasil está situado no mundo. Apanhou da China à Alemanha, com escalas pela Espanha e pela França. Em geral ela não tinha mais de 25 anos, no ano de 1937.

Isso explica, em boa parte, porque a geração de hoje é menos palradora, freqüentemente tira o corpo diante de suas iscas, Mário Neme. Os modernos, que não foram atrapalhados quando quiseram falar; que não deviam temer penalidades mais aterrorizantes que um ovo estrelado na cara; e que já hoje, vivendo das glorinhas do passado, só têm a se auto-elogiar – puderam e podem, por isso mesmo, dizer o que sentem, sua língua é solta e brincalhona. Outra situação é a de quem, a falar, teria a língua cortada, pois diria coisas que não hão de ser ditas. E como não há estímulos exteriores convidando a esses sacrifícios, entusiasmando a ponto de embriagar – os perguntados falam em termos gasosos, que sim mas que também nem tanto, que talvez mas que porém – e deixam rapidamente a cena, ainda meio suados de frio. Apenas quem é mais cabeçudo topa a enrascada. Talvez também por ainda não ter sido bastante escaldado.

8

Quanto a convicções condizentes com o futuro, elas poderiam ser precisadas principalmente por enunciados negativos. Assim: antifascismo; antiimperialismo. Nenhuma disposição para entregar a outrem, sob qualquer pretexto, a própria capacidade de pensamento, orientação e escolha. Nenhuma vocação para o papel de baliza ou guizo dos exércitos da reação.

Uma boa experiência política. Filosoficamente, identificação com o materialismo dialético. Também se guarda aquilo que um jovem professor de outras terras muito se espantou ao ouvir enunciar: honestidade intelectual. Há coisas com as quais não se pactua, sem embargo dos muitos brindes e figurinhas que resultariam. E veja-se que esse parece ser um traço que bem vale, à geração de hoje, a perda de alguma oportunidade para fazer qualquer Semana. Ainda agora, quando há necessidade de testas de ferro para blindar grandes sujeiras, há que recorrer sempre aos mesmos velhos nomes, já pisados qual capachos, pois quase não surgem novos candidatos à falta de compostura como norma de vida.

Em relação à guerra, grande convicção quanto à utilidade de dar tiros em Hitler, mas menor certeza de que todos os Darlans que estão a estas horas formigando, venham a ser tão rapidamente liquidados.

Bicéfalo, série Pássaros,
1959 / nanquim a bico-de-pena sobre papel / 48,5 x 63 cm

Uma forte impressão de que, embora a trancos e barrancos, efetivamente o mundo gira. Menor disposição para acreditar que tenhamos chegado até aqui com um passado de tanto rei guilhotinado, de tanto império desmoronado, de tanta modificação política e social – e que, entretanto, os atuais fundamentos políticos e econômicos do mundo sejam eternos e imutáveis. Nenhuma confiança, também, em que os sujeitos que têm pança mais vasta, irão fazer um "haraquiri" coletivo, para que os desbarrigados se alimentem de suas vísceras.

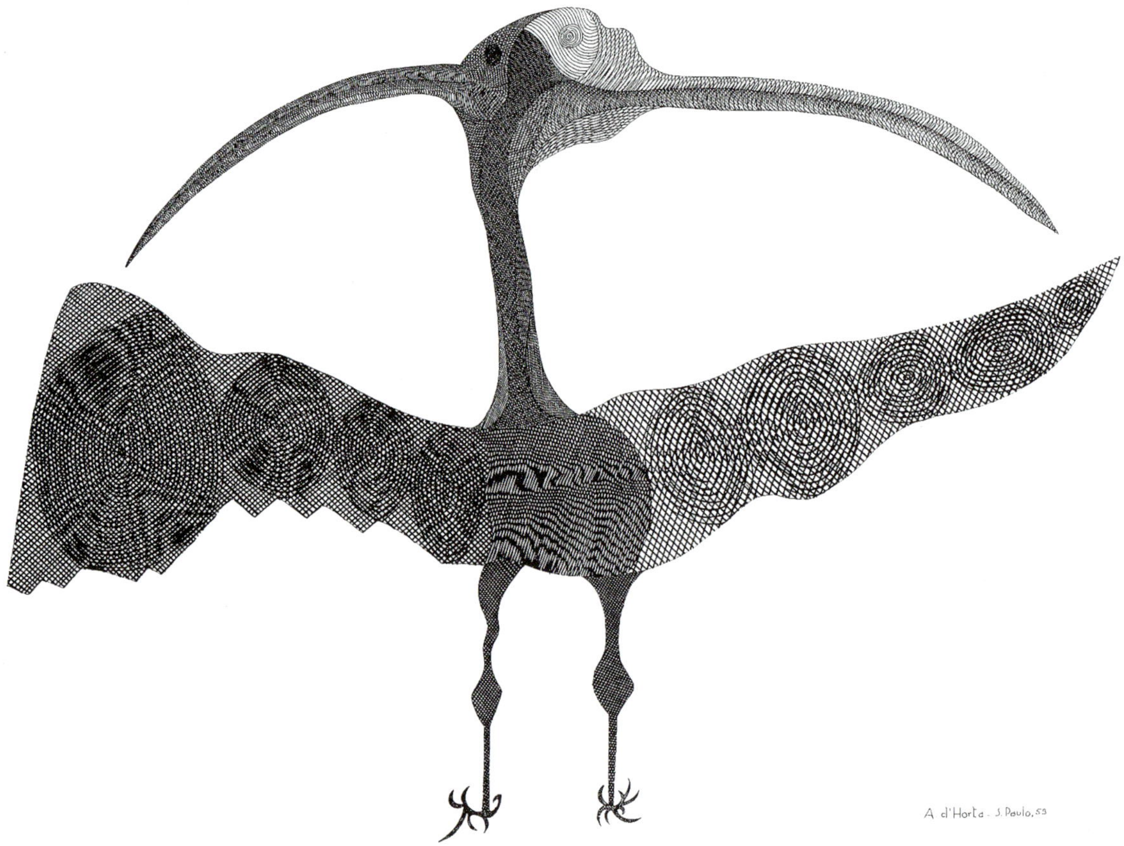

Arte social populista e revolucionária

O Estado de S.Paulo, 4 de dezembro de 1943

Costuma-se, geralmente, chamar de "social" a arte que tem o povo como assunto. A denominação não parece muito feliz, pois "social" toda arte o é, no sentido de que ela é sempre um reflexo do meio social de que procede. Isso, aliás, é inevitável, pois a obra de arte será sempre o resultado do choque do meio ambiente com a personalidade de quem a produz. O que varia são as reações provocadas por esse choque, variando na base das influências exercidas pelo meio ambiente e da personalidade que as recebe e traduz.

Por exemplo, o meio ambiente russo anterior à revolução reflete-se na obra de Dostoievski e na de Gorki. Reflete-se diferentemente numa e noutra, com as modificações que sofreu ao se coar pelo temperamento de cada um dos escritores. Mas há uma atmosfera comum ligando essas obras, uma atmosfera diferente da que existirá na obra de Zola, sem embargo de os assuntos serem muitas vezes aparentados.

Toda obra literária reflete um meio social, as preocupações, os sofrimentos, as alegrias de um determinado agrupamento humano. Sendo de se notar que a despreocupação de outros meios, refletida em outras obras, não tira a estas o caráter de igualmente "social", pois aqui é a despreocupação que caracteriza tal setor da sociedade. Um Malraux, um Shakespeare, um Shaw, um Charles Morgan, são igualmente tradutores do seu tempo e do seu meio. Diferenciar-se-ão por olharem, de perspectivas diferentes, panoramas diferentes. Mas serão sempre os arautos das preocupações dominantes no centro em que gravitam.

A arte pura, desligada do meio no tempo e no espaço, a arte no vácuo, não existe. Quando mais desligada pareça ela das questões do momento em que surgiu, estará traduzindo apenas uma atitude espiritual diante desse mesmo meio – que afirmará pelo desconhecimento. Ignorar é também uma forma de combater. Ou pelo menos de tomar posição.

Há, é evidente, uma diferença de qualificação entre Morgan e Malraux. Pois, por mais que ambos reflitam o meio social, refletem-no de pontos de vista de camadas sociais diferentes.

A arte que se preocupa com mostrar a vida do povo seria, assim, arte populista, e não apenas social. Então poderíamos dizer que *Fontamara* é literatura populista, dado o seu assunto, enquanto *O Amante de Lady Chatterley* já não o será. A arte populista se caracteriza pela preocupação do povo como assunto, ainda mesmo sem levar em conta qualquer intenção propriamente revolucionária. Seria aquela que mostra quadros da vida do povo – o escritor sendo muito mais receptivo para o que vem deste do que para a vida das classes dirigentes.

Isso não implica em intenção revolucionária, pois pode haver pintores de cenas populares sem qualquer intuito de pleitear as reivindicações da massa, conforme exemplos de todas as literaturas. Sendo a recíproca também verdadeira, pois obra valiosamente dinamiteira pode-se fazer mediante o desenho do conteúdo real da vida das classes dominantes. Será necessário lembrar *Babbitt*?

Social toda obra de arte o é, pois toda ela provém do meio social, toda ela reflete a sociedade em que é produzida. Aquela que tem como assunto e preocupação a vida do povo, seria a arte populista, uma subdivisão da primeira.

E coisa diferente seria a arte revolucionária. Esta se caracteriza, não pelo assunto, como a precedente, mas sim pela intenção com que este é tratado pelo autor, ou pelas conseqüências que dela resultam. Em Maupassant, é freqüente a descrição de tipos populares ou de ambientes populares, sem qualquer intenção revolucionária. Já *As Vinhas da Ira*, que tem o povo como tema, é uma obra revolucionária, dada a intenção com que o tema é tratado. E não é menos certo que *A Emancipada*, de Victor Margueritte, retratando a vida de camadas sociais satisfeitas, e ricas, é muito mais revolucionária do que a obra de um Saroyan, sem embargo do carinho com que este retrata a existência de seres trabalhadores.

Na literatura revolucionária, o autor não finge mais de simples máquina fotográfica. Ele mostra, através dos seres a que dá vida, suas próprias convicções. E vai dito que não finge, pois o comportamento diferente é mesmo apenas fingimento – eis que cada autor realmente não faz outra coisa, que mostrar, através dos personagens que monta, suas próprias inclinações. Ainda aquele que aparenta tirar da realidade tipos vivos para pô-los a andar através das páginas de um livro, pretensamente sem interferir com a sua ação, está na verdade interferindo por essa forma, na direção da obra.

O artista não é uma geringonça mecânica na qual, em se botando leite de vaca de um lado, saia um tipo certo de queijo do outro. Qualquer que seja a sua maneira, ele a imprime à obra que realiza. E ora fará queijo de Minas, ora requeijão, ora Catupiry, ora Palmira.

Enquanto a maquininha, montada para um fim, jamais dará outro produto que aquele determinado pela combinação das roscas e parafusos.

O fato de o artista não imprimir um sentido evidente à sua obra, apenas indica que ele próprio não está muito decidido quanto ao sentido que deve tomar. O fato dele pôr sentido nessa obra, não lhe tira, por igual, o caráter artístico. Parecendo, inclusive, que o "sentido" da obra de arte é elemento altamente valioso para a sua permanência, e quase tentando a gente a alegar que ela será tanto mais duradoura quanto maior a influência que tenha recebido, de uma violenta pressão social; quanto mais reflita problemas agudos e reais do momento, quanto mais intencional seja ela.

Dom Quixote está cheio de intenções. A obra toda de John dos Passos se agiganta sobre os alicerces de problemas extremamente concretos e reais da ocasião.

Arte revolucionária será, assim, aquela através da qual o artista afirma convicções revolucionárias. E nesse sentido tanto será revolucionário Fédor Gladkov como Voltaire.

A esta altura talvez já não cause escândalo afirmar que não existe arte desinteressada. Que não existe arte "pura". Pois há tanta tese em *O Último Civil* como em *Iaiá Garcia*. Num, há tese do alemão do século XX, vivendo na Alemanha e vendo o nazismo subindo, achando necessário impedi-lo de atingir o governo. No outro, há a tese do brasileiro pequeno burguês do século XIX, que tem por ideal a vida da burguesia, e que assim amorosamente a retrata. Em ambos há tese. Em ambos há um ponto de vista, uma afirmação de inclinações e preferências. Num estará explícito, no outro subentendido. Mas ambos têm uma posição que, condicionada à sua época, também poderá ser medida em termos de partido.

O intelectual e o meio social

O Estado de S.Paulo, 23 de dezembro de 1943

Não seria reminiscência dos tempos passados, quando o artista era, pessoalmente, um empregado particular do senhor feudal, para o qual trabalhava em plano semelhante ao do bobo – essa revolta que, sob várias modalidades ainda hoje perdura, contra o fato de o intelectual estar e não poder deixar de estar preso ao meio social que traduz?

É compreensível que, no bardo alugado ao senhor da terra existisse, borbulhante, o ódio contra aquele que dava de comer, mas que também obrigava a elogios. A coação, pela fome, a essa prostituição direta da inclinação artística, em benefício do "protetor" do poeta, do pintor, do músico, do filósofo, é, entretanto, fato que, conhecido na antigüidade clássica, morreu na Europa do século passado.

Parece, porém, que o sentimento que uma tal situação devia provocar no intelectual de então, perdura, até hoje, como uma herança recebida sem mais exame, não verificada em seu exato significado. E aquilo, que então tinha o cunho de uma autêntica reivindicação pela liberdade de criação do artista – subsiste hoje (num meio inteiramente modificado), sob os lemas de "arte pela arte", "arte desinteressada", "arte independente".

Se a hipótese é admissível, parece que automaticamente se evidenciaria a sem-razão da permanência, hoje, de uma atitude ditada por circunstâncias inteiramente diferentes das ora vigentes.

*

É certo que ainda hoje haverá sujeitos e instituições altamente abonados, interessados em manter sob aluguel o intelectual, para que este passe a produzir segundo as conveniências de quem paga.

A situação do intelectual perante tais instituições ou particulares, é, entretanto, outra hoje que não a de ontem. Sem dúvida, em cada um desses lugares, há oportunidade para carreira rápida e proveitosa, àquele que se disponha a confundir o seu nome com os interesses do seu empregador. Mas, já então, será um caso apenas de vocação – não de constrangimento sofrido.

Porém, o outro, que em tais lugares apenas vise obter o pão de sustento, dando, como profissional, apenas aquilo que a um profissional se pede – não terá, com isso, alienado a sua liberdade de criação artística, que fora de tais quadros poderá fazer expandir.

O mesmo fato da multiplicação daqueles que são interessados nos serviços do intelectual, aumenta em igual proporção a liberdade deste, acresce-lhe as possibilidades de independência.

É claro que esta não será completa, enquanto, direta ou indiretamente, num grau maior ou menor, ele necessitar, para sobreviver, insuflar interesses que não serão exatamente os seus, quer como indivíduo, quer como porta-voz das aspirações do grupo social com que se sente identificado. Mas neste passo a sua situação não será melhor nem pior que a do restante da população; – do trabalhador, que deve produzir, não aquilo de que está necessitando para consumir, mas sim o que mais lucro dá ao seu patrão; do técnico, que ora é impedido de aprofundar suas pesquisas, que viriam atrapalhar negócios já estabilizados, ora deve, repentinamente, desenvolvê-las a ritmo de competição, a fim de aumentar os meios de destruição.

*

Certo é, em todo caso, que não se pode confundir a situação do intelectual em relação ao seu empregador, com a posição em que ele está para o meio social em geral. Nem se pode confundir uma "aspiração" (a da independência criadora do artista, no sentido moral) – que é muito louvável, com uma "situação de fato" e irremediável, qual seja a das relações do artista com o meio social, da sua dependência em relação às fontes de inspiração. É sem dúvida desejável que o intelectual se mantenha independente, no sentido de que não troque por moedas a sua liberdade de concepção, o exercício de sua capacidade de criação. Outra coisa é a possibilidade, que ele não tem, de deixar de refletir, na sua obra – que sai do seu cérebro – aquilo que no cérebro se encontra, e que ao cérebro só pode ter chegado através dos sentidos do corpo. Os quais, igualmente, não poderão ter apanhado, para ao cérebro conduzir, senão aquilo que realmente ao derredor existia, para ser captado.

Pois a única contingência a que realmente o artista não pode fugir, é essa, de ser o revelador do mundo em que vive. E se alguma coisa há, efetivamente, que possa diferenciá-lo de um outro homem, será exatamente essa capacidade de traduzir sentimentos que pertencem à comunidade dos homens, mas que nem todos os homens são capazes de traduzir. No que vai menos de valor intrínseco, que de habilitação profissional.

*

É muito freqüente tomarmos as conseqüências por causa, e especialmente neste terreno. A verdade, entretanto, é que o intelectual não é intelectual porque tenha nascido com o cérebro inchado, enquanto o do comum dos mortais seria murcho: mas sim que o intelectual se tornou tal, especialmente por haver metido dentro do crânio os condimentos necessários àquela resultante.

Pois é evidente que se botamos um indivíduo, dos 14 aos 65 anos – data aniversária de sua morte – a martelar um malho numa bigorna, a dedilhar um tear, a costurar solas de sapato, a soprar ar em vidro candente – oito a dez horas por dia, seis dias por semana, ele não vai ter jeito de escrever *Les massacres de Paris*. Não é possível.

*

Les plans de l'aiguille seria "arte pela arte"?

A obsessão de fazer obra literária desprendida das contingências terrenas, leva à pura brincadeira de encarreiramento de palavras desconexas, na montagem apenas de uma paisagem gráfica. Isso, porém, os doidos oficialmente reconhecidos fazem com muito maior habilidade e arrojo. Indo por esse caminho, porque também não destroncar as palavras, deixando soltas as letras do abecedário? E por que usar também estas, se também elas vêm prenhas de maldição de inventos terrenos?

Nessa ânsia de fuga para planos mais altos, de desligamento do terra-a-terra em que existe o homem, habita o desejo – tão antigo! – de desumanização do homem (no caso artista), que por um passe de mágica viraria divindade, tão mais alta e infinita que os outros vermes que por aqui continuariam a existir, com seus probleminhas de todo dia.

*

Mas se é falso afirmar que uma obra de arte é "desinteressada", está em plano superior aos debates no meio de que sai – seria de outro lado igual inutilidade pretender que toda obra de arte "deva" ter o povo como assunto, "deva" ter as reivindicações sociais como tema, "deva" afirmar e violentamente defender os pontos de vista do autor. Principalmente porque não adiantaria, e se Pirandelo ressuscitasse, ele sem dúvida reescreveria os *Seis Personagens em Busca de Autor*.

O que se pode afirmar como conclusão, é que o único sentido que a obra de arte deve ter, é aquele que resulta da maneira natural do autor tratar o assunto que o interessa. Havendo concordância entre o seu temperamento e o assunto – saia a *Bola de Sebo*, ou saia *Fábrica de Sonhos*, saia *Ratos e Homens* ou saia *Terras do Sem Fim* – será obra de arte, será produção intelectual honesta, decente, bela e útil. Que é o que importa, no caso.

Desenhos a nanquim a bico-de-pena, carimbo, formão, goiva e outros instrumentos sobre pequenos pedaços de papel

O aprendiz de pintor. A tela branca [20]

O Estado de S.Paulo, 3 de junho de 1950

20 Publicado também no *Jornal do Brasil* em 5 de abril de 1958.

Como disse o pintor, a tela vai-se cobrindo de tinta como se, pelo contrário, fosse sendo descoberta, sob a superfície branca, outra, ali já pintada. O pincel recorta o tecido como um bisturi, e põe à mostra as cores que se escondiam em baixo. A dificuldade está em que, ante a camada opaca, é preciso intuir as linhas e as cores tal como devem surgir. Um gesto em falso, e estropia-se tudo: a cor sai mal revelada, como num decalque grosseiro, a linha rompe-se, quebrando a harmonia da construção.

Porque, sob a tela branca, muitas são as possibilidades que se escondem. Sob aquela laje fria há um emaranhado de veias, de sistemas conjugados, como se fossem grupos de raízes de árvores próximas. É preciso não tomar uma por outra. E, tendo iniciado o levantamento de um veio, ir premunindo seu desenvolvimento natural, para não enxertá-lo, de repente, em outro diverso.

Sente-se na pele quando se deu um passo equivocado; perde-se o equilíbrio como ao errar o pé num degrau de escada. A marcha a ser feita possui um ritmo certo, que ora se acelera, ora necessariamente torna-se mais lento. Porém, os dentes da correia não devem desacertar-se, sob a pena de tudo esborrachar-se.

A descoberta do quadro, na tela, é como a escavação para pôr a nu uma obra soterrada. Algumas vezes se tem a sorte de dar, de início, com o corpo principal da construção, e o trabalho desdobra-se naturalmente, passo a passo, até que todo o conjunto surge limpo e completo. De outras vezes anda-se aos tateios, e ora se consegue desvestir uma ala, ora se acerta com os fundamentos de outro trecho, e a tarefa mais difícil é, exatamente, a de encontrar, em seguida, os caminhos de ligação entre as várias partes. De outras vezes, ainda, a má sorte nos persegue, e não fazemos senão destruir aquilo que queríamos revelar. Não podemos, então, distinguir o que é argila do terreno do que constitui a própria obra, e antes de prosseguir na faina de descobrimento é preciso reconstruir pacientemente aquilo que desajeitadamente desfiguramos.

Branca, a tela é igual a qualquer outra. Mas, à medida que as tintas vêm à tona, as dimensões da tela vão-se modificando. Ela ganha profundidade, espicha-se, encurta-se, alarga-se.

Torna-se móvel, e freqüentemente hostil. Sentimos por vezes que enfiamos o punho num gargalo muito estreito, e como é difícil tirá-lo! Riscos e cores lutam por ajustar-se, e cada um deles afeta automaticamente todo o conjunto. Jamais um pincel se move impunemente. Cada ato tem a sua conseqüência, a responsabilidade vigora plenamente.

O pintor funciona, então, como regente de orquestra que tocasse uma música que no preciso momento ele mesmo devesse compor. Deve prever e dirigir, supor e fazer. O quadro gera-se como um ser vivo, embora surja aos pedaços; é que cada pedaço contém em embrião a obra completa, e só poderá subsistir se o crescimento for harmonioso.

Sobre a tela branca, aquilo que vai sendo assentado dificilmente terá um caráter definitivo. Como em chapas fotográficas que requerem sucessivos banhos para revelar-se integralmente, também o colorido da tela será conquistado em escalas. É uma aproximação paulatina, como num cerco em que as saídas fossem sendo fechadas até agarrar-se à presa. A configuração do quadro faz-se por degraus de cores. Só conseguiremos avançar se as preliminares tiverem sido estabelecidas com firmeza. Sobre elas, porém, o maior trabalho é o da revisão, do acerto, do afinamento. Durante ele haverá, a todo momento, o risco de que nos extraviemos, abrindo um buraco num canto e por ele caindo como por um alçapão, cavando um lamaçal numa extremidade e aí enterrando-nos de corpo inteiro, sem mais sentir o chão. Nessa altura, o pintor anda pelo quadro como sobre arame esticado no abismo. Cada passo em falso pode ser irremediável. Ele próprio viverá tenso como esse mesmo arame, a ponto de andar sobre um fio de cor como se pisasse terreno seguro e conhecido.

A tela branca desapareceu. Não conseguiremos mais, sequer, imaginá-la autônoma sob o quadro pintado. Este existe com vida própria, independente de tudo o que lhe seja exterior, regendo-se por leis particulares, segundo uma lógica peculiar e original.

O aprendiz de pintor. Interior do artista [21]

O Estado de S.Paulo, 25 de julho de 1950

21 Publicado também no *Jornal do Brasil* em 3 de agosto de 1958.

O mais falante disse que agora estava pintando honestamente. Levara uns dois anos fabricando telas para vender, ao gosto do freguês. Mas depois lhe dera aquela amargura na alma pela sujeira em que andava metido – não era nenhuma dessas sujeiras que possam dar processo, cadeia, altos destampatórios e denúncias pela imprensa e nas tribunas públicas – uma sujeira apenas do conhecimento íntimo dele mesmo, e representada pelas facilidades em que estava se comprazendo. Nem que estivesse se comprazendo nelas se podia dizer, dava aquelas pinceladas meio complacentemente, e diante dos elogios dos papalvos fazia força para acreditar no que diziam. Mas no fundo de si mesmo, estando só, cara a cara com o quadro, via bem nítido que estava praticando uma coisa assaz nojenta. Se não tivesse consciência do fato a coisa se passaria na superfície, pintalgaria telas sabendo de antemão que tal natureza-morta poderia ser adquirida precisamente por Fulano de Tal, e aquela outra marinha seria mordida sem falta pelo sr. Beltrano. Porém, por maldição do Diabo, entrevira os mistérios que se aninham por detrás dos fiapos de tintas confundidas, comera do fruto da árvore da arte, e estava doravante contaminado pelo pecado mortal da criação. Por mais que o ambiente fosse festivo à sua volta, e o êxito comercial se caracterizasse dia a dia, o demônio da consciência não deixava um minuto de alimentar a angústia da insatisfação, o desprezo de si mesmo, aquela sensação de miséria moral sem remédio, sem perspectiva, aquela impressão de esvaziamento. Mais de uma vez estivera de revólver na mão, o cano perto do ouvido, para liquidar com a podridão subjetiva esparramando os miolos. Declaração essa meio melodramática para os auditórios, mas feita mansamente na mesa do bar, em tom que tirava ao dito qualquer aspecto de discurso.

O outro pintor falou corroborando, disse a frase precisa. É isso mesmo. Você vai pintando, pintando, chega a um ponto em que pinta assim assim, os que vêm gostam, dizem que está bom, dizem que está muito bom, dizem que gostam muito. Porém, para o artista, nada disso adianta nada. "*Nada disso adianta nada*". Ele sabe que não está certo. Ele sabe, com certeza, onde estão os pontos fracos. Sabe que aquilo é um quadro inacabado, que a maioria de seus quadros estão inacabados, que a maioria dos quadros do mundo estão inacabados, capengas, tortos, desequilibrados, falhos, incompletos, tapeados. Num ponto, em dois pontos, em dez pontos – em algum ponto. E contra isso nenhum elogio exterior vale coisa alguma.

O processo se desenvolve nos subterrâneos que vão da cabeça ao coração do pintor, passando pela garganta. Naquele mundo escuro tudo é, entretanto, bem claro. Ali não entra artigo de jornal, nem elogio de crítico amigo, nem aplauso de amigo comprador.

O terceiro começou a pensar. Tintas, linhas, o desdobramento da cor, as relações da cor com a linha, a divisão da tela em planos coloridos. Imagens. A imagem do pincel remexendo na paleta, os tubos à volta, a química das misturas ocorrendo sob os fios macios do pincel ou sob o dócil aço da espátula. O óleo se transportando da paleta para a tela, se esparramando, contagiando-se das cores vizinhas, provocando curtos-circuitos em luzes de cor antes acesas. E tudo devendo formar um sentido, um sentido não discursivo, um sentido sensorial. O pintor funcionando meio como um médium, intérprete capaz de emprestar voz aos pigmentos, e de reuni-los segundo sua lógica própria, que é inteiramente absurda nos quadros da normalidade exterior. A proibição inata da repetição, a criação como destruição de conhecimentos adquiridos. O esforço sempre renovado para subir, pois a parada vale como queda.

A cada momento estar em face do nada, e do nada tirar alguma coisa com que continuar a escalada. Alguma coisa concreta, visível, palpável, emocionante. Alguma coisa transfigurada, que vá de encontro à face do vedor futuro, e nesse ponto e nesse momento seja capaz de interromper o funcionamento de todo o ritmo habitual de existência dele – sob o aspecto digestivo, intelectivo, econômico, moral – e impor-se como um fato dominante, por um minuto absorvente.

Por isso e por tudo o mais que aqui não se contém, tinha razão aquele pintor primeiro, que depois que voltara a pintar a sério andava correndo atrás dos compradores de seus quadros da fase podre, para trocá-los pelos novos. Para apagar a mancha. Para tentar desfazer o rastro. Para lavar-se internamente.

O assunto e a obra de arte[22]

– a loucura de Van Gogh e o equilíbrio de seus quadros

O Estado de S.Paulo, 11 de novembro de 1950

Arte Artística

22 Segue, com subtítulo "Causas da Modificação do Clima em São Paulo", resenha sobre *Digesto Econômico*"(São Paulo, ano VI, n. 71, out. 1950). *Revista de Revistas.*

Jornal de Letras (Rio, ano II, n. 16, out. 50) insere um pequeno estudo de Ortega y Gasset sobre o problema da inteligibilidade da arte para o grande público.

Segundo o A., a arte contemporânea não é inteligível para todos porque suas raízes não são genericamente humanas. Não é uma arte para os homens em geral, mas para uma classe particular de homens.

O que o comum das pessoas denomina "gozo estético" é a identificação do espectador com o assunto da obra de arte. As pessoas se agradam de um drama quando conseguem interessar-se pelos destinos humanos nele propostos. Na lírica buscarão amores e sofrimentos do homem que palpita sob o poeta. Na pintura só as atrairão os quadros em que encontrarem figuras com as quais, em algum sentido, seria interessante conviver. Uma paisagem será considerada "bonita" quando o local de que foi tirada mereça ser visitado em qualquer excursão. Assim, para a maioria das pessoas o gozo estético não difere da atitude espiritual habitualmente adotada na vida, a não ser nas qualidades adjetivas: é menos utilitária, mais densa, e sem conseqüências penosas. O objeto, porém, do qual a arte se ocupa, é o mesmo da existência cotidiana: figuras e paixões humanas. Desta sorte, as formas propriamente artísticas, as irrealidades, a fantasia, só são toleradas na medida em que não interceptam a percepção das formas e peripécias humanas.

Na verdade, alegrar-se ou sofrer com os destinos particulares que a obra de arte apresenta, é coisa muito diferente do verdadeiro gozo artístico. Mais ainda: a ocupação com o humano de uma obra é, em princípio, incompatível com a estrita fruição estética.

Para vermos um objeto devemos acomodar de certa maneira nosso aparelho ocular. Se nossa acomodação visual foi inadequada, não veremos o objeto, ou veremos mal. Imagine-se que estamos olhando um jardim através do vidro de uma janela. Nossos olhos se acomodarão de sorte a que o raio visual atravesse o vidro, e vá atingir as flores e árvores situadas ao fundo. Não veremos o vidro, pois através de sua transparência passará o nosso olhar sem percebê-lo. Porém, fazendo um esforço podemos desligar-nos do jardim e, retraindo o raio ocular, detê-lo no vidro. Então vemos confusas massas de cor que parecem coladas ao cristal. Deste modo, ver o jardim e ver o vidro da janela são duas operações incompatíveis.

Da mesma maneira, quem numa obra de arte busca comover-se com os destinos de João e Maria, Tristão e Isolda, a eles acomoda sua visão – e não vê a obra de arte. A desgraça de Tristão só é tal na medida em que se a tome como realidade. De seu lado, o objeto artístico só é artístico na medida em que não é real. O retratado e seu retrato são dois objetos completamente distintos: ou nos interessamos por um ou por outro. No primeiro caso, "convivemos" com o personagem; no segundo, "contemplamos" um objeto artístico.

A maioria das pessoas é incapaz de acomodar sua atenção à transparência que é a obra de arte: passa através dela sem fixar-se, e vai revolver a realidade humana aludida nessa obra.

Durante o século XIX os artistas procederam demasiado impuramente. Reduziam ao mínimo os elementos estritamente estéticos e faziam consistir a obra, quase por inteiro, na ficção de realidades humanas. Nesse sentido, romantismo e naturalismo, vistos à distância, desnudam hoje sua comum raiz realística. Para gozarmos de produtos desse tipo, não é necessário o poder de acomodação ao transparente, que caracteriza a sensibilidade artística: basta possuir sensibilidade humana, deixar que repercutam as angústias e alegrias do próximo. Por isso a arte do século XIX foi tão popular: era feita para a mesma, e constituía-se muito mais de extratos da vida que de arte.

Talvez não seja possível uma arte pura. Mas, por impossível que seja uma arte pura, seria difícil negar a tendência para a purificação da arte. Essa tendência importa na eliminação dos elementos demasiado humanos que dominavam a produção romântica e naturalista. Nesse processo pode-se chegar a um ponto em que o conteúdo humano da obra seja tão escasso, que quase passe despercebido. Será uma arte para artistas, não para a massa dos homens.

A Loucura na Arte

Letras da Província (Limeira, ano II, n. 22, set. 50) reproduz um artigo de Léon Degand, sob o título "A Loucura de Van Gogh". Diz o Autor que os estudos consagrados às artes plásticas dizem respeito, em sua grande maioria, à biografia dos artistas ou aos trabalhos que nos legaram. Um terceiro ponto de vista deve ser considerado – o do público, pois este oferece as mais diversas interpretações às obras expostas à sua apreciação.

Assim, no caso de Van Gogh, várias vezes foi feita a explicação de um pictórico novo e desnorteante, pelo desregramento cerebral do artista. Mesmo os observadores mais sinceramente apegados à arte de Van Gogh foram muitas vezes dominados pelos detalhes biográficos, que acabaram desnaturando a explicação plástica.

Van Gogh desembarcou em Paris em pleno impressionismo, num meio dominado pela preocupação da pintura clara e da cor pura. Começou a sonhar com uma região mais conforme aos seus desejos de realizar uma pintura rica em cromatismo, e encontrou o ambiente que desejava na Provence. De acordo com o conselho de Gauguin, pintou obstinadamente, usando especialmente as três cores fundamentais, quase sem mistura. O estridor exacerbado à que por esse modo atingiu, é por vezes levado à conta de seu temperamento doentio. Na realidade trata-se apenas da conseqüência lógica das teorias estéticas da época.

Também o desenho do grande holandês tem sido explicado pela loucura. Na verdade, analisando-se o seu desenho sem idéia preconcebida percebe-se que Van Gogh não foi movido por uma espécie de furor cerebral descontrolado, mas ao contrário, pela contenção do espírito, pelo gênio da invenção plástica. Gasto pela miséria fisiológica, pela doença e pelos excessos, Van Gogh não terá podido resistir ao esforço excepcional a que essa interpretação plástica incansável exigia de seu todo nervoso. Mas quem se der ao trabalho de ir visitar os lugares reproduzidos pelo artista, como o famoso *Champ de blé aux corbeaux*, pintados alguns dias antes de seu suicídio, verá que esse trigal é em verdade tão trágico quanto Van Gogh o viu.

O autor conclui indagando: que loucura se teria podido discernir na obra de Van Gogh, se se ignorasse que o pintor era louco?

Pequenos aspectos do grande problema da arte

Anhembi, ano II, n. 16, v. VI. São Paulo, março 1952

A 1ª Bienal do Museu de Arte Moderna de São Paulo foi, pelo que sabemos, o mais sério acontecimento artístico já verificado no Brasil.

Pela primeira vez o nosso público pôde ver uma exposição de tal magnitude. Por ela se constatou, ademais, como é lógico o desenvolvimento da pintura, que em vinte e três países diferentes, de três continentes, vai andando por caminhos semelhantes, em busca de problemas idênticos, refletindo uma inquietação comum – tudo isso traduzindo a autenticidade das pesquisas que modernamente a caracterizam. Pudemos ainda ver como ela é necessária ao público, como este sente a sua falta e anda inquieto à espera daquilo que os pintores lhe possam fornecer como emoção estética.

Por tudo isso, entretanto, é que mais gritante se fez uma falha muito séria da Bienal – falha consistente na falta de orientação para o público que, transpondo a entrada do Trianon, via-se perdido naquele mar de telas, desenhos e esculturas, sem nele poder tomar pé, sem ver as praias pelas quais guiar-se. O rendimento que a Bienal poderia ter deixado, no sentido do enriquecimento artístico do povo, no sentido de conhecimento adquirido e capitalizado, teria sido mil vezes maior, se alguns poucos elementos de informação tivessem sido dados ao visitante, que lhe facultassem distinguir um abstrato dum cubista, um expressionista dum impressionista, e ter, ademais, uma noção ligeira que fosse dos objetivos que se propõe a pintura moderna.

Não podemos ter, pessoalmente, a pretensão de suprir uma tal falta, pois que não temos cabedal nenhum de conhecimentos estéticos organizados.

Mas pareceu-nos que seria útil expor alguns raciocínios, que são mais de bom senso comum que de transmissão de informações teóricas. E apresentar certos aspectos do problema da pintura e dos problemas da pintura, que se nos tornaram evidentes pelo aprendizado incipiente do próprio ofício e pela freqüência continuada dos locais de exposição – na crença de que tais explicações possam ajudar outros, que pela arte se sentem atraídos, mas que a ela dificilmente encontram acesso – é firmar um pouco mais o pé no assunto.

São coisas muito simples, muito corriqueiras, muito chãs, e que para os mais ilustrados certamente não apresentam interesse.

Assim:

Que o assunto é um ponto de partida, e não de chegada

E que por isso não se deve encarar uma tela colorida, com o espírito com que se encara o quebra-cabeças intitulado – *Onde se Terá Escondido o Lobo Mau?*. Pois ainda que o quadro se denomine *O Lobo Mau Escondido na Floresta*, pintura não é representação, mas criação.

O assunto foi o ponto de partida do pintor. Foi o fato que, pelas suas peculiaridades, o impressionou. Foi o pretexto que, por aproximar-se mais, esteticamente, de suas preocupações do momento, se viu selecionado entre mil outros. Mas, foi selecionado, não para ser reproduzido em seu estado natural – coisa de um lado impossível, e de outro inteiramente inútil, pois em estado natural ele já existe – mas sim para ser transformado, recriado.

Quando o personagem passou da vida real para a tela, perdeu todas as suas características anteriores. Entrou para um domínio no qual o artista é rei e senhor absoluto, com direito de vida e de morte – limitado apenas por sua própria capacidade e pela dos instrumentos com que vai lidar. O ser transmudou-se num "problema" – num problema estético, linhas e cores contra a superfície branca, e lisa e plana da tela. A cabeça do artista opera como um transformador, que da água faz energia. Onde está a água? perguntará o idiota-engraçado ao apertar o botão de luz.

O quadro é o que nele se vê. Seu título – quando tenha título – pode indicar o ponto de que o artista partiu; ademais, serve para individualizá-lo; mas jamais tem a intenção de ser a "chave" com que se poderia deslindar o emaranhado de pigmentos coloridos que o compõem. Alguns são apenas numerados, como peças musicais. Outros têm denominações genéricas – Composição, Formas, Abstração, Pintura. Outros trazem um título definido, que pode apresentar, como pode não apresentar uma correspondência imediatamente evidente com a aparência da tela – Gato, Paisagem, Retrato. O que faz o quadro, entretanto, não é essa semelhança aparente de seu nome com seu aspecto, pois de qualquer forma o que ele "apresenta" não é aquilo de que partiu, e que continuou existindo como realidade exterior, indiferente ao que foi pintado.

O título nada poderá acrescentar ao quadro, para quem não seja capaz de senti-lo independentemente do título. O título é uma etiqueta sem a qual continuará a existir do mesmo modo o quadro pintado, que é uma nova realidade, que é uma obra que foi *criada*.

Que olhar é uma coisa, e ver, outra

Pendurados nas paredes, todos os quadros parecem igualmente acessíveis. De um só golpe a vista os abarca inteiros, já limitados por suas molduras, e, quando tem interesse, o vedor pode desde logo passear os olhos pela tela colorida.

Na verdade, quem assim percorre quadros expostos, deles ficou conhecendo tanto quanto do conteúdo de livros conhece aquele que descortina suas lombadas, nas prateleiras de uma estante.

Como se abre um livro, é preciso abrir o quadro. Levamos horas e horas a andar as páginas de um texto, mastigando cada palavra, e para bem compreender cada palavra juntamos antes, uma a uma, as letras que nela se somam. Dificilmente damos por lido um livro numa sessão só, o entendimento do mais simples deles consome-nos dias, e às vezes semanas, e às vezes meses. E quando deparamos com livro que realmente nos fala, a ele voltamos uma e mais vezes, na releitura que nos vai permitindo aprofundar-nos nas intenções do autor.

Assim será preciso ver o quadro, descer à intimidade das suas pinceladas. Aspirá-lo num hausto, em seu conjunto, e depois ver os trechos, separados. Ele muda de sentido, de tonalidade, de valor, com a luz da manhã, da tarde ou da noite. Ele responde aos nossos estados de espírito, e dias há em que comungamos sem restrições, como há vezes em que entre ele e nós reina a suspeita, a incompreensão, até a hostilidade.

Num segundo o vedor tem a impressão de haver abocanhado o quadro, e poder passar adiante, seu juízo formado. Aquele quadro custou, ao seu pintor, um trabalho material de oito, vinte, quarenta horas. Custou, em emoção, algo que não pode ser traduzido em cifras, mas que pela intensidade leva alguns deles ao desequilíbrio psíquico, e a todos torna mais ou menos incapazes para as contingências rotineiras da vida. Isso que se diz "um vagabundo", "um boêmio". E que é exaustão.

Além de olhar os quadros, será preciso que o vedor procure vê-lo. Procure ver o que o pintor quis pintar – e que talvez não tenha conseguido, mas que ainda assim terá deixado seu traço. As letras são vinte e cinco, as cores apenas sete. Existem dicionários de palavras, não existem dicionários de cores. É que elas são mais misteriosas, e embora em menor número, dão talvez maior quantidade de combinações. É preciso amá-las para entendê-las.

Que toda obra de arte é, simultaneamente, social e abstrata

Pois, por menos que o queira, ou por mais estranho que esteja ao problema em si, o artista está sempre dando o testemunho do seu tempo, do seu ambiente; está fazendo a arte da sua sociedade. E, de outro lado, por mais que não o queira, por mais humildes sejam as suas pretensões, sua obra não nascerá se, da realidade de que partiu, ele não abstrair tudo o que é excessivo e excedente, tudo o que é não-essencial à própria obra; ou não fará arte de espécie alguma.

Isso nos autoriza a considerar perfeitamente "abstrato" um quadro de Gutuzzo que apresenta *Um Camponês Andando no Feudo*, e no qual tudo o que há de social, no sentido político-partidário da palavra, é o título. O mais é um homem de costas, que tem um pé para a frente e outro para o lado, de modo que no primeiro passo seguinte irá inevitavelmente tropeçar e cair. Podia denominar-se *Um Namorado na Leiteria*, e seria um título tão abstruso quanto *Um Camponês Andando no Feudo*. Pois o valor ou o desvalor da obra está no tratamento dado ao desenho e à tinta, e não na aparente correspondência do nome de batismo da tela, como aquilo que de mais identificável ela apresenta.

Isso nos autoriza, de igual modo, a dar um amplo valor de documento social aos abstratos – no sentido estético-pictórico da palavra – suíços, italianos, americanos ou alemães. Quem quer que tenha mexido com pincéis, com a liberdade de trabalho adquirida desde os primórdios da arte moderna, sabe o quanto há de dinamicamente lógico, na tendência ao abstracionismo. Uma circunferência, na tela, tem antes de mais nada o valor de circunferência, que se sobrepõe ao de seu conteúdo, seja ele um rosto, uma laranja, uma roda de bicicleta ou uma circunferência propriamente dita. Mas, afora a justificativa vamos dizer "profissional", o abstracionismo como tendência artística recebe, hoje, também o impulso representado pela realidade ambiente. A arte é uma adivinhação, uma predição do futuro, um ideal. O mundo moderno tem, para o artista, em dose mais forte que para o homem prático ou apenas alheio a esses problemas, as fronteiras fechadas. A criação, com os valores existentes e correntes, sente-se frouxa, inútil, afônica. O artista quer dar vida à matéria, mas a matéria que encontra à sua volta está irremediavelmente contaminada pela morte. Para fugir a esse cerco, ele voa para o abstrato. Se não pode dar vida à carne putrefata, talvez possa vivificar o abstrato, o inexistente. E criar num outro plano.

Que criação pressupõe liberdade, coisa incompatível com academia

E que do mesmo modo que o homem médio goza hoje de uma liberdade política muito maior do que a vigente ao tempo dos reis e imperadores, e de uma liberdade econômica também mais efetiva do que a possível ao tempo da escravidão e do feudalismo, assim também o artista goza de uma liberdade criadora maior, agora que se ampliaram os mercados de consumo de sua produção, e que a vida do artista, considerado isoladamente, deixou de depender exclusivamente do fígado ou do coração de um mecenas.

A revolução da liberdade nas artes – pois que não atingiu somente as artes plásticas, mas também a música, a literatura – estourando com os cinturões dos padrões fixos, e permitindo o reboliço de um sem-número de invenções e tentativas, trouxe, naturalmente, o desnorteamento ao espírito de quem, não tendo acompanhado *de dentro* o desenrolar do processo, nem procurado se informar de suas causas e natureza, e estando placidamente habituado a ver arte em qualquer folhinha ou santinho – repentinamente se sentiu afrontado com as audácias da arte moderna. A grita em torno do assunto é também maior porque apesar de tudo cresceu enormemente o número de pessoas medianamente interessadas em arte – de modo que desrespeitos que antes só atrairiam as iras dos juízes do Santo Ofício, hoje ecoam por jornais, rádios, cinemas e televisões.

Mas não se deve pensar que a negação do espírito acadêmico-clássico deva dar lugar a uma nova academia moderna, em virtude de cujos decretos todo o mundo seja obrigado a pintar abstrato, ou cubista, ou surrealista. A luta contra a academia é uma luta contra a limitação à liberdade criadora. Ela não pode, por isso mesmo, desembocar na instalação de uma academia nova, e apenas diferente.

O que há, é que as diferentes épocas se assinalam por tendências diferentes, e na nossa predominarão, quer o queiramos quer não, umas poucas tendências. O sentido fundamental daquilo a que genericamente se denomina "pintura moderna" é, entretanto, o da liberdade

Tamanduá-mirim
1954 /nanquim a bico-de-pena e pincel sobre papel colorido
49 x 70 cm

de pesquisa, o da procura da expressão adequada ao nosso tempo. Se essas pesquisas conduzirão a algo de válido no tempo, se elas desembocarão num novo tipo de expressão – ou se permanecerão apenas como o testemunho de nossa inquietação, ou ainda se representarão apenas os últimos símbolos daquilo que no passado se denominou "pintura" – eis uma coisa a que o tempo responderá. Mas é uma coisa a que, enquanto o tempo não responde, para os artistas é um problema vital.

A folha de papel [23]

O Estado de S.Paulo, 17 de novembro de 1956. Suplemento Literário

Cada folha de papel é uma, entre os milhões que pelo mundo se dispersam; e para que nela se produza a transformação capaz de virá-la num novo objeto é preciso que a exata quantidade de tinta, devidamente distribuída, nela se situe conforme os mandamentos implícitos na seiva da matéria de que ela procede.

Por isso há desenhos que devem sair tão pretos, tão carregados, tão densos, que mal e mal se entrevêem, em meio à sua trama, trechos do branco inicial do papel sobre que se estabeleceram. Tanto foi necessário a que esse branco chegasse a palpitar, rendido afinal sob a onda de fios pretos que o tomaram de um lado e de outro até resultarem naquela estranha mancha.

Para que a folha chegue a falar a linguagem do estado a que foi transmudada, é preciso cobri-la de maneira adequada, na forma inscientemente por ela almejada.

Conscientemente ela nada sabe sobre a tinta que a vai umedecer. Esta chega como um fato inesperado, que lhe arrepia a epiderme, desmanchando a quietude inteiriça em que ela se achava. O pouco de tinta que de início nela se estabelece repercute por toda a superfície como um som insólito, um grito sem eco que não apresenta razão e ali fica posto como se fosse uma dor sozinha, latejando, teimosa. O surgimento do nanquim é uma intrusão, que de imediato nenhuma correspondência possui em todo aquele campo aberto: ele a ela se sobrepõe como se a tela que a pena vai urdindo se mantivesse suspensa, sem tocar a superfície branca. É que a folha de papel pressentiu a violação e fechou-se toda, hostil àquele arranhar insistente.

Há papéis sobremodo excitados, que em pouco se entregam à água tinta que os tocou no ponto mais elementar. Não mais do que o leve contato foi bastante para que florissem por inteiro, dando-se em ambas as dimensões, abrindo-se em todo o seu segredo.

Outros há quase impermeáveis ao líquido, que permanecem contidos sob a própria carapaça, estranhos aos esforços realizados sobre seu corpo visível, tensos em sua rede interior, sólida e lógica como um esqueleto. Mas a folha tem poros, e por seus poros vai-se infiltrando a tinta. Paralelamente à ofensiva que se desenrola sobre sua tessitura, e a que esta resiste, uma transformação está sendo operada nas ramagens interiores, à medida que o sangue preto

23 Publicado também no *Jornal do Brasil* em 6 de agosto de 1958.

por elas caminha. E longe dos pontos riscados externamente já repercute a animação que vai tomando o ser até então inapetente. A tinta minou o terreno, já vai perlando a crosta rija, e a carne branca sob que se infiltrou traduz a emoção que começa a ritmá-la, conjugando, aqui e ali, sua respiração à do elemento inesperado.

O desenho que está surgindo vive então um período de pulsações descompassadas, no embate entre o preto e o branco animados de fôlegos desiguais – e o resultado não será alcançado quando um domine o outro, mas sim quando se abracem com o calor suficiente a que reciprocamente se animem e reajam. Dentro em pouco haverá zonas em que a comunhão foi estabelecida, e que palpitam em concordância. Outros pontos buscam-se como ímãs, tateiam-se como dedos. E sobram zonas, cuja desolação é agora patente, que permanecem frias, inatingidas pelos arrepios que correm à sua volta.

Nem se pode de antemão saber quanto tempo vai levar para que água e árvore se entendam. Serão dias, serão meses, serão anos até que a preta umidade contamine a polpa em seus recônditos meandros. Então será preciso pôr de lado aquela folha, e esperar que o tempo faça a ação de ir, com o escoar dos minutos, milímetro a milímetro vencendo as barreiras celulares, molhando as comportas minúsculas uma e depois outra, até que o amolecimento completo permita que o trabalho seja retomado. Sendo também de se contar que folhas há que apodrecem da água do desenho, impossíveis à transformação pretendida: nestas não foi uma imperícia de mão que mal conduziu os elementos, mas uma moléstia inata que as inabilitava para a criação.

Normalmente cumpre à mão saber pressentir os canais interiores pelos quais se fará a comunicação, sob pena de tudo esbalhar, acarretando uma inundação em que se afoga a flora nascente.

O curso prosseguindo como devia, dentro da lógica dos dados postos em relação, haverá um ponto de fusão absoluta dos dois personagens antes íntegros. Ponto morto, este, no qual o grau de conformação alcançado a ambos aniquila: nem mais a antiga folha de papel, nem mais, com a sua personalidade, aqueles ativos riscos de tinta: um corpo misturado, cansado pelo esforço, agora inteiramente relaxado, algo desgostante e de si mesmo desgostoso.

A nova realidade, superior a cada uma das anteriores e ao seu baralhamento, não surgiu, ainda. Suas possibilidades estão latentes, mas acham-se de tal modo equilibradas e auto-satisfeitas que a sensação que produz é a de um zero absoluto.

Para que o papel se alce à sua nova condição vai ser necessário reacender o conflito, procurar os pontos ocultos em que se escondem as pontas de estopim. Então, atritá-las sucessivamente, despertando as adormecidas hostilidades entre a folha e a tinta, reavivando-lhes a memória de seus destinos divergentes, desmanchando a equilibrada oposição em que se haviam composto.

O desequilíbrio, harmoniosamente introduzido, deve funcionar como animador de seus movimentos; e estes uma vez lançados não podem exaurir-se pelo reencontro dos contrários, cabendo assegurar que prossigam em perseguições paralelas e transversais, capazes de assegurar sua continuidade.

Quedas no vazio, massas de peso exagerado, linhas extraviadas, a deslocação do centro, uma base fora do eixo – cada voz que se eleva de um ponto, em nota quiçá absurda, deve sentir-se afinada pela aparição de outra que isolada também seria aberrante. O coro não surge da leitura em comum da mesma partitura, mas de que cada som estava sendo exigido por outro, numa escala de valores que no mesmo ato é definida. O contraponto responde, mas não cala a voz a que corresponde: a instabilidade deve ser mantida até que se forme o circuito que, alimentando-a permanentemente, aquietará a balança. O escalonamento dos desajustamentos vai produzir a sinfonia dentro da qual coexistirão os contrários, longe de um equilíbrio primário que, se desastradamente fosse refeito, reduziria de novo a folha de papel a sua anódina aparência inicial.

A plenitude assim obtida deve a si mesma saber explicar-se aos olhos do observador que depare o quadro, alheio ao episódio vivido naquele espaço. É preciso que esse olho transeunte, batendo no retângulo limitado pela moldura, entre a participar do buliçoso viver que tem à sua frente. Ao fixar um ponto ele será impulsionado a procurar outro, e deste levado, em presciência, a um terceiro, do qual, tomado por nova acuidade se verá conduzido ao imediato que a lógica impõe, e, convencido pela coerente inquietação do espetáculo, levado a integrar-se no formigamento ali patente, e cuja única explicação é a autenticidade da própria dinâmica. O olho do vedor terá assim posto sob luz a borbulhante matéria viva que, de si mesma, continua sempre a recriar-se.

Isso será conseguido se tivermos sabido dar, à folha de papel, a exata porção de fios de tinta de que, por vocação e destino, ela necessitava para transformar-se no novo objeto antes não relacionado no inventário do mundo visível.

Desenho da mão [24]

O Estado de S.Paulo, 1956 [?]. Suplemento Literário

24 Publicado também no *Jornal do Brasil* em 8 de agosto de 1958.

Por seus orifícios o corpo deposita no mundo os detritos da matéria que absorveu.

Dos ruídos que os ouvidos captaram de tantos quadrantes, em desencontradas intensidades, sobrou aquele pouco de cera, agora devolvida. No emaranhado das galerias e artérias de nossa humana catacumba ficou ecoando a nata dos sons, que aos poucos se vai extinguindo em vibrações já sem música.

O que pelos olhos entrou, e que foi vasto e variado panorama de cores e relevos, em contrastes que nos apiedaram ou encantaram, nos horrorizaram ou extasiaram – sai coado no sal das lágrimas, resíduo da matéria visual que ficou incorporada ao nosso patrimônio.

E como a cera a saliva, e líquidos de jacto mais contínuo, e bolos irreferíveis – tudo sobra do que respiramos, do que bebemos e do que amamos, refugo das colheitas feitas, cujo mel veio compor-nos.

Por suas frinchas o corpo se desprende do que do meio ambiente coletou, e que não aproveitou. O que para si reservou, e ao preexistente somou – isso fica fora do alcance da limpeza pública ou privada. Adere ao complexo da vida, em sua permanente fermentação.

Eis que somos uma turbina, e em nossos subterrâneos trabalham dínamos. Trançam-se em todas as direções fios vibráteis, e neles palpitam ondas sensíveis, cujos arrepios se traduzem na febre de nossos encanamentos. Essa maquinaria multíplice e tão solidária, que do derredor está sempre a receber os incentivos que a mantém trepidante, possui, entretanto, uma fisionomia coerente. Sem embargo dos excretos, de que está sempre a aliviar-se, ela tem uma personalidade permanente que busca suas formas de expressão.

Os mil resíduos que ficaram em nossos tubos, e que conformam o ser vivo – é pelos dedos que com o mundo tomam contato. Pelos tentáculos que terminam a mão desce à terra a eletricidade que em nossos desvãos sombrios está sempre sendo gerada. São eles o termômetro do calor ou do frio que domina as galerias da mina humana, pelo seu comportamento podem ser aferidas a profundidade dos sentimentos, a geologia dos sedimentos afetivos.

Se o que em nós ficou dominando, depois do que absorvemos e repelimos, é petróleo ou paixão, carvão ou temor, rádio, fome ou ferro – o caranguejo da mão irá dizê-lo. Eis que os dedos estão sempre a tecletear a máquina do tempo, a imprimir, em seu alfabeto peculiar, a marca da fábrica de que procedem.

Eles passeiam macios por alheias epidermes, apanham, como garras, os frutos da terra, moldam e movem máquinas, constróem as tocas para nosso refúgio e conduzem ao cemitério outras mãos já imobilizadas.

Pelos cinco raios dessa estrela que abre seus raios cada vez que um desejo dita sua ordem – as verberações nervosas falam incessantemente o seu morse, transmitindo os recados chegados dos labirintos em que a alma trama suas inquietações.

Pelos cinco rios secos em que o corpo repentinamente se esvai, corre a torrente invisível do organismo, com seus roncos e rugidos, com seus cantares e regougos.

Pelos cinco pistilos da flor que mata e que ama – sempre tesos de curiosidade, perquirindo novos contatos excitantes – o ser humano dá forma, cá fora, aos segredos que compôs na escuridão das tripas.

A mão é a ponte pela qual se faz o comércio entre o mundo particular e o geral.

*

Mas os gestos da mão são mudos, e só aos mudos servem de alfabeto vivo.

Para traduzir sua linguagem há que armá-la de um instrumento registrador das emoções de que é portadora, de um fixador de seus impulsos.

Para que essas emanações incolores se tornem legíveis, para que sua fala sem língua se faça audível, para que sua dança recenda perfume – dai à mão uma caneta com pena. Os cinco rios secos para esta irão confluir, e por ela despejar-se no mar de papel.

A tinta colore o tique-taque que bate seu pulso na caneta. É o telégrafo a funcionar. Os nervos comandam. Os músculos mantêm a tensão. Os ossos sustentam a carne protetora. E na proveta da caneta opera-se, cientificamente, o milagre da transmudação do sangue, que a ela chega pelos dedos, na tinta, que dela sai pelo bico da pena.

No branco painel o ponteiro da pena vai assinalando o movimento de respiração das papilas das falanges, que ditam as linhas em que se traça o mapa do tesouro humano. Esse suor de carvão, retirado das profundas geológicas, escorre pela parede de celulose, retraçando a chapa de que nossas tripas são o negativo.

É uma matéria sobremodo esquiva à modelagem, soro fisiológico que os dedos devem fiar, repuxando-os em firmes tremores. Em pequenos filetes vai sendo coada e selecionada a vasta multidão de minúsculos ruídos, emitidos de todos os pontos do território interior, pois cada um daqueles comichões está ansioso por atravessar as paredes do corpo.

É um formigueiro de agulhadas que varou o gargalo do pulso e se cincodividiu pelos esguios canais terminais, para de novo acumular-se no cacho de dedos apinhados.

Por isso a garganta da caneta lateja como veia cheia: sob o risco de estourar, ela só pode deixar passar o que cabe na caneta, e na ordem em que cabe. Este é o último e mais sensível filtro, e sem embargo da atoarda que os dedos ribombam, por ele somente seguirá o leve cicio que, no bico da pena, caiba num fio de tinta.

Assim os dedos ditam à bengala pioneira os intrincados e trançados caminhos que deve riscar, para que pela mão se desvende o mistério da vida.

A bico-de-pena, formão e bisturi

Museu de Arte Moderna, 1956. Apresentação para o catálogo de sua exposição

Esta exposição compreende 16 trabalhos a bico-de-pena e 24 feitos a formão e bisturi. Os desenhos são de 1953 (inclusive remanescentes do conjunto premiado em Veneza), 1954, 55 e 56, alguns dos quais já apresentados em exposições coletivas, e uma série mais recente de grupos de animais. Devo renovar meus agradecimentos à generosidade da direção e do funcionalismo do Departamento de Zoologia da Secretaria da Agricultura, cujo esplêndido Museu me tem sido de inestimável auxílio.

Quanto aos trabalhos cortados...

*

O fio de nanquim, que a pena molhada vai deixando atrás de si, traça, na superfície do papel, fronteiras visuais, após cuja introdução o olho do observador não mais poderá "ver" a folha preexistente em seu estado inicial.

Os arabescos de linhas criam divisões que se tornam imperativas para o amador. O olhar deste deve, necessariamente, amoldar-se aos vazios artificialmente criados, como subdivisões do vazio total que o artista enfrentou ao iniciar seu trabalho. A pena introduziu, naquele campo raso, acidentes que para o órgão da visão têm a importância dos acidentes geográficos para quem deva palmilhá-los em andanças e descobrimentos.

Mas os fatos visuais que as linhas instalaram para o vedor do quadro pronto não existem para a mão do artífice que lavra o terreno; um traço, depois de feito, pode ser cruzado por outro, sem que um obstáculo físico corresponda à barreira visualmente figurada. Será sempre possível riscar sobre o que já fora riscado, pois a pena compromete a superfície aparente do papel, mas não viola a sua estrutura, não se afunda na sua textura, não lhe altera materialmente a forma.

Assim também as manchas de claro e escuro, as passagens de tons e o jogo combinado das horizontais, verticais e transversais fazem nascer a ilusão de planos na verdade inexistentes, sugerem que uma linha tenha-se elevado ao ar, ao passo que outra formou um sulco.

Incisão

1955 / Incisão em cartolina amarela, laranja, preta e cinza

47 x 67,5 cm

E se desenhássemos com uma pena cortante, que por onde passasse afundasse o papel? E se efetivamente pudéssemos levantar sobre este a linha de tinta saída da pena? Seriam tais inquietações compatíveis com o desenho?

*

Essas perguntas e perplexidades, que em arte tomam o nome algo escolar de problemas, conduziram-nos, na busca dos instrumentos adequados a respondê-las, a tentar desenhar com facas, canivetes, giletes, para fixar-nos afinal nos bisturis. Isso, que a um crítico pareceu denunciar "perigoso furor háptico", resultou em trabalhos a que chamamos incisões, pois o ato de riscar com o bisturi implicava efetivamente numa incisão.

A linha aberta pelo bisturi, que não se acha carregado de tinta, é um sulco quase da mesma cor que a da superfície sobre a qual se trabalha – pelo que, numa obra feita de linhas simples, teríamos uma espécie de escrita Braille invertida, coisa mais para ser vista com as papilas, que com as pupilas. A duplicação das linhas, conduzindo ao vazamento, torna "visível" a forma aberta, ressaltada pela sub-posição de outra superfície de colorido diferente.

Como ancestrais mais próximos essas realizações podem ser filiadas aos moldes com que os pintores de paredes costumavam enfeitá-las de guirlandas de folhagens e outras figurinhas, e que ainda hoje são usados para marcação de embalagens. Apenas, neste caso, não se trata de moldes, mas de obras limitadas a si mesmas.

Matisse tornou famosos os recortes, que entretanto resultam de operação exatamente inversa, eis que são formas recortadas a tesoura e a seguir distribuídas sobre uma superfície lisa – e que de seu lado representaram um desenvolvimento das colagens postas em moda pelo cubismo.

Nas incisões – que, quando feitas sobre metal, madeira, pedra, linóleo, permitem a reprodução de gravuras – o uso de materiais que se deixam atravessar pelo corte dá como conseqüência a abertura de vazios, que podem ser assim conservados para que a própria parede figure como fundo, ou podem ser valorizados mediante a introdução, neles, de notas de diverso colorido. Nestes casos os materiais empregues o foram sempre em sua coloração original.

*

No desenvolvimento de uma pesquisa, as hipóteses demonstram-se pela experimentação. Daí a utilização de papéis de variado colorido, de textura e espessura diversa, e também de folhas de cortiça e de retalhos de couro curtido.

Assim também o emprego combinado de formões, goivas e bisturis trouxe novas alterações aos resultados. Surgem, por isso, peças que já não representam incisões, mas antes entalhes, incrustações, montagens; em certos casos há uma espécie de combinação de alto e baixo relevo. Em comum, têm o fato de que são cortes.

Os trabalhos executados sobre papelão de passe-partout (papelão grosso recoberto de fina folha branca) aproximam-se mais ao que é habitual na gravura. Em tese, se recebessem uma camada de tinta passada com rolo eles poderiam fornecer cópias (gravuras), embora esta (que em nenhum caso foram tiradas) devessem apresentar aspecto bem diferente do dos originais expostos.

Na série que é apresentada há ainda os desenhos carimbados: trata-se, aí, de, usando almofada de carimbo embebida de nanquim misturado com água, sobre ela pressionar a lâmina do formão ou goiva, para em seguida imprimir sobre o papel a linha de corte do instrumento. Mediante pressão leve tem-se a linha apenas desenhada; aumentada esta, faz-se o corte e a tinta penetra. Num dos casos foi tentada a pressão forte com as lâminas secas, de modo que o desenho surgisse do conjunto de talhes abertos na epiderme; mas a trama ficava quase apagada, visível apenas quando vista horizontalmente, pelo que foi superposta a carimbagem com a lâmina molhada.

*

Embora o desdobramento desta atividade, em seu início, tenha parecido, a eminente observador de nossa vida intelectual, simples "divertissement", pelo que de nós sabemos ela esteve sempre adstrita a uma linha de permanente seriedade, e com ela buscou-se apenas atender a impulsos que nasciam do próprio trabalho – dela não estando ausente, com freqüência, um regular esforço físico.

O desenho foi a matriz direta de que saíram esses cortes de formas variadas. Foram problemas de desenho que os provocaram, e deve-se ao fato de que instrumentos tão diferentes do lápis e da pena tenham servido para sua confecção, que por vezes apresentem aspecto algo insólito.

Para os críticos, como para os organizadores de exposições, existirá, sobre o ocasional problema de seu julgamento – que não nos compete – o de sua classificação, que na última Bienal fez com que essas obras passeassem por três das quatro seções em que o certame se dividia. Tal problema inexiste, por igual, para quem os elabora, e que apenas ambiciona chegar a formas de expressão e beleza, enquanto obedece a ditames que têm tanto de íntimos quanto de tosca servidão aos instrumentos que a mão vai manejando.

*

Afora, pois, os desenhos inicialmente referidos, esta exposição apresenta o resultado de uma pesquisa que se desenvolveu pelo espaço aproximado de ano e meio; ela pode ter representado um capítulo aberto e já fechado, para que a atividade anterior seja retomada com o acréscimo de sua experiência – como pode ser o meio de um caminho que deva levar mais adiante. Os cientistas, os industriais, até mesmo os políticos podem preestabelecer o fim a que visam, com as experiências que realizam. Não é nosso caso. Vamos: não sabemos aonde. Vamos: não sabemos por onde. E, se realmente conseguirmos ir, aos pontos que conseguirmos atingir – mais não poderíamos ter querido. Vamos.

A tinta desfiada [25]

O Estado de S. Paulo, 1º de junho de 1957. Suplemento Literário

Chico de Holanda assinalou com muita sagacidade que a Bíblia se inicia em um ponto inteiramente arbitrário da história do mundo – não havendo nenhum motivo para que não pesquisemos a situação antes da hora pela qual o Livro tem começo.

A teoria divina das origens do mundo destina-se desde logo a adequar-nos ao ambiente em que fomos situados. Mas a conformação do planeta, que o Gênesis retrata a partir desse momento, não elimina a hipótese de que do estado preexistente pudessem decorrer outros cursos. Cursos esses outros de que não temos experiência nem ciência, e que em nossa memória não deixaram eco, mas atrás dos quais podemos tentar ir, remontando as épocas em busca do caos.

Quem a isso se veja tentado deve despir todos os preconceitos visuais organizados. Para buscar o que era, antes que nada fosse, o pesquisador deverá poder ignorar sistematicamente o espetáculo circundante, que quererá impor-se sempre já feito e acabado. Para fugir ao cerco do mundo organizado, e perquirir que outras possibilidades de organização ele ofereceria, deve-se enfrentar o problema com líquidos olhos de cego, que pela só intensidade com que se fixassem, pudessem despertar os núcleos de vida que já nadaram no vazio.

Para gáudio dos psiquiatras esse procurador deve sair andando atrás e separado das próprias pernas pioneiras, sem interferir na caminhada que elas tracem, nem regulá-la segundo os ditames de uma mente há milênios condicionada. O sonâmbulo que de tal arte se aligeire, para não desmanchar a fumaça do sonho que vai viver, deve, assim, carregar a tiracolo, nitidamente dissociada, a própria consciência crítica.

É preciso agir como se um ímã estivesse a tatear um terreno, na procura das mais sensíveis relações entre si mesmo e a área sobre a qual se move; e à distância ficasse ele protegido por uma sentinela de acuidade em carne viva, capaz de intuir a aproximação das mais tênues interferências, para afastá-las antes que tomassem forma; capaz de impedir o avizinhamento dos velhos vieses, que sub-repticiamente sempre estarão querendo engodar-nos, a fim de puxar-nos para os carreiros já feitos, a fim de levar-nos a desaguar nos leitos já preparados.

25 Publicado também no *Jornal do Brasil* em 7 de agosto de 1958.

É da exata conjugação dessa crua e desamparada ignorância de cada dado do real – capaz de fazer-nos descer, com a leveza de inumanos, muito abaixo do início do processo dentro do qual a certa altura nós próprios nos vimos gerados – com a impiedosa eliminação de cada dado na verdade já conhecido e identificado, que vai depender se reascenda o processo pelo qual as coisas tomam forma.

O fino fio da tinta vai conduzir-nos, nessa caminhada às avessas, ao ponto em que a vida pode brotar.

*

A pena mergulha no tinteiro e dele traz sua gota de nanquim.

É uma amostra de matéria como outra qualquer, mas se soubermos proporcionar-lhe um pleno estado de liberdade talvez ela possa desencadear um processo de criação que mostre a que outras lógicas pode essa matéria adequar-se.

Vai ser preciso lançar a pequena bola de tinta sobre o papel, de modo a separar, no gesto do desenho, o impulso e a direção. Que o impulso seja apenas a sua própria energia íntima, que lhe dê vibração, e de que promane a direção ali implícita. O fio de tinta assinalará, depois, o curso tomado – que não esteve subordinado a nenhuma trajetória prévia.

A tinta deve nadar no papel como um peixe que se vê posto n'água. Como animal realmente largado em seu meio natural ela vai espanar-se com o entusiasmo, a segurança e o espírito de investigação de quem afinal volta a seu elemento. E à inteligência crítica que à distância estará acesa sobre o espetáculo, ela vai exibir-se em toda a sua espontaneidade, desvendando os mistérios dos próprios desejos, revivendo os instantes em que o possível e o impossível ainda não haviam sido estabelecidos.

A visão das coisas deve, nesse passo, prescindir dos olhos com que maliciosamente Deus nos presenteou – precisamente para que só víssemos conforme lhe convinha, e não mais pudéssemos rever o espetáculo, aquele que seu gesto da criação truncado veio desordenar.

Para recriar o mundo segundo as leis que resultam da tinta que se desfia sobre o papel, é preciso saber que ambos contêm ainda os germes que uma vez fervilharam à toa pelo espaço. Livrados dos envoltórios que os tolhiam, desvestidos de todas as camadas que se foram sobrepondo ao núcleo inicial, reconduzidos a seu estado mais primitivo, eles vão ter, então, condições para se comportarem como gostariam de fazer se não tivessem sido aprisionados, eles vão poder locomover-se e entrosar-se segundo sua lógica mais remota.

Despertada sua memória original, desvencilhados do mundo segundo Jeová, eles vão escorregar à vontade – grãos de tinta, germes de vida – pelo espaço de papel feito seu universo.

De começo vão talvez desnortear-se um pouco, na embriaguez daquela ventura já nem mais pensada. Vão atarantar-se, surpresos, com pés descalços pisando chão frio. Vão arrepiar-se e encolher-se, para logo voltar a correr e disparar, na alegria do cão desacorrentado. E em pouco uns e outros vão encontrar-se, reconhecer-se, identificar-se, para então se encadearem em linhas de organização deles mesmos promanadas, formas nascidas do ritmo.

O novelo de água que saiu do tinteiro desenrola-se sobre o papel semelhando finos veios de sangue. E se da madeira atritada nasceu o fogo, porque não nascerá calor de vida, do aço que macera a branca polpa até rasgar-lhe as artérias?

As gotas de nanquim que nadam na tona, desacorrentadas, buscando sua vocação mais legítima, precisam ter sempre vigiado o campo em que manobram, para que por completo possam manifestar-se. Não vai ser fácil evitar que se assustem com os mil fantasmas que espreitam à volta: cada choque recebido do exterior pode fazer que se encolham assustadas à sua toca, tolhidas, como pode reimantá-las de toda a carga artificial de que haviam sido aliviadas.

Mas enquanto estão nuas e confiantes, assim espontâneas e desembaraçadas, elas gotas se agrupam em linhas, e as retas se alinham em massas, e as massas se desfiam em fios.

Têm a inconsistência de algodões, e entretanto trazem, do infinito em que água e terra se misturavam, penduricalhos de lodo em ramagens de suspeito aspecto. Eis que, das profundidades de que procedem, e que no tempo a Deus antecedem, formas, sons e cores uns e outros se intercompõem. E a linha de uma dura vértebra é a mesma leve forma da folha, cada círculo é uma pupila de olho, há vísceras na textura da flor, e são fezes de gaze, e voam, aladas, as mais pesadas estruturas animais.

São riscos de pena fina, ao lado de grossos traços de malá? É um monte de pequenas toras, empilhadas, a intervalos repetidos? São curvas que acabam em retas, pontos pretos em sucessão, um horizonte somente de paralelas?

São formas inacabadas, geometrias inexplicadas, zonas de escuro e de claro com cinzas de permeio? São trançados que se destrançam, urdiduras encardidas, claves, pautas, semáforos que se entrepiscam?

São triângulos e losangos, pretas manchas de permeio, rabiscos de inteiro arbítrio?

São sinais do alfabeto da vida. São as sílabas do tartamudeio infantil. É a linguagem que se compõe, e forma e expressão ali se confundem.

Na verdade começaram sendo simples grafismo ocasional, um como brinquedo de pena suja. Mas cada instrumento tem sua alma, que canta quando é tocada. Pois do lombo do bode, surrado no rude tambor, não nasce a melodia mágica que atravessa os mares e volta trazendo os diabos das selvas, para encarná-los naquelas dançarinas mequetrefes? Assim o atritar do ferro nas macias fibras, regando-as com a monótona tatuagem das transversais e paralelas, pode também provocar a música infernal das formas que a si se formam, pode desencadear o ritmo de que nascem as coisas, pode construir o desenho.

Morreu ou nasceu Lasar Segall?

Anhembi, ano VII, n. 82, v. XXVIII. São Paulo, setembro 1957

A notícia da morte, que os jornais referem, não encontra eco em nossa mente. Falta-lhe uma confirmação íntima: não podemos vê-lo morto, não aprendemos a imaginá-lo assim. Cremos que ele próprio não saberia como se comportar, se devesse representar esse papel; seu senso da ironia e do ridículo, permanentemente alerta, sempre buliçoso, não se adequaria à rigidez cadavérica, ao imemorial teatro da morte.

Não é possível pensar em Segall senão vivendo – vivendo a sua mímica facial tão rica e maliciosa, vivendo aquelas palavras que buscava com tanto requinte no aparente desajeitamento de quem nunca perdeu o sotaque estrangeiro. E quase somos tentados a assegurar que sua redação verbal era propositadamente desastrada nos acasalamentos dos substantivos com os adjetivos, do singular com o plural, do masculino com o feminino, porque o pitoresco desse palrear fazia parte da "personagem Segall".

E Segall via-se como uma personagem, à custa da qual não raro se divertia, nos relatos cheios de humorismo que costumava fazer, a respeito de suas peripécias: Segall na Alfândega, Segall intoxicado num hotel do Rio de Janeiro, Segall driblando o colecionador teimoso que a todo custo e a qualquer preço queria comprar-lhe um quadro. Ele tinha, pela personagem Segall, um carinho condescendente de pai, que pode inclusive sorrir dos tropeços do filho. Para que o artista se fizesse e se impusesse, ele, Segall-homem, emigrou, casou-se, viveu e agora (dizem) morreu.

O artista nasce – quando como artista vai existir – a partir da morte civil do homem. Até então a arte será sempre um pouco de aventura maldita ou festa social, de noticiário jornalístico com fotografias, de anedotário de mesa de bar, de competição esportiva em que o duro parto do ateliê só conta pelo que rende em matéria de "records" quebrados, de novas "marcas" estabelecidas.

O estático eterno da arte, esse só será visível quando ao redor das obras deixadas se fizer o silêncio de cemitério do Museu. Cessada a agitação dos pés sobre as calçadas, interrompidas as conversinhas, fechada a bolsa cujo termômetro são as variações da moda – então aqui-

Cisne

1954 / prancha 6 do álbum Esqueletos de Animais: 20 Desenhos de Arnaldo Pedroso d'Horta / 33 x 47,8 cm

lo que foi feito, ou cairá no esquecimento sem remédio, ou exibirá, limpo, o halo de eternidade que até então ficara embaçado.

Lasar Segall não recusou, ao Artista a cuja afirmação consagrou toda a sua vida, essas pequenas atenções que podem resultar num certo ambiente de simpatia social. Ele tinha uma tal convicção sobre a seriedade da obra que estava realizando, que se permitia o luxo de autorizar algum bruhahá de repercussão ao seu redor: sabia que esse pequeno preito à vaidade seria incapaz de corromper o artista.

Recebendo embora – e recebendo como coisa devida – as homenagens de seus contemporâneos, ele jamais a elas subordinou a sua atividade criadora. Será difícil encontrarmos, nestes quase 40 anos de pintura no Brasil, um artista mais sério, mais intransigente, mais conseqüente consigo mesmo, mais desesperadamente agarrado à sua verdade.

E talvez também por isso torna-se mais difícil proceder, em relação a ele, a essa revisão de juízo que fazemos automaticamente, sempre que um artista é levado à campa. A dificuldade em aplicarmos hoje aos seus quadros o metro da morte, advém de que essa foi sempre a sua medida. Segall jamais pintou para os vivos ocasionais, ele deu o seu testemunho pictórico do mundo em termos de perenidade.

Para que seus desenhos, suas gravuras, esculturas, guaches e óleos vivessem plenamente, só faltava uma coisa: arredar a presença sempre um pouco polêmica de seu autor, afastar a diversão da personagem de que haviam saído as obras, deixá-las, nuas, solitárias, desamparadas de qualquer moldura artificial, para que esplendessem em toda a sua angústia, em toda a sua dolorosa melancolia, vivendo plenamente a atmosfera lunar em que nadam, cantando, tristemente as canções da raça e do homem, transpirando piedade e solidariedade através os mil pigmentos coloridos que as conformam.

Esse foi o último gesto de Lasar Segall, morrendo.

Sua obra pode, agora, viver sem mais empecilhos.

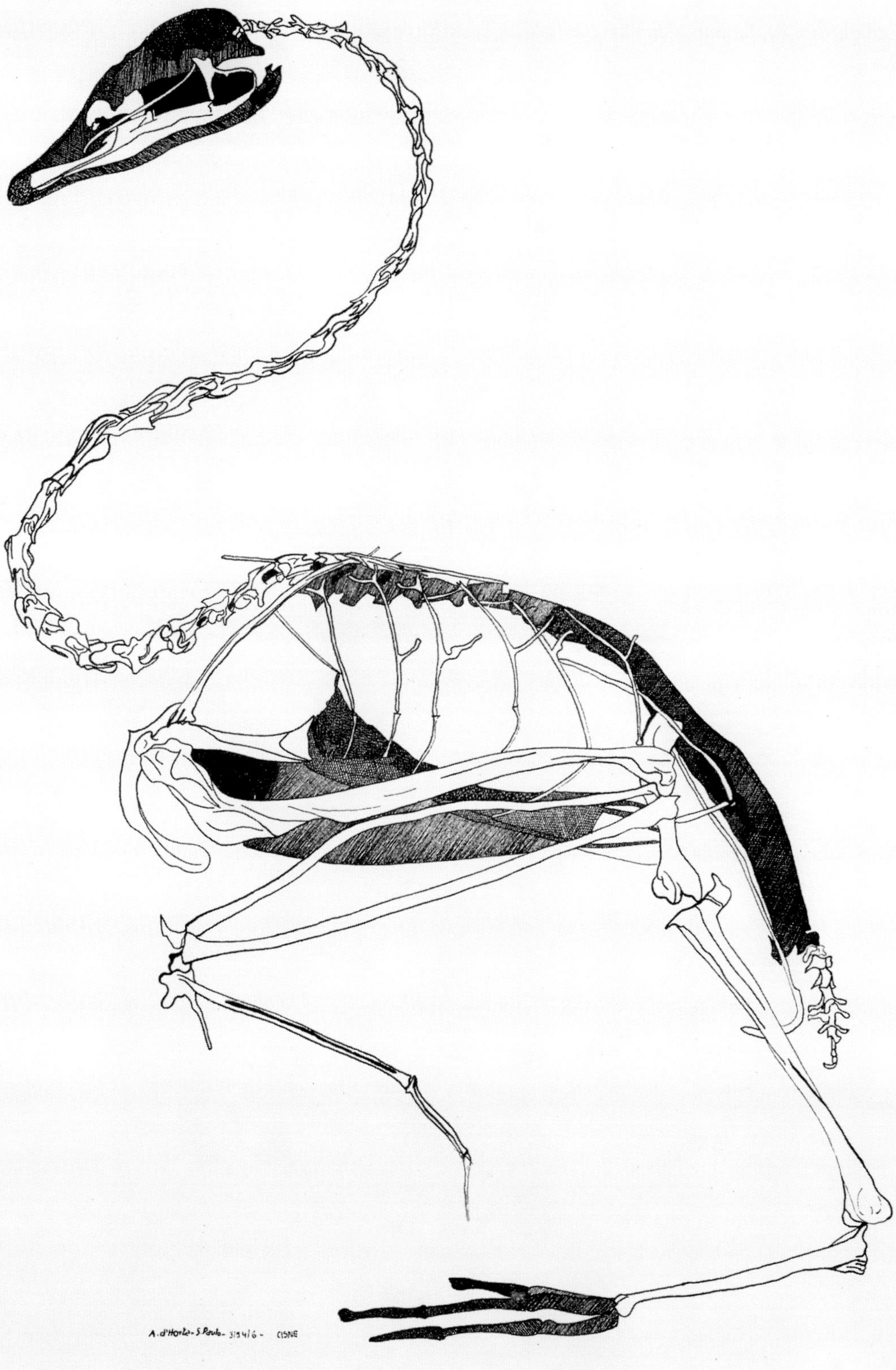
A. d'Horta - S.Paulo - 3/5/4/6 - CISNE

1966

Crítico deve é ensinar o público a ver a arte

Jornal da Tarde, 15 de janeiro de 1966

A linguagem, nas artes plásticas, utiliza-se de cores e de linhas, de superfícies e de volumes. É mediante esses recursos que o artista procura transmitir ao público as suas idéias, visões, sensações, emoções. A linguagem literária utiliza-se apenas de sinais gráficos e de palavras; e por isso mesmo a linguagem plástica não pode ser substituída pela linguagem literária.

O exercício da crítica de artes plásticas é, entretanto, tentado muitas vezes sob a forma de transliteração da linguagem plástica em linguagem literária. E assim como alguns pintores trabalham ouvindo músicas, cuja tradução plástica procuram fixar na tela, assim alguns escritores se postam diante do quadro como diante dum espetáculo *que está acontecendo*, e que deve ser traduzido em palavras correntes.

Gravura D (detalhe)
1958 / xilogravura
49,5 x 61,5 cm
IV estado, 18/20

A crítica da obra literária faz-se de maneira clara para o leitor, porque se utiliza do mesmo instrumento de comunicação da obra analisada, e é fácil, assim, a tramitação das idéias. A crítica da obra musical busca analisar o comportamento do artista na interpretação de uma peça determinada, e tem como pontos de apoio e comparação outros espetáculos em que as mesmas peças foram diversamente expressas. A crítica de cinema e de teatro pode, por igual, encarar os vários aspectos objetivos do espetáculo – valor do enredo, desempenho dos atores, problemas de som e iluminação, tantos outros.

Na crítica de artes plásticas o problema apresenta-se diversamente. Naturalmente, o crítico que tenha adquirido conhecimentos técnicos relativos às diferentes maneiras e processos pelos quais se chega à criação artística nesse terreno, poderá melhor aquilatar da qualidade da obra acabada, sob o ponto de vista profissional. Mas hoje, quando tão grande é a liberdade de criação admitida, tão numerosos e a cada dia mais variados os recursos disponíveis, e quando o mais das vezes o artista não pretende fazer obra eterna, mas apenas causar uma momentânea impressão – o aspecto apontado diminui de importância.

Então, o que há mesmo é o crítico diante do quadro em igualdade de condições com a situação em que perante ele se verá qualquer outro amador de arte.

Há, entretanto, no mundo das artes plásticas, uma série grande de problemas cuja discussão tem uma importância fundamental para os leitores que também são, ou podem vir a ser, visitantes de exposições. São assuntos pertinentes aos novos e mutáveis conceitos da arte, à posição do artista em face do seu próprio trabalho, às relações entre artistas e público. São problemas relativos à seleção e montagem de exposições, às relações entre galerias e os artistas e são também problemas de estética levantados pela produção artística contemporânea.

Trata-se, em resumo, de expor problemas que são comuns aos artistas e outros que interessam à generalidade do público. Antes que tentar dar uma reprodução escrita daquilo que é um quadro – o que na verdade não se consegue – importa mostrar ao público *como* ver uma exposição, pois aprende-se a ver, como se aprende a ler.

Morcego

1954 / prancha 19 do álbum Esqueletos de Animais: 20 Desenhos de Arnaldo Pedroso d'Horta / 47,8 x 33 cm

Propostas para a destruição da arte

Jornal da Tarde, 23 de janeiro de 1966

Encerrando o ano de 1965, mas entrando também por este começo de 1966, o Museu da Fundação Álvares Penteado, à rua Alagoas, 903, apresentou uma exposição coletiva que se subordinou à denominação genérica de Propostas 65.

Não se atina de início com o critério que determinou a reunião dos trabalhos ali apresentados, pois eles compreendem representantes das mais contraditórias tendências artísticas contemporâneas. Predominam, de certa forma, os pop-artistas.

Salvo exceções como a de um Abraham Palatinik, de inexcedível consciência artesanal, caberia enquadrar a maioria das peças que compõem esta coletiva sob o comum denominador de um profundo desprezo no tratamento dos materiais escolhidos. Desde o cubismo, o surrealismo e o dadaísmo que, para a superfície lisa da tela têm sido levados, de mistura com a tinta a óleo, materiais os mais diversos, como pedaços de espelho, rótulos impressos, tampas de garrafa, retalhos de panos avulsos. Mas, em todos os casos, procurava-se a justificação plástica para o elemento insólito, assim carreado: queria-se, precisamente, introduzir, em um certo ponto, um relevo, ou acrescentar um valor colorístico que o tubo de tinta não fornecia. Todas essas liberdades são de há muito aceitas, cuida-se apenas de verificar o critério com que são praticadas.

Nas Propostas da Álvares Penteado, o pop-artismo é praticado como um ato de deliberado desleixo. Tem-se a impressão de que os artistas se envergonham de deter-se diante da obra em construção, e para ela vão atirando, sem discriminação, o que mais facilmente encontram à mão. Como se se tratasse de afirmar a transitoriedade dos trabalhos exibidos, que por isso mesmo não mereciam tratamento apurado ou carinhoso. Esse comportamento, que é o da maioria dos expositores, ressalta, aliás, a partir do próprio arranjo – ou desarranjo – da mostra, tratada com reduzido escrúpulo estético, e na qual por vezes nem sequer o nome do autor se encontra junto do respectivo quadro.

Ao lado de Míriam Chiaverini, que apresenta gravuras sérias, há uma série de humoristas que extravasam seu humor de diferentes maneiras: como Vera Sancigulo, com suas imitações de historietas de revistinhas, Pedro Escosteguy e Renato Landim, cujo humor é antes negro, traduzindo a obsessão de que os mesmos se acham possuídos em face da Bomba.

A bomba parece, mesmo, ser a responsável pelo clima mental dentro do qual esses artistas trabalharam. Seu comportamento é o de niilistas que apenas trazem a sua contribuição pessoal à obra coletiva da destruição do mundo. Apenas parece haver aqui um erro de perspectiva. A arte sempre refletiu as angústias da Humanidade, e seus terrores, e seus recalques. O que porém distingue o artista do político ou do moralista é que ele não apenas participa do momento que está vivendo, como procura projetá-lo para o futuro numa obra duradoura. Goya morreu de há muito, mas o mundo que ele criou sobrevive.

À maioria dos participantes desta coletiva falta o elemento primordial de definição do artista – o amor à obra de arte. Qualquer um pode gritar contra a guerra, mas pouca gente pode pintar um quadro como *Guernica*.

Apesar de tudo, de vez em quando esbarramos em alguém que se deteve mais prolongadamente diante do cavalete e procurou realizar pintura. Sem entrar no mérito do trabalho, é evidente, a esse propósito, que Szpigel, com um retrato, Bernardo Cid e Campadello, Niobe Xandó, Ubirajara e Silvio Oppenheim preocupam-se em harmonizar cores e em obter um efeito de conjunto, em marcar com sua personalidade a obra apresentada – em atribuir-lhe um valor plástico. Wesley Duke Lee é inconfundível, mas o trabalho aqui presente nada tem de especial. Quanto a Maria do Carmo Seco, suas telas mostram a intensidade com que trabalhou.

O traço predominante dessa coletiva, entretanto, é mesmo a tentativa de destruição, não de conceitos acadêmicos de pintura, mas da própria pintura. Como se o mundo contemporâneo, em lugar de exigir do artista uma maior concentração, tornasse impossível a obra de criação. E como se o tipo de comportamento negativo que é comum a estes expositores não fosse, afinal, muito mais uma medida da capacidade individual de cada um deles, que um pronunciamento definitivo sobre a impossibilidade de se continuar exercitando as artes plásticas.

O objetivo dessas Propostas seria o de escandalizar? A arte sempre escandalizou os burgueses, pois ela é normalmente pioneira e está sempre a impor novos critérios estéticos. Mas, no escandalizar, no inovar, no destruir tabus e tirar do nada algo novo, há uma coisa de que não se pode prescindir: a emoção que o artista quer transmitir, ao vedor do quadro, o novo metro que ele propõe.

Não se critica, aqui, a prática da pop-arte, que representa apenas o ressurgimento de uma velha experiência pictórica. Critica-se o ar de deboche com que se misturam, sobre a superfície do que devia ser a obra de arte, pedaços de pau, peças íntimas do vestuário feminino e objetos de toda a natureza e procedência, ali postos sem nenhum critério. E se não há um critério determinante da obra, se não se reconhece a necessidade de se chegar a um resultado previamente desejado – por que, então, perder tempo com tais atividades?

Na maioria dos artistas reunidos pela Fundação Álvares Penteado, a atitude em face da arte é a de um atroz desencanto: em lugar do quadro, que não existe porque não puderam ou não quiseram fazê-lo, nenhuma outra coisa é proposta. Compreende-se a exasperação de que a maioria destes expositores se acha possuída, pois ela é fenômeno corrente entre gente de outras profissões. Vale, assim, como um dado sociológico, mas vale pouco como registro de arte.

Artista quer o seu mercado

Jornal da Tarde, 21 de fevereiro de 1966

A questão da organização do comércio das artes plásticas em São Paulo continua a ensaiar os seus passos, sem denotar que esteja em vésperas de assumir aspecto mais positivo e conseqüente.

É indiscutível que, de 20 anos para cá, foi feito um grande progresso neste terreno. Até então, artista nenhum – a não ser algum afilhado de governante – podia sonhar em viver exclusivamente da sua arte. Cada um deles, ao lado desta, deveria exercer o jornalismo, ou pintar paredes, ou ser *speaker* em estação de rádio, ou ganhar a vida como professor particular. A venda da obra de arte era coisa aleatória e em geral era preciso que um amigo do artista fosse impingi-la a algum homem de dinheiro.

Hoje, há pelo menos duas dúzias de pessoas que, no Brasil, vivem, e vivem muito bem, daquilo que pintam, desenham, esculpem ou gravam. Os artistas mais em evidência, particularmente no Rio de Janeiro, têm vida folgada, compraram casa e automóvel, viajam. Mas a grande massa do mundo artístico continua necessitando assegurar-se num ou dois bicos, seja em agência de publicidade, seja em editora de livros e revistas, seja em outro tipo qualquer de atividade particular remunerada.

E entretanto temos, nesta cidade, um intenso movimento de exposições. E, se grande número de casas especialistas se entregam a este comércio, isso prova que há compra e vendas em quantidade bastante para sustentá-las. Por que, então, não é bem maior o número de artistas que possam viver normal e sossegadamente da sua atividade preferida?

A razão principal parece ser que o espírito desse mercado ainda tem muito de amadorista. Para ele, até agora, não foram atraídos grandes capitais. Montar uma galeria não exige maior esforço do que alugar uma sala, empregar moça que nela fique sentada durante as horas do expediente, por-se em contato com meia dúzia de artistas desejosos de expor e começar a mandar convites pelo correio. Conforme a localização da sala, a eficiência da secretária, o gabarito dos artistas e a profusão dos endereços, o local tornar-se-á movimentado, procurado, e as vendas começarão a pingar, normalmente. Pingam normalmente mas sem a intensidade e o caráter dirigido que deveriam ter, para que os artistas ali apresentados pudessem contar com uma renda mais ou menos fixa.

Pois o comércio de artes plásticas, entre nós, é um dos últimos que trabalha exclusivamente, ou predominantemente, a consignação. Dificilmente a galeria empatará capitais na compra de um grande lote de trabalhos de um mesmo artista, mais dificilmente ela se comprometerá com ele a adquirir-lhe, todos os meses um número predeterminado de obras, segundo uma tabela de preços assente. A menos que surja uma pechincha excepcional, ou que se trate de um desses nomes que entram repentinamente na moda, o mercante de obra de arte limita-se a ter as peças que lhe levam, funcionando como intermediário junto ao eventual comprador, e recebendo, quando a venda é feita, sua comissão de 30%, sem ter empatado, na mercadoria propriamente dita, nem um tostão.

A situação existente no Rio de Janeiro já é sensivelmente melhor que a de São Paulo, Belo Horizonte, Salvador, Recife e Porto Alegre. Na Guanabara, a Petite Galerie, que começara a vida num estreito corredor da avenida Atlântica, viu repentinamente seu negócio agigantar-se graças à participação nele de uma grande organização comercial que instituiu de maneira permanente o sistema de vendas a prestações, tal como se faz hoje em dia para a generalidade dos outros comércios. Se se compram casas, móveis e automóveis a prestações, por que somente os quadros deveriam ser pagos à vista? Ademais, aquela galeria passou a comprar – evidentemente por preços mais reduzidos – quantidades grandes de trabalhos de artistas que seleciona segundo seu critério, para estocá-los e ir, aos poucos, valorizando-os. Além disso, fez contrato direto com alguns artistas, que passaram a receber ordenado mensal para a entrega de um número certo de trabalhos por mês.

Esta última modalidade de entendimento entre galeria e artista não provou bem na maioria dos casos. A galeria pagava com certeza mas pagava menos, e o artista ficava tentado a reservar as melhores produções para venda direta em seu ateliê. De outro lado, como os preços do artista eram menos altos e menos rigorosos que os da galeria, muitos amadores preferiam percorrer os ateliês, ao invés de visitar as galerias.

Apesar desse percalço, o comércio de artes plásticas funciona no Rio, habitualmente, muito melhor do que em São Paulo. A antiga capital da República tem a superioridade de saber valorizar os seus artistas e homens de inteligência; cada um destes é, lá, uma personalidade que recebe as homenagens espontâneas do meio em que vive, e com estas uma promoção permanente. Os artistas são assunto, são notícia, são interesse.

Nesta nossa seca província, cada artista está trancado em seu canto, de onde se desentoca uma vez por ano, para uma exposição. É somente por ocasião das exposições que eles se encontram e convivem. Os esforços feitos para criar centros de reunião em que a vida artística pudesse desenvolver-se não frutificam na medida que seria de desejar. Locais como o bar do Museu de Arte Moderna e o Clube dos Artistas e Amigos da Arte reúnem, cada um deles, um número reduzido de artistas.

E entretanto, dentro desta falta de organização e em meio a tão poucos estímulos, é muito grande, no conjunto, o movimento de dinheiro que se faz em São Paulo na compra e venda de obras de arte moderna. O que falta é uma certa sistematização, um pouco de publicidade que atraia maior público e o empate de capital que de um lado permita aos artistas trabalharem em segurança e, de outro, possibilite ao público o financiamento de suas compras.

Recentemente duas boas notícias circularam. A primeira dizia respeito à iniciativa, que seria tomada por uma das grandes lojas centrais de São Paulo, de anexar um departamento especializado em artes plásticas aos muitos com que até o momento comercia. Tratava-se de introduzir o crediário nesse ramo de negócios, e ao mesmo tempo de formar um estoque antecipado. A outra referia-se à idéia, que teria brotado em uma importante organização bancária, de instalar uma luxuosa galeria que seria cedida gratuitamente aos expositores, sem cobrança de comissão pelas vendas – apenas como um meio de promoção do banco, cujo nome seria dado ao local.

Esperemos que essas idéias vinguem, e que a tais iniciativas outras se somem, capazes de permitir a profissionalização da atividade artística.

Bolsa de valores no mercado de arte

Jornal da Tarde, 26 de fevereiro de 1966

Uma das dificuldades para a formação, no Brasil, de um mercado regular de artes plásticas, capaz de assegurar ao respectivo comércio uma renda média compensadora, e de garantir ao artista um ganho razoável, decorre da arbitrariedade com que são fixados os preços de venda dos trabalhos.

Primeiramente, não há um mercado nacional – havendo tantos mercados diferentes quantos são os grandes centros citadinos. Em virtude disso, a cotação de que um artista goza no Rio não corresponde à que encontra em São Paulo, nem a que obterá em Salvador.

Paralelamente a isso, há o fenômeno dos "grandes nomes regionais", seja no sentido do lugar em quc os artistas nasceram, seja no daquele em que vieram depois a fixar-se. Gente que vive exclusivamente de sua produção artística, como o sergipano Jenner Augusto ou o hoje baiano Carybé têm, apesar disso, cotações de preço completamente diferentes, conforme estejam expondo em sua terra, em São Paulo ou Porto Alegre.

O mistério da integridade nacional do Brasil, persistindo apesar de subsistirem tantos centros regionais ilhados uns dos outros, é principalmente notável no terreno cultural, e no que diz respeito às artes plásticas muito mais do que à literatura. Depois de vender cinqüenta mil exemplares de um livro, o escritor está conhecido em todo Brasil, mas é raríssimo o caso de um Di Cavalcanti, que encontra público comprador aonde quer que se apresente.

Como não existe uma "bolsa de valores artísticos" capaz de dar a cotação real e as variações de interesse que se registram em torno aos diferentes nomes, cometem-se, nesse terreno, as maiores injustiças, assim como também se verificam os maiores abusos.

Os Estados brasileiros continuam a funcionar, a esse propósito, como províncias, e aqueles que neles alcançam projeção, e que conseguem viver de sua arte, nem por isso podem se considerar nacionalmente lançados. O Rio de Janeiro continua a atuar com a mesma suficiência da antiga Corte, e enquanto o artista lá não for, lá não expuser e não se relacionar com as autoridades da crítica, do jornalismo e do comércio artístico local, sua glória permanecerá reduzida às fronteiras estaduais. O Rio reclama a vassalagem do artista desejoso de se projetar, mas somente uma vez cumprida esta, receberá ele a devida unção.

Existindo, pois, tantos critérios de valorização quantos são os principais centros citadinos, há um permanente desencontro entre a cotação que as obras saídas de um mesmo ateliê, e tendo a mesma assinatura, vão obter nas grandes cidades. Acresce a isso que o estranho amálgama que no Brasil se estabeleceu entre a crônica de arte e a crônica social faz com que os colunistas sociais possam, de um dia para o outro, consagrar o nome de um artista, valorizando-lhe repentinamente os produtos – às vezes, em termos inteiramente fora da realidade.

Para citar dois nomes já desaparecidos, veja-se o que ocorreu com Pancetti, e com Guignard. Guignard foi um grande incentivador de jovens artistas, sendo ele próprio um desenhista de traço finíssimo, com o qual animou algumas das mais belas pinturas e aquarelas dos arredores de Ouro Preto. Fez, nos velhos tempos, alguns quadros, que depois ficaram famosos, nos quais alinhava um delicioso humor, ao amor com que via cenas e tipos populares do interior. Viveu sempre pobre, cercado de dificuldades de toda a natureza, desamparado, praticamente sem compradores. Repentinamente, a iniciativa de um grupo de amigos mineiros consegue chamar para ele a atenção do Rio de Janeiro. Em pouco tempo, seu nome projeta-se e impõe-se, e os preços de suas obras começam a subir sem nenhum controle. E os preços sobem à medida que a qualidade dos trabalhos vai caindo, pois o artista perturbou-se com o carnaval que passaram a fazer ao seu redor. Acostumado a trabalhar isolado e calmamente, as pressões publicitárias, que repentinamente entraram a assolá-lo, não mais permitiam o labor quieto e minucioso que era o seu. Até hoje, entretanto, "um Guignard" – independente de quando seja ele, e de como seja, ele vale uma alta cifra. Só o tempo poderá proceder, aí, à seleção indispensável.

O mesmo aconteceu com Pancetti, o marinheiro cheio de broncas que mesmo depois de premiado no Salão do Rio com o prêmio de viagem ao exterior continuou, durante muitos anos, a ser um modesto "pintor baiano". E, entretanto, é dessa primeira parte de sua fase baiana, a melhor produção pictórica que nos deixou. Quando o Rio de Janeiro o descobriu e lançou, Pancetti começou a vender quadros que ainda se encontravam no cavalete, quadros que ainda não estavam pintados pois sua capacidade habitual não dava para atender às novas encomendas. A conseqüência foi que Pancetti começou a pintar "como Pancetti". Cada quadro não era mais – como fora antes – a invenção do mundo, mas uma reaplicação de fórmulas já experimentadas, e que haviam, mais ou menos, dado certo. E nada há pior para um artista, de que se imbuir da convicção de que daí por diante, "já sabe como fazer".

Mas esses exemplos estão citados aqui apenas como ilustração da tese da falta de critério que determina os preços das obras de artes plásticas entre nós. Na Europa e nos Estados Unidos as galerias que apadrinham determinados artistas lançam-nos cuidadosamente, e, com o tempo, e conforme as reações dos meios responsáveis, vão lhes elevando aos poucos o nível dos preços. É preciso agir com seriedade para não se desmoralizar e para não assustar a clientela, que, no dia em que descobrir a fragilidade dos conceitos sobre os quais se baseia essa política de preços, irá aplicar seus capitais em negócios menos discutíveis. Ademais, lá é usual que a tabela de cada artista se atenha a medidas que dizem respeito às dimensões do trabalho, no caso de pintura e desenhos, ou à respectiva tiragem, no caso de gravuras e esculturas.

Entre nós, raros são os artistas que, por iniciativa própria, e a sério, elaboram uma tabela de preços pela qual passam a pautar as próprias vendas. A tendência muito freqüente, ainda, é fixar o preço conforme a cara do freguês – e por isso se vêem tantos fregueses desconfiados, pechinchando abatimentos, qualquer que seja o preço inicialmente pedido.

Já estava em tempo de que os principais museus e galerias pelo menos do Rio e de São Paulo, procurassem coordenar uma política uniforme nesse terreno, instituindo uma autêntica "bolsa de artes plásticas". Com isso, todos teriam a ganhar – os artistas, o público comprador, os museus e os próprios comerciantes do ramo.

Três mulheres em três exposições

Jornal da Tarde, 17 de março de 1966

No plano internacional, é raro que deparemos com o nome de mulheres como Marie Laurencin ou Vieira da Silva, destacando-se na primeira fila dos artistas plásticos mais respeitados pela crítica e mais procurados pelo público. De regra, são os homens que ocupam os primeiros postos.

No Brasil não ocorre a mesma coisa. Desde o surgimento do movimento de arte moderna, que nomes como os de Anita Malfatti e Tarsila do Amaral situam-se entre os dos artistas mais em evidência, e essa tradição não só continuou com o tempo como parece acentuar-se cada vez mais. Hoje, se quiséssemos fazer uma relação das figuras femininas que se destacam como pintoras, escultoras, gravadoras e desenhistas de categoria, deveríamos elaborar uma relação bastante longa.

Neste momento mesmo, na reabertura da temporada artística paulistana, são nomes de mulheres que aparecem inaugurando o ano, nas principais galerias do centro da cidade.

Na Astréia, Gerda Brentani apresenta alguns desenhos antigos ao lado de sua mais recente produção. A propósito desta artista, levantou-se já uma quantidade de vezes uma polêmica perfeitamente inócua, para saber se seus trabalhos devem ser qualificados como desenhos ou como caricaturas – como se as caricaturas não fossem desenhos, ou como se os desenhos não deformassem, de uma forma ou de outra, os modelos ou as situações de que se utilizam e que exploram.

Caricaturas ou não caricaturas, os desenhos de Gerda Brentani têm sempre graça, humor, espírito, como os de outros desenhistas têm sempre tragédia, e como outros são devaneios por detrás dos quais não se percebe a temperatura emocional do autor, e como os há ainda que são simples exercícios de repetição de figuras ou paisagens.

No caso desta desenhista, a perplexidade dos que querem tudo classificar segundo os padrões tradicionais tornou-a, já, vítima de indesculpáveis discriminações. Na exposição deste ano encontram-se, entre os mais belos trabalhos apresentados, dois dos que foram recusados pelo júri da última bienal, precisamente por entender este que caricatura não é desenho.

Num momento em que todos os antigos compartimentos em que estavam divididas as atividades plásticas se encontram completamente convulsionados, e vemos esculturas que se movem e outras que não apresentam relevo, e obras pintadas à mão catalogadas como gravuras, e o pop-artismo caricaturando sem nenhuma limitação aquilo que tradicionalmente se considerou chamar de pintura, é francamente incompreensível que se excluam desenhos sob o pretexto de que constituem caricaturas – como se estas fossem um gênero menor, e não contassem entre seus cultores alguns dos artistas que mais contribuíram para o desenvolvimento do desenho.

No caso concreto de Gerda Brentani, os seus trabalhos, feitos ou não com intenção satírica, situam-se num nível gráfico só atingido por poucos outros artistas brasileiros. Gerda Brentani, que possui uma consciência artística em carne viva, está num dos momentos mais felizes de sua carreira, e os efeitos que agora obtém, combinando o trabalho a pena com o trabalho a pincel, numa série de gradações de cinzas e pretos, fazem da série atual de seus desenhos obras emocionantes.

Na Galeria São Luis é Gisela Eichbaum que apresenta uma série de pequenas pinturas, numa exposição apresentada por Theon Spanudis e Mário Schenberg. Aqui, a feminilidade da pincelada é característica das obras. Trata-se, em todos os casos, de esboços, de aproximações em relação a um objetivo não revelado, de mal definidas ruínas de algo que terá existido. Há como que timidez de afirmação ditada pelo pudor, e cada trabalho se detém nos limites da sugestão, sem nunca chegar à agressividade de uma afirmação. O colorido é o quanto se pode querer requintado, e aqueles pedaços de muros, que também podem ser panos pendurados, ou amostras de barrancos, ruínas ou projetos, reminiscências que repentinamente se esgarçam, possuem uma indiscutível beleza, e se mantém sempre num nível respeitável.

Na Galeria Atrium, finalmente, Elsa Fernandes apresenta uma série de batiques. Não se trata, entretanto, da aplicação do processo de pintura indonésio em fazendas destinadas à confecção de vestidos, xales, lenços. Partindo daquela conhecida técnica a artista procurou, utilizando tintas e materiais diversos, chegar à confecção de painéis e de quadros, alguns dos quais se apresentam mesmo emoldurados. Sem desconhecer o esforço colorístico despendido, e o aspecto algo fantástico a que alguns trabalhos atingem, é evidente que a técnica em si não lucrou com a transposição.

1 pintor em dois lugares

Jornal da Tarde, 25 de março de 1966

É comum na Europa, particularmente em se tratando de artistas de destaque, que um museu e duas ou três galerias se entendam previamente, de modo a expor, na mesma data, aspectos diferentes da obra do artista. O público muito tem a ganhar com isso, pois ao invés de ficar adstrito à produção mais recente do expositor, a qual geralmente é limitada a um número reduzido de trabalhos, pode admirar-lhe a obra sob vários ângulos, de maneira a estabelecer a necessária comparação.

Esse aspecto didático que as exposições podem assumir, não foi até agora seriamente entendido entre nós, e por certo boa dose da explicação para o fenômeno está na debilidade e na precariedade da atuação dos museus aqui existentes. O antigo Museu de Arte Moderna, hoje mais ou menos tolhido por força de uma série de acontecimentos desagradáveis, representou, a seu tempo, o papel de dinamizador de nossa vida artística, no setor das artes plásticas. Também o Museu de Arte, durante certo tempo, teve suas salas animadas por cursos de nível apreciável, de modo que os seus freqüentadores não apenas podiam tomar conhecimento dos quadros apresentados nas galerias apropriadas, como enfronhar-se nos mistérios da criação artística.

Hoje, porém, não há um grande Museu que centralize e irradie as atividades artísticas, e as galerias comerciais em geral se caracterizam por uma compreensão muito imediatista de sua função, que seria simplesmente a de, duas vezes por mês, pendurar e despendurar de suas paredes as obras de um pintor ou gráfico, sem se perder em maiores preocupações a respeito do rendimento educacional que dessas mostras poderia ser retirado.

No momento, por exceção, o público paulistano pode ter uma visão bastante mais ampla do que é habitual, no caso da produção de Walter Lewy. Efetivamente, enquanto a Galeria Brasileira de Arte apresenta, do artista, uma retrospectiva de pinturas a óleo compreendidas no período que vai de 1952 a 1959, a Associação dos Amigos do Museu de Arte Moderna, de seu lado, apresenta do mesmo uma série recente de guaches e outra de nanquins.

O que ressalta da obra de Walter Lewy, especialmente quando vista, assim, em uma variedade de técnicas e em trabalhos que abrangem um largo período, é a sua coerência, a identificação do homem com a produção. Desde o início de sua carreira Walter Lewy sentiu-se atraído pelo surrealismo, não como quem apanha o balaustre de uma novidade que vai passando, mas como quem efetivamente encontrou a maneira de manifestar as suas preocupações intelectuais, de traduzir seu pensamento plástico, de *ser*.

Assim Walter Lewy apropriou-se do surrealismo, e passou a devolvê-lo, nas obras que produzia, devidamente refinado pela sua sensibilidade e pela sua coerência íntima.

Isso não quer dizer que ele tenha ficado marcando passo, na reprodução estereotipada de um clichê estético desde o início definido. Dentro da grande linha que interliga toda a sua produção, há uma sucessão de fases, cada uma delas característica de um tipo de pesquisa plástica ou de uma particular preocupação mental. O problema da representação espacial, por exemplo, rendeu-lhe um número apreciável de produções; como transpor para os poucos centímetros de uma tela ou de uma folha de papel os grandes espaços interplanetários em meio aos quais vivemos?

Uma proposição dessa natureza, que é típica dos problemas que os artistas conscientes acabam inevitavelmente por tentar perquirir, experimentar e demonstrar, encontrou, na produção de Walter Lewy, uma série de desdobramentos, e a oportunidade que suas duas atuais exposições nos dão de apreciá-las, não deve ser perdida. Tenha-se em vista, ainda, que os preços pedidos por este artista são particularmente modestos.

Na Galeria Artécnica, onde as pinturas são exibidas, nos espaços deixados vazios pelos móveis, Aldir Mendes de Souza apresenta uma série de quadros, que desde logo impressionam o visitante pela quantidade de vernizes de que estão recobertos.

Trata-se de colagens em que o papel de jornal representa importante função, recobrindo superfícies cheias de relevos artificialmente introduzidos, e em sua maioria representativos de cenas de rua – a multidão, o casario, o trânsito.

Pintor ingênuo acha o mundo uma maravilha

Jornal da Tarde, 29 de março de 1966

A pintura brasileira chamada primitiva, melhor seria classificada como *ingênua*. Realmente, o que a caracteriza é menos o primitivismo do conceito plástico, do que o comportamento maravilhado do artista em face do mundo. Em cada tela o artista "descobre" o mundo e seu trabalho transmite-nos exatamente essa sensação de comunhão com a natureza, de profundo amor ao modelo escolhido. Essa será, talvez, a razão porque pintura primitiva é, em geral, minuciosa nos detalhes – o artista nada quer deixar de transmitir, da verdade integral que tem à sua frente.

Para o público soviético, educado visualmente na escola do "realismo socialista", será sem dúvida chocante apreciar a coleção de trabalhos reunidos pelo Itamarati. Efetivamente, o realismo socialista corresponde, em pintura, ao mais usado e sem graça dos academismos, enquanto o que distingue os pintores primitivos é precisamente a invenção de que os artistas lançam mão para suprir o conhecimento escolar que não possuem, e a graça que resulta da naturalidade com que se colocam diante dos modelos escolhidos ou dos temas imaginados. Mas o pitoresco e o sabor infantil que há na maioria desses trabalhos não poderá deixar de comover o público russo.

Entre os primitivos brasileiros, é justo destacar o nome de José Antonio da Silva, o pintor de Rio Preto que agora está organizando naquela cidade, por sua conta e iniciativa, um museu. Também Heitor dos Prazeres, embora repetindo com uma certa freqüência os seus temas de mais sucesso, não perdeu ainda o frescor próprio do artista primitivo. Elisa Martins da Silveira, do Rio, com seus jardins encantados em que há milhares de flores minuciosamente pintadas, é outro nome que não pode faltar numa mostra representativa desse tipo de pintura. O número de artistas "primitivos" é hoje muito grande no Brasil, e qualquer relação que dos mesmos se pretendesse fazer seria incompleta. Lembremos, entretanto, o nome de Tereza D'Amico, que se aparentava ao gênero com suas caprichosas construções de contas, pequenas pedras, conchas e toda a espécie de elementos decorativos, servindo a uma espécie de pop-arte primitiva. E há aquele extraordinário Nho Quim (Joaquim Garcia Lopes) de Franca, com as suas representações da vida rural minuciosamente trabalhadas a lápis de cor, e muitos que surgem primitivos – como os componentes do Grupo do Embu – e que depois se encaminham para outros rumos.

Pintora cumpre seu destino

Jornal da Tarde, 12 de abril de 1966

Renina Katz vem de uma das gravuras mais desengraçadas e inconvincentes que já se produziram neste país. Trata-se de artista de temperamento particularmente delicado, e que entretanto, durante anos a fio, em virtude de abstrusos preconceitos políticos, empenhou-se de corpo mas sem alma, em reproduzir, em xilogravuras, figuras de proletários suarentos, com os quais ela não possuía nenhuma afinidade, a não ser a mal endereçada generosidade do pensamento social.

Depois deu-lhe um repentino estalo, e ela começou a desenhar de graça. De graça, entenda-se, no sentido de ausência de motivação político-filosófica, pois os desenhos esses exigiam um notável dispêndio de energia íntima. A mulher largara de lado a cabeça preconceituosa, e por um esforço incomum punha-se diante de paisagens imaginárias mas não surrealistas, cujo nascimento ela própria determinava. O mundo começava a ser criado.

Mas essa artista tão peculiar, de uma capacidade de contenção de tremenda carga explosiva, estava gestando-se a si mesma. O resultado atual deste processo encontra-se nas paredes da Galeria Astréia. São pinturas. Da gravura tão boba, ao desenho caprichado, chegar a esta pintura-soco-no-estômago, não terá sido brincadeira.

Seria igualmente indevido chamar aquilo de figura ou abstração. Há das duas coisas em cada quadro, porque em cada um deles o que importa é o tratamento da cor ditado por uma alma dilacerada, mas que ao invés de cair em transe histérico, faz arte. Inventa, afunda-se no mais fundo mistério da química colorística, retém-se de uma maneira pouco habitual em gamas e escalas de cores que por isso mesmo alcançam um timbre e um volume muito raros. Em cada quadro está o mundo estatelado. O mundo parou naquele momento. Percorrida a lógica íntima das motivações da autora, o quadro que resulta é, para o vedor, um desafio, uma interrogação, um infinito delimitado. Quem for capaz que mergulhe nele e dele extraia as riquezas que ali foram depositadas.

Essa exposição é a afirmação de uma pintora que dificilmente deixará de cumprir o seu destino. O que é uma conquista e uma condenação.

Como surgiu o abstracionismo

Jornal da Tarde, 15 de abril de 1966

Ao executar um seu quadro, o pintor é, a todo momento, levado a abstrair-se do tema propriamente dito, para concentrar a sua atenção no aspecto das zonas de cor, consideradas independente de seu significado. O problema do relacionamento dessas zonas de cor é fundamental para a conformação da obra, a tal ponto que o quadro será afinal válido, qualquer que seja o assunto a que se ateve, pela maneira como foi resolvido o problema do equilíbrio das cores e da vizinhança entre umas e outras.

A verdade dessa experiência, que foi sentida, em todos os tempos, por todos os pintores, inclusive os mais ferrenhamente figurativistas, acabou dando origem ao abstracionismo propriamente dito. Esta escola de pintura atirou-se pelo radicalismo da afirmação de que, uma vez que o importante eram as zonas coloridas abstratamente consideradas, a figura devia ser totalmente banida do quadro. Dominou, então, durante muito tempo, e entre muita gente, o preconceito oposto àquele que só admitia a pintura como representação da realidade, passando ela a obrigar-se a um distanciamento total dos temas e assuntos.

Mas se a verdade visual inicialmente apontada continuava a ser válida, o desejo de eliminar da tela qualquer relação com aspectos do mundo exterior constituía verdadeira tortura. Pois as linhas, embora sendo apenas linhas de cor, conformavam algo, e no interior do mais abstrato dos quadros acabávamos vendo – como vemos nas conformações de nuvens – sugestões muito nítidas de aspectos do mundo natural. Expulsa pela porta, a figura freqüentemente voltava pela janela.

Um pintor de notável coerência

Jornal da Tarde, 18 de abril de 1966

Na Galeria 4 Planetas, Samson Flexor, o veterano pintor que há tantos anos veio fixar-se entre nós, expõe, agora ao retornar, uma série grande de aquarelas. Além de pintar, Flexor ocupa-se também em pensar os problemas de sua arte, e as conclusões a que chega freqüentemente são expostas de forma combativa.

Flexor já se dedicou, durante muito tempo, à prática dos retratos, e também pintou, durante um certo período, segundo zonas de cor delimitadas geometricamente, num tipo de construção do quadro que apresentava um parentesco bem próximo com os vitrais.

Depois passou a caracterizar-se mais particularmente como abstracionista, e inclusive a atual série de aquarelas é por ele apresentada como continuando fiel a essa orientação.

Entretanto, o visitante que percorre os dois andares da galeria e examina os trabalhos pendurados ou guardados em pasta, será possivelmente levado a ver neles – que aliás apresentam uma notável coerência, constituindo uma fase bem nítida – a reiterada sugestão do corpo feminino, com seus adornos peculiares, quer os externos, quer os interiores.

As aquarelas são feitas em tons suaves, limpas, e é evidente que saíram das mãos de quem domina a sua técnica.

Um processo cria nova realidade

Jornal da Tarde, 27 de abril de 1966

Aldo Bonadei está expondo, na Galeria Astréia, quadros a óleo datados desde os anos 40 até este 1966, mas pertencentes todos à mesma linha pictórica, que é aquela realmente característica do seu autor, e que em certos intervalos foi abandonada em benefício de experiências menos felizes de abstracionismo e de aplicação, sobre a tela, de fios de pano.

Agora o artista retoma a linha de trabalho em que realmente parece sentir-se melhor, e que já lhe permitiu a realização de alguns quadros marcantes. Revestem-se eles daquela atmosfera "flou", como que neblinosa, dentro da qual os elementos da figuração, que são fundamentais nesta pintura, esvaem-se e entrelaçam-se, sem desaparecerem nem se confundirem. Exatamente por esse processo é criada a nova realidade, que depende somente da sensibilidade do artista, e a que temos acesso uma vez concluído o processo.

Desta vez – queremos dizer nos quadros mais recentes – o colorido apresenta-se às vezes um pouco mais forte, ressaltando em contrastes certas zonas do quadro; mas quando este é visto à distância conveniente, os elementos colorísticos voltam a fundir-se e a harmonizar-se. Os traços pretos que, como acontecia com freqüência na escola cubista, delimitam os objetos, aqui nem sempre os contornam por inteiro; a certo ponto interrompem-se, perdem-se no fundo, e com isso acentuam a delicadeza do conjunto ao mesmo tempo em que aumentam a margem de participação do amador de arte na maneira final de "ver" o quadro.

Vender quadro é luta de artista no Brasil

Jornal da Tarde, 5 de ? de 1966

O trabalho de criação plástica subordina-se a um raciocínio mental e a um exercício sensual que se desenvolvem através do convívio do artista com seus meios de expressão. Pode-se elaborar mentalmente uma fórmula matemática, mas não se pode elaborar, apenas mentalmente, um quadro. A idéia do quadro constitui sem dúvida preocupação da inteligência, mas esta preocupação vai ser posta em confronto com as possibilidades reais de sua efetivação, na medida em que o quadro comece a ser praticado.

A obra de criação é, pois, uma obra de permanente escolha. A cada risco, a cada pincelada, o autor está optando – e no optar está afastando discricionariamente todas as outras hipóteses; o que quer dizer que este pronunciamento deixa, por sua vez, estabelecidos outros marcos que não poderão ser ignorados, que já vão prefigurando e preconformando o trabalho definitivo.

Enquanto está assim entregue à sua tarefa, o artista é um homem só. Ninguém lhe pode vir em socorro. Nenhuma opinião alheia pode substituir o esforço profundo e continuado que ele deve despender para encontrar a lógica imanente a que de um lado deve submeter-se, e que simultaneamente ele deve conduzir e ditar. Por isso mesmo o artista é, via de regra, um alienado, um ser estranho ao meio em que aparentemente circula. A sua presença no espaço não coincide com suas ocupações e preocupações.

Entretanto, este ser que foge ao cerco da vida ambiente, precisa viver. A obra de arte, uma vez concluída, deve circular, deve encontrar apreciadores, deve ser vendida. Como poderá aquele mesmo ser introspectivo, fechado dentro de seus teoremas fantasiosos, transformar-se agora num agenciador daquelas obras e sair para a rua e apregoá-las e ofertá-las?

A humanidade é variada e entre ela há espécimes de toda a natureza. Encontram-se também, assim, inclusive artistas plásticos que, depois de passarem períodos hibernados em que apenas estiveram mergulhados no trabalho, deles emergem com a produção obtida, e com grande eficiência conseguem para ela colocação na praça.

O bom artista, entretanto, é de regra um obsedado, incapaz de dividir a própria personalidade entre duas atividades tão distintas, e que na verdade requerem dois temperamentos bem diferentes. Mais normalmente vemos que o artista que não quer fazer concessões em seu trabalho, porque acredita na perenidade deste, vai procurar, numa atividade paralela, o ganha-pão fundamental. A arte não é, para ele, simples "hobby", constituindo uma preocupação permanente. Mas como ele não tem aptidão para dela, uma vez pronta, fazer comércio rendoso, deve reservar um canto de sua existência para o ganho da própria subsistência.

É precisamente em virtude do fato da existência, num mesmo ser, dessas duas tão diferentes necessidades diante da vida, que surgem as galerias e os mercadores de arte. Em São Paulo, entretanto, como temos procurado acentuar, as galerias de arte, de uma forma geral, ainda não se situaram num plano a que corresponderia sua necessidade. Será raríssima, aqui, a galeria que possua artistas fixos, exclusivamente seus, aos quais assegure a evasão da produção mediante uma remuneração mínima, e que ademais cuide de manter-lhes o nome em evidência e os trabalhos devidamente divulgados.

Na maioria das vezes a realização de uma exposição constitui para o artista-expositor um verdadeiro trauma, que o força a interromper a sua atividade habitual para entregar-se àquelas tarefas que seriam peculiares do comércio artístico: emoldurar os trabalhos, fotografá-los, distribuir notícias aos jornais, convites aos conhecidos, efetivar materialmente a colocação das obras nas paredes da galeria. E durante a exposição permanecer no recinto, como a *entremetteuse* entre suas meninas, sorrindo para os freqüentadores, constrangendo-se e constrangendo-os. E depois da exposição, muitas vezes deverá ainda providenciar a entrega concreta dos trabalhos, e até mesmo cuidar de obter o pagamento.

Entretanto, o vulto de negócios que se realizam nesse setor é já hoje de tal monta, que não se compreende porque até agora não surgiu um grupo de pessoas, simultaneamente aficionadas à arte e desejosas de ganhar dinheiro, que dêem a esta atividade seu verdadeiro sentido profissional. E que com isso tornem menos humilhante o desdobramento de personalidade a que periodicamente são obrigados os artistas-expositores.

Marcelo, menos monstros

Jornal da Tarde, 4 de maio de 1966

Na Galeria Cosme Velho, Marcelo Grassmann está expondo uma série de desenhos de sua última fase. Esse artista começou desenhando exclusivamente em função da gravura, especialmente a xilogravura, que era o método de trabalho com que se sentia mais identificado. Levou tempo até que ele se animasse a exibir uma primeira seleção desses desenhos, retirada de uma resma de folhas de papel em que se exercitava antes de transferir seus estudos para a madeira. Depois, desenho e gravura assumiram, em sua atividade, autonomia.

Agora, com esta exposição, o desenho de Marcelo Grassmann dá um novo e vigoroso passo adiante, em sua auto-afirmação. Anteriormente as figuras que constituem a marca obsessiva desse artista encontravam-se isoladas no papel em que se situavam: o fundo era branco e as formas, centradas ou deslocadas lateralmente, viam-se focalizadas diretamente, ficando soltas no espaço plástico.

Os desenhos agora apresentados têm uma nova dimensão, que os enriqueceu, graças ao tratamento do fundo com manchas de tinta mais ou menos acentuadas. As figuras ganharam maior nobreza, e já não vemos somente monstros híbridos, mas também figuras humanas normais, algumas delas de grande beleza lírica. São figuras que vêm de um passado sonhado, e os cavaleiros com elmo e armaduras têm invulgar dignidade.

Um primitivo avança

Jornal da Tarde, 5 de maio de 1966

Na Galeria São Luis está José Antonio da Silva, que há quase vinte anos foi localizado em Rio Preto por um grupo de críticos paulistas, e conquistou uma posição ímpar na pintura brasileira. Dentro do gênero *primitivo*, que dá lugar a tantos abusos, ele situou-se com autenticidade e destaque. Esta exposição compõe-se de quadros a óleo de diferentes épocas, até este ano de 1966, e de desenhos. Os desenhos de José Antonio da Silva têm um certo parentesco com os romances dos cantadores do Nordeste, pois cada um deles relata uma pequena historieta; ou então lembram ex-votos, como na homenagem a Sommerset Maughan.

A pintura que nos parece melhor relacionada com a fase áurea do artista, é aquela de tons harmoniosos, menos gritantes, como no quadro do cavaleiro sob a chuva ou no da queimada.

Mas um pintor não pode ficar parado nas posições que já obtiveram o agrado do público. Não é impunemente que alguém passa horas e horas perante as telas, manejando tintas e pincéis. Para alguma direção o raciocínio plástico vai conduzir, e embora possamos pressentir – como na série das naturezas-mortas – que o artista se afasta de suas características originais, não podemos negar-lhe, nem o direito às pesquisas que se lhe impuseram, nem que, com o andar do tempo – por isso mesmo que não é um copiador de si mesmo – ele seja levado para paragens em que não podemos acompanhá-lo. Azar nosso se ficamos receosos do desenvolvimento dessa pintura: o artista atira-se a ela com toda a coragem.

Eis uma boa proposta

Jornal da Tarde, 13 de maio de 1966

Com o capricho que caracteriza as exposições que monta, o Museu de Arte está apresentando uma curiosa série de desenhos-colagens de Darcy Penteado, intitulados *Proposta para uma Nova Via Crucis*.

Diferentemente da série de trabalhos que esse artista exibiu na última Bienal, estes, embora reunindo diferentes materiais e técnicas de trabalho, procuram fugir ao arbitrário da composição, visando, ao contrário, fundir os diferentes elementos numa síntese final.

Apesar do que também se poderia pensar em face do tratamento meio *pop* de um tema religioso, o resultado não é, aqui, irreverente nem chocante. Sem embargo da aposição à tela de fotos de gente engravatada ou de rostos de pessoas da atualidade ilustrando cenas do Calvário, a atmosfera criada é de um certo misticismo um pouco irônico. Para isso deve ter contribuído a cercadura do desenho, feita de papel jornal com um pouco de relevo e recoberto de um grafismo que uniformiza o fundo e que, pelo seu formato, lembra os retábulos de altar. Ademais, o artista não vacilou, algumas vezes, em fundar a composição em quadros religiosos famosos da Renascença, transpondo mesmo trechos de alguns deles. A experiência pareceu-nos válida.

No mesmo Museu há a apresentação de uma série de trabalhos de Heinz Trokes – desenhos a lápis de cera, a caneta de pena de feltro, aguadas, gravuras em metal. O elemento que a nosso ver melhor corresponde, como forma de expressão, à personalidade do artista, é a caneta de pena de feltro, cujas múltiplas possibilidades ele bem sabe explorar, e que dá um sabor de comunicação elétrica ao grafismo nervoso e inquieto que conforma os desenhos.

Que os quadros apareçam

Jornal da Tarde, 25 de maio de 1966

Boa parte dos quadros que Fukushima está apresentando na Galeria Chelsea propõe a questão de se saber se a pintura é feita para ser vista ou para ficar escondida. É um problema de luz – e portanto visual – mas é também uma questão tipicamente mental.

A pintura ingênua, ou primitiva, sofre em geral uma grande atração pelos coloridos nítidos e decididos, pelos contrastes agressivos entre os azuis, brancos, amarelos, vermelhos. Trata-se de marcar com veemência cada zona de cor, de modo a que não se confunda com a vizinha.

À medida que se torna erudita a experiência, a pintura é levada, com freqüência, a buscar o caminho oposto: a tela sofre, então, um tratamento quase uniforme, procura-se o encontro e não o desafio entre as cores; as passagens de tons são criteriosamente medidas, até que o quadro se torne uma sucessão de modulações baixas e que o espectador deva procurar ângulos especiais para bem distinguir as variações inseridas na superfície da tela.

Os exageros de uma tal concepção, quando levados aos seus limites extremos, têm conduzido, no caso de outros pintores, à apresentação de telas monocromas: totalmente brancas e até totalmente pretas. Não é o caso de Fukushima. Sua pintura é abstrata, mas trabalhada em cada detalhe e alguns quadros apresentam-se bem nítidos. Noutros, que nos levaram a estas considerações, predominam sucessivas zonas de vermelhos, raramente interrompidas por pontos de luz, e então é que temos a impressão de que sua pintura, tão cuidada, está sendo escondida.

O diabólico Trindade

Jornal da Tarde, 27 de maio de 1966

O Museu de Arte está apresentando 10 Anos de Gravura de Trindade Leal. São xilogravuras e litografias, num total de 50 peças, a maioria das quais podem ser adquiridas por um preço que varia entre 30 e 35 mil cruzeiros.

Partindo de uma temática popular regional, Trindade Leal a pouco e pouco vai ampliando o campo de seus assuntos e concedendo uma liberdade cada vez maior à própria imaginação. Da reprodução de cenas vistas ele passa, assim, às fantasmagorias, às impressionantes deformações das figuras de corujas e gatos, aos acoplamentos de figuras humanas e animais, às dostoievsquianas "criaturas".

A audácia na concepção vai acompanhada de uma intimidade cada vez maior com os instrumentos de corte que tem na mão e com a superfície que deve ser ferida para que a gravura nasça. Sem chegar ao virtuosismo da pura exploração dos efeitos que podem ser tirados da madeira, Trindade Leal sabe, entretanto, enriquecer seu trabalho mediante a valorização dos claros, dos escuros, dos meios tons, graças à variedade de ferramentas utilizadas, pois cada uma destas deixa a marca de sua personalidade.

Esta exposição é um bom exemplo de artista que abriu o seu caminho sem perder nada da originalidade inicial, que aprendeu trabalhando e que ao aprender se aprofundou e alargou os próprios horizontes: soube somar a fantasia ao raciocínio plástico. As litografias, embora em menor número, nada ficam a dever às gravuras em madeira.

O emprego das mãos

Jornal da Tarde, 31 de maio de 1966

Com um bem cuidado catálogo, que contém textos assinados por Joaquim Cardoso, Antonio Bento, Flávio de Aquino e Sérgio Milliet, o Museu de Arte Moderna está apresentando, no Centro de Artes Visuais da *Folha de S. Paulo* uma exposição retrospectiva do pintor indonésio Affandi.

Trata-se de um pintor expressionista extremamente vigoroso e impetuoso, que raramente usa, entre a sua mão e a tela, o intermédio do pincel. A tinta sai diretamente do tubo em esguichos de linhas coloridas e quando é preciso espalhá-la o pintor recorre aos próprios dedos e à palma da mão. O quadro é, assim, manipulado diretamente e o espetáculo resultante é de uma grande sensualidade.

Como ocorre no pontilhismo, também aqui a fusão das tintas raramente é feita mediante mistura prévia: ela vem a ocorrer na retina do espectador. Em conseqüência o trabalho adquire uma grande vibração e mobilidade, eis que as combinações de cores vão variando à medida que nossos olhos sobre ele passeiam.

Tratando-se embora de um artista de marcada personalidade e cuja temática é o mais das vezes peculiar da região geográfica de que procede, Affandi sofreu, entretanto, uma forte influência da pintura holandesa. Há quadros que nos lembram quase diretamente Van Gogh ou Ensor, seja pela atmosfera geral, seja pelas figuras, seja pela maneira explosiva e violenta de representar as paisagens, principalmente quando o sol está presente.

Tio Quincas conta casos

Jornal da Tarde, 7 de junho de 1966

Os amigos do Museu de Arte Moderna estão representando uma série de trabalhos de Tio Quincas – um autêntico primitivo. Trata-se de desenhos a lápis de cor, feitos sobre tiras de papel que, emendadas, chegam a ter até mais de três metros de comprimento por uma altura que anda por volta dos 40 centímetros. Esse formato não é arbitrário: corresponde à necessidade da obra, que freqüentemente é o relato de uma história com seus episódios seriados, desdobrando-se uns após outros.

Em geral o artista desenha "recordações" de fatos ocorridos muito antes do tempo em que se pôs a reconstituí-los de memória. Essa arte anedótica é auxiliada pelas legendas explicativas, também elas laboriosamente riscadas e coloridas, dispostas como os "balões" das histórias em quadrinhos . Os assuntos preferidos de Tio Quincas são cenas de júri, de cadeia, de gente do interior à porta de sua casa e principalmente os intermináveis comboios de carros de boi, em que cada animal é exatamente individualizado.

Com todo o canhestrismo de seu desenho o artista ressuma poesia e vê-se o quanto é amorosa a sua lembrança das cenas que procurou fixar. O trabalho é de uma dedicação chinesa, principalmente nos enormes capinzais em que cada fio de erva tem a sua personalidade distinta e é devidamente representado. O colorido é discreto e de muito bom gosto. Um quadro chama particularmente a atenção: uma cachoeira, no qual a ausência de figuras humanas e de referências a planos de chão e céu resultou numa construção abstrata, audaciosa e inédita.

Grave bem o nome delas

Jornal da Tarde, 8 de junho de 1966

Izabel Pons (Galeria Chelsea) está expondo gravuras. A artista trabalha em geral em metal, mas acrescenta aos elementos fundamentais representados pelo instrumento de incisão, pelos elementos que protegem a placa e pelos ácidos que a corroem, outros recursos. Sua obra tem, em conseqüência, um aspecto luxuoso, em geral obtido mediante estampagens, e agora também através de colagens.

Embora esses artifícios estejam fora do terreno da gravação propriamente dita, não há negar, ao artista, o direito de expressar-se através dos elementos que saiba incorporar à sua linguagem. E hoje em dia, quando as fronteiras entre as diferentes formas de artes plásticas estão freqüentemente diluídas, não teria sentido que uma observação dessa natureza fosse interpretada restritivamente.

O que importa, em tais casos, é que as técnicas adicionais, acrescidas à técnica tradicional, sejam empregadas com segurança e dêem o resultado delas pretendido. E não há dúvida de que esses processos de trabalho permitem a Izabel Pons chegar a variedades de matéria, a refinamentos de composição e a qualidades de colorido que justificam plenamente sua incorporação à gravura.

É lamentável, no caso desta pequena galeria, que sendo já exígua a sua sala de exposições, e bastante mal iluminada, esteja ela ademais, freqüentemente, atulhada de cadeiras e de mesas que praticamente impossibilitam ao visitante de ver devidamente as obras expostas. É uma falta de atenção para com o público e para com o artista.

Inteiramente diversa, como orientação de trabalho, é a gravura, em madeira, que Dorothy Bastos está apresentando na Galeria de Arte Hispânica.

Aqui, não somente não há o acréscimo de elementos estranhos, como o que se nota é uma intimidade total da artista com o material original. À força de trabalhar a madeira, Dorothy Bastos chegou a tirar-lhe toda a aspereza e a sua gravura hoje dificilmente apresenta os contrastes agressivos do preto e do branco.

O colorido de suas impressões, obtidas à mão, é o mais delicado que se possa imaginar.

A própria madeira apresenta-se como uma renda transparente, de marcas muito tênues e a atmosfera do trabalho é vaporosa.

Imprimindo em um mesmo papel – alguns deles belíssimos papéis japoneses – diferentes formas soltas de madeira, a artista obtém notáveis efeitos de superposição e transparência, que mais leve e livre tornam a sua gravura. A composição também ganha com isso, pois são múltiplas as sugestões que se oferecem a nossos olhos.

Dorothy Bastos está em um ponto alto de sua carreira, que desde o começo foi tão séria.

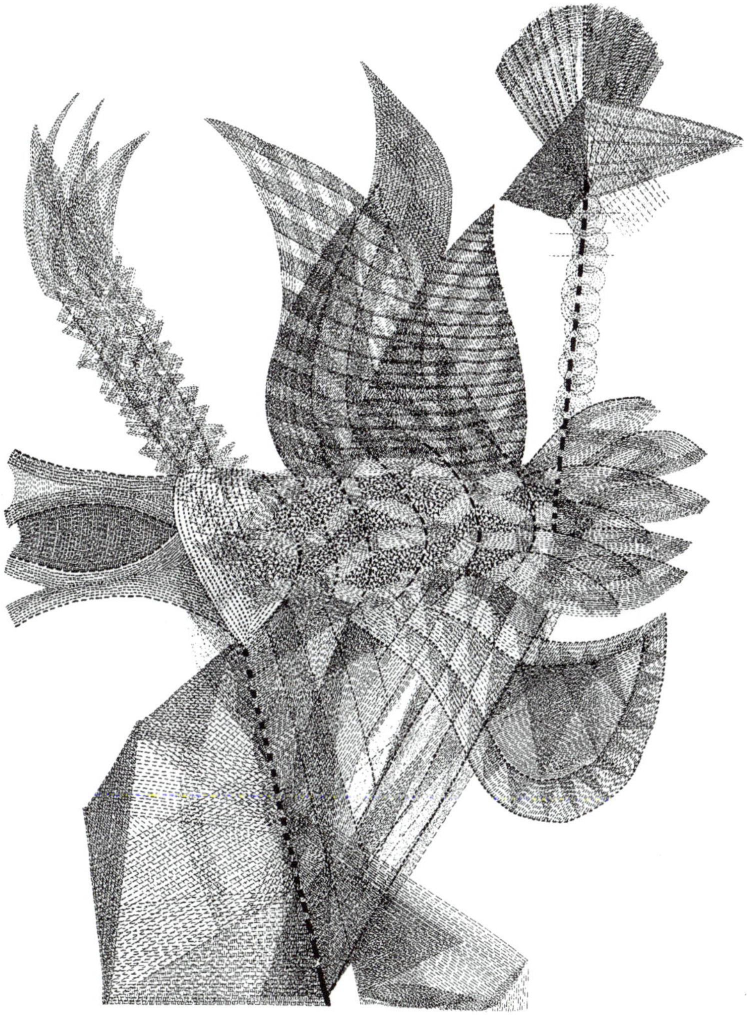

Galo

1954 / nanquim a bico-de-pena sobre papel 66 x 49,5 cm

Hábito não faz mosaico

Jornal da Tarde, 17 de junho de 1966

Na Galeria 4 Planetas, Antonio Carelli apresenta mosaicos que executou segundo cartões elaborados por diferentes artistas. É um pouco estranho ver-se os mosaicos exibidos como se fossem quadros, emoldurados, desligados da arquitetura em que deveriam estar inseridos. Não podemos deixar de recordar os exemplos clássicos de aplicação desse material e de sentir a falta do chão ou da parede a que ele deveria estar diretamente relacionado.

O mesmo hábito visual faz com que nos choque um pouco a "frescura" dos trabalhos, pois as realizações mais altas desse gênero artístico datam de muitos séculos e apresentam-se, hoje, marcadas pela passagem do tempo. É como se o colorido esmaecido e raramente brilhante, e as falhas nas pequenas pedras que se desprenderam e que a espaços interrompem o desenho, fossem parte necessária de um autêntico mosaico. No caso das obras expostas nesta galeria essa impressão é, algumas vezes, acentuada pelo brilho excessivo impresso a certas zonas coloridas.

Embora, na transposição de um cartão de mosaico – como de tapeçaria – a função do artesão executor seja mais determinante do resultado que o projeto original do artista, não há dúvida que em alguns casos este consegue melhor "prever" a transformação que seu esboço vai sofrer. Nesse sentido, e sem que o apontamento implique em juízo sobre o valor relativo de cada artista que contribuiu com o seu cartão, parece-nos que os projetos de Norberto Nicola, Pietro Nerici e Rebolo Gonsales são os que mais bela tradução encontraram ao serem passados para mosaico.

Time da arte alegre

Jornal da Tarde, 24 de junho de 1966

Em local bastante fora de mão (rua Iguatemi, 960), Geraldo de Barros, Wesley Duke Lee, Nelson Leirner, José Resende, Frederico Jaime Nasser e Carlos Alberto Fajardo (4 deles com bigode) montaram a Rex Gallery & Sons, na qual, além de venderem móveis, também expõem sua produção artística.

A Galeria possui um órgão de imprensa próprio, o *Rex Time*, em cujo número inicial o Sr. Thomaz Souto Corrêa faz a apresentação do grupo e enuncia o programa a ser executado. Deve-se assinalar o bom humor que caracteriza a matéria deste jornal, para o qual o humor negro também dá a sua contribuição, sob a forma de um selecionado noticiário de ocorrências policiais. A publicação faz-nos lembrar as brincadeiras jornalísticas dos hoje sisudos remanescentes da Semana de Arte Moderna, da Antropofagia, do Pau Brasil. Com a diferença de que os rapazes de hoje são muito menos iconoclastas, de um revolucionarismo perfeitamente compatível com a ordem social.

Sem entrar no mérito daquilo que expõe, pode-se dizer que o objetivo da Rex Gallery é altamente apreciável, assim como é perfeitamente pertinente a crítica que seus componentes fazem à generalidade de nossas galerias de arte. A saber, que praticamente nenhuma destas possui um programa coerente de realizações, nem se distingue por uma especialização dentro do mercado artístico. Em qualquer, das melhores delas, vemos sucessivamente, artistas primitivos, abstratos, concretistas ou pop-artistas, numa absoluta falta de coerência, que só pode levar o público à confusão.

A Rex pretende, ao contrário, configurar-se nitidamente, e não sair da linha comum que eventualmente relacione seus seis fundadores. O traçado desta linha já será mais difícil, pois há diferenças fundamentais entre uns e outros e a ligação visível parece mesmo constituída pela disposição humorística de início assinalada. O grupo, aliás, apresenta-se a si mesmo como constituindo uma "panela".

Façamos votos no sentido de que ele possua fôlego bastante para agüentar as adversidades, pois de qualquer modo constitui uma nota diferente em nossa abundante, mas pouco variada fauna artística.

Nossa arte está em casa

Jornal da Tarde, 28 de junho de 1966

O acervo apresentado na exposição inaugural da Casa Azul, rua Augusta, 2204, é particularmente importante. O conjunto foi intitulado de Desenhos Antigos de Artistas Modernos, mas há também algumas pinturas.

Boa parte das obras à venda seria digna de museu, se tivéssemos aqui algum museu que se preocupasse em formar uma coleção autêntica da pintura moderna brasileira. Há, assim, trabalhos antigos e das melhores fases de Tarsila do Amaral, Di Cavalcanti, Portinari, Lasar Segall, Anita Malfatti, Ismael Nery, Gomide e Guignard. Um conjunto como dificilmente se encontra em uma galeria comercial.

Outra curiosidade desta exposição está em que, provavelmente para chamar a atenção da clientela e atrair a freguesia, os trabalhos acham-se à venda por preços excepcionalmente baixos, se confrontados com os que são normalmente pedidos por obras congêneres. Em alguns casos chega a haver uma redução de quase metade em relação ao preço corrente.

Isso vem confirmar o que já tivemos a oportunidade de assinalar, a saber, a inexistência de um verdadeiro mercado de arte no Brasil. Cada um cobra o preço que bem entende e o mesmo artista é cotado diferentemente conforme a galeria ou a cidade em que expõe.

A Casa Azul programou para breve uma feira de artes de artistas jovens, em que os próprios expositores estarão vendendo os seus trabalhos.

Um moço no Ponto

Jornal da Tarde, 8 de julho de 1966

O Ponto de Encontro é, na loja, uma livraria. Descendo um lance de escada chegamos a um andar intermediário em que se vendem discos. E descendo mais um pouco chega-se ao porão, onde estão as mesas de um bar e em cujas paredes há alguns quadros pendurados. O local certamente não é ideal para a realização de exposições.

No momento encontram-se ali as gravuras de Evandro Carlos Jardim. São trabalhos de pequeno formato, com títulos ligeiramente nostálgicos. A atmosfera que neles reina é poética e a gravação está feita com consciência e meticulosidade. Tudo indica tratar-se de um jovem (a exposição não tem catálogo) que tem pela frente um caminho de boas perspectivas.

Na Galeria Solarium, à rua Augusta, 2228, está expondo José Mauro Vasconcelos, que se assina Gum.

São quadros de quem não defrontou ainda os problemas da pintura propriamente dita. Seu autor, que também é sertanista, continua mais preso aos assuntos do que às questões que decorrem das relações entre a tela e as tintas. Por isso seus trabalhos têm sempre uma marca caipira ou sertaneja e são mais literários que plásticos.

Excetua-se talvez a tela intitulada "Paz", que lembra a pintura metafísica. Ali houve um acontecimento pictórico.

Arte de ser galeria

Jornal da Tarde, 11 de julho de 1966

A multiplicação das galerias de arte, que se espalham por todos os lados desta cidade, atesta o interesse com que o público acompanha o movimento artístico. Todos os dias, ademais, registra-se o aparecimento de novos nomes entre os expositores, o que indica que as novas gerações asseguram a continuidade da vida artística.

Entretanto, seria necessário registrar, como dado negativo, que muita gente supõe que as obras gráficas ou de pintura podem ser apresentadas em qualquer local ou de qualquer jeito, e que qualquer ambiente serve para a exibição das mesmas. O que é um erro, quando não revela um certo descaso pelo trabalho artístico.

Assim é que a Casa de Cásper Líbero, num primeiro andar inacabado, com o chão ainda de cimento armado, o teto sem concluir – num grande espaço vazio denominado galeria – está mostrando painéis de azulejos de Maio Miranda – coisa de gosto bastante acadêmico.

Assim é que o pequeno e escuro bar Mingau (Augusta, 1463), expõe numa saleta do fundo uma série de pinturas de Waldemar dos Santos, que vem da Bahia, onde é mestre de capoeira. A indefectível apresentação do professor Mário Schenberg pareceu-nos extremamente generosa, a menos que não sejam as condições do local que não nos permitiram ver nesses quadros as qualidades por ele assinaladas.

Um mundo de primitivos

Jornal da Tarde, 12 de julho de 1966

Na Galeria Atrium há uma nova série de oito primitivos, a reforçar a onda desse gênero de pintura que ultimamente vem avassalando o nosso meio artístico. É curioso, ao vê-los, acompanhar a evolução sofrida pela pintura de Lilo. Como os demais, este inicia-se por uma pintura chapada, de zonas lisas em que cada figura ou forma é bem precisamente delimitada. Mas a intimidade com a pintura, decorrente de seu freqüente exercício, vai quase inelutavelmente propondo ao artista questões a que ele deve responder, e que vão modificar a sua forma original de trabalhar. Longo foi, assim, o caminho que este expositor percorreu, da tela *Bar*, ao mesmo tempo anedótica e livre, até a intitulada *Roça*, bem representativa e de espírito quase acadêmico. Em pintura, impossível deixar de aprender com o que se faz, mas aquilo que foi aprendido morre. Nesse caso a surpresa da descoberta da vida através das tintas foi afinal substituída pelo desejo da reprodução da natureza – e isso é o que pode haver de menos primitivo, pois o primitivo se caracteriza pela audácia que lhe advém da ignorância.

Américo tem um bom senso de cor, que utiliza para a reprodução de cenas, meio reais, meio fantásticas, da vida no interior, às quais sempre junta alguma lembrança religiosa. Izabela distingue-se pelos brancos explosivos que saltam em todos os seus quadros e Maria de Jesus deve ser uma admiradora de Pancetti.

Na Galeria Directa (rua 24 de Maio, 77, 15º andar) o visitante deve tomar cuidado com os elevadores, que são do tipo automático-maluco, com aquela voz de gramofone dizendo que "vai subir" e a porta que permanece aberta, enguiçada. A toda hora há gente presa naquelas arapucas.

Na galeria propriamente dita há pinturas e desenhos de Faraá. Os desenhos são em geral figuras de crianças, sumariamente estilizadas, às vezes reduzidas ao oval do rosto e de que estão sempre ausentes esses problemas difíceis que são as mãos e os pés. A pintura tende para um abstracionismo decorativo mas não consegue alçar vôo.

Tamanho é documento

Jornal da Tarde, 13 de julho de 1966

Neste mês de férias diminui o ritmo das exposições e muitas galerias aproveitam a oportunidade para expor as obras de seu acervo. A Galeria 4 Planetas, na rua Nova Barão, teve a feliz idéia de dar um sentido específico à coletiva que no momento realiza, subordinando-a ao tema *manchas*. Na verdade, porém, em vez de apresentar croquis, rápidos apontamentos impulsivos, acabou por adotar como critério o *tamanho* dos trabalhos. São todos de formato pequeno, mas alguns deles laboriosamente mastigados. A exposição está bem montada, mas é de lamentar que em alguns casos falte a identificação do artista; o visitante fica, assim, às vezes, sem saber de quem se trata.

Uma agradável surpresa dessa exposição é que nela vamos encontrar uma série de pequenas pinturas, o mais das vezes antigas, de Fulvio Penacchi, de quem de há muito não se tinha notícia. Há também um belo Bonadei de 1932.

No conjunto, destacam-se os nus de Samson Flexor, que aliás são dos poucos trabalhos que se enquadram dentro da classificação de *manchas*. Trata-se de uma série de aguadas de pequeno formato em que a rapidez do gesto é ditada por uma segurança de pincelada que denota mão de mestre. Os nus são leves e transparentes e os detalhes antes sugeridos que marcados, o que lhes dá muita mobilidade.

Ainda devem ser vistas as abstrações de Yolanda Mohalyi, as paisagens de Rebolo Gonsales, os desenhos a lápis de Walter Lewy e um casario de Alice Brill, este último na pasta do segundo andar.

Eis a linha irônica

Jornal da Tarde, 20 de julho de 1966

Na Galeria São Luis podem ser vistos os desenhos do jovem Luiz Antônio Vallandro K., que pertence à linhagem de Marcelo Grassmann. Trata-se de um desenho arranhado sobre o papel áspero, em pequenos gestos contundentes que a intervalos se permitem a liberdade de linhas mais longas. A nota constante, entretanto, é representada pelos traços bruscamente interrompidos, dados por penas em ruim estado, e que são propositadamente machucadas.

É um desenho nervoso, que não tem tempo de cuidar-se. As figuras híbridas, os pequenos monstros, surgem em meia dúzia de linhas e o artista não pode parar para enfeitá-los, ou sequer acabá-los. Logo eles se põem a dialogar uns com outros, a confabular, a contar-se histórias e a passar-se reprimendas. Há sempre alguém perorando e alguém rindo, é uma ironia cáustica, caricatural.

Dentro do ritmo urgente em que o artista trabalha, a ambientação das personagens no branco do papel é rapidamente conseguida mediante manchas pretas que delimitam o espaço e contribuem para tornar o conjunto mais sufocante ou mais onírico.

O desenho nº 16, trabalhado em técnica absolutamente diversa, com um tracejado meticuloso e a que não falta sequer a indicação da perspectiva, mostra que o artista, quando dominar melhor os próprios impulsos, poderá exibir recursos mais amplos. Não dizemos que caia na ilustração, nem que o trabalho apontado seja seu verdadeiro caminho. Isso é coisa que só ele pode saber, ou vir a descobrir.

O escândalo da Semana

Jornal da Tarde, 22 de julho de 1966

Sem título (detalhe)
1964 / nanquim a bico-de-pena sobre papel / 44 x 58 cm

O Museu de Arte, fugindo à rotina das exposições comuns, tomou uma iniciativa que se situa no nível dos empreendimentos propriamente museológicos. Consistiu ela em reunir uma série de trabalhos de Vicente do Rego Monteiro, que foi um dos participantes da Semana de Arte Moderna de 1922, e que é quase completamente desconhecido das atuais gerações artísticas. Estes quadros pertencem ao período que vai de 1923 a 1945.

É curioso notar, a propósito dessa mostra, como o tempo modifica radicalmente o sentido da pintura, e como esta dele necessita para amadurecer devidamente. Assim é que estes quadros, que a seu tempo causaram escândalo e polêmica, apresentam-se hoje a nossos olhos como um oásis de tranqüilidade e equilíbrio, em meio aos pinotes e às audácias dos pintores mais recentes.

A pintura de Vicente do Rego Monteiro é solidamente estruturada, dando-nos mesmo, às vezes, a sensação de estarmos defronte de grupos escultóricos. A armação do quadro é feita dentro de uma orientação arquitetônica, que em alguns casos dá ao conjunto das figuras um aspecto monumental. Isso sem prejuízo da leveza da superfície pictórica, que se contenta com poucas variações de tintas, trabalhadas estas segundo uma escala de gradação que ajuda a dar volume às formas.

Os desenhos, que são feitos em função dos quadros que serão pintados, constituem apenas esboços para estes, não têm autonomia.

Seria ótimo se os nossos museus, em vez de se colocarem no nível das galerias comerciais, oferecessem com mais freqüência exposições como esta, de tão proveitoso cunho didático.

Tédio em pop-arte

Jornal da Tarde, 26 de julho de 1966

Numa parede lateral do 1º andar do edifício do Instituto dos Arquitetos (rua Bento Freitas, esquina de General Jardim) Ubirajara executou um painel pop-art, tendo contado com a ajuda de Sergio Machado. É a primeira utilização em painel desse gênero artístico, que temos a oportunidade de ver em São Paulo. Lateralmente saem, da parede de apoio, formas de cimento armado nu, que lembram as construções e fortificações militares. O centro é constituído por uma série de caixas de metal que, como vitrinas, exibem cada uma delas uma quinquilharia – um prato quebrado, tocos de madeira, algo semelhante a uma calota invertida, pedaços de ferro. Em alguns há inscrições e o quadrado central apresenta-se vazio.

A impressão que o conjunto causa é de uma grande melancolia. O arranjo cuidadoso dado a coisas completamente inúteis e desrelacionadas entre si produz-nos uma sensação de tédio e desânimo. É como um cemitério de objetos mortos. As lojas de bricabraque costumam, pelo contrário, apresentar um aspecto meio irônico, precisamente pela reunião de objetos de tão diversa procedência e de tão distinta finalidade; há nelas uma delicada comicidade e de seu mostruário brotam mil sugestões diferentes.

No caso deste painel verifica-se o contrário: a sua é uma lição a respeito da inutilidade das coisas do mundo, da transitoriedade das criações: tudo enferruja, tudo se quebra, todo esforço termina em falência. Se foi isso que Ubirajara quis dizer, conseguiu-o.

A posição dos quadros

Jornal da Tarde, 28 de julho de 1966

No 1º andar do Teatro de Arena (rua Teodoro Baima, 94) há uma coleção de pinturas do arquiteto e cenógrafo Flávio Império. Dizeres apostos em um painel colocado à entrada do salão, e assinados pelo professor Mário Schenberg, asseveram tratar-se de um dos mais importantes pintores da atualidade.

Flávio Império utiliza, para a execução de seus trabalhos, materiais e técnicas de toda a natureza: rodinhas de relógio, soldadinhos de chumbo, recortes de jornais, fotografias, e, em certas ocasiões, até mesmo pintura. Há ferro, madeira, papel, gesso, moldagens, colagens, recortes. Tudo no melhor estilo pop-arte.

Trata-se, porém, de um pop-artismo veemente, político, participante, altamente oposicionista. Há um quadro que se intitula *Cada Vietnamita Morto Custa US$450.000*, outro traz a legenda *Marchadeiras das Famílias Bem Pensantes*, um outro, aparentemente dedicado à França, contém mesmo, na legenda, um palavrão.

De uma forma geral, as obras destacam-se mais como manifestos, ou panfletos, que propriamente como pinturas. Aliás, cada uma delas é indesligável do respectivo título, sem o qual não teria significação: a tela (se assim podemos chamar ao suporte) é o pretexto para a proclamação de um slogan, de uma palavra de ordem. Não se pode falar em "realismo socialista" porque as construções são perfeitamente arbitrárias e deliberadamente incongruentes, mas são quadros que, como dissemos, fundam-se muito mais na intenção política que na realização plástica.

Bienal sem Mam é circo da arte

Jornal da Tarde, 3 de agosto de 1966

Maria Eugenia Franco, Maria Bonomi, Fernando Lemos e Salvador Candia publicaram no Suplemento Literário do *Estado* o resultado de estudos a que procederam conjuntamente, visando a levantar um panorama crítico das Bienais de artes plásticas que se realizam nesta cidade nos anos ímpares, bem como a propor uma série de medidas capazes de proporcionar-lhes maior repercussão e melhor aproveitamento.

O esforço desses críticos e artistas é sobremodo louvável, mas parece-nos destinado, como outras tentativas anteriores, a perder-se, em virtude de falta de eco. As falhas da Bienal precisam e devem ser apontadas, reiteradamente; somos céticos, entretanto, quanto à possibilidade de saná-las.

O defeito fundamental desse empreendimento é o seu gigantismo. Tornou-se ele um imenso circo de arte, dentro do qual o que importa é a quantidade, a variedade e o insólito dos números apresentados. A preocupação dominante consiste em assegurar a presença de maior número de países, sem nenhuma atenção pelo que esses países mandam, sem nenhuma coordenação prévia do que irá ser exibido.

O resultado é que o proveito didático da mostra é nulo, quando não contraproducente, pela confusão que provoca no espírito de um público desprevenido, e que não é assistido de nenhuma maneira na visitação daqueles quilômetros de objetos os mais disparatados, distribuídos segundo uma ordem geográfica que nada tem a ver com seu significado estético.

Isso resulta de um equívoco que a cada ano se agrava, e que consiste em permitir que continue funcionando como se fosse mesmo uma Fundação particular, uma instituição que na verdade, vive das subvenções dos poderes públicos federal, estadual e municipal. Somente este ano – que não é ano de Bienal – já mereceu ela 25 milhões da prefeitura e 250 milhões do governo estadual. E entretanto entre os que conduzem não há nenhum especialista de arte.

Os autores do documento a que de início nos referimos sugerem, entre outras providências, o reentrosamento da Bienal com o Museu de Arte Moderna, que foi seu criador, e que dela se viu, a certa altura, inexplicável e arbitrariamente amputado. Foi exatamente a partir daí que os defeitos da Bienal se agravaram, pois a sua estrutura burocrática interrompeu os contatos com os artistas e deixou de contar com os conselhos dos críticos de arte que exerceram as funções de Diretor Artístico do MAM. Ninguém mais ocupou o lugar por que passaram Léon Degand, Wolfgang Pfeiffer, Sérgio Milliet, Lourival Gomes Machado, Paulo Mendes de Almeida, Mário Pedrosa.

Parece-nos difícil, mantidas as condições atuais, que resultados melhores possam ser obtidos. Mas o assunto é sobremodo importante, e a ele com certeza teremos a oportunidade de voltar muitas vezes.

Exposições

Jornal da Tarde, 9 de agosto de 1966

Na Galeria Astréia, Paolo Rissone está apresentando uma série de pinturas que marcam um ponto alto de sua carreira. O artista libertou-se, agora, da obsessão de uma forma única ou de um colorido impositivo, e acha-se em plena liberdade de concepção e de criação.

Há uma grande pintura sobre madeira, um casario fantástico que se sucede longitudinalmente como se andássemos pela própria rua em que ele se situa. Um formato inusitado, uma atmosfera banhada pela luz de uma lua invisível e aliás desnecessária. É o milagre da pintura, diante do qual ao visitante não cabe mais que deter-se e admirar.

Há, como é justo, alguns trabalhos inconvincentes, principalmente as supostas figuras. É preciso assinalar – são elas que, pelo número, dominam a mostra – as têmperas sobre papelão, nas quais Rissone, velho admirador de Paul Klee, esbarra neste, recria figuras e ondas luminosas que lembram Klee, mas que não são Klee, e sim Rissone.

Aqui, fundo e assunto nadam entrelaçados, alguns objetos já nasceram e se apresentam nítidos, embora gramaticalmente inclassificáveis, enquanto outros mal soltam suas raízes que ainda devem desenvolver-se em bulbos. A pintura vive seu processo aos olhos do espectador, o Deus-Homem está em ação tirando o ser do nada. A orquestração das cores, cheia de sugestões, é regida com audácia e segurança.

Novos bem colocados

Jornal da Tarde, 23 de agosto de 1966

Na ala direita do andar térreo do Teatro Municipal, por iniciativa da Prefeitura da Capital, está sendo realizado o Salão dos Novos, empreendimento aberto apenas aos artistas que ainda não tiveram a oportunidade de realizar nenhuma exposição individual.

O júri (Quirino da Silva, Clóvis Graciano, Oswald de Andrade Filho) realizou, com as obras diante das quais teve que definir-se, um trabalho coerente e equilibrado. Dada a característica comum de estreantes, que relaciona os expositores, seria certamente impossível um critério mais rigoroso, que acabaria por esvaziar a sala de exposições. Esta será visitada sem que fiquemos embevecidos diante de alguma autêntica revelação, mas também sem que soframos sucessivos sustos e quedas, como por ocasião do último Salão Paulista de Arte Moderna.

Dentro do pequeno espaço disponível a mostra foi bem montada, e as diferentes tendências artísticas estão separadas por painéis que nos permitem ver cada uma delas de uma vez. É lamentável que, ainda neste caso, a exposição tenha sido aberta ao público sem que este possa dispor de um catálogo que oriente na visita.

É, em resumo, uma coletiva que se agüenta – dentro de suas modestas pretensões. Na parte da pintura anotamos os nomes de Maria Priscilla Basile, Hans Schadler (primitivo) e Gilberto Pedro Ramos, com a paisagem 21. Entre os desenhistas, Marguerita Borsten (cuja caricatura de de Gaulle não precisaria ter entrado) e Nelson Carlos de Godoy Costa. Entre os gravadores, Alfredo Liberman, com as duas gravuras em preto e branco. E a escultura de Daniel Lirola.

Estranha máquina do mundo de Grassmann

Jornal da Tarde, 26 de agosto de 1966

Marcelo Grassmann, que continua trabalhando em ritmo intenso, realiza no momento a sua segunda exposição deste ano, agora na Galeria 4 Planetas. Geraldo Ferraz, que assina a apresentação, observa que essas gravuras devem ser inseridas "num contexto: o da sua intransigente autenticidade".

Entre os desenhos mostrados antes na Galeria Cosme Velho, e estas gravuras, há o parentesco das manchas de tinta, que naqueles serviam para compor o fundo sobre o qual se projetavam as figuras, e que nestas litografias se adensaram ainda mais; algumas vezes o fundo tornou-se, agora, de um negro intenso, impiedoso.

Deve-se notar, nesta série, em que as figuras de cavaleiros medievais mais ou menos humanos, mais ou menos animais, predominam, a importância assumida pelo detalhe dos elmos, de que todos eles se acham revestidos. Esses elmos e capacetes ora estão deteriorados e deles nasce capim, ora se compõem de uma pirâmide de pequenas peças mecânicas, sugerindo estranha máquina, ora assumem a conformação de pássaros. Essa metamorfose caminha ainda mais, e a certa altura a peça da indumentária guerreira transmuda-se em chapéu feminino, inesperado adorno para estranhíssimas mulheres.

A mostra inclui a curiosidade da gravura nº 15, que ao contrário do que é habitual neste artista não é um trabalho antes estudado e depois transposto para a pedra – mas sim apresenta uma superfície em que Grassmann se permitiu devanear, cercando o cavaleiro de rostos apenas esboçados, esfumados.

Os colecionadores têm uma boa oportunidade: os preços oscilam entre 80 a 120 mil cruzeiros cada gravura.

As cores do outro mundo

Jornal da Tarde, 30 de agosto de 1966

Na Galeria de Arte Hispânica, Walter Lewy realiza a sua terceira exposição deste ano. A pintura de Lewy, que sempre esteve impregnada de surrealismo, contém fases diversas, em que formas e motivos sofrem variações, mas sem nunca se desprender de uma concepção fundamental. O supra-real pode ser fantástico, pode ser onírico, pode resultar da minuciosa deformação ou da aproximação de objetos insólitos – e também pode, como é o caso desta exposição, alimentar-se de elementos cosmogônicos.

Estamos na era espacial, e como sempre a arte andou na frente da ciência, eis que o artista já nos pode fornecer, a respeito dos mundos que nos rodeiam, impressões de detalhes e grandes visões panorâmicas, que somente no futuro os satélites vão poder conferir. E assim os quadros desta galeria estão repletos de nativos de outros mundos, de figuras não terrestres, de gigantescas lesmas que não cabem nos limites da tela, de combatentes, montanhas povoadas de olhos e árvores ambulantes. E como os planetas redondos ou ovalados já foram suficientemente fotografados, o artista apresenta-nos aqui, insistentemente, a hipótese de planetas cúbicos.

Quem entre na sala de exposições de Walter Lewy leva algum tempo a se ambientar. O artista é, pelo colorido e pela temática, estritamente pessoal e é preciso voltar a ver os quadros duas ou três vezes, até que nos integremos nos dados em que o problema é posto.

A realização plástica é, como sempre, minuciosamente cuidada, sendo a matéria *criada* com a convicção e a firmeza de quem realmente estivesse procedendo à criação daqueles novos seres e paisagens.

Alguns contrastes de cores, mantidos em deliberado desafio, melhoram, a nosso ver, quando não estão expostos diretamente à luz artificial – como no caso dos trabalhos que se encontram sob a escada, ou no segundo andar.

O quadro *Transformações*, de colorido mais surdo, parece constituir porta aberta para um outro caminho, a ser, ou não, desenvolvido.

O jogo está feito

Jornal da Tarde, 1º de julho de 1966

A Galeria Atrium apresentou uma coletiva de 8 artistas, organizada pela Galeria G-4, do Rio: Antonio Dias, Carlos Vergara, Hélio Oiticica, Maria Helena Chartuni, Nicolas Vlavianos, Pedro Escosteguy, Rubens Gerchman e Tereza Nazar. As apresentações foram feitas pelo professor Mário Schenberg.

Falando de um dos expositores, diz o crítico que "ela consegue criar essas imagens tão convincentes de pessoas simples, com pouca beleza e muita simpatia, graças ao seu desenho tão original e antiartístico". A citação importa, porque o traço comum, de confecção de coisas *antiartísticas*, é exatamente o que relaciona o grupo que se encontra na Atrium.

Esses artistas filiam-se à tendência que por convicção ou limitação pessoal, considera esgotadas as possibilidades de desenvolvimento das formas tradicionais de expressão plástica – a pintura, a escultura, o desenho, a gravura. Começando por carrear, para tais gêneros artísticos, materiais diferentes e variados, que visavam enriquecer aqueles meios de expressão, a lógica automática desse procedimento levou-os, afinal, a se contentarem com a reunião de materiais variados, dispensando o antigo suporte, sobre o qual os mesmos eram reunidos.

Aqueles que se colocam dentro de um tal processo acabam adotando em geral uma de duas atitudes: a procura do mau gosto, ou o apego às realizações ocasionais. Como diz o apresentante da mostra: "Basta tomar um objeto comum de vidro transparente e enchê-lo de um pigmento colorido! Ao vaso fica infundida (sic) o conceito de uma cor determinada, que não é uma coisa singular".

Trata-se, como se vê, de um jogo, e embora a arte contenha elementos de jogo, ela a ele não se reduz: aqui se realiza, exatamente, um jogo antiartístico.

Dentro desse jogo, a imaginação dos componentes do grupo não voa muito alto. Parece, aliás, que a maioria deles considera a própria imaginação criadora como um mal a ser extirpado, pelo que se contentam com os objetos e as formas os mais toscos, nos quais procuram, desesperadamente, fixar a banalidade.

Gravura não tem segredo para Maria

Jornal da Tarde, 3 de setembro de 1966

Na Galeria Cosme Velho Maria Bonomi está apresentando uma série de gravuras que são a continuação e o desdobramento da obra que, na última Bienal, lhe valeu o título de "melhor gravadora nacional".

Trata-se de trabalhos que estão na dimensão de sua autora – são grandes, francos, diretos. Dizem o que têm a dizer num gesto só, que é de audácia, que sabe o risco a que se expõe no assim resumir-se, mas que ao mesmo tempo vem plenamente confiante em que atingirá o objetivo a que se propôs.

Maria Bonomi, que tem com a xilogravura uma perfeita intimidade, desprezou a pesquisa dos efeitos que podem ser tirados do conteúdo da madeira, mediante seu corte com uma ampla gama de instrumentos, para procurar formas que resultam da projeção direta de grandes superfícies, em combinações geralmente angulosas.

É uma gravura de impacto, de explosão súbita, destinada a produzir o choque de uma visão imediata e total. Como num cartaz, mas com um requinte formal que tira ao gesto toda vulgaridade. As tábuas que se encadeiam, se cruzam e se desdobram em diferentes ângulos e degraus ganham imediata projeção no espaço, permanecendo imobilizadas apenas porque foram apreendidas pelo papel branco; mas por maiores que sejam as folhas deste, elas parecem não poder conter aqueles veementes signos, que talvez procedam do Oriente mas que hoje compõem uma outra linguagem. A *Homenagem a Nara Leão* é uma realização excepcional, pela forma e pela delicadeza do colorido.

Não se sabe quem é quem

Jornal da Tarde, 5 de setembro de 1966

A Galeria Chelsea está apresentando trabalhos de um casal de artistas, Elizabeth Edlinger Torok, que se assina EDL, e seu marido Rudolph Torok.

Ao longo da escada que conduz da rua à sobreloja em que se situa a Galeria, há uma série de desenhos de Torok. A tinta está quase desfeita em água, pelo que as figuras que a ponta do pincel foi delineando mal chegam a marcar a superfície do papel. Há algo de vegetal nos tipos humanos ali salpicados.

A sala de exposições está como de hábito tomada por cadeiras e mesas que dificultam o acesso aos quadros. Estes, que são freqüentemente de tamanho grande, foram acumulados numa quantidade desproporcionada ao ambiente, o que obrigou a pendurá-los uns por cima dos outros, quase sem nenhum espaço de entremeio.

Não há nenhuma papeleta indicando quais os quadros de EDL, quais os de Torok, e muitas vezes é impossível decifrar a assinatura na tela. Os dois pintores são profissionalmente válidos, mas os trabalhos apresentados denotam influências ou tendências variadas e divergentes, pelo que seria necessário, não somente separar de maneira nítida os de um e os de outro, como ainda indicar as datas em que foram feitos. Há coisas abstratizantes, outras procedem do expressionismo alemão e também Chagall mostra sua influência.

Um senhor com ar de dono da casa interpelou-nos, em inglês, sobre se poderia orientar-nos na visita. Quando lhe dissemos que preferíamos falar em português, respondeu que lamentava, nesse caso, não poder ser-nos útil. O episódio parece ilustrar o critério predominantemente comercial – em prejuízo do artístico – com que é realizada a exposição.

Correspondência – Escreve-nos a desenhista Marguerita, esclarecendo não ser de sua autoria a caricatura de de Gaulle, que no Salão dos Novos, em realização no Teatro Municipal, encontra-se ao lado de seus desenhos, *Fantasia nº 1* e *nº 3*. Fica registrada a informação, que aliás vem corroborar o que dissemos a respeito da falta que faz, numa exposição coletiva, um catálogo que bem permita individuar cada um dos expositores.

O escultor quando desenha

Jornal da Tarde, 6 de setembro de 1966

Os Amigos do Museu de Arte Moderna estão apresentando um conjunto de 26 desenhos do escultor José Pedrosa. Na realização dos trabalhos o artista utilizou guache, aquarela, lápis de cor, tinta de escrever, misturando uma série de materiais. E entretanto o resultado é perfeitamente nítido e limpo.

Em sua maioria os desenhos são trabalhados em pequenos planos contíguos, lembrando rochas de superfície facetada, com veios mais escuros separando as diversas zonas de cor. Tem-se a sensação de que os espaços assim delimitados foram sendo revelados em virtude de um trabalho de desentulho, que aos poucos os foi retirando do interior em que permaneciam encobertos. Por isso também são, freqüentemente, fragmentários, não totalmente significativos, enquanto de outras vezes nos permitem identificar a estrutura de um cavalo, de um bisonte, de uma cabra, até de uma figura humana. Como se resultassem das escavações feitas em velhos sítios pré-históricos.

Numa outra série desses trabalhos o que predomina é o emaranhado das linhas, sendo o fundo praticamente eliminado e exibindo-se apenas o desenho, em sua plena pureza informal. Outra seqüência, ainda, é trabalhada de modo a valorizar particularmente os brancos, que ficam sendo a nota dominante.

Em todos os casos trata-se de desenhos de uma notável finura, e que exigiram, cada um deles, uma demorada e atenta elaboração.

Nem tudo é pesquisa

Jornal da Tarde, 15 de setembro de 1966

O Centro de Artes Visuais da Folha de S. Paulo está realizando o seu 1º Salão de Pesquisa Operacional. O que exatamente possa significar, como concepção ou como delimitação de área, a expressão "pesquisa operacional" eis o que não fica muito claro para o visitante dessa coletiva. Nela se ombreiam expoentes de diversas concepções artísticas contemporâneas, e se é certo que alguns raros, como Geraldo Jurgensen, apresentam o resultado de uma pesquisa nova – no caso, peças de couro vazadas, em que os orifícios assumem maior importância que os retalhos que sobraram – a maioria recorre trilhas já abertas e sovadas.

Evidentemente, nada impediria que batendo caminhos já traçados alguém apresentasse coisa válida; apenas seria impróprio qualificar de "pesquisa" aquilo que na verdade parte de resultados anteriormente obtidos.

Dentro desses limites, assinalaríamos as pinturas de Odila Mestriner, figura-casa, nas quais apesar do discutível colorido está realizada de maneira exata a difícil adequação das fachadas das casas com os dísticos e letreiros; as colagens de Rosa Filho, feitas em aberturas operadas na superfície da tela pintada; as esculturas de Bassano Vacarini, em que as placas exibem um material deliberadamente tosco; as pinturas, muito firmes e seguras, de Leopoldo Raimo; e também a contribuição de Alfredo Rodrigues, embora ela esteja diretamente nas pegadas do Burri da última Bienal. Dos prêmios atribuídos pelo júri, só entendemos o que foi dado a Sérgio Postura, a quem não falta alguma originalidade.

A tentação da matéria

Jornal da Tarde, 16 de setembro de 1966

Na Galeria Artécnica está expondo o jovem boliviano Gonzalo Ribeiro, que vem de terminar um curso superior nesta cidade, e agora se prepara para voltar ao seu país.

Conforme se pode verificar pelos quadros que se encontram na vitrina, junto à porta de entrada, e por algumas das pinturas realizadas sobre papel, Gonzalo Ribeiro possui senso colorístico, que encontra melhor expressão nas cores escuras, um pouco sombrias.

Esse artista tende, naturalmente, a pesquisas de matéria através das quais procura transmitir a sensação de volume, e isso o levou, aos poucos, a ceder à tentação mais fácil, de obter o volume mediante a superposição de pedaços de madeira, estopa e outros materiais.

A partir daí lhe aconteceu o que atualmente está acontecendo com muita gente: confundiu a liberdade, que todo artista tem de manifestar-se mediante a utilização dos recursos que lhe parecem adequados – com a libertinagem no amontoar, sobre o suporte, tudo o que lhe cai à mão, sem nenhum critério seletivo e sem que em nada isso contribua para o surgimento da expressão artística. Esta última requer, precisamente, o domínio dos elementos que devem compô-la, pelo que com mais freqüência é alcançada com economia de meios, sendo estes explorados em profundidade. Toda arte contém um fundo de exibicionismo, mas só o exibicionismo não faz arte. Gonzalo Ribeiro, que está começando sua carreira, terá provavelmente a oportunidade de verificar isso – pois trata-se de uma experiência que cada qual deve fazer por conta própria.

Gravura é forte em metal

Jornal da Tarde, 19 de setembro de 1966

Na Galeria Arte e Objeto, à alameda Franca, nº 553, em salas tranqüilas e pouco freqüentadas, há uma exposição de gravuras de Babinsky que merece a visita dos que se interessam pelo gênero.

A maioria dos trabalhos apresentados são gravuras em metal, e dentre estas as melhores são as de pequeno formato. O artista parece sentir-se particularmente em seu terreno ao executar aquelas miniaturas em que a trama minuciosamente tecida vai compondo, ao diversificar-se, as figuras e as formas que a fazem viver. Nas gravuras de tamanho maior, ao contrário, Babinsky quase que se atém às linhas externas da composição; o tracejado é aqui reduzido, o branco domina as zonas gravadas.

A obra do artista surge com maior força de convicção do metal do que da pedra litográfica ou dos papéis desenhados. Estes últimos são em geral coloridos, e os melhores realizados pareceram-nos os marcados *C* e *E*.

As gravuras estão sendo vendidas a preços que variam de 40 a 120 mil cruzeiros, e algumas delas são cópias únicas.

Uma senhora desenhista

Jornal da Tarde, 20 de setembro de 1966

Inaugurando o saguão do Auditório Itália, no subsolo do nº 50 da rua São Luis, o Museu de Arte Moderna, em convênio com o Instituto Cultural Italo-Brasileiro, está apresentando uma exposição de pinturas e desenhos de Noemia Mourão.

Ambas as instituições estão de parabéns, seja pela ótima adequação do local ao objetivo a que se destina (bom espaço, paredes neutras, iluminação perfeita) seja pela importância desta mostra, graças à qual o público tem a oportunidade de assenhorear-se de uma realização artística relativa ao período compreendido entre 1933 e 1939, e que até aqui permanecera inédita.

A força evocativa dos trabalhos que estão reunidos nessa nova galeria da rua São Luis tem, aliás, o condão de dar ao ambiente uma nota característica, a cujo sortilégio nenhum visitante poderá fugir. As obras datam de cerca de 30 anos atrás, mas nos transportam ao espírito pictórico dos albores deste século; e entretanto os quadros se mantêm plenamente válidos em face do tumulto das correntes artísticas mais recentes.

Como diz Paulo Mendes de Almeida, na apresentação do catálogo da exposição, o forte da arte de Noemia é a sua delicadeza. Uma delicadeza permanente, personalíssima, que contagia qualquer tema sobre o qual se demore. E que não exclui, mas pelo contrário pressupõe, uma consciência profissional muito rigorosa, exigente de si mesma, favorecida pela inteira identificação entre a artista e a sua arte.

As pinturas apresentadas (18) são em bem menor número que os desenhos a nanquim puro, aquarelados ou complementados com pastel ou guache (46). Isso corresponde à vocação de Noemia, que não ignora ser fundamentalmente desenhista, senhora de um traço livre, espontâneo e direto, que não tem nada a invejar a outros expoentes do gênero. Ela absorveu a arte dos pintores que admirou – e isso se chama cultura – e o que a partir daí soube criar vem envolto numa aura de lirismo que só poderia brotar de sua exemplar feminilidade.

Cravo brigou com a Europa antes de modelar sua arte

Jornal da Tarde, 21 de setembro de 1966

Numa primeira viagem à Europa, feita em 1960, Mario Cravo asperamente se fechara a toda a arte daquele continente, voltando, antes do tempo previsto, para o refúgio de seu ateliê de Salvador. A vastidão dos tesouros artísticos que lhe fora repentinamente mostrada, lá, desgostou-o, e ele quis tornar às suas bases.

Uma nova e melhor oportunidade de permanência na Europa lhe foi dada em 1964, quando residiu longamente em Berlim Ocidental. Tendo vencido o trauma do primeiro choque ele rearmou-se para a luta e o resultado é esse que a Galeria Astréia está agora apresentando.

Deve-se dizer desde logo que o escultor chegou a um ponto alto de sua carreira, tendo dominado, depois de uma luta que ele próprio denominaria de bárbara, esse material que requer o fogo para ser modelado.

Mas no caso de Mario Cravo a vitória conquistada não foi somente sobre os elementos aos quais ele quis imprimir a sua marca, mas também, senão principalmente, sobre a sua própria natureza tumultuária. Até então, para ele, o fundamental fora sempre agir, trabalhar incessantemente, destruir para recriar. Tratava-se de gastar, na faina da arte, uma vitalidade transbordante, e por isso mesmo sua produção apresentava tantas faces diversas, e com freqüência era ele atraído pelas empresas em que a nota dominante era o gigantismo.

Agora o artista parece haver agarrado a linha essencial que unia seus muitos estados. Estes, hoje, exibem-se na temática, que continua muito variada, mas vem relacionada por um mesmo sopro de leveza, elegância e coerência. E assim convivem, e se completam, os impulsos que advêm de sugestões religiosas divergentes, com a busca de uma integração na civilização das fábricas; e as esculturas são anjos e flores, signos de candomblé e máquinas ainda não inventadas, e fálicos pássaros. O espaço encheu-se de gestos, de impulsos que ficaram soldados a um suporte, do rastro de vôos que já se esvaíram.

Pinturas sem data

Jornal da Tarde, 23 de setembro de 1966

A Galeria São Luis (rua São Luis, 258) está mostrando uma parte do acervo que a sua diretora, Ana Maria Fiocca, reuniu ao longo dos anos de trabalho, seja na direção dessa sala, seja na da Galeria Domus.

Pode-se ver, ali, o quanto mudou a pintura de vários artistas radicados em São Paulo, no curso desse quarto de século. Volpi, Maria Leontina, Rebolo, Graciano, Aldemir, e tantos outros podem ser olhados na São Luis como revemos retratos de velhos tempos.

O tempo é, para a arte, um juiz insubstituível. Um quadro não envelhece como envelhece uma roupa, um jarro, uma casa. O quadro, com o tempo, integra-se cada vez mais em si mesmo – ou então fenece totalmente. É uma experiência que todos os artistas já fizeram, essa, de encostar trabalhos a cujo respeito alimentam dúvidas, para deixá-los dormir meses e anos. Quando, passado o tempo, são reexaminados, pode-se verificar que silenciosamente eles prosseguiram um processo de vida, a química das tintas continuou a elaborar-se e eles agora têm um ar mais concentrado, como se alguém outro se tivesse incumbido de concluí-los. E quando efetivamente havia um defeito sério que desequilibrava o conjunto mas não se fazia evidente, o erro, acentuado pela brusca revisão, salta desde logo aos olhos.

Ir no momento à Galeria São Luis é como visitar a sala de um pequeno museu.

Quadros de pintores quando jovens

Jornal da Tarde, 26 de setembro de 1966

Na Galeria Atrium o jovem Dudu Santos está apresentando uma série de pinturas. Preferimos o trabalho deste artista como gravador; parece-nos que ele só teria a ganhar se por ora se empenhasse nas artes gráficas, dando tempo a que a pintura amadurecesse.

Na Fundação Álvares Penteado há um grupo de jovens, com séries de trabalhos que ficam perdidos em intervalos das paredes de um salão imenso – quando teria sido tão fácil delimitar uma área deste e expor mais dignamente as obras. Por que não aplicar aos demais o mesmo critério já adotado para com a coleção de Goeldi? Outra peculiaridade deste Museu é que não aprecia a iluminação dos trabalhos; anteriormente sequer havia lâmpadas: estas agora foram colocadas, mas são mantidas rigorosamente apagadas.

Aldir Mendes de Souza mostra, ali, uma série de pinturas em relevo, cada qual mais tétrica que a outra. É a obsessão, não da morte, mas dos mortos, representados por máscaras mortuárias que povoam todos os quadros. Mortos de guerra, mortos por afogamento, mortos enquanto dormiam, alguns portam máscaras antigases, quase todos estão apensos a tubos respiratórios que têm algo de cordões umbilicais. O papel celofane entra freqüentemente nas composições para dar-lhes um aspecto de aquários ou de túmulos transparentes. Esse cemitério mantém, em seu conjunto, uma inegável coerência.

A surpresa, entretanto, de uma visita às atuais exposições da Fundação, é constituída pela presença de Sergio Vaz Almeida Cristovão, que se assina precisamente SVAC, e que uma pequena papeleta informa haver nascido em 1947. Estamos, assim, diante de um jovem de menos de 20 anos, e que entretanto já é um pintor. Trata-se de alguém profundamente impressionado pela obra de Magritte, Delvaux e outros surrealistas dessa linha, mas que possui um mundo interior absolutamente pessoal e que encontra na pintura a sua maneira direta de expressão. Curiosamente, os quadros trazem, em meio a figuras trajadas à moda antiga, modelos primitivos de aviões e automóveis, de modo que parecem ter sido feitos a partir de velhas fotografias. A temática está, de qualquer forma, plenamente justificada pela maneira como é tratada, e não há dúvida de que SVAC é um nome que deve passar a ser considerado.

Na mesma sala podem ainda ser vistas pinturas de Gilberto Salvador e desenhos de Eduardo Iglezias.

Há algo de novo nessa galeria

Jornal da Tarde, 27 de setembro de 1966

Subindo, pela escada rolante, para o segundo pavimento da Nova Barão, chega-se agora a uma nova galeria ali instalada na loja 11, a Tod-Arte. É uma saleta pequena, de arranjo original, comportando poucos quadros.

No momento ali encontram-se reduzidos mostruários de alguns artistas bem conhecidos, mas que se apresentam quase todos sob uma face inédita, ou indicativa de tomada de novos rumos.

Assim acontece com Odriozola, que não expõe desenhos, mas sim trabalhos em relevo, aplicações de formas sobre superfície de madeira lisa – composições discretas e aparentemente bem estudadas. A novidade da experiência, apresentada em apenas duas realizações, abre-nos o apetite para vermos até onde iria ele, nesse caminho.

Também Marina Caram saiu fora de sua temática antiga, e aqui está em três grandes quadros de flores. Há um *Verão* berrante, um *Outono* agressivo, que nos deixa interdito, e uma *Primavera* a que aderimos sem dificuldade.

Igualmente Aldemir Martins parece dispor-se a romper os quadros tradicionalmente fixados de seu desenho elaborado, partindo para uma aventura nova, em que se evidencia grande a tentação da pintura. Mas seria preciso ver mais, dessa série, para apreender-lhe o alcance.

Há também dois bons Rebolos da fase atual, já mostrada em exposições individuais. E há finalmente a dona da galeria, uma senhora duma gentileza *encombrante*, que não nos deixa dar um passo sem pisar-nos os calcanhares, nem ver um quadro sem que entre nós e ele ela se interponha, para, com sua esmagadora amabilidade explicar-nos de quem se trata, e que pretendeu o artista.

Quem quiser ver com calma a exposição, finja-se surdo e mudo, ou de estrangeiro que não entende português.

Pequena escultura dá o tamanho do escultor

Jornal da Tarde, 3 de outubro de 1966

A Galeria 4 Planetas, na Nova Barão, teve a feliz idéia de reunir, em uma exposição denominada Pequena Escultura, peças de artistas nacionais ou nacionalizados, nascidos ou residentes em diferentes pontos do país. Normalmente cada um deles permanece insulado na cidade em que se fixou, sendo desconhecido fora dos limites do respectivo Estado.

Nesta mostra podemos ver os mineiros José Pedrosa (que recentemente apresentou desenhos na AAMAM) e Amilcar de Castro ao lado do gaúcho Carlos Tonius, do carioca Sérgio Camargo, dos paulistas Bruno Giorgi e Caciporé e do baiano Antonio Rebouças. E com eles estão o italiano Calabrone, os austríacos Weissmann e Stockinger, a búlgara Liuba, o grego Vlavianos, o japonês Tsuchimoto e o mandchu Taqueo Shimizu.

Esse coquetel de nacionalidades resultou numa coletiva harmoniosa em que as peças selecionadas se situam sempre a partir de um certo nível. Ademais, como a maioria dos trabalhos está executada em metal, o visitante passa os olhos de uma escultura a outra sem necessitar readaptar-se sempre às condições e aos efeitos peculiares aos diferentes materiais.

O ofício de escultor é sem dúvida o mais espinhoso, no mundo das artes plásticas, pois é grande o número de pessoas que não se identifica com o gênero. Além do público ser assim naturalmente restrito, o dinheiro que o artista necessita investir na própria produção torna esta muitas vezes impossível, ou obriga a que ela seja reduzida ao mínimo. No preço de uma peça em metal o custo da fundição representa cerca de um terço do total, e como o intermediário fica com o segundo terço, é na verdade pouco o que sobra para o artista – ao contrário do que poderia parecer a quem apenas corresse os olhos pela lista de preços.

Esse aspecto do problema também valoriza a iniciativa desta exposição, que juntando um bom conjunto de peças pequenas – e portanto mais acessíveis – vem contribuir para a aproximação entre o público e os escultores.

Há algo de podre nesses quadros

Jornal da Tarde, 4 de outubro de 1966

Lula Cardoso Aires é um cidadão de mil amizades e isso bem se espelha no catálogo da mostra que ora está sendo realizada na Galeria Oca, e no qual vem colecionada meia centena de opiniões de artistas e escritores sobre a personalidade do pernambucano. Isso foi confirmado pelo fato de que a exposição, sem embargo de numerosa, estava praticamente vendida antes da inauguração.

A pintura que está agora sendo mostrada tem um declarado propósito documental: ela parte da destruição da velha casa da família do artista – decorrência da modernização da cidade do Recife – e faz dos muros, grades e sombrios interiores que ficaram na memória do seu autor, o ponto de apoio para a apresentação dos fantasmas de seres familiares que lá habitaram. O tema assim proposto é desdobrado numa série de variações, nas quais a nota pictoricamente dominante é a da matéria envelhecida, decomposta, putrefata. Essa podridão, aliás, contamina os próprios espíritos invocados nos quadros, os quais destilam pus, ao ponto de que algumas vezes não semelham assombrações, mas cadáveres semidesenterrados.

Curiosamente, os fantasmas que perpassam por essas telas é que favorecem a relação estabelecida entre as mesmas e o público, pois se fossem espanadas as formas esfumaçadas que os sugerem, ver-nos-íamos diante de superfícies puramente abstratas, exclusivamente dominadas por uma pesquisa de matéria: a da matéria purulenta. No desenvolvimento de uma tal pesquisa o artista tem a oportunidade de demonstrar seu domínio do ofício – fruto, sem dúvida, de incansável labor.

Ele pintou o seu povo

Jornal da Tarde, 5 de outubro de 1966

A pintura foi, para Heitor dos Prazeres, uma forma de comunicação com o mundo exterior, tão válida como o canto e a dança. Uma outra maneira de expandir a sua vitalidade e de traduzir os impulsos poéticos que não podia nem queria conter.

Seus quadros ficaram situados dentro dessa classificação genérica de "pintura primitiva" – categoria muito ampla, que abarca artistas perseguidos pela obsessão dos detalhes minuciosos, ao lado de outros que, ao contrário, colocam umas poucas figuras sobre largas superfícies de colorido uniforme. Seu estilo aproximava-o mais desta última tendência, e em breve ele fazia-se assinalar por sua marca inconfundível, que permitia a identificação de um quadro de Heitor dos Prazeres sem necessidade de conferir-se a assinatura.

Os temas preferidos por Heitor foram, desde o começo até o fim, aqueles representativos do meio em que vivia. Pintura essencialmente popular, no sentido dos assuntos que a atraíam, ela detinha-se nos personagens de rua, dos músicos com os quais ele convivia, nas pastorinhas para as quais cantava e com as quais gostava de dançar.

Sua pintura está ligada à sua vida de boêmio, sendo que esta não o impediu de tornar-se, com o tempo, o patriarca de numerosas famílias, que com incontida generosidade ia semeando filhos pelo mundo.

Homem sempre pronto a experimentar o que a vida se dispunha a oferecer-lhe, e recusando-se a capitular antes que os obstáculos fossem nitidamente superiores às suas forças, Heitor dos Prazeres ainda há poucos meses – depois de operado e não convalescido – embarcou para o Senegal, onde fez parte da representação brasileira ao festival mundial da cultura negra. Calando a dor que o roía, ele para lá levou a sua pintura, os seus sambas e as pastorinhas, dando uma última e generosa contribuição de festa para os olhos e os ouvidos de seus irmãos.

Uma lição a Ultra Arte dá

Jornal da Tarde, 6 de outubro de 1966

Num salão no fundo do primeiro andar, à avenida Brigadeiro Luis Antônio nº 1343, o Grêmio Esportivo Ultragás está realizando uma exposição coletiva que denominou 1ª Ultra Arte. A mostra consta de 36 trabalhos de funcionários da empresa e de 172 outros artistas convidados, com o que, segundo informa o catálogo, se teve em vista colocar os associados do Grêmio em contato com obras de nível mais elevado, ao mesmo tempo que dar aos convidados uma outra oportunidade de contato com o público. A sala foi montada com um esmero que poderia servir de lição a muita galeria especializada e até a salão oficial. Entre os artistas convidados predominam os do Grupo do Embu, sob a liderança do sempre ativo e empreendedor Claudionor Assis Dias.

Como não houve seleção (a não ser a indireta, representada pelos convites) o percurso dos corredores formados pelos painéis em que se encontram os quadros leva-nos de boas surpresas aos piores sustos, provocando esse tipo de emoção que ocasionam as subidas ou paradas bruscas de elevadores.

Há numerosos escultores, quase todos trabalhando em madeira, e com uma temática predominantemente religiosa. Ranulfo Lira atrai a atenção, principalmente com o Crucifixo grande, a Ceia e os grupos de figurinhas agrupadas; há também Joel de Oliveira com sua Senhora Aparecida, Agenor dos Santos com a Madona, Nazaré (terracota) com seus Candomblés, e o Pascoal das Máscaras 160 e 161. Delson Pedroso tem maneira própria de modelar uma cerâmica toda esburacada.

As pinturas são em grande quantidade e, como é natural, a qualidade não chega a provocar o mesmo qualificativo. Claudete Silva, entre os funcionários, destaca-se porque sabe usar as tintas, embora não saiba até agora o que quer pintar, como se vê da indiferença com que passa da Mulher para o Abstrato. Cardoso Ferreira (69) tem uns Meninos de Fábrica que são bisnetos de Picasso. Entre os primitivos, que não proliferaram tanto como seria de temer, há o bom Waldemar dos Santos, Ciléia da Costa (36 e 37) e o nº 100 de Rachel Trindade.

João Suzuki comparece com uma série de desenhos que semelham jogos de acrobacia, especialmente o 53. Ari Posato faz uns homenzinhos que parecem perambular, irrequietos, por um campo de concentração, quando não estão saindo, como coisas fabricadas, de uma cadeia de montagem. Eduardo Rodrigues possui rara habilidade para fixar um retrato em três traços e Victor Zagdjas, que tem um traço extremamente delicado (132), sofre de tentação acadêmica.

É muito possível que tenham razão os expositores que se sintam injustiçados pelo cronista; este, porém, não pretende senão dar uma opinião, que tem tanto de pessoal quanto de falível.

Maria pensa e vive a cor

Jornal da Tarde, 10 de outubro de 1966

O catálogo da exposição de Maria Leontina na sede dos Amigos do Museu de Arte Moderna anunciava "nanquins e guaches", mas na verdade o que ali se pode ver é uma série de pastéis.

Em suas relações com a cor Maria Leontina é sensitiva e inventiva. Ela sente a cor e pensa-a já pronta, e essa cor pensada pousa sobre o papel com leveza e segurança. A partir daí, as outras cores necessárias ao eco ou à tensão que a artista julgou conveniente introduzir na composição, serão invocadas e virão, sucessivamente, colocar-se na posição exata que lhes estava destinada.

Antigamente – principalmente quando o assunto eram aqueles interiores de farmácia, com vidros, potes, caixinhas e gavetas conformando os espaços para a pintura – o colorido apoiava-se sobre as linhas de um desenho preliminar. Na série atual, na qual ainda se podem ver referências aos estandartes, há casos em que a forma e a cor são uma coisa só, a cor foi pensada em sua forma inata. Há pastéis que mantém parentesco com a antiga arrumação dos pequenos blocos de cor. Em outros, porém, parece que a cor se viu mentalmente elaborada como um objeto palpável, consistente embora tênue, e veio desenhar no papel exatamente a superfície que lhe correspondia. Aqui não foi necessário demarcar previamente seus limites, pois ela, cor, só poderia assumir aquele desenho – que a conforma por dentro. É como se, em vez de terem sido gizadas pelo bastonete que a mão conduziu, aquelas formas tivessem sido transpostas, em seu todo, da mente para o papel.

A identificação desta pintora com as tintas mediante as quais ela se exprime é total. A pintura é a sua natureza, feita de pureza e coragem.

Batman, o anarquista

Jornal da Tarde, 12 de outubro de 1966

A Galeria Cosme Velho está apresentando uma reduzida mostra de desenhos de João Parisi Filho. Estará ali toda a produção disponível do artista, ou foi a seleção feita que só deixou aquela meia dúzia de trabalhos?

Embora intitulados desenhos, os quadros tendem mais para a pintura, e em alguns casos é utilizado o recurso do relevo. As figuras que vivem naqueles espaços são reproduções do Batman, alguns diabos, senhoras feíssimas falando ao telefone e recortes de cenas de sonho. Ela é assim definida pelo apresentador do catálogo, Jorge Mautner, colega e amigo do expositor: "A arte de Parisi não tem nenhum objetivo, nenhuma meta, é aquele horroroso realismo mágico, fantástico, sei lá, qualquer coisa assim".

Na verdade ela decorre de um clima mental formado pelas histórias em quadrinhos, pela atração do abismo sem a decisão de enfrentá-lo, pelas imagens do sonho misturadas a recordações de infância. Ainda uma vez podemos valer-nos do apresentador, que informa ser Parisi "um anarquista de direita": trata-se de um revolucionário que faz ginástica e bebe leite e coca-cola.

É, em resumo, um representante da atual juventude cabeluda, que se diverte com protestos ruidosos e inócuos, que está em desacordo com este mundo mas ainda não tem um outro para propor. Tudo isso pode vir a dar em pintura, mediante o atendimento de uma condição sem a qual não se faz arte: muito trabalho.

Receita antiga, mas que continua válida.

Morros e ladeiras melhores que anjos e santos

Jornal da Tarde, 14 de outubro de 1966

Na Galeria Atrium o baiano Carlos Bastos está expondo desenhos e óleos.

O assunto é mesmo Salvador, com seu casario típico, algumas figuras populares e aquelas paisagens para as quais a cidade se abre a todo momento no reiterado, envolvente e marcante encontro com o mar.

Desde que o marinheiro Pancetti, ali aportando, nos deu a sua versão ótica e colorística das praias, do mar, do céu, das lagoas e penhascos de Salvador, que nenhuma outra teoria, relativa ao mesmo ambiente voltou a ser proposta com igual força. Assim como todo o mundo que desenha a Bahia parece ter sido influenciado por Carybé – de tal modo o ágil traço deste soube surpreender e fixar tudo o que é móvel na cidade – assim também as cores de Salvador (e a maneira de aplicá-las na tela) ficaram tendo como padrão as da paleta de Pancetti.

A pintura de Carlos Bastos não se livra desse íncubo, embora ele se empenhe, mediante uma divisão particular dos planos, em organizar a tela de maneira pessoal. As zonas de cor, entretanto, mantém-se soltas cada qual em seu terreno, sem se conjugarem para a formação de uma atmosfera geral. Há uma certa moleza na armação, o que faz com que esta ceda ao peso das cores.

O artista pode ser melhor apreciado nos desenhos – não os de anjos e santos – em que reproduz o amontoado das casas sobre os morros e as ladeiras. Há aqui um traço delicado que sabe organizar a arquitetura típica da cidade e que encontra sua melhor expressão nos dois desenhos sobre papel preto.

Carybé, mestre desenhista que vive em cor

Jornal da Tarde, 17 de outubro de 1966

É preciso ter diante dos olhos os desenhos coriscantes de Carybé, para fazer idéia dos problemas que ele enfrenta quando defronta o cavalete de pintor. A oportunidade para isso é boa, pois ao mesmo tempo em que mostra uma série recente de seus quadros, a Galeria Astréia também está lançando seu álbum de desenhos, *Olha o Boi*. Por este se comprova ademais, que o artista escreve como não escreve muito imortal brasileiro.

Carybé configura a participação intensiva e incessante na vida. Esta é, para ele, a cada minuto, um acontecimento novo, a que atende com olhos maravilhados de menino descobrindo o mundo. Mas não apenas vê o que ocorre, como tudo ele quer experimentar, apalpar, possuir – e ele come o bolo que a quituteira vende na rua, segura a faca com que o magarefe estripa o boi, sabe ser ao mesmo tempo o cavalo e o cavaleiro e o chicote, e canta com os violeiros que se reúnem após o dia de trabalho, e salta com os capoeiras que brincam em meio aos esqueletos dos bois que descarnaram.

Carybé é movimento, de corpo, de mão, de pensamento. Seu olho não para, e cada linha ou gesto que esse olho surpreendeu está para sempre impresso, e irá sair-lhe pelos dedos, no desenho, com a espontaneidade e a necessidade com que nosso corpo se desfaz daquilo que absorveu. Tem um poder de síntese sugestiva que evoca num lampejo aquilo que uma vez encarou – e como é o antidemagógico por excelência, não sabe demorar-se nos achados, não perde tempo a enfeitá-los.

Na transposição desse frêmito para a tela, o material diferente não atende ao de que necessitava o artista. As tintas são molengas, a pasta quer ser laboriosamente desmanchada, a vocação do pincel intumescido é ficar pincelando longamente o pano ou a madeira. Carybé recorre, então, a um colorido variado e contrastante, ou a elementos outros que não os pigmentos, para obter aquela explosão de vida que está na corrida desabalada dos cavalos em meio ao pó, na dança frenética das negras dos candomblés, no assobio do laço do boiadeiro que deteve a rês – o que tudo, no desenho, ele faz mediante sua magia inata.

Olhando de perto os quadros, vamos ver que Carybé *desenhou* as cores, não as pensou como matéria-prima de valor autônomo. Mesmo naquele desafio que ele se impôs, das filhas de santo vestidas de branco, os diferentes brancos têm um valor gráfico superior ao colorista. O desenho, que ele quer destruir no quadro, ressurge na linha da pincelada colorida.

O pintor é um Narciso que ama estar demoradamente olhando-se nas águas pastosas que espalha sobre a tela, e que fica indefinidamente compondo-se e corrigindo-se, enfeitando-se com minúcia para o momento final da apresentação. Um desenhista da linhagem de Carybé é o avesso desse temperamento. A necessidade que o artista sente, de não repetir-se, de buscar aquilo que ainda não fez, de desentocar dificuldades, leva Carybé a escapadas pelo mundo das cores, que é a sua atração do abismo. O desenho, porém, mantém sobre ele garras firmes e ele está condenado à invulgar maldição de ser um mestre desenhista.

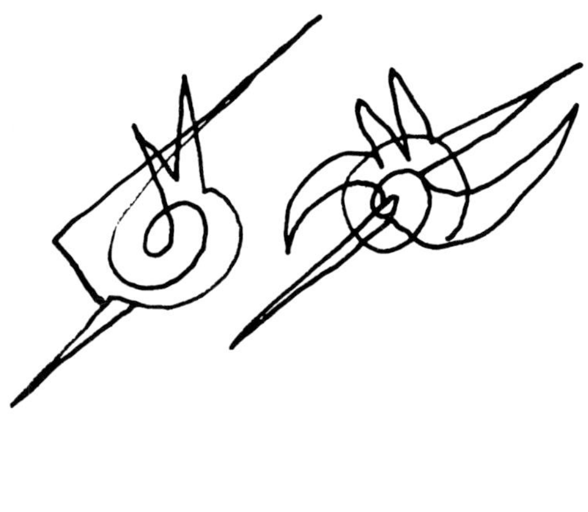

Três artistas num Ponto tumultuado

Jornal da Tarde, 18 de outubro de 1966

Naquele reboliço do Ponto de Encontro, em meio ao enxame de mocinhas pipilantes e ao berreiro do toca-discos, três jovens artistas plásticos estão apresentando pinturas, monotipias, xilogravuras, desenhos e montagens. A quantidade é reduzida, mas a variedade é muita.

O principal, do que há para ver, encontra-se no andar intermediário daquele poço sonoro e agitado. Aí estão os trabalhos em preto e branco dos três expositores, que no andar inferior mostram pinturas.

Tuneu mereceu a honra de uma apresentação de Tarsila, que o conheceu menino, e que nele destaca "senso de equilíbrio" e "grande amor ao trabalho". A série que ele aqui exibe caracteriza-se efetivamente por aquela primeira qualidade. Pesquisando dentro de limites bem precisos, os blocos de preto, cinza e marrom que Tuneu empilha para compor suas muralhas estão saturados de mistério. As pequenas aberturas brancas, que nelas a intervalos se inserem, dão-lhes um certo desafogo e abrem caminho a muitas sugestões.

Norberto Nicola, que subscreve a apresentação de Antonio Peticov, diz que é "na cor onde se nota toda a sua sensibilidade", mas à nossa falaram mais as três xilogravuras desse artista, que parece ter, nesse terreno, bom caminho pela frente. É particularmente pessoal e forte a concepção da gravura nº 18.

Maria Amélia Villegas está apadrinhada por um poético texto de Douchez. Suas monotipias são constituídas de fundos monocromos sobre os quais é inserido um desenho rápido e sem dúvida arbitrário, que com a pintura do andar de baixo tem o parentesco do nervosismo. Douchez fala em "temperamento imperioso" e "textura agitada", e parece-nos que na medida em que a artista domine o primeiro para elaborar a segunda, os resultados somente poderão melhorar.

A máquina tem seus mistérios

Jornal da Tarde, 24 de outubro de 1966

Sob o título, que a exposição não ajuda a entender, de A Máquina na Época Asfáltica, Domenico Calabrone está expondo, no Auditório Itália (São Luis, 50), pinturas e objetos. Muitos dos trabalhos pertencentes à primeira categoria são indicados no catálogo como sendo *estúdios* o que não faz sentido.

O artista sente invencível atração pelos termos difíceis e os títulos poéticos ou misteriosos e assim é que o catálogo relaciona "paisagem arqueológica do pleistoceno", "crepúsculo da era cenozóica", "máquina da noite e do silêncio", "complexo gigante" e outros que tais.

Não basta, porém, batizar uma armação tosca de "ponta de diamante" para que ela perca o seu aspecto vulgar, e assuma a condição aristocrática que costuma ser atribuída aos diamantes. Os *objetos* de Calabrone fazem-nos lembrar essas peças de decoração de rua que a Prefeitura costuma pendurar nos postes de iluminação por ocasião das festas de Carnaval ou Natal, e que não são de um bom gosto muito requintado.

Na pintura Calabrone pisa no terreno mais firme e consegue realizações felizes, como no caso da "máquina azul em movimento" e nos dois "ocres". Mesmo "a fenda", que sai da linha geral das outras pinturas menos pretensiosas, tem a sua audácia justificada pelo resultado alcançado.

Como diz Paulo Mendes de Almeida no catálogo, "a versatilidade, na arte, é bem mais um perigo do que uma virtude. Alguns conseguem varar através desse perigo, mas nem sempre".

Maquinações que a máquina produz

Jornal da Tarde, 26 de outubro de 1966

No 3º andar do Museu de Arte está sendo apresentada a exposição *O* Artista e a Máquina, que reúne os trabalhos realizados por um grupo de artistas, convidados para uma visita à fábrica de máquinas de escrever, e que deveriam desenvolver o tema proposto. A capa do catálogo distribuído é de um mau gosto de arrepiar.

Nem todos os artistas convocados aceitaram o desafio de enfrentar a máquina como assunto estético, abrindo mão, assim, de suas preocupações habituais. Volpi, Grassmann, Mabe e Ostrower comparecem com realizações que se situam na normalidade de sua produção habitual, não aportando nenhuma novidade porventura nascida do contato com o ambiente visitado. Na bela gravura de Ana Letycia pode-se entrever vaga referência à forma de uma peça de metal.

Di Cavalcanti inseriu uma silhueta postiça de máquina de escrever sob os pés da coruja pousada em um de seus quadros de mulheres. W.D. Lee montou uma caixa de vidro sobre esmerada armação metálica e naquela vitrina reuniu peças autênticas de máquinas várias, sob um manequim recortado; dentro da geringonça há uma corrente que roda, enquanto se ouve uma musiquinha bem chinfrim: o cúmulo do naturalismo. M.H. Chartuni construiu um mundéu de madeira em que um operário, tamanho natural, entra de macacão por uma porta e sai pela outra em trajes correntes.

Fernando Lemos, com um colorido inesperado e composição audaciosa, estilizou em folha a haste da letra da máquina; e finalmente Maria Bonomi, que está num momento feliz de sua gravura, transpôs para a madeira um teclado transparente e rítmico, roda que gira e é flor.

As fotos contam toda a história

Jornal da Tarde, 28 de outubro de 1966

É um bocado longe, mas vale a caminhada: no Pavilhão de História da Cidade Universitária acha-se em exposição, no momento, uma seqüência de painéis fotográficos (50), subordinados ao título geral – Arte da Escrita – uma iniciativa da Unesco. A exposição foi preparada por W. Sandberg, do Stedelijk Museum de Amsterdã, e montada aqui pelo prof. Ulpiano Bezerra de Menezes.

Cada painel compreende um conjunto, selecionado com bom gosto, de reproduções fotográficas e breves legendas que imediatamente situam, no tempo e no espaço, os documentos apresentados. Ao lado de cada um deles há um texto mais longo, para quem queira utilizar a mostra como um autêntico curso. E o catálogo contém um pequeno mas bem feito estudo de Marcel Cohen – um resumo da história da escrita.

A exposição interessa a todos os estudantes de artes. Há muitas professoras, nesta cidade, que costumam vez por outra levar seus alunos em visita a museus ou galerias particulares, para aulas vivas e explicativas de arte plástica. A oportunidade desta apresentação da Unesco não deveria ser perdida, pois ali podem ser rapidamente apreendidos, num fácil passeio visual, conhecimentos que a ciência oficial costuma apresentar desligados uns de outros e sem o atrativo que decorre duma montagem bem cuidada.

Deveria também interessar aos artistas plásticos em geral, pois o mister a que se dedicam não é, afinal, outro que não a busca de uma linguagem própria, de uma escrita capaz de dar expressão àqueles sentimentos e impulsos que não encontram vazão adequada na língua corrente. É precisamente para atender a essa necessidade humana de comunicação que desde há seis mil anos, e até hoje, vêm sendo propostos sempre novos alfabetos, signos, ideogramas – pinturas, desenhos, esculturas.

Uma artista que rege suas cores

Jornal da Tarde, 4 de novembro de 1966

Por motivo da exposição efetuada na Galeria Cosme Velho (Lorena, 1579) a pintora Wega Nery distribuiu um convite em que reproduz auto-retrato feito sem nenhuma complacência, e também um jornal especial, intitulado, nem mais, nem menos – *Notícias de Wega*.

O abundante material informativo e crítico contido nessa publicação especializada dá-nos um roteiro que facilita o percurso daquela pintura.

Assim é que Mário Pedrosa fala em "pintura dita de gesto" e informa que a artista se inspira "antes de atacar uma tela, no poder encantatório da palavra", dopando-se com a leitura de poemas. Sérgio Milliet diz que para classificar essa pintura "seria preciso referir-se ao expressionismo, ao surrealismo e ao abstracionismo, num entrosamento meio confuso, mas eficiente". A própria pintora, em depoimento pessoal, refere-se aos seus "desenhos delineados sem ponto de referência, a mão deslizando sobre a folha de papel em branco, ritmos acordes ao que murmurava Beethoven ou soluçava Noel Rosa". E o sr. Cid Marcus, que ocupa a primeira página do jornal, refere a opinião de que Wega Nery "pintava como se estivesse em transe, o subconsciente explodindo", pelo que a sua obra se situa "naquele território onde a experiência lisérgica é um dos meios mais válidos para se perceber tudo o que ela tem".

Em face de tão autorizadas e coincidentes opiniões, pouco restaria a acrescentar. Como pintura repentina e selvagem que esta é, os resultados algumas vezes podem ser apreendidos pelo espectador, de outras devem permanecer como uma visão incomunicada da artista. Assim é que não conseguimos localizar nem a "personagem", nem a "praça e túnel", nos empastamentos que levam esses títulos; enquanto que nas marinhas tumultuadas, o revolvimento das águas encachoeiradas é perfeitamente assimilável. A artista rege as suas cores como um maestro a orquestra, mas ao mesmo tempo ela é cada uma daquelas cores: pelo que a realização alcançada durante o transe deve parecer-lhe mais importante que a procura de uma afinação que poderia acabar comprometendo a armação espontânea.

A Rex-filosofia e os Rex-rapazes

Jornal da Tarde, 11 de novembro de 1966

Os Rex-rapazes (Iguatemi, 960) estão apresentando um novo conjunto de realizações. Na oportunidade vem sendo distribuído o nº 3 de seu órgão oficial. A primeira página do jornal insere o Regulamento do grupo, no qual se pode ler a seguinte confissão: "Eu sou um cavalo velho, que venho de todas as guerras e batalhas, e não estou ligando para mais nada". E o artigo 13 confirma: "Nada se cria, nada se perde, e dá tudo sempre na mesma, e vamos acabar com essa conversa, seu convencido"!

A Rex-filosofia parece ser essa mesma, de um profundo desânimo diante das telas nas quais acredita poder realizar alguma coisa que valha a pena; é uma atitude de demissão prévia – e daí as escapadas antiartísticas, a vontade de afrontar aqueles que, entrando numa galeria de arte, pensam que vão ver arte.

Ainda assim Nelson Leirner teve uma idéia engraçada, que é a do quadro representando a floresta pegando fogo, debaixo do qual foi colocado um autêntico aparelho extintor de incêndio, ao qual se ergue um quadro enegrecido pelas chamas e a fumaça: seria a mesma paisagem inicial, depois das árvores terem virado carvão e fuligem. A aplicação da mesma idéia à natureza-morta com frutas é menos original – ali na Pinacoteca do Estado podem ser vistas, em vitrina, as panelas e os tachos que os acadêmicos pintaram nas telas expostas na mesma sala. Geraldo de Barros organizou, com os recursos que sabe manejar, três grandes cartazes, aos quais só falta o aproveitamento de um texto comercial. Porque desperdiçar gratuitamente uma tão nítida vocação publicitária?

Roland Cabot comparece com uns pequenos objetos de madeira, coloridos, que têm graça. Carlos Fajardo aplicou, sobre uma superfície grande que sugere a ampliação de um acidente geográfico, duas caixas de plástico transparente que dão ao conjunto uma dimensão curiosa. E Wesley Duke Lee, que faz um comovedor esforço de autodestruição, não consegue, nas "4 graças", esconder de todo o seu talento.

Darel atingiu a sua perseguição

Jornal da Tarde, 17 de novembro de 1966

Na Galeria 4 Planetas (Nova Barão, sobreloja 31), Darel Valença Lins está expondo pequeno número de trabalhos executados em variadas técnicas. As gravuras, desenhos, aquarelas e óleos couberam todos na pequena saleta de entrada, não necessitando o visitante subir a escadinha de bordo que leva ao andar superior.

A parte principal do que está sendo mostrado constitui-se de gravuras, representando estas a transposição, para o metal, do mesmo tipo de desenhos de cidades que o artista trouxe da Europa, depois de ali haver permanecido, entre 1958 e 1959, no usufruto do prêmio de viagem obtido no Salão de Arte Moderna do Rio.

Dessa estadia Darel voltou impressionado principalmente com a Espanha, e da Espanha ele guardou o espetáculo das cidades encasteladas sobre montanhas ou mergulhadas no fundo de vales. O problema do casario destacando-se em meio à paisagem ampla e agressiva, o amontoado de casas batidas pelo sol, os pequenos conglomerados de tijolos e pedras erguendo-se contra o vasto céu, eis o que marcou os seus olhos.

Foi essa visão que ele passou, a partir daí, a explorar, foi a mesma temática que lhe valeu o prêmio na Bienal paulista de 1963, e é ela que continua a dominá-lo, inclusive nesta exposição.

A técnica de seu desenho, ora traduzida em incisão, consiste quase sempre em concentrar no meio do papel a massa mais escura e pesada das construções, a qual vai-se abrindo e iluminando, para os lados, graças a um tracejamento menos intenso e menos sobreposto. O olho do vedor é, assim, automaticamente atraído para a construção principal, que pode ser imediatamente apreendida, e depois descansa nos brancos marginais. A adesão do assunto proposto é por essa maneira conquistada sem dificuldade e o fato de que o artista venha insistindo reiteradamente na solução apontada deu segurança à mão incumbida de executá-la. O vôo da imaginação não é muito amplo, mas o limite perseguido é alcançado.

Os 2 pintores da Tod-Arte

Jornal da Tarde, 18 de novembro de 1966

Na Galeria Tod-Arte (Nova Barão, loja alta nº 11) Trindade Leal mostra desenhos, a propósito dos quais o Sr. Theon Spanudis fala na "musicalidade polifônica das linhas ora grossas, ora finas, ora agrupadas, ora isoladas, ora densas, ora dilutas, ora contidas, ora expansivas".

O visitante verá uns poucos desenhos de pequeno tamanho que em traços muito sintéticos procuram representar a imagem do cavaleiro montado em seu cavalo.

Quem tenha comparecido à recente mostra do mesmo artista no Museu de Arte, não compreenderá bem o significado da atual, acanhada sob o ponto de vista do número de peças, e que nada acrescenta à figura do seu autor – embora seja verdade que os artistas não expõem apenas para deleitar os amadores de arte, mas também, senão principalmente, para vender.

O outro expositor é João Rossi, que comparece com algumas pinturas longitudinais (um formato de que Plattner gostava) em que figuras cabeçudas parecem esmagadas dentro do estreito espaço que lhes foi reservado; como seres guardados nesses carneiros de cemitério, empilhados para baixo a partir do rés da terra. São coisas bem executadas e um pouco aflitivas.

O mesmo artista mostra uma outra série de trabalhos, a que o apresentador, professor Mário Schenberg, denomina de "objetos pictóricos tridimensionais". São umas curiosas caixas fechadas, que têm a face externa de vidro, e nas quais fica um espaço vazio entre este e a parede do fundo. Por vezes aquilo lembra-nos aquário, de outras um oratório abstrato, ou um caleidoscópio em que os vidrilhos tivessem sido fulminados de imobilidade. São delicados presépios de cores em que cada representação plástica vale pela forma e pela cor e pela colocação, aqui apenas um pingo luminoso, ali uma fina tira de papel, depois pequenos relevos e saliências, e leves pinceladas aplicadas sobre o vidro dianteiro, e que introduzem imediatamente uma nova dimensão. Trata-se de objetos mágicos, armados com refinamento, a comprovar como é importante, em arte, o apuro na execução. Há aqui inteira liberdade na concepção e na utilização de elementos variados, mas o amor com que é feito o trabalho confere à obra a autenticidade que a justifica.

Genilson esconde qualquer sexo

Jornal da Tarde, 22 de novembro de 1966

Na loja Schulz (Largo do Arouche, 183), tropeçando em cadeiras e sofás e esgueirando-se entre mesas e armários, o visitante teimoso poderá ver uma série de desenhos do jovem pernambucano Genilson. Por que, num espaço tão amplo, não reservar um canto onde as obras de arte possam ser condignamente apresentadas e vistas?

O catálogo traz, sobre o expositor, referências do prof. W. Pfeiffer: "Os desenhos do jovem artista mostram um domínio excelente dos seus meios de trabalho"; do também prof. Mário Schenberg, para quem "a seriedade das suas crianças sem sorriso e a simplicidade pobre dos brinquedos populares revelam o drama permanente do subdesenvolvimento"; e de José Geraldo Vieira que considera o assunto *criança* "tratado em sentido sadio e otimístico, de que os brinquedos seriam o natural complemento".

Em arte é assim mesmo, e cada olho vê uma coisa diferente, que raramente coincide com aquilo que o artista ali quis botar.

De nossa parte vimos desenhos um pouco duros, todos perfeitamente centrados no papel. O assunto são meninos e meninas, e é tratado sempre segundo um mesmo roteiro: o contorno das figuras é grosso, calcado, enquanto que os espaços interiores são preenchidos mediante um tracejamento delicado e relativamente variado. Não se percebe exatamente a relação entre uma e outra técnicas, o porquê dessa combinação.

Há um detalhe mórbido nas figuras dos meninos, que choca pela insistência: sem exceção, em todos os desenhos, a parte do corpo em que se situa o sexo masculino está violentamente borrado por uma explosão de tinta raivosa, que interrompe sem explicação a fina quadriculação: e quando as mesmas figuras são vistas de costas, exatamente o mesmo borrão de censura estigmatiza o ânus.

Quem sabe se saindo para uma outra temática o artista poderia livrar-se de suas obsessões, permitindo que o desenho ganhasse mais ligeireza e desenvoltura?

A pintura, aqui, é coisa séria

Jornal da Tarde, 24 de novembro de 1966

No catálogo da exposição de Geraldo C. Décourt na Galeria F. Domingo (Dom José de Barros, 301, sala 124), diz o sr. Maurício Nogueira Lima que o artista conseguiu uma – "Liberdade controlada, onde cada área do suporte é modulada com lei própria, não matemática ou trigonométrica, mas sim uma lei regida por uma rica e organizada sensibilidade, que nunca poderia ser medida através de cânones pré-fabricados".

Na exposição que o mesmo artista realizou, recentemente, com um grupo de outros campineiros, na Aliança Francesa, o prof. Mário Schenberg dizia que esse artista havia chegado "à síntese do senso musical com a visão plástica e colorística nos seus esforços poetizados, que talvez poderia denominar de espaços musicais, com maior precisão lingüística".

Não sentimos, naquela ocasião, referência musical na pauta plástica de Décourt, sem dúvida bem ritmada e sóbria. Sua pintura parecia-nos representar muros, obstáculos que barravam um caminho e ante os quais o artista se detinha a trabalhar; de uma certa forma a tela é sempre a muralha que cumpre transpor – sendo que a travessia pode ser feita mediante a introdução da transparência ou do sentido de volume e distância.

O visitante que comece a olhar os quadros da atual exposição pela parede à esquerda de quem entra, mergulha num mundo sombrio, cerrado, noturno, em que muitos tênues intervalos de frouxa luz apenas servem para marcar as gamas de escuro. Repentinamente, nos quadros 8 e 9 acendem-se as luzes e no de nº 10 as águas levam de roldão o obstáculo de pedra, mostrando uma larga paisagem de amplos e inquietos horizontes molhados, de que repontam inumeráveis sugestões de cidade e natureza.

A pintura é, aqui, uma coisa sempre levada a sério, trabalhada com empenho, construída e descoberta. Mas qualquer que seja a cor dominante nesses quadros que procuram, cada um deles, manter-se fiel a uma linha colorística central, resulta sempre uma atmosfera de mistério ou melancolia.

A gravura de Emanoel é uma festa de cores

Jornal da Tarde, 25 de novembro de 1966

A Galeria Astréia, que continua em sua linha de apresentação de artistas nordestinos, principalmente baianos, está agora exibindo gravuras de Emanoel Araujo.

São trabalhos vistosos, em que os amarelos, azuis, vermelhos, verdes, cinzas e pretos se espalham por largas superfícies chapadas, dando à sala um ar de feira festiva.

Os quadros são de tamanho grande e sobre o fundo branco do papel situam-se formas amplas, bem recortadas, cada qual utilizada mais ou menos como se fosse um clichê para a impressão de uma mancha de cor. A madeira não é, assim, trabalhada em seu interior, e muitas vezes não deixa ela, na obra, a marca de seus veios. As superfícies coloridas são tão lisas que sugerem antes papel recortado, e não o duro lenho.

Tudo isso, e também a presença insistente de rostos de mulher, folhagens denteadas e cores bem nítidas, faz-nos pensar em Matisse, principalmente o Matisse das colagens de papel recortado a tesoura. Só que, no caso deste jovem baiano o conjunto assume um aspecto menos lírico e móvel que nas invenções do pintor francês e toma um caráter mais fixo. As formas apresentadas parecem decorações destinadas a iluminar cartazes publicitários. Essa rigidez com que as imagens acabam se fixando nos olhos do espectador deve resultar da maneira como a madeira foi utilizada, eis que ela funcionou apenas como veículo para impressão das formas e cores.

A pintura de Balloni é para ver de perto

Jornal da Tarde, 7 de dezembro de 1966

Falando da pintura que o artista fazia, em 1960, Sérgio Milliet assinalava que eram "principalmente de matéria as inovações que Balloni adotou nesta sua fase atual"; assinalava que sendo a mesma pintura a expressão de um temperamental, "repousa e satisfaz". Quirino da Silva, na mesma época, apontava em Armando Balloni as "pinceladas livres de amaneiramento, enfartadas de tinta e disciplinadas pela consciência artesanal" e Geraldo Ferraz dizia que, nele, "a pintura adquire os valores do reboco". Em 1965 José Geraldo Vieira observava em Balloni a "paleta grave, e tons terra", falava de seu "virtuosismo sensato", graças ao qual "transpõe e transfigura ambiências e episódios com segurança autônoma".

Agora em 1966, na exposição que está realizando na Galeria Atrium, o pintor italiano, há muito radicado entre nós, mantém-se na linha que aqueles críticos definiram, e parece mais à vontade no dar expansão ao seu apetite sensual.

Esta é uma pintura para se ver, apalpar e comer. Ao contrário do que é freqüente, ela ganha sua verdadeira dimensão quando examinada de perto. De longe, as paisagens oferecem aquele espetáculo de *virtuosismo sensato*, que J.G. Vieira referiu, são composições singelas, ordenadas em poucos traços realistas. Chegando junto da tela podemos assistir o pintor em seu trabalho, a espátula temperando as tintas como colher de pedreiro correndo o muro. As cores fervem ao ser avizinhadas, como se estivessem sendo cozinhadas em caldeirão, e não temos dúvida de que o artista, a intervalos, experimenta-lhes o molho, para verificar se está mesmo no ponto.

Dentre os que já vimos trabalhar, Balloni é o pintor mais hábil, rápido e decidido na execução da obra. Vai direto ao que quer. O empastamento das tintas tem em grande parte a função de diluir o desenho que de pronto sai nítido, verista demais. E por isso seu verdadeiro prazer está em modelar aquelas chispas de cores, mantidas dentro de uma escala segura e graças às quais a tela vai adquirindo dimensões de gordura, de barro no qual o artista, como a criança, mete as mãos com gosto. A rica textura escamosa que resulta afinal, é muito mais importante que o assunto proposto.

A música quer viver neste álbum

Jornal da Tarde, 13 de dezembro de 1966

Normalmente um texto literário pouco ajuda a compreensão da obra de arte plástica. As linguagens são diferentes, dificilmente transponíveis, e aquilo que o pintor ou desenhista não conseguiu dizer-nos diretamente, é pouco provável que o literato possa tornar compreensível. Ele fará literatura tomando o quadro ou o desenho como assunto, mas serão devaneios de valor subjetivo, que não aderem ao modelo que os provocou, nem servem para complementá-lo.

Essa regra tem uma notável exceção na série de desenhos *Os Músicos*, de Clóvis Graciano, com apresentação de Rubem Braga (Editora Cultrix, São Paulo, 1966, edição de 1500 exemplares numerados).

Quem, abrindo o álbum, for diretamente às páginas soltas em que se encontram os 15 desenhos a nanquim, não entenderá desde logo o porquê da insistência naquele tema de músicos populares, pendurados a seus toscos instrumentos, e dos quais emana uma nota tão aguda de tristeza. Esta não é o fruto apenas da deliberada economia de recursos com que o artista se impôs trabalhar, embora esta decisão tenha sem dúvida, contribuído, e muito, para o resultado alcançado.

Rubem Braga faz, no prefácio, uma pequena e afetuosa biografia de Graciano, desde os seus primeiros tempos de pintor de carroças, quando também era pistonista de uma banda do interior – e este álbum é precisamente uma homenagem do artista vitorioso aos seus velhos colegas de vida incerta e tão limitada, perdidos no tempo mas não na memória.

Branco, preto, cinza, roupas e chapéus bem caipiras, um mínimo de utilização do tracejamento superposto. Grandes zonas de preto no interior das figuras, como que marcando seus esqueletos. E cada músico mais angustiado que o outro, todos isolados, na tentativa desesperada de falar pela boca de seu instrumento, uma terrível impossibilidade de comunicação. E o final conformismo camponês diante dessa barreira indestrutível.

Este é um amargo documentário da condenação imposta ao homem, de ser sozinho.

Um pintor em busca dos ossos do mundo

Jornal da Tarde, 15 de dezembro de 1966

"As mulheres de Flávio de Carvalho carregam o nu como uma tarefa" (...) "deixando-se ficar perplexas e reunidas, num espaço de julgamento", diz F. L. de Almeida Salles no lúcido estudo que fez da série de trabalhos ora em exposição no Auditório Itália. É ainda o mesmo escritor que observa, com agudeza, que "não é mais a carne, superficial e aparente, que o seduz, mas os ossos do nu".

Desde há muito que Flávio de Carvalho anda em busca dos *ossos do mundo*, da essência das coisas, da verdade íntima que se esconde sob a realidade aparente, e essa busca ele a tem realizado em um variado número de campos de interesse.

O seu desenho, porém, até agora, com todo o explosivo nervosismo de que se revestia, firmava-se sempre sobre uma definição da linha de limite dos corpos. Essa linha não decorria diretamente da fugaz visão de um momento de luz incidindo sobre um instante da figura, mas de uma espécie de "cortina" de fios, de cujo conjunto emergia a forma perseguida.

Agora esse mestre do desenho vem de dar um novo e audacioso passo, mediante o qual a sugestão da figura não é dada pelas suas linhas de contorno, mas, como indicou o apresentador do catálogo, pela intuição dos ossos do esqueleto invisível. O artista parte, decididamente, para a eliminação das linhas aparentes que assinalam o corpo físico, reduzindo ao mínimo os dados convencionais de marcação da figura. Em substituição, uma tatuagem sangrenta vai mordendo os espaços em que estaria situada a carne – e a figura vê-se assim realmente descarnada, transfigurada.

Estas *novas formas de nu* traduzem realmente uma nova visão artística, e parece-nos evidente que não podem deixar de conduzir a outros desenvolvimentos no caminho do aprofundamento do desenho pela destruição da linha.

As aquarelas que completam esta exposição patrocinada pelo Museu de Arte Moderna, tão importante e a que o público concedeu tão reduzida atenção, são tratadas antes como óleos, à maneira expressionista de Flávio, com gritos e iluminações de vermelhos e amarelos.

Esse pintor seria melhor fotógrafo

Jornal da Tarde, 19 de dezembro de 1966

A Galeria F. Domingo está apresentando a primeira exposição individual de Giancarlo Zorlini, médico de profissão, que nos últimos anos tem comparecido a salões acadêmicos.

A impressão inicial que esta pintura nos causa – a começar pelo quadro colocado junto à porta da entrada – não é de entusiasmar. São pinceladas superficiais, que não impregnam a tela a ponto de tirá-la de sua condição precedente, atribuindo-lhe uma nova realidade. O olho do pintor funcionou aqui como uma objetiva de máquina fotográfica e sua ambição não foi além do desejo de fixar um trecho de paisagem que lhe encantou a vista.

Essa sensação, temo-la confirmada pelos dois apresentadores do catálogo. Diz o sr. Benedito Peretto que o pintor se embrenha "em ínvios caminhos, à procura do sol, das flores, dos casarões de Parati e Ouro Preto, das luminosas marinhas do litoral" e o Sr. Franco Cenni confirma que o artista "insiste em armar seu cavalete num ponto 'estratégico' cuidadosamente escolhido, para reproduzir somente o que vê na realidade".

Entretanto, se os resultados alcançados por Giancarlo Zorlini ficassem restritos a isso, não teria sentido discutir-lhe a pintura. A verdade, porém, é que quando se liberta da preocupação de fidelidade às arquiteturas que defrontou, e que o limitam e escravizam, o artista consegue realizar coisa válida no terreno das cores. Uma indicação disso nos dão as massas de água das suas marinhas e de uma forma mais completa isso se encontra comprovado nos quadros *Olaria, Canavial* e *Ouro Preto*. Neste último o casario tem apenas o valor de manchas meio fantásticas respingando os morros e a vegetação, e nos dois primeiros o tratamento do chão e das plantas vai obedecendo a uma lógica de planos e passagens desdobrados, uns fixados em função dos outros – e não por submissão a uma realidade exterior que importa pouco a quem está vendo o quadro, e não a paisagem.

Por que não experimenta o pintor, depois de tomar no local os apontamentos de que necessita para excitar-se, voltar ao mesmo tema longe da natureza, de modo a que os valores plásticos possam assumir a primazia que lhes cabe em arte?

Salvador, o melhor desta Vanguarda

Jornal da Tarde, 21 de dezembro de 1966

Quatro artistas que se reúnem sob a denominação comum de Vanguarda Jovem estão no momento ocupando o salão de exposições do Teatro de Arena: Antonio Peticov, Aldir M. Souza, Flávia Lúcia e Gilberto Salvador.

Este último é o que possui melhor senso de pintura, tal como esse substantivo tem sido tradicionalmente compreendido. Em seus quadros de superfície lisa, as cores combinam-se com harmonia e há sempre, a caracterizá-los, um título entre zombeteiro e irônico.

Aldir M. Souza tenta todos os gêneros: esculturas em metal que têm a forma de um longo poste em cuja haste se incrustam cabeças ou que serve de suporte a uma cabeça, decepada, pendurada lá no alto; outras cabeças, agora sob a forma de máscaras mortuárias, situam-se em relevo sobre suportes planos que entrariam na categoria da pintura. Essa obsessão mortuária deixa de persegui-lo quando o artista desenha: então constrói uns engenhosos e intrincados mapas de cidade, e mediante desenho, papéis coloridos e colagens de outros materiais faz invenções urbanísticas imaginosas e alegres.

Flávia Lúcia implicou com o formato tradicional dos quadros, e quer os seus redondos e ovais, ou, quando são quadrados, pendurados por um dos ângulos; como se usa nos apartamentos, alguns quadros são duplex, tendo um segundo andar menor, que se sobrepõe parcialmente ao primeiro. Há indiscriminado recurso aos materiais os mais variados para a confecção da obra, mas apesar disso na *Pesquisa II* o resultado apresenta coerência.

Quanto a Antonio Peticov, tendo como ponto de partida aquelas caixas de formas de madeira que as crianças usam para construir casas, ampliou os modelos originais e armou uma dessas hipóteses de jogo sobre a superfície plana do suporte. As formas geométricas que assim combinou são de madeira em cor natural, lisas, limpas e precisas, oferecendo o espetáculo de saliências e relevos que parece ter sido o objetivo que o autor se propôs a alcançar.

Os bronzes de Zélia Salgado

Jornal da Tarde, 23 de dezembro de 1966

O problema das relações entre o artista e o material que este utiliza para expressar-se constitui a preocupação fundamental do texto que Fayga Ostrower escreveu para a exposição de esculturas que Zélia Salgado está realizando em São Paulo. Deve-se consignar que essa mostra vem sofrendo imerecidos reveses, tendo estado primeiramente colocada no Instituto dos Arquitetos, e encontrando-se agora na Galeria Oca (Augusta, 1058), sempre de maneira mais ou menos clandestina, sem distribuição de convite nem catálogo e com parco noticiário na imprensa.

O que Fayga quer assinalar na escultura de Zélia Salgado, é que esta chegou a uma inteira apropriação do bronze, material preferido em suas esculturas. Estas são de pequeno porte, mas isso não tolhe a sua força expressiva. Há nelas, sempre, um *élan*, um impulso que busca significar-se – o que permite que sejam, simultaneamente, representativas e não figurativas. A figura que delas nasce não possui liame com modelos predeterminados, é a figuração de um gesto, de um estado de espírito, de um anseio, e isso vem traduzido em seus títulos: arrogância, serenidade, barroco, ascensão, súplica, almas de pássaros.

É nessa capacidade de transformar o duro metal em dúctil instrumento de comunicação, conformando-se às sutilezas do pensamento, às nuanças do sentimento, que se identifica a criação artística. As peças que Zélia Salgado está expondo mostram como a liberdade formal, ao invés de conduzir necessariamente a um exotismo hermético, pode servir às exigências de uma linguagem que vem ampliar o terreno da comunicação entre o escultor e o público.

Exposições

Jornal da Tarde, 26 de dezembro de 1966

Anésia Pacheco Chaves está oferecendo ao público o resultado de mais uma fase de sua obstinada perquirição plástica. Na Galeria Seta, à rua Antônio Carlos, 282, ela mostra 15 desenhos a nanquim, de dimensões a que pouca gente se abalança e que no caso servem para dar uma medida inicial da necessidade que a artista sente de arriscar-se e jogar-se toda, nas obras que empreende.

O pequeno texto do catálogo é da autoria da mesma expositora e vale como um complemento aos desenhos. Diz ela: "Quero um determinado mundo e procuro expressar este mundo"; fala depois na "minha dificuldade de confissão e a impossibilidade, para mim, de renunciar ao mistério"; afirma sua crença em que "problemas de ordem subjetiva terão sua atualidade enquanto o homem nascer e morrer"; e finalmente diz que procura contar "a aflição da luta entre tudo o que pode ser transformado em linguagem e o estranho, inatingível mundo, que sentimos em sobressaltos assustados, mas que não conseguimos nomear".

A humilde e teimosa disposição com que a artista se põe, nestes grandes papéis, a riscar a bico-de-pena fios e fios e fios de nanquim, sobrepondo-os e cruzando-os até que do branco inicial não restem senão tremeluzentes piscadas perdidas na imensidão da noite preta, revela essa crença íntima e arraigada, em que um tal exercício mágico poderá, repentinamente, explodir numa verdade inteiramente desconhecida. O que se procura, a partir da recriação da matéria em sua forma mais elementar, é reinventar o processo de formação da linguagem, de maneira a permitir que esta, que a certa altura deve ter sido desviada de seu rumo autêntico, tenha uma nova possibilidade de encontrar seu destino. Essa simultânea necessidade de perquirição do mistério e de resistência à confissão; de bater a cabeça de encontro à pedra, e de verrumar a pedra para conhecê-la interiormente; de construir mundos imaginários a partir dos elementos fornecidos pelos mais íntimos órgãos femininos – eis um drama e uma contradição que só em arte podem ser vividos e resolvidos. E que necessitam da arte para nela e por ela serem contidos.

No que diz respeito aos desenhos propriamente ditos, a valorização das superfícies brancas, resultante da oposição das grandes massas de negro denso e das estruturas arquitetônicas que relacionam umas e outras, deu-lhes agora uma força expressiva superior à que tinham na exposição anterior de Anésia.

As esculturas e jóias de Amelia

Jornal da Tarde, 30 de dezembro de 1966

A Galeria Atrium está encerrando as suas atividades deste ano com uma exposição de jóias e esculturas da artista portuguesa Amelia Toledo[26]. A arrumação da sala foi feita por Fernando Lemos, que encontrou uma forma nova de apresentar os colares.

O texto do catálogo é assinado pelo crítico José Augusto França, que aproxima os dois gêneros em que a artista se expressa. Diz ele: "Amelia Toledo fazia e faz jóias que são esculturas. Muito naturalmente, passou a fazer esculturas que não são jóias (...) mas têm, das jóias que faz, uma preciosidade que importa ver: ela se define ao nível do material, que é pobre, tanto quanto ao nível do trabalho, que é simples".

O que esta escultora procura, nas peças grandes de pôr no chão, nas placas lisas que se armam sobre um móvel, ou nas miniaturas que se destinam ao pescoço das mulheres, é o máximo de simplicidade aliado a um máximo de elegância. Domina sempre uma limpeza ascética, uma nitidez incompatível com subterfúgios: tudo é nu e exato, enxuto e preciso.

Que uma tal concepção não leva necessariamente a um despojamento que já nada mais signifique, ela o demonstra com os seus jogos de armar feitos de placas de aço fendidas, e que podem ser montadas de variada maneira, conforme a imaginação de cada um. É simpático o seu gesto de, ao lado das peças por ela mesma assim construídas, oferecer ao visitante o material com que também este poderá experimentar a sua hipótese.

26 Amelia Toledo vinha de um período de residência em Portugal, mas é brasileira de nascimento.

Desenho

1953 / nanquim a bico-de-pena e guache sobre papel / 49,5 x 70,5 cm

1967

O artista e o sexo na publicidade

Jornal da Tarde, 12 de abril de 1967

Ubirajara Martins está apresentando, no Ponto de Encontro, um conjunto de pinturas que é indicado como "ligado ao conteúdo erótico da publicidade" nos dias de hoje. A intenção do artista, conforme vem expresso no texto de justificação da mostra, foi realizar quadros-cartazes em que a apreensão da realidade fosse feita através das imagens e formas habituais naquele veículo de comunicação de massas, devidamente transpostas para a linguagem plástica.

Gravura D (detalhe)
1958 / xilogravura / 49,5 x 61,5 cm / IV estado, 18/20

Trata-se, como também é dito pelo artista, de uma pesquisa no campo da comunicação, a partir da maneira como a publicidade encara a mulher.

É uma experiência que pode ser considerada sob o aspecto da modéstia da posição em que Ubirajara Martins se coloca, tomando determinados cartazes publicitários como o ponto de partida de seu próprio trabalho, o que importa em delimitar o campo de ação e restringir os recursos que serão utilizados; mas que também pode ser vista sob o ângulo mais ambicioso de quem busca uma nova maneira de situar e exprimir um tema tão insistente nas artes, qual seja a mulher.

Deve-se dizer desde logo que a referência ao "conteúdo erótico" da publicidade pode levar as pessoas a suporem que também estes quadros contêm um apelo erótico, o que seria um engano. Esta pintura não busca atrair a atenção ostentando os atrativos do nu feminino: apenas alguns elementos do corpo comparecem nas telas, e se destacam muito mais pelo seu valor plástico que pela invocação erótica. Algumas vezes, aliás, a nota preponderante no trabalho é uma legenda publicitária, na qual as letras e palavras é que assumem o primeiro plano.

A execução que Ubirajara Martins dá à sua obra é cuidada e o desenho afirma-se com segurança. Entretanto, e por menos válida que seja uma tal confissão, a produção deste artista comunica-nos mais uma vez a sensação de melancolia, de isolamento. Tão estranho é esse mundo da arte, no qual uma obra que parte do intuito apelativo da publicidade, acaba por comunicar um sentimento depressivo.

A família não está completa nesta reunião

Jornal da Tarde, 17 de abril de 1967

Realizando um empreendimento que deveria caber a um dos nossos museus, o Auditório Itália está apresentando A Família Artística Paulista, 30 Anos Depois. A idéia de mostrar a evolução percorrida por esse grupo de artistas plásticos, desde a sua primeira exposição, em 1937, até hoje, é apreciável, mas a maneira muito reduzida como ela foi efetivada não autoriza o balanço que seria desejável. Em primeiro lugar, dos 30 artistas que participaram das três exposições efetuadas pela Família, somente 15 estão aqui representados; e estes comparecem com 3, no máximo com 4 quadros, o que não possibilita um mostruário das diferentes fases de cada um deles. E há ausências que diminuem irremediavelmente o sentido da mostra, como as de Anita Malfatti, Paulo Rossi Osir e Ernesto De Fiori.

Dentre os que comparecem, o núcleo sólido, no sentido da qualidade, continuidade no trabalho e permanência em S. Paulo, é constituído por Bonadei, Rebolo, Volpi e Graciano, cada qual construindo sua própria linha evolutiva. A eterna juventude de Volpi, mal representada pelas *Figuras* de 1937, quadro pintado antes à maneira de De Fiori, patenteia-se mais uma vez na bela *Composição* de 1967.

Uma surpresa é a ressurreição de Arnaldo Barbosa, inteiramente renovado e com uma *Roca nº 3* que é de uma perfeição de sugestão de relevo. Esse pessoal que hoje resolve tais problemas grudando ferragens e pendurando fios sobre as telas devia ir olhar de perto esse quadro, a ele chegando o nariz, para ver como o mesmo efeito pode ser obtido mediante simples recursos pictóricos. Simples e difíceis.

Os três pintores de Art Galeria

Jornal da Tarde, 20 de abril de 1967

Art Galeria (Oscar Freire, 809) está apresentando retrospectivas de três pintores que até hoje gozam de pouco renome, mas que sempre encararam seu ofício com muita seriedade e freqüentemente com bons resultados.

O primeiro é Paulo Rossi, de quem são mostradas algumas paisagens muito sensíveis, de requintado *métier*, e desenhos de nus e retratos. Entre os nus destaca-se um grande, de negra deitada, vista de frente, que é um escorço admirável. A obra de Paulo Rossi tem altos e baixos, mas é toda ela de uma perfeita dignidade. Como diz Paulo Mendes de Almeida no catálogo – *"de lento e ruminado pintar, suas soluções são sempre rigorosamente conscientes"*. Foi um artista que amou a vida em tudo o que esta pode dar e seu amor à pintura e à natureza eram manifestações dessa sua permanente disposição.

O segundo expositor é Gomide, que vem dos tempos do modernismo e de quem, igualmente, o público até hoje não pode ver uma grande exposição, que facultasse um entendimento em profundidade de sua obra. Nesta galeria ele comparece com algumas pinturas, em geral de tamanho pequeno, e também com uma série de desenhos de nus que valem a pena ser vistos.

Finalmente, está presente no mesmo recinto a pintora Yvonne Visconti Cavaleiro, filha de pintor e casada com pintor. Dela são mostradas algumas paisagens e figuras a óleo. A principal curiosidade destas últimas é que a artista nelas obtém, através de zonas de cor que desatendem inteiramente à anatomia humana, uma deformação original, com algo de zombeteira.

A pintura está ausente, mas Jô está se divertindo

Jornal da Tarde, 29 de abril de 1967

Dizem os espectadores de teatro e televisão que o ator Jô Soares é pessoa de suma graça e intensa comunicabilidade, sendo difícil que alguém resista ao seu encanto. No momento, entretanto, cabe-nos falar do pintor Jô Soares, que está presente na Galeria Atrium, e já aqui, pelo menos no que a nós se refere, esse encantamento não se produziu.

O catálogo da exposição é valorizado por dois apresentantes: o sr. José Roberto Aguilar, para quem "*A contribuição de Jô Soares para a pintura de vanguarda brasileira é bastante vital*"; e o professor Mário Schenberg, que repete quase a mesma coisa: "*Jô Soares dá uma contribuição valiosa para a nova pintura realista brasileira com o seu gênero de humorismo, tão diferente...*"

Na verdade, há menos humorismo do que sarcasmo nas telas de tamanho grande que povoam as paredes da galeria. É evidente o intuito satírico do autor, mas este se expressa antes em termos de caricatura negra, que do humor que faz sorrir.

E quanto à pintura propriamente dita, parece-nos que está ausente. Há, sem dúvida, extensas superfícies pintadas de prateado, de dourado, de vermelho intenso, de amarelo gema-de-ovo, mas nenhuma daquelas zonas de cor justifica a razão de sua existência e de sua convivência com as que lhe são vizinhas.

Naturalmente, isso não tem a menor importância: uma vez que Jô Soares gosta de pintar, e que pintando se distrai, não há nenhum motivo para que não continue a fazer o jogo das tintas, assim descansando de suas atividades habituais.

Rebolo se arrisca e com 60 anos renova sua pintura

Jornal da Tarde, 8 de maio de 1967

Rebolo Gonsales está expondo na 4 Planetas uma série de trabalhos de *pequeno formato*, todos eles de recente confecção.

Os quadrinhos obedecem a duas técnicas diferentes: alguns, pintados à maneira tradicional do artista, são *manchas* feitas diante da própria paisagem, e que desta refletem a frescura e a espontaneidade; outros são de maior elaboração mental, e realizados mediante processo aparentado com o da gravura.

Aconteceu que um dia Marcelo Grassmann, que tem pela gravura furor missionário, convenceu Rebolo a experimentar a xilogravura. Arranjou-lhe a madeira, a tinta, os primeiros instrumentos, e Rebolo, deixando de lado seu pincel e a superfície escorregadia da tela, empunhou os instrumentos de corte e pôs-se a ferir as fibras vegetais. A experiência interessou-o, mas não o satisfez. Aquele simples sulco cortando a prancha e a oposição direta do branco e preto nas provas tiradas, parecia-lhe um pobre resultado. Assim foi que começou a retocar as cópias com pinceladas de cor, e em pouco estava pintando diretamente sobre a madeira gravada.

Daí a voltar à pintura sobre tela foi um passo, mas ele aprendera, na gravura, a desbastar uma camada para revelar o interior da madeira, e foi quase naturalmente que começou a fazer a mesma coisa em sua nova pintura: ele pinta, e depois tira, a intervalos, sulcos da camada pintada, que assim se torna irregular, farfalhante, e misteriosa.

Muitos dos admiradores de sua antiga maneira de pintar torceram o nariz diante do novo procedimento, achando que ele perdera a *pureza*. Mas o destino dos artistas é esse mesmo: são eles que criam a ótica mediante a qual o público aprende a ver seus trabalhos, e quando substituem um modo anterior por uma nova proposição, o público, aferrado à anterior posição, protesta. Com o tempo irá de novo alcançando aquilo que lhe parecera um salto dado pelo artista, e que na verdade foi o fruto de uma longa elaboração interior, afinal publicada. E quem não tiver a coragem de desprender-se a intervalos do círculo em que o público está habituado a situá-lo, não viverá a aventura artística. Rebolo, aos 60 anos, arrisca-se, e por isso continua criando.

Renée Sasson e sua arte de esmaltar o cobre

Jornal da Tarde, 9 de maio de 1967

O Museu de Arte de São Paulo está mostrando, em sua sala pequena do 2º andar, 40 Quadros de Renée Sasson.

Os quadros em referência não são os que estamos acostumados a ver em exposições de pintura. Na verdade trata-se de uma variante dentro da arte da cerâmica – são quarenta peças de esmalte trabalhado sobre placas de cobre. O que explica o título da exposição é que cada uma dessas peças está realmente executada como um quadro, como *"uma janela aberta à criação"*, conforme diz no catálogo o Sr. Julio A. Pacello.

Renée Sasson é bastante conhecida do público de São Paulo, aqui já realizou diversas exposições. Trata-se de uma mestra na difícil arte a que se entregou desde há tempo, e na qual prossegue realizando descobertas e refinando os recursos.

O conjunto que ora se encontra no Museu de Arte tem uma profunda unidade temática, embora cada placa tenha sido trabalhada como se fosse uma peça isolada. São óvulos, borbulhas, bolhas que se desfazem, deformam, explodem, desaparecem para reaparecer no trabalho vizinho. As pequenas formas, entre as quais com freqüência vai situar-se um sugestivo bastonete, ocupam em geral apenas uma reduzida porção da superfície esmaltada, e contra o fundo uniforme ficam gritando sua nota de cor, de rebuscado valor colorístico.

São peças de pequeno formato e a preços extremamente razoáveis: como jóias destinadas a ficarem penduradas na parede.

Fernando aprendeu a harmonizar desenho e tintas

Jornal da Tarde, 10 de maio de 1967

A primeira exposição de Fernando Lemos em São Paulo foi realizada no saguão do Museu de Arte Moderna, quando este ainda se encontrava instalado à r. 7 de Abril. Lembramo-nos dos desenhos aí apresentados, bicos-de-pena sutis, enroscados, vegetais, em que miúdos traços voejavam sobre o papel, sugerindo muito mais do que dizendo expressamente alguma coisa. Eram desenhos de uma sensibilidade à flor da pele, que pouca semelhança aparente possuíam com o robusto artista que os produzira.

Depois Fernando Lemos passou principalmente a pintar, mas era evidente que ele não cavalgava o pincel com a mesma desenvoltura com que empunhava a caneta. Como acontece com muita freqüência, as tintas o transtornavam e desencadeavam nele um processo de frenesi; ele as queria todas, todas as cores, umas ao lado das outras, e era tanta a paixão que tinha pela pintura estrita, que o problema do desenho ficava relegado para segundo plano.

Mais do que ninguém, o próprio Lemos foi o primeiro a sentir e constatar isso. Resolveu punir-se, e durante muito tempo ficou ruminando mentalmente os problemas da criação plástica, sem desenhar nem pintar, mantendo-se em rigoroso retiro espiritual.

Quando recomeçou a trabalhar, foi para de novo desenhar, mas seu desenho estava inteiramente transformado em relação ao passado. Os pequenos traços haviam sido substituídos por largas formas arredondadas ou ovaladas, que se organizavam segundo leis próprias de equilíbrio, composição e invenção, o preto sempre sobre o branco. Aqui o desenho já era quase pintura, e o passo seguinte foi dado por ocasião da segunda Bienal, quando, sobre tela, e jogando com brancos e pretos desdobrados numa gama preciosa, ele apresentou, talvez a mais coerente, nova e pessoal sala de pintura nacional daquele *certame*.

O desdobramento e a evolução do que foi mostrado na Bienal podem ser vistos na atual exposição da Galeria Cosme Velho. Há um excepcional *Símbolos nº 1*, há um curiosíssimo, pela organização, *Símbolos nº 16*, com três planos sobrepostos e emaranhados, e o visitante, conforme suas preferências, poderá voltar-se para este quadro ou aquele. Nem todos os coloridos agradarão a todo mundo, mas não se pode deixar de constatar que Fernando Lemos afinal dominou a cor e fundiu-a com o desenho. Corpo e alma estão agora integrados e servem-se reciprocamente, um não luta mais contra o outro. A fatura é de uma exatidão e limpidez admiráveis.

Bonadei e suas várias soluções

Jornal da Tarde, 12 de maio de 1967

Aldo Bonadei está apresentando, em exposição individual, a safra de sua pintura de 1966-67. Quem tenha visitado a sala da Galeria Atrium no dia da inauguração pode lá voltar, pois um dos quadros grandes, que foi vendido e imediatamente carregado pelo comprador, está agora substituído por uma bela tela de 1955, que é um bom ponto de comparação para quem olha os trabalhos mais recentes.

Bonadei andou, na pintura, por muitos caminhos, e não faltou quem, a certa altura, o considerasse definitivamente transviado. Mas enquanto os amadores vêem a obra dos pintores de fora, funcionando a tela como uma espécie de janela, o artista trabalha *dentro* da tela, que é para ele o chão. Somente através do trabalho é que os problemas plásticos podem encontrar solução, e como Bonadei é um ingente trabalhador, ele aparece com muitas soluções.

De fato, enquanto em épocas anteriores a pintura de Bonadei semelhava apresentar-nos, em cada fase, uma *proposta* de pintura, uma teoria sobre como encarar pictoricamente o mundo exterior, hoje, que está senhor dessa longa experiência vivida, ele parece um pouco cético quanto às verdades plásticas definitivas, e exibe-nos, assim, um leque de possibilidades a serem desenvolvidas.

Cada qual terá as suas preferências, e a nossa continua a ser pelas pinturas transparentes, em que os planos se misturam, sucedem e desdobram, não estando rigidamente delimitados, nem pelo colorido, nem pelo desenho. Há, nesta exposição, telas deliberadamente agressivas pela forma que assumiram ou pelo conteúdo dos espaços colorísticos, mas há outras também em que a pintura possui a riqueza comunicativa de um vitral – quando não acontece que a paisagem nos seja mostrada lá fora, do outro lado, inacessível por detrás dos vidros e das ferragens de uma janela basculante.

Um casamento entre o renascimento e a ficção científica

Jornal da Tarde, 25 de maio de 1967

Do imaginoso texto com que o prof. Antonio Candido comparece no catálogo da atual exposição da Galeria Atrium, cremos que a primeira frase é a que melhor serve para expressar o sentir geral, em face de telas tão controvertidas: " *Mesmo para quem acompanha desde o início o desenvolvimento da obra de Mario Gruber Correia, espanta a variedade das suas soluções e a inquietude perturbadora das suas experiências.*"

Essa perturbação será, na atual oportunidade, talvez mais intensa, pelo fato de que o artista, que depois de muitos anos realiza sua primeira mostra individual, sobrecarregou de trabalhos as paredes da sala, ao invés de submetê-los à seleção que o seu patente espírito crítico poderia perfeitamente orientar.

Mesmo, entretanto, dentro dessa variedade, ressalta que Mario Gruber anda à procura de um casamento entre a pintura renascentista (no que diz respeito à confecção) e assuntos tão modernos como a ficção científica e os cosmonautas soltos no espaço. Vimos dele, há alguns meses, numa coletiva na Fundação Penteado, dois quadros primorosamente realizados, tendo como assunto figuras do mundo infantil – ursos ou palhaços – cuja extrema verossimilhança pictórica procurava abrandar-se mediante um contrapeso de humor ou mistério, graças ao destaque dado aos pontos de costura dos bonecos. Esse achado o pintor transformou-o numa constante, a ponto de aplicá-lo até mesmo ao grande retrato da moça, que é apresentado sobre cavalete, e que afora esse detalhe é tratado com espírito de estrita busca da realidade. O quadro das figuras goyescas terá sido dos raros a escapar a esse viés.

Arlequins, máscaras, bolas, feto no útero, cosmonautas interligados pelo cordão umbilical, e que têm tanto de bonecos infantis quanto de seres extraterrenos, são os temas preferidos. A maneira de tratá-los sofre variações que são outras tantas oportunidades para Mario Gruber exercitar e demonstrar os requintes técnicos de que é capaz. Nossa preferência volta-se para alguns quadros de tons mais surdos, irreferíveis porque não têm título nem número; quanto ao artista, tem todo o motivo para estar contente com o sucesso da mostra, quase não sobrando tela não vendida.

Aqui, a tinta é gorda como manteiga

Jornal da Tarde, 5 de junho de 1967

Diz o professor W. Pfeiffer que "*a força do impacto da cor é algo que Gutlich sabe apresentar com grande sabedoria, levando-nos a uma participação ativa, uma discussão direta*". Refere-se ele, assim, à pintura de Johannes Gutlich, ora expondo no Auditório Itália.

O quadro nº 30 – *Campo de Trigo* – que está bem em frente à porta de entrada, dá ao visitante, de imediato, a medida do pintor. A tinta, aqui, foi espalhada sobre a tela com o apetite de quem passasse manteiga fresca num pão ainda quente, é aquela típica pintura sensual que constitui marca inconfundível dos artistas holandeses. Os temperamentos podem ser os mais diversos, os artistas podem ser maiores ou menores, mas trate-se de Franz Hals ou de Hans Memling, de Hans Holbein ou de Van Gogh, a marca comum dos flamengos assinala cada um de seus representantes.

E é principalmente na representação da natureza, na paixão posta em com ela comunicar-se para a seguir transmiti-la, no desejo de absorvê-la e vivê-la pictoricamente, que mais generosamente se manifesta essa sensualidade. Os grandes retratos que os maiores expoentes dessa pintura nos legaram são, também eles, de figuras que têm o sabor de frutos da terra.

Igualmente no caso de Gutlich a melhor realização parece efetivar-se nas naturezas, como os três *Invernos*, nºs 20, 21 e 22, sendo este último feito num branco espetacular. As figuras de cangaceiros não alcançam a mesma plenitude: aqui estamos muito mais próximos da pintura mexicana, os rostos estão ampliados e deformados como se não pertencessem a telas, mas sim a um painel e freqüentemente assumem um ar entre caricatural e pesado.

Essa exposição da nova objetividade está um desleixo

Jornal da Tarde, 15 de junho de 1967

O Instituto dos Arquitetos está apresentando, com bastante desleixo, seis artistas ditos "*da nova objetividade*". Essa objetividade poderia, em todo caso, começar por uma iluminação adequada do local, uma distribuição mais articulada dos painéis – um pouco mais de atenção, enfim, para com o visitante.

Um traço mais ou menos comum, a relacionar os expositores, e a explicar, talvez, o que entendem por *nova objetividade*, é a referência que se encontra mais ou menos acentuada, nos vários trabalhos, à publicidade comercial, ao cartaz veemente – cores berrantes, dísticos incisivos.

O mais discreto deles é Sergio Ferro, cujas combinações de colagens com pintura, feitas com sensibilidade, encontram-se irremediavelmente prejudicadas, no local, pela exemplar falta de iluminação dos trabalhos.

Flávio Império, que é um cenarista de grandes vôos, parece necessitar, mesmo, para expressar-se, dos amplos espaços: reduzido à estreiteza de uma peça que vai ser pendurada num canto de parede ele parte para miniaturas nas quais se perde, juntando materiais diversos, que não chegam a relacionar-se.

Vera Ilce Cruz explode em vastas superfícies de cores cruas, principalmente azul, amarelo, branco – como *A Bola* – e contenta-se com o impacto desses choques.

Poderíamos ainda citar *PAHH* e *ZIP*, de Maurício Nogueira Lima, a *Diretoria*, de Samuel Szpigel, e *Desodorante*, de Ubirajara Ribeiro, como os exemplares que, no caso de cada um desses artistas, melhor parece enquadrar-se dentro do objetivo da nova objetividade publicitária, de início referida. A fonte comum poderia, entretanto, conduzir a desenvolvimentos muito mais ricos.

Desta vez Mabe está muito mais japonês que antes

Jornal da Tarde, 17 de junho de 1967

Manabu Mabe está apresentando na Galeria Astréia uma série de pinturas que, para ele, têm o interesse particular de serem realizadas segundo uma nova técnica, que é a de têmpera feita com cola plástica e pigmentos. Há também guaches de tamanho menor.

Sendo a primeira exposição individual que o artista realiza nestes últimos 7 anos, assinala uma nova fase em sua carreira, não somente em virtude da técnica indicada, como pelo sentido geral da pintura. Chama a atenção, desde logo, o fato de que os quadros de tamanho grande não são os predominantes, e também a circunstância de que é menor a escala de cores percorrida. O branco tem, nestas telas, uma importância primordial, sendo acompanhado pelos pretos, amarelos e vermelhos. Quando visitávamos a galeria, um grupo de moças que estudam arte reclamavam do pintor, precisamente, que naquela série quase não havia azul nem verde.

Agora notam-se principalmente zonas grandes de uma só cor, e às vezes dentro desta é dado destaque a uma zona menor, da mesma cor, em relevo. Também há muito grafismo dentro das zonas coloridas, que nunca ocupam todo o espaço, isolando-se, ao contrário, num canto ou no centro. Pode-se dizer que Mabe está agora muito mais *japonês* do que antes, no sentido de que os seus gestos de cor assumem o valor de uma linguagem de signos. Algumas vezes, como as manchas de duas ou três cores, colocadas no alto, são prolongadas para baixo por dois finos traços escuros, o conjunto adquire um valor de figura como sugestões de velhos animais pré-históricos. Mabe procura desligar-se da responsabilidade por essa figuração, dizendo que qualquer um pode ver, nas nuvens em movimento no céu, as formas elaboradas por sua própria fantasia. A verdade, porém, é que o artista, quando dá nascimento às nuvens que ficam apreendidas na superfície da tela, está ali fixando a própria imaginação.

Os preços dos trabalhos são acessíveis e esta é uma fase de que os colecionadores do pintor não devem deixar de guardar um exemplar.

Surrealistas

Jornal da Tarde, 22 de junho de 1967

Diz a Declaração dos Expositores, no catálogo da atual mostra de surrealistas, montada no Auditório Itália: " *Os pintores que se encontram nesta exposição – e que não constituem um grupo integrado por um programa único e definido não se conformam com uma situação de Cultura que se caracterize por limitações de ordem formal, quer estas limitações sejam de gosto, de moda ou de qualquer outro condicionamento convencional e perecível.*"

Essa é uma boa explicação para o desencontro das diversas tendências artísticas que sob o signo geral do surrealismo ali se reuniram. Walter Levy é sem dúvida o mais completo e realizado dos artistas presentes, e suas telas, *Três Figuras* e *Paisagem* – especialmente a primeira – representam um passo à frente na pesquisa espacial que tem mostrado nas mais recentes apresentações individuais.

Destaca-se também Solano Finardi, com um aproveitamento inteligente daquelas sugestivas formas dos *chapéus-de-sol*, árvores que se encontram em profusão em nosso litoral e que oferecem à pintura, de imediato, massas de cor e linhas muito leves e soltas contra o fundo das praias e do mar.

Armando M. Sendin é um surrealista-abstrato, trabalhando a tela ora como Mabe, ora como Di Prete – o que não quer dizer que ele não acrescente, ao grave e sólido empastamento das tintas, uma sua marca bastante peculiar.

Vinicius Pradella apresenta mulheres putrefatas, seu surrealismo é grandiloqüente, barroco, assim como de quem quisesse pintar uma ópera – mas ópera moderna.

De Gilson Barbosa destaca-se a grande paisagem em que os dedos isolados surgem da terra como troncos de árvores, são dedos fálicos que estão na melhor tradição do surrealismo oficial. Com diversa personalidade, mas dentro da mesma linha tradicional situa-se Geraldo Rocha, com sua pintura exata, lisa e *degradée* em que se destacam a mão rasgada e o tronco de mulher sem cabeça. Por perto da mesma orientação anda Enzo Silvieri miniaturista que gosta de situar suas pequenas e distantes personagens em meio a paisagens meticulosamente pinceladas.

Depois vêm Angelo Volpicelli, surrealista primitivo, que mescla um certo caipirismo ao sentido onírico da pintura de Chagall, e Candido Costa Pinto, igualmente bucólico: é a primeira vez que vemos, num ambiente surrealista, uma galinha caseira ciscando tranqüilamente o terreiro. Há também Duilio Galli, surrealista-santeiro, algo ingênuo em suas proposições, e Hirochi Tochihara, que discretamente limita-se ao preto e branco e aos cinzas intermediários, e finalmente Pier Luisi, cujas paisagens e figuras de colorido bastante sombrio não parecem, efetivamente, ter nenhuma ligação com o surrealismo.

Como se vê, há de tudo um pouco nessa exposição, que pela variedade dos desenvolvimentos individuais dados a uma mesma posição de princípio, merece ser vista. É altamente educativa.

Desenhos a nanquim a bico-de-pena, carimbo, formão, goiva e outros instrumentos sobre pequenos pedaços de papel

O Salão tem umas coisas

Jornal da Tarde, 28 de junho de 1967

É um prazer poder assinalar que, do ano passado para este, melhorou muito a apresentação do Salão Paulista de Arte Moderna, ora instalado na Galeria Prestes Maia. O local foi reformado, recebendo pintura adequada e boa iluminação. A arrumação dos trabalhos está feita com critério e ordem e o júri de seleção soube manter as suas escolhas dentro de um nível razoável, de modo que as salas podem ser visitadas sem que soframos os impactos contraditórios de coisas extremamente ruins interrompendo o exame de coisas aceitáveis. Neste XVI Salão, se não existe nada de particularmente extraordinário, e se a média geral situa-se num meio termo quanto a gosto e técnica, pouca coisa haveria que um juízo mais rigoroso excluiria, dentre aquilo que foi selecionado. Uma anomalia que não sabemos a que se deve nem no que se funda, é que o catálogo da exposição, imprescindível a todo visitante escrupuloso, não é vendido ao público, estando reservado aos artistas-expositores e à imprensa. Que diabo de critério ditou uma tal norma?

Sendo impossível opinar sobre os 314 trabalhos expostos, limitamo-nos a pequenos apontamentos sobre alguns deles, que nos chamaram a atenção. Na seção de pintura: Anderson Fabiano, quadros em relevo, com emprego de metal e arame, bem executados; Anita Adler, com realizações bastante estranhas; Armando M. Sendin, com um só trabalho, mas muito pessoal; Armenichi Baudakanian, que obteve uma medalha de bronze, e que a nós pareceu caótico; Érico da Silva, artista abstrato que se detém muito na busca da matéria; Fernando Barchi, que também obteve uma medalha de bronze e que consegue curiosos efeitos de profundidade com a combinação de colagens e pintura; Gabriel Elozzi, tachista à moda de Antonio Bandeira; Geraldo Décourt, com um muro abstrato; Gilson Barbosa, cujos bonecos desengonçados se situam entre os de Mario Gruber e os de Léger; Hans Suliman Grudzinsky, que teve uma merecida medalha de prata; Heinz Kuhn, sempre trabalhando em isopor, mas agora em dois planos, sendo o primeiro aberto por numerosos furos; Humberto Vellane, na linha pop, com aplicação de peças de máquinas; Inos Corradin, em cujas composições há notas de cor perfeitamente válidas; Ítalo Cencini, que anda em busca de um infantilismo ingênuo; Jannik Steffen Pagh, procurando a estilização de figuras de candomblé, numa linha também infantil, mas com bastante movimento; João Parisi Filho, com um quadro construído como uma história em quadrinhos, mordaz e sexy; José Roberto Aguilar, que talvez chame a atenção em virtude do tamanho de seu tríptico de soldados marchando; Juan Ramon Capote Moreno, com seus estranhos *operários*; Kazuo Wakabayashi e seus grandes quadros monocromos; Leopoldo Raimo, que ganhou o prêmio de viagem com trabalho nº 91, o que não nos impede de preferir o de nº 92; Lucio Moreira, com sua *eclipse*; Lucilia de Toledo Mezzotero, com trabalhos de um ascetismo quase geométrico; e Mario Bueno, que divide o quadro em espaços regulares, preenchidos com signos que semelham o esforço para a criação de uma linguagem.

Ainda há o que dizer, e de quem falar, mas hoje ficamos por aqui.

O que há de bom no Salão

Jornal da Tarde, 29 de junho de 1967

O visitante de uma exposição coletiva numerosa, como este XVI Salão Paulista de Arte Moderna, instalado na Galeria Prestes Maia, não deve pretender, em duas ou três visitas, mesmo feitas conscienciosamente, estabelecer um balanço indiscutível de todos os artistas ali presentes. Alguns deles podem achar-se ocasionalmente mal representados, outros podem ter sido prejudicados pelos cortes do júri de seleção, outros ainda sofrerão as conseqüências da má vizinhança de obras ruins que, contagiando as que lhe ficam próximas, fazem com que estas caiam de valor.

Com todas essas limitações, continuamos a referência aos trabalhos que, por uma ou outra razão, chamaram-nos a atenção nessa coletiva. Ainda na seção de pintura: Mariselda Bumajuy, cujo *Trabalho I*, coriscante, possui graça; Maurício Nogueira Lima, com seus dois *Tchaf !*, positivo e negativo, que lhe valeram a grande medalha de prata; Odila Mestriner, com as séries *Figura-casa*, em que grandes letreiros – *Filhos, Anos, Família, Deus* – intercalam-se nas fachadas das casas e entrelaçam as figuras; Paulo Chaves, que com sua pintura em relevo, de expressão quase neutra, obteve a grande medalha de ouro; Paulo Mentem, com as habituais fachadas de edifícios recobertas de azulejos, que agora se destacam umas das outras por diferentes planos de relevo; Pedro Tort, que faz relevos e grafismos em sua pintura abstrata, pesquisando qualidades de matéria, o que consegue melhor na *pintura em vermelho*; Raquel Correa Vaz de Arruda, que alcançou o 1º Prêmio Governador do Estado com três trabalhos que não se assinalam senão pela coerência que guardam entre si; Raquel Trindade de Souza, num quadro em que as roupas brancas das figuras, bem distribuídas, são a nota mais feliz; Reinaldo Eckenberger, com um trabalho pop que inclui cabeças de bonecas em relevo; Samuel Szpigel, cujo *bate-papo* inclui o aproveitamento de ampliação fotográfica; Sante Scaldaferri, com suas violentas cores cruas; Sergio Caires Berber, que entremeia colagens com pintura; Suzana Kutiyel, com suas figuras fantasmagóricas; Thomaz Ianelli, entregue a um colorido extremamente delicado, como lavado, procurando o máximo de ingenuidade; Ubirajara Ribeiro, que, com *um pouco de emoção* continua a acentuar a nota sexy num contexto publicitário; Victor Decio Gerhard, também impressionado com o estilo dos cartazes, e que obteve a grande medalha de prata.

Na seção de desenho pode ser vista Gisela Eichbaum, de traços muito delicados, em meio aos quais desdobram-se sucessivos planos; Hannelore Jacobowitz, com trabalhos que sugerem uma quase anormalidade, curiosos pela deformação do rosto da figura; Raphael Samu e suas estranhas criações de máquinas destripadas; Sara Avila de Oliveira, que ainda não consegue o resultado que seria de esperar da muita aplicação que põe em seu trabalho; e Sônia Castro, que tem uma inesperada maneira de acumular todas as figuras à direita do papel.

Na seção de gravura está Ana Morrone, com xilos austeras, que lhe valeram uma menção honrosa; Bernardo Caro, com estranhas e sombrias realizações; Margot Carol, de uma particular delicadeza; Moacir Rocha, com gravuras em alto e baixo relevo, destacando-se a *Lua-cheia*, de prata; Odetto Guersoni, com as belas *Variações*, 213 e 215; e Sidney Kincaid, com sua *Mata* muito pessoal.

Na seção de têmpera há Juarez Magno Freitas Almeida, em cujos trabalhos a têmpera serviu apenas para compor o fundo, destacando-se as figuras feitas em pequenos traços de nanquim; e Raul Porto, a quem coube o 2º Prêmio Governador do Estado, que apresenta *inscrições* realizadas com colagem e pintura, formando um agradável conjunto neutro e abstrato, como o de um muro cheio de cartazes rasgados, em que os dísticos não interferissem no colorido.

Na seção de escultura, que costuma ser a mais fraca desse Salão, Agenor Barbosa Júnior e Mari Yoshimoto apresentam contribuições que devem ser vistas.

Finalmente, na seção de arte decorativa, não entendemos a razão pela qual o 1º prêmio foi dado ao mosaico de Antonio Carelli; Ignês Terraza, José Carlos de Araújo (grande medalha de prata) e Serafino Faro (2º Prêmio Governador do Estado) apresentam jóias originais e Marietta Pereira Leite montou uma máscara sobre o tronco de uma árvore esgalhada, que fica parecendo um espantalho.

Talvez nos tenhamos estendido um pouco nesta enumeração, mas com tudo isso referimos apenas 58, dos 198 expositores. O que, de outro lado, é uma boa média.

Exposições

Jornal da Tarde, 30 de junho de 1967

Sante Scaldaferri, que apesar desse nome é um baiano, explica assim os quadros que está apresentando na Galeria Atrium: "*Iremos construindo uma pintura simbólica, com harmonia de cores claras e fortes como as do Nordeste, procurando nos afastar do anedótico, do cartão postal, do pitoresco, do folclórico, do turístico, do pseudo-primitivo, da pseudo-influência, enfim, do gratuito. Tento, procurando ser autêntico e honesto, uma pintura brasileira, que seja original, contemporânea, e que atinja uma classe internacional*".

Como se vê, o artista pretende muita coisa, e ele mesmo sabe que não será fácil conseguir tudo isso. Quanto àquilo de que ele deseja se afastar, deve-se dizer desde logo que, até o momento, esse afastamento não é completo. Sante Scaldaferri está, na verdade, estreitamente preso ao folclore baiano e nordestino, todo o seu esforço se concentra em transpor para a pintura cenas de candomblé, de bumba-meu-boi, as gravuras dos livrinhos populares, os objetos do artesanato local. Há uma tela – *A Escatológica Visão do Beato* – em que as tintas são tratadas de outra maneira, e que pode indicar um caminho diferente a ser explorado. A generalidade, porém, enfrenta o problema das cores violentas e contrastantes em grandes superfícies planas – principalmente os amarelos, que constituem uma obsessão solar. Em *Homolú* a oposição azul-amarelo, embora elementar, é realizada com êxito.

Em outros quadros as zonas de cor definida e impositiva são contraditadas por outras em que o colorido é sujo, mal definido. Qualquer tema pode, validamente, servir de pretexto a um artista, mas é necessário que o artista supere o tema, não ficando preso ao seu verismo imediato. Se conseguir isso, Sante Scaldaferri dará à sua arte o sentido que ele pretende.

O Brás, sua arte e onze artistas

Jornal da Tarde, 5 de julho de 1967

A difusão das artes plásticas em São Paulo é de tal monta, que uma galeria foi instalada no coração do Brás – na rua Rubino de Oliveira, 85. É menos uma loja comercial com possibilidades imediatas de venda, mais um *laboratório de ensaio* – como o denominam seus fundadores – que se destina principalmente a possibilitar a exteriorização das manifestações artísticas de homens e mulheres que durante o dia trabalham em fábricas e lojas. Por isso mesmo, com exceção dos sábados e domingos, quando funciona das 15 às 22 horas, nos dias de semana a sala de exposições está aberta somente das 20 às 22 horas.

A iniciativa está ligada ao Centro de Cultura Social, tradicional organismo libertário, que hoje edita um pequeno órgão de difusão doutrinária – *Dealbar* – além de distribuir manifestos e panfletos pacifistas.

Quanto à atual mostra, cujo catálogo relaciona 11 expositores com 29 obras, a personalidade plasticamente mais destacada é a de Rose Arní, com dois quadros, *Suicídio* e *Flores*. Olney Kruse mostra seu espírito satírico em três trabalhos, o primeiro dos quais é uma espécie de elogio do homossexualismo, enquanto que o segundo assume a forma de uma homenagem a Marilyn Monroe e o terceiro, que apresenta três chaves *yale* penduradas num suporte escuro, pretende significar *o cotidiano do homem casado*. Há ainda Bonetti, com dois bons escorços – os estudos 1 e 2 – Cassiano Nunes, que é melhor no branco e preto das *ambíguas* que nas pinturas, e dois outros expositores cujos nomes não constam do catálogo – Gonçalo, com *Depois do Incêndio*, e Ramí, com o *Retrato de um Jovem*.

O caminho para chegar até o local foi complicado pelo fechamento das porteiras do Brás, mas a iniciativa é simpática e merece ser visitada.

Este Bernardo Cid é um bom pintor; pode vencer sozinho

Jornal da Tarde, 10 de julho de 1967

Uma exposição de alto nível, e até agora com muito pouca repercussão, é a de Bernardo Cid, que está sendo apresentada pela Mirante das Artes. Infelizmente a mostra não tem catálogo, sendo no local distribuído um pequeno texto avulso sobre o pintor, desacompanhado de dados biográficos.

Apenas ficamos sabendo que se trata da primeira exposição individual do artista, que há dez anos vinha trabalhando silenciosamente.

Indicado como pertencendo à chamada *nova figuração*, Bernardo Cid é uma personalidade tão marcada, que parece-nos inadequado enfileirá-lo como simples participante de um desses movimentos de vaivém, que a intervalos procuram chamar a atenção do público mediante a rotulagem dada coletivamente a um grupo de pessoas que individualmente não se destacaram.

Neste artista pode-se ver, ao contrário, realizada a fusão de influências tão diversas como o surrealismo, o expressionismo, o letrismo e a arte social. Profissionalmente, este é um pintor de extremo apuro técnico, de mão segura e com camadas de tinta muito finas realiza uma pintura exata. Ele também tem, entretanto, preocupações obsessivas em relação a problemas contemporâneos, particularmente o racismo e a guerra, a igualdade fundamental dos seres humanos, e tais são os assuntos de seus quadros. Isso se realiza sem que ele caia no terreno da demagogia, nem desça para a pintura-cartaz. Desde os cubistas, que valorizam este recurso, não é freqüente que as letras avulsas e as frases significativas sejam tão bem encaixadas na tela, e se situem tão a gosto na pintura, como neste caso. Embora tenham um sentido e afirmem uma opinião política ou filosófica, o valor plástico dos sinais gráficos sobrepõe-se, aqui, à sua qualidade literária.

Os quadros de Bernardo Cid têm uma atmosfera transparente e mágica e neles se casam os melhores ensinamentos da pintura tradicional com toda a inquietação da pintura mais moderna. Este é um pintor que já aparece feito.

Essa novidade é mais da decoração do que da pintura

Jornal da Tarde, 17 de julho de 1967

Geraldo de Barros escreveu um inteligente e breve estudo para o catálogo da exposição que Nelson Leirner está apresentando na Galeria Seta. A exposição intitula-se *Da Produção em Massa de uma Pintura (quadros a preço de custo)*.

Geraldo de Barros sustenta que a evolução da pintura, a partir do impressionismo até a pop-arte, é uma resultante da revolução industrial e que esta tende, em suas últimas conseqüências, a acabar com o quadro único, passando-se à produção em série das pinturas. Uma realização desta teoria estaria exatamente na atual invenção de Nelson Leirner, que na verdade apresenta um único "quadro", que pode ser aberto e despido ao gosto do freguês, ou conservado todo fechado em seu negrume total.

A teoria pode sem dúvida ser defendida, e a pressão que a indústria e o comércio exercem, de mil modos, sobre o artista atual, no sentido de arrancá-lo de seu isolamento lúdico, para transformá-lo numa peça do processo de produção e comercialização de mercadorias, é inegável. Entretanto, também se pode lembrar que é de muito tempo atrás a produção em série de esculturas, mediante matrizes de que saem as cópias, e igualmente das gravuras, tradicionalmente destinadas à multiplicação em exemplares seriados; para já não falarmos na imprensa.

A novidade com que agora aparece Nelson Leirner, e que possivelmente lhe foi sugerida pela sua familiaridade com a indústria têxtil, está, aliás, muito mais próxima da decoração, que da pintura propriamente dita. Os padrões das fazendas utilizadas não têm nenhum requinte, são de cores prontas e que podem ser encontradas em qualquer loja do ramo. A partir do leque de cores selecionado pelo artista, a arrumação e a conjugação das mesmas fica a critério de quem utilizar aquele painel-de-pano, abstrato, que na arrumação de uma casa pode ter uma função parecida com a de uma cortina de retalhos coloridos, com a diferença de que, aberta ou entreaberta a cortina, não se encontra, por detrás, nenhuma luz nem janela, mas apenas outra superfície inferior da mesma cortina. A inovação, em relação ao que seria um mero arranjo de fazendas coloridas sobrepostas, está em que a ligação entre um trecho e outro pode ser feita e desfeita mediante os zíperes que se abrem ou fecham.

Em todo o caso, não há dúvida que o objetivo colimado, de baratear a mercadoria pela produção em massa, foi atingido: o chassi deve ter aí uns dois metros de alto por um de largo, e cada peça custa apenas 112 cruzeiros novos. Nenhum pintor trabalharia por tal preço.

Silva fica melhor quando trabalha com a imaginação

Jornal da Tarde, 19 de julho de 1967

Até que ponto o conhecimento do ofício da pintura e a aquisição de uma cultura visual são compatíveis com a arte primitiva ou ingênua? Esse é o problema que, mais uma vez, nos propôs a última exposição de José Antonio da Silva, na Galeria Astréia.

A mostra refletiu nitidamente os impulsos contraditórios a que o artista se vê, alternadamente, submetido. A série dos vasos de flor parece ter representado o tema com o qual Silva quis evidenciar que também ele pode atacar assuntos que estão presentes na pintura de todas as épocas; mas por isso mesmo é a menos espontânea, a que menos reflete a sua personalidade.

Num caso como o deste artista, o valor estará, talvez, precisamente em resistir à tentação de *fazer como os outros*, em não recear ficar com a sua originalidade, embora e por mais que esta o distancie dos pintores correntes. A acumulação de uma cultura pictórica, à medida que o artista toma conhecimento da maneira como os demais trabalham e dos resultados que alcançam, é não só inevitável, como servirá para dar, àquele que a realiza, uma maior profundidade. Isto não implica em que ele deva sair de seu caminho, renegar a sua verdade, aderir à moda de ontem ou de hoje. O aprofundamento do conhecimento do pintor é perfeitamente compatível com a permanência numa temática reduzida e própria – e bastaria citar os exemplos de Braque e Morandi.

Por isso continuamos a preferir, em Silva, os quadros que são autenticamente dele, e nos quais a retomada de temas anteriores leva-o a puxar muito mais pela sua imaginação que as experiências com temas alheios. Nessa exposição, por exemplo, os quadros de algodoal, a *Lavoura Nova* e a carruagem sob a chuva branca constituíram realizações superiores.

De qualquer forma, se podemos dizer o que nos agrada e o que não nos agrada, só podemos fazê-lo a partir das realizações do artista. A este é que cumpre decidir o caminho que vai tomar.

Isto é Israel

Jornal da Tarde, 28 de julho de 1967

Quem goste de ver pintura deve ir, com vagar, olhar os óleos, os guaches e as colagens de Augusto Barboso, que estão sendo apresentados nas salas do 2º andar do Museu de Arte. Trata-se do acervo que o artista trouxe de uma sua visita a Israel, e nem em Israel se verá quem tenha sabido transpor, com tanta paixão, delicadeza e eficiência, a árdua paisagem nacional para a tela ou para o papel.

O professor Bardi encontrou, para colocar no catálogo, as palavras e as expressões adequadas para comunicar ao leitor a sensação da magia plástica que resultou desse contato de Augusto Barboso com a terra israelita: "*o Tempo acrescentou às montanhas uma imensidão severa, fixando o remoto, o impenetrável das origens, a confusão entre história e crônica*". Também pode ser registrado o que diz o crítico israelita Reuven Berman: "*o pintor (...) conseguiu até evocar o ambiente de verão, usando uma escala de nuanças tão claras, que estas lembram cores apagadas pela distância e pelo calor*". E isso sem embargo de que ele nada tenha de naturalista nem de acadêmico, situando-se num "*equilíbrio delicado entre a descrição fantástica e a abstração total*".

A comunhão em que este artista entra com a natureza assume às vezes a intensidade das visões de Van Gogh – como nos guaches nºs 2 e 11 – ou da teimosia inventiva de Klee, como nos guaches 6 e 7. Os tons pastel, baixos e surdos que criam o clima visual desta exposição, tornam-se às vezes lambidos na pintura a óleo, mas mesmo aqui há quadros como a *Pequena Paisagem de Neguev* ou *Ao Pé de Avdat*, contra os quais ninguém poderá dizer nada.

A nós, particularmente, impressionaram as paisagens feitas mediante colagens de papel, nas quais a minúcia do trabalho, a exatidão da escolha das cores e a firmeza com que são organizados os retalhos chegam, nas peças que trazem os nºs 10 e 28, a um refinamento dificilmente excedível.

Terra e fogo juntos, no óleo de Armando

Jornal da Tarde, 9 de agosto de 1967

Armando M. Sendin, espanhol nascido no Rio, está apresentando guaches e óleos na Galeria F. Domingo. Trata-se de um artista de sólida formação pictórica, tanto visual como artesanal: viu muito e experimentou muitas técnicas, que foram sendo incorporadas à confecção dos quadros. Principalmente os exercícios de cerâmica abriram horizontes à sua pintura, que com freqüência colhe efeitos comparáveis àqueles que o fogo produz ao queimar as tintas, seguindo caminhos de fantasia mais ou menos controlável, mais ou menos arbitrária. É, aliás, o que no catálogo assinala Samson Flexor: "*Considero os óleos e os guaches de Armando M. Sendin como sendo lugares ideais de encontro e fusão dos elementos primordiais – a terra e o fogo*."

É este um pintor abstrato que não foge à figuração, e em meio à rica matéria de seus quadros, semelhando ambientes de água e de luz, profundidades da terra, planos que se alternam em transparência e opacidade, podemos, a intervalos, localizar seios ou pernas femininas, a matéria humana posta no mesmo nível que a matéria geológica, graças à eficiência da matéria pictórica. Às vezes essa conjugação de elementos redunda em realizações surrealistas, de outras, como no quadro da vitrina, o pintor se aproxima da maneira atual de Flexor.

Em virtude do destaque que o tratamento da matéria assume neste caso, a tela e a tinta a óleo respondem muito melhor aos desejos do artista do que o papel e a água dos guaches.

As casas de Brill

Jornal da Tarde, 14 de agosto de 1967

Alice Brill está mostrando suas pinturas mais recentes na Galeria Astréia. O professor Bardi, que assina o texto do catálogo, caracteriza-as como constituindo *a casa do homem na sua síntese de equilíbrio e acrobacias*.

Os dois substantivos são realmente aplicáveis a boa parte dos trabalhos em exposição.

Pintando a acrílico, Alice Brill preocupa-se em movimentar os espaços pictóricos, evitando quase sempre as superfícies lisas, uniformes. A tinta é, ademais, tratada com um verniz fosco, sem nada daquele desagradável e deformante brilho usual nos vernizes.

A temática é ainda a das casas, mas ao contrário do que acontecia em sua exposição anterior – e de que, nesta, se encontram algumas amostras – não são mais visíveis as pessoas que as habitam; em vez de terem sido retiradas, como num cenário teatral, as fachadas agora são tapadas, e as casas parecem inteiramente vazias.

O caminho, neste momento, é o do jogo com as geometrias da arquitetura, formadas e deformadas em função do espetáculo pictórico. Algumas vezes, como em Volpi, os detalhes se impõem – assim o quadro 9. Mas toda a série de nºs 6 a 12, em que este último é particularmente belo, está realizada com integridade, dentro de uma atmosfera noturna de mistério, magia, tensão. As cores muito claras, quase ofuscantes, como nos trabalhos de nºs 6 e 17, são menos propícias à comunicação daquelas sensações.

A gravura austera e preocupada de Antonio Henrique Amaral

Jornal da Tarde, 16 de agosto de 1967

Mirante das Artes está procedendo ao lançamento de um álbum de xilogravuras de Antonio Henrique Amaral. São gravuras coloridas, em número de 7, e a tiragem do álbum é de 300 exemplares. O texto foi escrito pelo sr. Ferreira Gullar, e tem mais o tom de discurso, ou manifesto, que de explanação sobre a arte da gravura.

Um interesse especial deste lançamento está em que a galeria apresenta, ao lado das gravuras, as matrizes de madeira de que elas saíram, e que serviram para imprimi-las. Muita gente não tem idéia de como se processa esse trabalho, e a oportunidade é boa para conhecer os elementos que são necessários reunir para a obtenção do resultado final.

O Meu e o Seu, que é título da coleção, refere-se ao mundo do artista, que é também o do público. Nesse mundo o gravador escolheu, para enfrentá-los, temas como o cantor repentinamente famoso, o egoísmo da vida individual, a guerra, a publicidade avassaladora, a obsessão sexual. É, pois, uma arte de fundo social que quer participar dos debates em curso.

Formalmente, Antonio Henrique procurou retomar a linha das gravuras populares, conhecidas principalmente através dos folhetos dos cantadores nordestinos, e para isso deixou na madeira quase somente grossos fios negros de contorno, eliminando os detalhes de mero enfeite. Sua aspiração foi a austeridade, e força é reconhecer que a atingiu: sem embargo da veemência dos temas e da irreverência com que são tratados, temos a impressão de estarmos diante de estampas religiosas. Para essa transfiguração do que, visto em fotografia, pode parecer uma gravura popular típica, contribuiu enormemente a sabedoria e o refinamento das cores usadas, o que se evidencia nos impressos originais. É da suavidade de seus tons que emana a atmosfera de recolhimento e concentração que caracteriza a série.

A natureza se recria com Burle Marx

Jornal da Tarde, 24 de agosto de 1967

Depois de um longo período em que as suas produções só eram vistas em exposições de arquitetura e de jardins, Roberto Burle Marx, jardineiro, joalheiro e decorador conhecido no mundo todo, volta agora a mostrar em A Galeria novas séries de pinturas.

Geraldo Ferraz diz no catálogo que Burle Marx trabalhou estes quadros "*tomando os temas da flora e da terra, recriando-os em imagens imageantes, ou seja: imagens que nascem de outras, pululantes*".

Os quadros que se encontram logo no corredor de entrada não podem ser bem vistos, a aparelhagem de iluminação da galeria ainda se acha em fase de instalação.

Mas logo em seguida começam a surgir, em telas amplas, as nervuras vegetais que se abrem em leques entrelaçados. Nessa série, é bem o ambiente da mata que recria – chão musgoso, folhagem em profusão, as copas das árvores lá no alto. Dança de sombras e de luzes compondo o inquietante mistério da floresta, por vezes a armação dos galhos cruzados lembram uma grande ossatura, um interior de catedral.

Outros trabalhos apresentam-se mais abstratos, como composições para tapeçaria e há momentos em que o artista trabalha com formas geométricas, que parecem corresponder menos ao seu temperamento. Este expande-se melhor quando entregue ao próprio arbítrio, caprichoso – como no nº 7, livre e lírico, e no nº 1, inteiramente misterioso.

Surrealismo caipira, com Naum

Jornal da Tarde, 1° de setembro de 1967

A pequena Galeria Imago, na loja 9 do Conjunto Metrópole, está apresentando pinturas, objetos e desenhos de autoria de Naum Alves de Souza.

A temática das pinturas procede diretamente de Chagall – os seres no espaço, a cabeça do boi, rostos triangulares, alguma igrejinha. O colorido também procura as pegadas do pintor judeu, mas estas não são fáceis de serem palmilhadas. Resulta um lirismo tosco, um surrealista meio caipira – não se trata de primitivismo nem de ingenuidade, pois o artista situa-se mais para o lado do sagaz e do sardônico.

Os chamados objetos, também expostos, são bonecos de pano de colorido vivo, gentes e bichos que parecem continuar a linhagem do Mugg, tendo como principal originalidade o detalhe de que a cabeça está colocada no peito, ou na barriga. Onde Naum Alves de Souza parece ser ele mesmo é nos desenhos, de tamanho pequeno, que contam historinhas fantásticas, um pouco cômicas, muito vivas, sempre imaginosas, e ora pendendo para o humor negro. Se tem a intenção de trabalhar como um profissional, parece-nos que é esta última via que pode abrir ao artista maiores perspectivas, favorecendo a afirmação de sua personalidade.

Pavel Kudis e coisas estranhas da mostra surrealista. Esta é a sua vida

Jornal da Tarde, 11 de setembro de 1967

A Fundação Álvares Penteado anunciou há algum tempo a realização de uma I Exposição Surrealista, que agora está apresentando. Não sabemos bem qual o critério adotado para o estabelecimento dessa numeração, que desconheceu pelo menos duas outras mostras que a antecederam: a que teve lugar por ocasião da VIII Bienal e a que se realizou recentemente no Auditório Itália, congregando um grupo, de bom nível, de surrealistas residentes no Brasil.

A atual sala surrealista do Pacaembu foi organizada segundo um critério que também não conseguimos apreender: inclui reduzido número de trabalhos de nomes de expressão internacional, como Max Ernst e Matta, boas séries de gravuras de Toyen e Alechinsky, um razoável mostruário de Ismael Nery, mas é dominada, numa proporção esmagadora do espaço ocupado, por trabalhos de diferentes tipos, variada técnica e orientações estéticas divergentes, assinados por Sergio F. Lima e Leila F. Lima. É inexplicável, por exemplo, a ausência de um artista tão significativo quanto Walter Levy. Em compensação a mostra é completada por uma ampla série de trabalhos de loucos, da coleção de um médico do Juqueri, coisa que não se vê bem o que possa ter com uma manifestação que se denomina "*surrealista, tendo por temas a mão mágica e o andrógino primordial*".

Outra curiosidade deste acontecimento é que ele deu lugar à publicação de um catálogo que é também uma revista, e se chama *A Phala*; como catálogo a principal surpresa que nos oferece é que não contém uma relação das obras expostas, o que talvez seja uma propositada manifestação de surrealismo literário, sem dúvida chocante para o visitante que, desejando bem orientar-se, por ele pagou 5 cruzeiros novos. Como revista, uma sua peculiaridade é que, entre as 41 matérias relacionadas no índice, 11 vezes podemos anotar os nomes de Leila F. Lima e Sérgio F. Lima como seus signatários.

Como se vê, parece que estamos mais diante de uma manifestação familiar, alicerçada sobre um conjunto de relações pessoais com expoentes do movimento surrealista, do que propriamente de uma exposição surrealista internacional. O que não teria maior importância, não fosse o equívoco do título.

Para encerrar os nossos desentendimentos: também não entendemos a simbologia manual daqueles fios coloridos simbolizando o labirinto, e colocados a uma altura em que estão sempre esbarrando na cabeça do visitante e interferindo na visão dos quadros.

Pavel Kudis

A sala de exposições da Aliança Francesa está apresentando no momento uma série de pinturas de Pavel Kudis.

Trata-se de uma pesquisa de textura aquosa, em que a tinta se distribui, orvalhada, em inumeráveis canaletas úmidas, que conformam o espaço pictórico ao mesmo tempo que abrem uma série quase infindável de sugestões de matéria.

A preocupação de Pavel Kudis é mesmo essa de revelar ou adivinhar a matéria em seu estado original. Seus trabalhos dão-nos a sensação de que estamos penetrando o interior de rochas ou blocos minerais, que se mostram em suas inumeráveis estrias ou se desdobram em cavernas múltiplas.

De outras vezes temos a impressão de estar olhando, ao microscópio, tecidos vivos; e é curioso como o artista freqüentemente isola um trecho do trabalho contornando-o com um círculo ou um quadrado, ou salientando-o mediante uma flecha que impositivamente nos determina o seu exame, como se se tratasse da ampliação de um detalhe em radiografia, para pôr em evidência o ponto para o qual se deseja chamar a atenção.

As pinturas são quase sempre monocromas, e seu interesse é o de uma pura pesquisa formal. Sugerem muita coisa, numa linguagem quase científica, dizem pouco emocionalmente, mas são executadas com rigoroso apuro.

Exposições

Jornal da Tarde, 18 de setembro de 1967

Você pode ver os dez gravadores argentinos, uma inauguração ou Chico da Silva, em A Galeria.

Dez gravadores argentinos, membros do Club de la Estampa de Buenos Aires, estão sendo mostrados pela Galeria 4 Planetas: Pompeyo e Eduardo Audivert, Américo Balan, Alfredo de Vicenzo, Albino Fernandes, Norberto Onofrio, Victor Rebuffo, Mabel Rubli, Abel Versacci e Daniel Zelaya.

No catálogo há uma poesia de Ariel Canzani dedicada àqueles que se ocupam das artes da gravação, *con las gubias hiriendo la madera* ou *con un buril ardiente*.

Destacam-se, do conjunto, a gravura em metal *Rei de ouros*, de Audivert, de uma proficiência técnica que dá gosto admirar, as duas grandes xilogravuras de Versacci, com figuras femininas, e os trabalhos coloridos de Zelaya, pela distorção imposta às imagens.

Em todo o mundo os gravadores são gente unida, integrantes de uma espécie de maçonaria, e seus clubes são como associações de auxílio-mútuo que permitem atender a uma série de necessidades comuns: obtenção da tinta e papel adequados, preparo da madeira, do metal ou da pedra, tiragem das cópias, exposições, contatos com os colecionadores. Aqui em São Paulo esse tipo de aproximação entre profissionais do mesmo ofício processou-se, durante algum tempo, em torno aos ateliês de Lívio Abramo e de Maria Bonomi. Desde, porém, que Abramo foi para o Paraguai, o núcleo parece ter-se dispersado, e hoje cada gravador trabalha de seu lado, isolado. É uma pena que os jovens gravadores, que têm aparecido em bom número, não cuidem, a exemplo dos seus colegas argentinos a que nos referimos de início, de trabalhar agrupados. Lucrariam eles e lucraria o público.

Uma pintura poética, meio tristonha

Jornal da Tarde, 21 de setembro de 1967

Como diz o professor Bardi, Orlando Teruz, cujos quadros se encontram agora nas paredes da Galeria Atrium, pinta "*mesclando no coração das cores a melancolia das luzes do céu que somem ao cair da noite, ou as alvoradas luminosas*". O *noturno* é realmente o que marca esses trabalhos, ainda quando seja evidente que a cena surpreendida se passa de dia.

A técnica de Teruz encontra-se em certos momentos – principalmente no grafismo ocasional – com a que caracterizava a pintura de Plattner quando ele aqui esteve, e os temas destes seus quadros foram, em parte e durante um certo período, explorados também por Portinari. A dosagem exata do verniz contribui para dar às telas solidez e placidez.

O que vemos são crianças, freqüentemente agrupadas em seus jogos, ora postas numa perspectiva distante, que as faz aparecerem como pingos de cor iluminando a noite; ou são aldeias igualmente liliputianas, em que o casario se distribui como ornamentos em um presépio; ou são favelas, em que as casas são mostradas mais de perto, servindo então as paredes para pesquisas de matéria.

É uma arte honesta, que conhece os seus limites, com os quais se contenta e dentro dos quais o artista se movimenta com segurança. É uma pintura poética algo tristonha, como a dizer-nos que as crianças e os pobres mereciam uma melhor sorte.

O pintor que trabalha com madeira

Jornal da Tarde, 29 de setembro de 1967

A senhora Aracy Amaral escreveu, para a exposição que João Suzuki está fazendo na pequena sala da Todarte, uma apresentação extremamente polêmica e zangada, em que nos confidencia que o Brasil é, também culturalmente, um país subdesenvolvido, ataca *a confusão gerada com as Bienais*, faz sérias restrições a Suzuki, e toma diversas liberdades com a língua portuguesa. Quanto à exposição propriamente dita, há a lamentar que, realizando-se ela num espaço reduzido, o artista tenha entendido de colocar lado a lado trabalhos executados em diferentes técnicas e de variada concepção estética. O que nos é dado ver é pouco – e esse pouco é contraditório.

O que nos pareceu mais pessoal e expressivo nesse conjunto foram as pinturas realizadas sobre toscos pedaços de madeira, de formato irregular e superfície acidentada, tratadas em tons baixos, com inteligente aproveitamento dos defeitos das peças originais. Há, aqui, uma conjugação muito coerente de elementos formais e informais, inclusive com a participação da escrita direta, documentando a imaginação e a delicadeza do artista. Um pequeno taco, quase todo branco, foi tratado como uma jóia. Menos nos entusiasmam os quadros com emplastros de tinta em relevo e com superposição de barbantes, talvez porque não percebamos a relação entre eles e os antes mencionados.

Uma natureza pura, a de Chico da Silva

Jornal da Tarde, 2 de outubro de 1967

Francisco Domingos da Silva, acreano filho de índio do Peru e mãe brasileira sentia uma atração tão forte pela pintura que, espontaneamente, dedicava-se a decorar os muros da cidade de Fortaleza. Isso foi até 1942 – Chico da Silva ignora o ano em que nasceu – quando lhe deram papel, telas, tintas adequadas, e ele se tornou pintor de verdade.

Primitivo? Conforme se pode ver pelos trabalhos que ora estão sendo expostos em A Galeria, ele não se parece com os nossos primitivos caipiras, nem com os artistas ingênuos das cidades. O seu é um mundo em que a fantasia e a realidade se misturam, e ora ele vem da Amazônia, ora é hindu, ora sua arte recende a Extremo Oriente.

São dragões, pássaros, cobras, tudo nadando em explosões de amarelo, as aves atacando os répteis, os monstros fabulosos enroscando-se, escamados e emplumados, sobre a tela ou o papel. Há também a mãe-d'água que é meio sereia, macacos enroupados em vestimentas pictoricamente muito ricas. Mas o duelo do pássaro e da cobra é o tema dominante.

Em alguns de seus trabalhos Francisco Domingos da Silva supera amplamente o anedótico, fixando um simbolismo animista fortemente místico, como na melhor pintura hindu; de outras vezes seu pincel amolece, a cena sai antes com aspecto folclórico.

Os preços são muito em conta.

A gravura rica

Jornal da Tarde, 4 de outubro de 1967

O crítico francês Guy Weelen, apresentador da exposição que Sérvulo Esmeraldo está realizando na Associação dos Amigos do Museu de Arte Moderna, coloca-o, com muita justeza, entre os artistas que, "*por seu temperamento, inclinam-se, como o ímã que atrai unicamente o metal, a reduzir o mundo a alguns elementos; adquirem então o poder de resumi-lo e de solucioná-lo*".

Efetivamente, as gravuras de Sérvulo Esmeraldo buscam a expressão através da maior economia de elementos, como a dizer-nos que o pequeno detalhe, devidamente projetado, pode perfeitamente dar-nos uma visão do conjunto. E é curioso constatar como, lidando com tão limitada gama de traços, o seu buril consegue abrir-nos um tão amplo panorama de sugestões.

Fundamentalmente, o artista trabalha com um tracejado horizontal, em linhas quase sempre paralelas, com uma ou duas pequenas interrupções, que, pelo desencontro, abrem sulcos verticais. É só. E entretanto uma gravura se torna misteriosa persiana; e outra é porta em que uma frincha nos permite ver além; e esta se assemelha à fenda aberta na rocha; aquela outra é talho em carne humana; há a que vaga como nuvem e há as que são reconstituição de velhíssimas geologias. Há até mesmo uma que se assemelha a uma sala de exposições.

Naturalmente, nem todo mundo verá a mesma coisa brotar daqueles traços tão singelos – nem terá sido intenção do artista buscar essa representação indireta por meios informais. Mas o mistério da comunicação, que é o essencial em arte, cumpre-se, e o colorido delicado e sensível que reveste as gravuras constitui, sem dúvida, um elemento decisivo para isso.

Wladyslaw, o momento da pesquisa

Jornal da Tarde, 9 de outubro de 1967

Anatol Wladyslaw, que expõe pinturas na Galeria Astréia, poderia ter reduzido um pouco o número de quadros da mostra, em benefício de uma melhor coesão entre os que fossem apresentados.

O artista está numa fase de pesquisa de matéria, realizada em telas de mais de um metro e em geral formando crostas irregulares na superfície. A pintura é entremeada de colagens de papel e as melhores realizações são aquelas em que predominam as sugestões abstratas, de velhas paredes esbarrocadas, marcadas pelo tempo e pela mão do homem.

Na sala pequena da galeria há uma série de quadros mais construídos, mais ordenados, em que riscos de um desenho forte determinam um ritmo ou situam objetos. Em outros casos as obras são dominadas por grandes signos, como letras, em torno dos quais se constrói o fundo do quadro, e não raro somos levados a pensar em Klee. Mas há também trabalhos quase diretamente figurativos, como o nº 10, cuja presença não entendemos.

Já no nº 3, embora o trabalho de elaboração e pesquisa da matéria esteja situado sobre um grande perfil feminino, a pintura convence. O nº 1, no mesmo gênero, tem uma bela claridade; e o nº 4, em que as letras ganham destaque, impõe-se. O nº 7 pareceu-nos algo gratuito, enquanto que os nºs 11 e 13 situam-se entre os coerentes e convincentes.

Retrospectiva, uma idéia bem recebida

Jornal da Tarde, 10 de outubro de 1967

A Fundação Álvares Penteado está realizando, com a obra de Heinz Kuhn, uma retrospectiva, empreendimento que essa instituição podia tornar sistemático, em relação aos nossos principais artistas. Trata-se de Museu que dispõe de amplo espaço, e seria útil que ele fosse usado para a apresentação de panoramas largos da obra de tantos artistas importantes, que só fragmentariamente são conhecidos.

Quanto ao arranjo da mostra, detalhe que essa instituição sempre despreza, mereceu um pouco mais de cuidado, mas ainda assim a disposição dos trabalhos de Heinz Kuhn não obedece a um roteiro que seja percorrido logicamente pelo visitante. E em diversos pontos é interrompida por mostras de peças do acervo da Fundação, que finalmente e felizmente decidiu começar a mostrá-lo ao público. Por que não chamar, na oportunidade da montagem dos trabalhos, alguém que tenha prática do assunto?

A retrospectiva de Kuhn começa em 1947 – os quadros anteriores foram perdidos por ocasião da guerra – e sua pintura de então é bem representativa do expressionismo alemão, com alguma influência cubista.

A partir de 1952 o artista torna-se abstrato-formal, preocupando-se em dividir o espaço e modulá-lo com traços e cores. É também uma boa época, que termina em 1955, quando a pintura passa a ser organizada no centro da tela, contra um fundo vazio. Isso dura até 1958, ano em que de novo sentimos o artista criando com liberdade. Ele encaminha-se para o abstracionismo informal, que se firma em 1960.

Em 1962 aparecem, na superfície até então lisa do quadro, alguns relevos de tinta, e em 1964 Kuhn começa a fazer experiências de cor sobre isopor. Na verdade este material não pode ser tratado como uma tela, e as pinturas estritas realizadas nele não conseguem comunicação. É em 1966 que Kuhn descobre a maneira como deve tratar esse suporte, cortando-o, vazando-o, transformando-o numa escultura inserida dentro do quadro.

Desta fase, que é tão boa, embora seja tão diferente da inicial, há, na exposição, algumas peças excelentes, a que ele dá o nome de *reflexos*, porque as poucas cores que as recobrem movimentam-se quando o espectador passeia-lhes em volta, ou quando provoca o balanço de estruturas internas possíveis de serem deslocadas delicadamente. Não são objetos destinados a ficar pendurados na parede, mas sim que devem dividir o espaço da sala, como biombos transparentes ou janelas semi-obstruídas. Destacam-se as peças brancas e vermelhas.

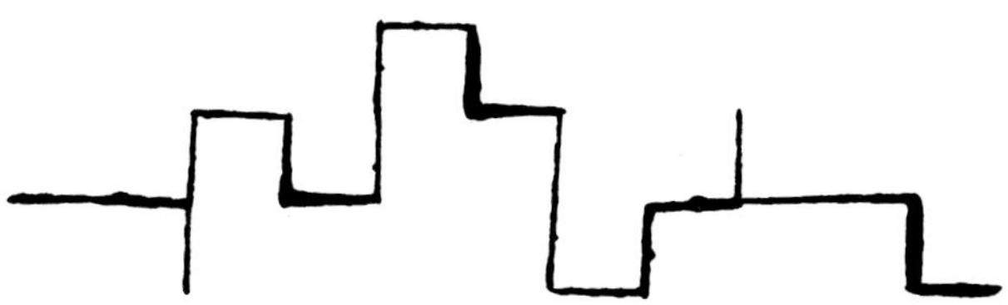

Alegria e erotismo nos quadros de Walter Lewy, um pintor que se renova

Jornal da Tarde, 12 de outubro de 1967

Há uma renovação na pintura que Walter Lewy está mostrando agora na Galeria F. Domingo. É uma inovação temática, dentro de uma linha de estrita fidelidade ao surrealismo, que sempre foi o seu clima e a sua marca. E as novas formas têm relação umbilical com aquelas que as precederam. É, pois, uma renovação da continuidade.

Não estamos mais perdidos no espaço sideral, nem vemos estranhos planetas quadrados, nem nos são mostrados os monstros que habitam outros mundos.

Há, agora, uma explosão de peitos femininos, que se apresentam em cachos, como uvas ou mamões, desdobram-se e amontoam-se como frutos vegetais nascidos de árvores invulgares. É uma pintura alegre e sensual, que sem dúvida não retrata este mundo mas que possui um fundo valor alegórico. O pintor escapou à frieza da exata reprodução dos mínimos detalhes de corpos inexistentes, para entregar-se a uma poesia carregada de erotismo, que atinge seu ponto mais alto na tela nº 11.

Os seios são como flores de uma nova genética e, no quadro nº 6, em que já se delineiam corpos completos de mulher, o fundo é trabalhado com um rendilhado tão precioso que não parece produzido por pincel, mas bordado diretamente. Embora situe-se entre os mais recentes, agradou-nos menos o nº 1, que escapa à linha geral da mostra pela sua agressiva exuberância floral.

As Marias não são o que há de melhor na exposição de Aldemir Martins

Jornal da Tarde, 4 de dezembro de 1967

Aldemir Martins, que há seis anos não se apresentava ao público em exposição individual – embora continuasse trabalhando regularmente – pode ser visto agora nas salas da Galeria Astréia, com nada menos que três exposições conjugadas.

A primeira, que é a série de retratos de Maria, representa nova queda na tentação – antiga nele, e freqüente em tantos gráficos – de passar para a pintura. A redução desta a umas poucas marcas essenciais da figura provoca inevitável referência ao estilo publicitário, à *marca* norte-americana que inundou o mundo através do cinema e das histórias em quadrinhos, e que se faz presente de maneira direta na arte pop e seus derivados. Aldemir não é pop, mas excetuando-se a bela cara redonda cercada de fios pretos sobre fundo inteiramente branco, as outras Marias não são cearenses.

A segunda exposição é a dos mini-quadros, muito curiosos, embora de valor desigual. Alguns representam a simples transposição de desenhos coloridos feitos anteriormente, surgindo neles o problema do tratamento do fundo, que no desenho praticamente não se propõe. Aqui, a série que mais nos agrada é a das flores, mas há vários outros igualmente inventivos e delicados, e surpreende agradavelmente o ar um pouco de *coisa para criança*, que têm alguns dos quadrinhos.

A terceira e principal exposição é a dos desenhos a nanquim, cheios de invenção e de força criadora. Geraldo Ferraz, que escreveu o texto do catálogo, entusiasmou-se com o tema, que é o da morte do jagunço – morte pela miséria ou na guerra de guerrilha. Para nós o que sobreleva nessa série é que o desenhista, mantendo toda a sua personalidade, rompeu os estereótipos por ele mesmo criados, lançando-se na aventura da descoberta de novos caminhos do desenho, e realizando-a plenamente – como naquele desenho que semelha a crucificação de um cangaceiro. São trabalhos de uma rudeza e austeridade tão bem marcadas, que poderiam perfeitamente dispensar as aguadas com que, vez por outra, o artista lhes decora o fundo. O preto no branco, na exata dosagem, nas linhas finas, no comedido invento da textura, é que faz a sua força dramática.

Exposições

Jornal da Tarde, 7 de dezembro de 1967

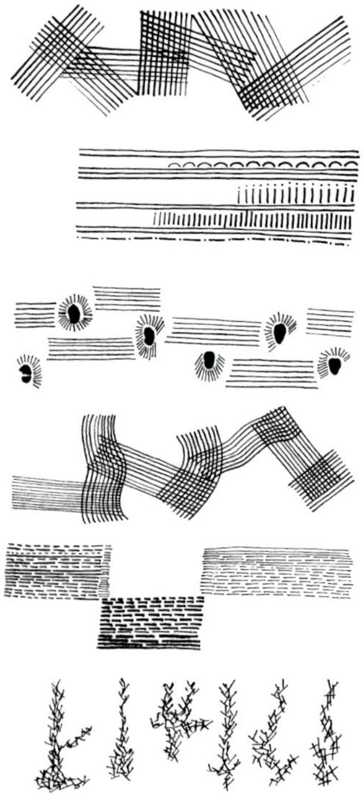

Desenhos a nanquim a bico-de-pena sobre pequenos pedaços de papel

O que há de curioso nessa 2ª Exposição Paulista do Artista Plástico Publicitário, ora sendo apresentada no Auditório Itália, é precisamente que ela não trai a condição profissional dos que a integram: quer dizer, se da denominação do Salão não constasse que seus componentes trabalham todos em agências de publicidade, o público não teria, disso, a menor suspeita, ao ver-lhes os trabalhos.

O interesse do fato está em que com as artes plásticas contemporâneas acontece precisamente o contrário: a saber, que elas estão fortemente influenciadas pela técnica, pelo estilo, pelos recursos e pelos temas da publicidade. A pop-arte, o letrismo nas telas, a imitação, quando não a pura transposição de imagens fotográficas usadas em cartazes ou nos jornais, são marcas constantes, insistentes, da mais recente produção artística. A obsessão publicitária de que vivemos cercados invadiu o terreno antes defendido da criação individual, conturbando-o, revolvendo-o.

E entretanto vemos, agora, que os profissionais da publicidade, quando buscam o caminho das artes plásticas, não levam consigo as preocupações que conformam o ambiente em que vivem, mas procuram, precisamente, pintar da maneira como tradicionalmente se pintava, com tinta e pincel sobre tela, fazendo paisagens impressionistas, quadros abstratos ou de outras tendências, nos quais não se assinala nenhum dos cacoetes obrigatórios nos anúncios comerciais.

Uma exceção a esta observação é a grande roda de madeira, em relevo como teclado de piano, de Manuel de Matos Bandarra, que se vê logo na entrada da sala. É aliás uma bela realização, que se impõe aos olhos num só impacto, com a força de uma *marca* destinada a ficar gravada.

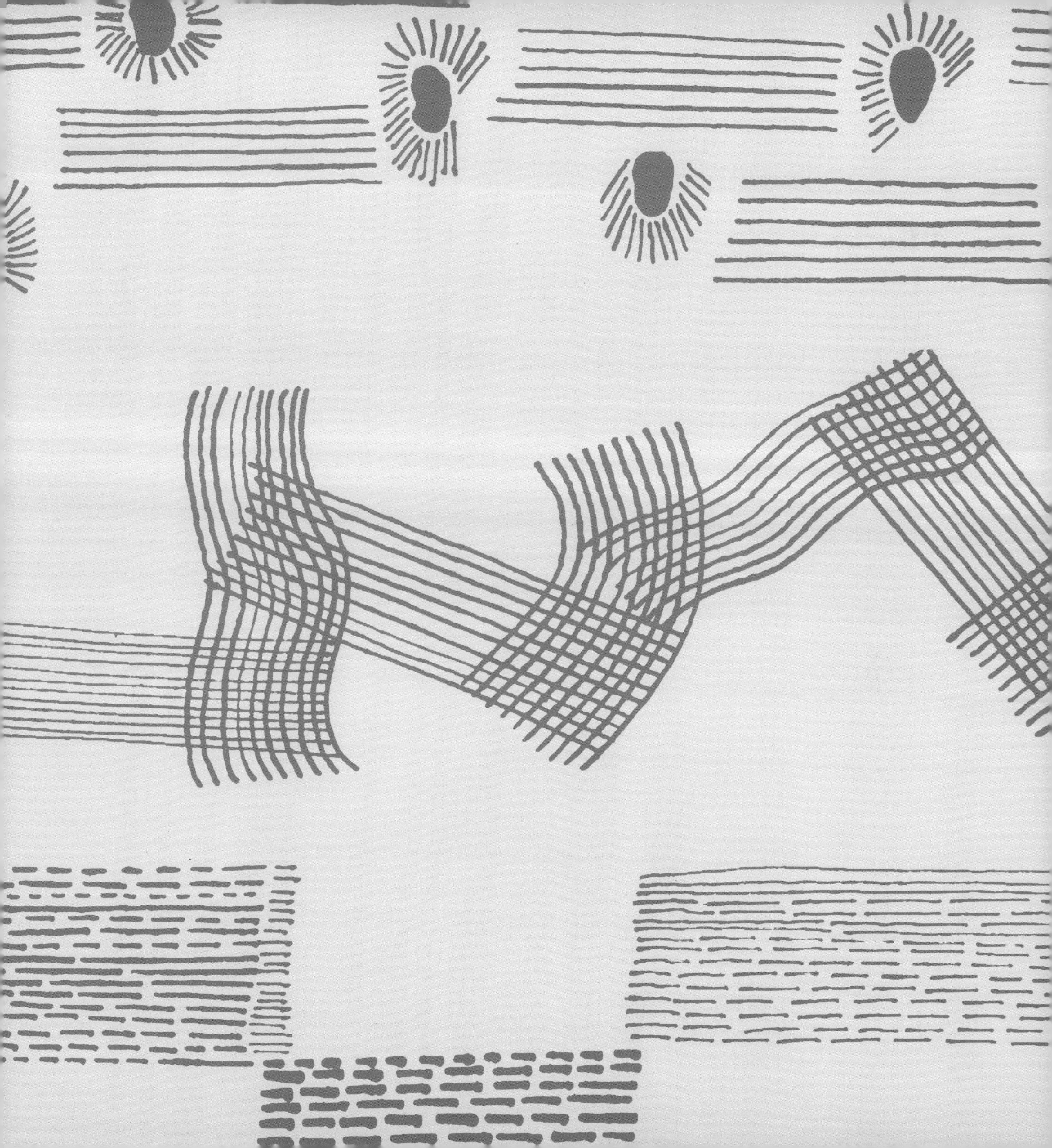

1969-1971

Imagens e sons [27]

Jornal da Tarde, 12 de março de 1969

Observa Étienne Cosment que o emprego dos modernos meios audiovisuais de comunicação humana, mais ricos em capacidade simbólica do que a linguagem corrente, acarreta uma mutação profunda em nossa maneira de apreender a realidade. Isso vale por uma ruptura na tradição cultural do Ocidente, que tendia sempre à busca das idéias claras e distintas, de modo que a imagem, em si mesmo ambígua, ficava em segundo plano, em benefício da palavra falada e escrita. Entendia-se, então, que aquilo que é imediatamente claro e facilmente assimilável não representa senão um esboço da realidade.

Nossa cultura fundamentalmente livresca começa agora a ser submergida pelas vagas de imagens, sons, cores, ritmos e movimentos, e é impossível deixar de tomar conhecimento do que está acontecendo e da substituição da formação literária pelos novos meios de expressão.

O poder simbólico das imagens é enorme, e elas podem jogar com uma gama de combinações e de recursos a que a linguagem verbal não tinha acesso – luz, cores, distância, perspectiva, composição, superposição, primeiro plano, movimento – a que se acrescem os elementos do som: palavras, música, ruídos, canto, ritmo. O realizador pode permitir-se uma grande liberdade no sugerir e no evocar, enquanto que as palavras captavam e aprisionavam, limitando a área deixada à imaginação.

Acrescentamos por nossa conta que uma outra grande diferença fundamental entre esses dois estilos de comunicação humana está em que o primeiro era estritamente pessoal, enquanto que o atual depende sempre de grandes equipes. O escritor tranca-se em seu escritório, lê, medita e redige o resultado de suas lucubrações, que mais adiante vão ser absorvidas individualmente pelos leitores – cada um deles em uma situação particular, em um tempo próprio, com conseqüências altamente subjetivas. O diretor de um programa de rádio, televisão ou cinema deve comandar um batalhão de colaboradores, cada um dos quais imprimirá a sua marca no conjunto da obra comum: cenarista, atores, fotógrafo, costureiro, músicos, redator, é uma infinidade de gente que contribui para a produção coletiva. E esta,

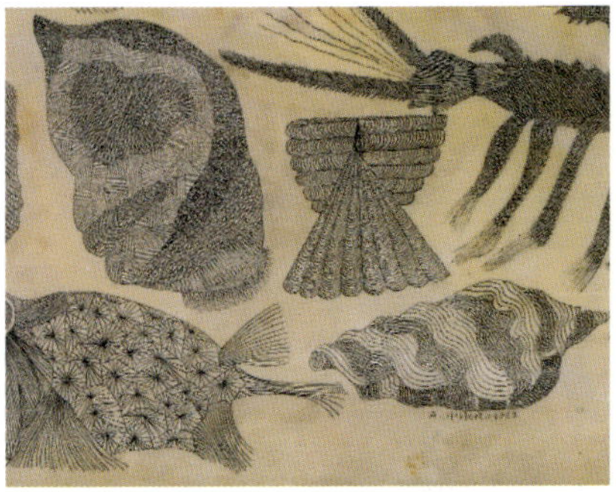

Desenho, série Peixes (detalhe)
1963 / nanquim a bico-de-pena sobre pergaminho / 57,5 x 82 cm

27 APd'H assina com o pseudônimo João Batista da Silva.

uma vez pronta, vai atingir o público em massa, reunido em grandes salas ou espalhado por milhares de residências, mas todas sendo atingidas à mesma hora. Impossível fugir à sensação de se estar participando de um imenso colégio, em que a solidariedade se sobrepõe à absorção individual do espetáculo. Não se trata de preconizar o desaparecimento do livro, tragado pela imagem e pelo som, eis que ambos necessitam de textos preexistentes, mas sim de acentuar a diferença fundamental introduzida no universo cultural e em sua expansão.

Cosment também faz notar que sendo inventadas visando à reprodução de uma certa realidade, as técnicas audiovisuais, dada a riqueza dos recursos de que dispõem, podem também conduzir a um mundo de sonho, de arte e de poesia.

Os filósofos da ação, nascidos da revolução industrial, criaram um certo tipo de homem que sabe aplicar suas faculdades lógicas na transformação do mundo e na organização de uma produção mais racional. Mas o trabalho planificado não basta à realização do homem: este aspira a uma plenitude que inclui o sonho. Mais do que as palavras, as imagens – e os vazios de imagens entre elas intercalados – podem fazer com que aflorem à consciência do homem riquezas espirituais que dele permaneciam ignoradas.

Assim, se não faltarão os saudosistas da velha e tradicional cultura, nem os resistentes às novas formas de comunicação, convém deixar claro que não se pode levantar uma acusação contra a técnica e a ciência, sob pretexto de que estariam esmagando o pensamento. As necessidades da humanidade são aparentemente inesgotáveis, e a alegria de conhecer é em si mesma bastante importante, para que se dê atenção aos timoratos que estremecem ante cada nova conquista do arrojo humano. A recreação e a cultura cresceram exatamente na medida em que a ciência e a técnica facilitaram essa expansão. É também graças a elas que nasce agora essa civilização da imagem, tão repleta de possibilidades, e que apesar das aparências em contrário virá contribuir para a libertação de outras energias espirituais.

Na bela frase de Gaston Bachelard – "*A conquista do supérfluo produz uma excitação espiritual maior do que a conquista do necessário. O homem é uma criação do desejo, não uma criação da necessidade*".

Importa ainda dizer, tocando no aspecto político dessas novas conquistas, que elas tornam cada vez mais difícil a ação dos espíritos obscurantistas, que desejam controlar o pensamento, em nome de ideologias que variam no tempo, mas não perdem o seu ranço de ociosidade. Era muito fácil impedir a comunicação de idéias quando esta se fazia mediante manuscritos iluminados, do que a partir da descoberta da tipografia, cujo aperfeiçoamento permite a tiragem de milhares de cópias, em poucos minutos, simultaneamente em diversos lugares. O rádio e a televisão vieram multiplicar essa possibilidade de comunicação, e não é outra a razão por que em tantos países estes instrumentos de difusão constituem monopólio governamental ou se acham sujeitos a severo controle oficial. Pois ainda agora não vimos a ditadura argentina pretendendo regulamentar o número de vezes em que uma música pode ser irradiada cada dia?

Nosso consolo está em que a técnica e a ciência passam a perna nos santos inquisidores, e agora temos a televisão transcontinental, transmitindo simultaneamente para o mundo inteiro através de satélites. Quem vai ser capaz de impedir essa difusão fulminante do saber?

Bienal

Jornal da Tarde, 13 de agosto de 1969

A Bienal tem o condão de sacudir os meios artísticos nacionais desde antes de sua realização, e por mais que se mude o respectivo regulamento até hoje não se chegou a uma fórmula que contentasse a todo o mundo; o que provavelmente seria inviável.

Desta vez, porém, ela está conseguindo provocar, mesmo antes de sua abertura, um grande debate internacional, em torno ao problema de se saber se os artistas devem, ou não, dela participar – indagando-se até que ponto mandar-lhe obras significa uma conivência com o regime político entre nós instalado, ou ao contrário, em que medida os artistas devem abstrair-se desse problema, para encarar apenas a importância desse festival de artes plásticas.

Em tese, arte e política deveriam ser duas manifestações independentes, sem interferência uma na outra. Na prática isso não acontece, pois é freqüente que os artistas tomem, como assunto, temas políticos, inclusive da maior atualidade; e também tem sido freqüente que os governos, principalmente em regimes autoritários, não se contenham ante a liberdade da manifestação artística e queiram orientá-la pondo-a a seu serviço, ou censurando-a, para que ela se amolde à moral do tempo, faça a apologia da ideologia oficial, ou pelo menos não assuma, em relação aos valores políticos vigentes, uma posição crítica.

No presente caso é um problema desta natureza que se coloca, e aqueles que, em nome de um patriotismo-estético inteiriço, prejulgam de plano os artistas e os países que comunicaram a sua decisão de não participar da 10ª Bienal, estão-se atendo àquilo que é o último elo em uma cadeia de causas e efeitos, que só pode ser bem entendida se for acompanhada nos vários episódios que a constituem.

O caráter do regime hoje vigente no Brasil teria pouca importância, no caso se não tivessem ecoado fora de nosso país diversas iniciativas oficiais que traduziram outras tantas tentativas de levar o controle governamental até um limite em que ele interfere com a liberdade de manifestação artística. Isso ocorreu no terreno das artes plásticas, primeiramente quando foi recusado o nome de um comissário da delegação francesa, depois quando a seleção das obras brasileiras que deveriam representar o nosso País na Bienal dos Jovens de

Paris, aprovadas pelo Júri competente e depois expostas ao público no Museu de Arte Moderna do Rio, foram, por ordem superior, vetadas pelo Itamarati, não se sabe em nome de que critério extra-artístico. E o fato repetiu-se, com maior repercussão, quando da realização da Bienal nacional de Salvador, na Bahia, oportunidade em que certas autoridades permitiram-se retirar do recinto da mostra determinadas obras que não lhes agradavam, que colidiam com os seus gostos ou critérios, ou que simplesmente não entendiam.

Essas notícias correram mundo, provocaram irritação nos países em que a liberdade de manifestação artística há muito deixou de sofrer restrições políticas, e evidentemente não falta quem trate de capitalizá-las para, a partir delas, provocar contra-movimentos que por sua vez não podem deixar de ter uma conotação política antagônica. Quando esse clima é reforçado por notícias sucessivas a respeito das dificuldades – para usar um eufemismo – com que se estão enfrentando músicos e cantores brasileiros de fama internacional, é explicável que surja, como resposta, a idéia de boicote.

É lamentável que um tal boicote venha a privar-nos do conhecimento das mais importantes obras que comporiam as principais delegações estrangeiras. Mas de outro lado não se pode responsabilizar determinados artistas, alegando que eles deveriam manter-se alheios aos embates políticos, pois, no caso, partiu de políticos a iniciativa anterior da discriminação. E certamente seria pedir muito, querer que as restrições impostas por uma censura de que sequer se conhece o critério, fossem recebidas mansamente por todos e não ocasionassem nenhuma resposta.

Em boa parte essas coisas também estão acontecendo pelo aspecto oficial que a Bienal, que de início foi uma iniciativa estritamente particular, acabou assumindo. Não somente sob o aspecto do financiamento – esta 10ª Bienal está custando cerca de um bilhão de cruzeiros de dinheiros públicos – como também porque personalidades de repartições governamentais, especialmente do Itamarati, têm nela uma ingerência cada vez maior, a Bienal passou a ser um *fato político*, no sentido mais amplo da palavra, que é aquele das relações internacionais. Ela promove o Brasil no exterior como acontece com as grandes feiras mundiais, e daí as represálias ou boicotes a que também pode dar lugar.

Em nosso entender, sob o ponto de vista da divulgação das artes plásticas e da educação artística de nosso povo, seria muito preferível que ela voltasse a adquirir a feição que marcou as suas primeiras realizações. De nada adianta esse gigantismo que com o tempo foi deformando, e que impôs como critério dominante a participação de um número crescente de nações, inclusive muitas que pouco ou nada têm para mostrar, em detrimento de uma seleção prévia, bem orientada, que permitisse o conhecimento dos principais núcleos e correntes artísticas daqueles países que realmente importam nesse terreno. Veja-se a coleção de catálogos da Bienal, e logo se evidenciará como o nível e a qualidade das obras nela reunidas têm sido sacrificados à quantidade e às dimensões das mesmas.

Os problemas que a Bienal envolve são muitos. É indiscutível a contribuição que ela deu para acelerar o conhecimento e a difusão das artes plásticas em nosso País, tanto quanto para divulgar o Brasil e seus artistas no exterior. Mas de uns tempos para cá ela tem funcionado mais como um enorme circo que diverte, provoca exclamações, aplausos e apupos, mas pouco deixa sedimentado em termos de cultura adquirida.

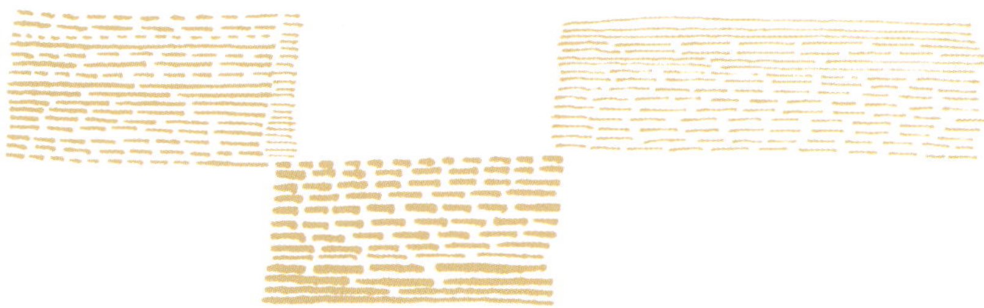

Ainda a Bienal

Jornal da Tarde, 22 de outubro de 1969

Não há dúvida de que o boicote individual de artistas nacionais e a retirada coletiva de delegações estrangeiras, cujas causas analisamos anteriormente, contribuíram, e muito, para a vertiginosa queda de qualidade da presente Bienal, em relação a todas as que a precederam. Foi lamentável, mas foi igualmente inevitável, que o fato político se inserisse no acontecimento artístico, acarretando a degringolada de uma manifestação que anteriormente chegou a ser, realmente, da maior importância no cenário internacional.

Entretanto, sem desconhecer esse aspecto do problema, que poderia ser apenas ocasional, não comprometendo o empreendimento em sua continuidade, é necessário, infelizmente, acrescentar que nem só a ele se deve a deterioração de uma iniciativa que no passado contou com a colaboração de algumas das figuras mais prestigiosas de nosso mundo intelectual e artístico, o que deveria ter-lhe assegurado raízes suficientemente vigorosas para implantá-la de maneira definitiva em nosso universo cultural. O que se vem verificando de sete anos para cá, e que culminou na presente 10ª Bienal, é, entretanto, o oposto disso: a saber, o definhamento, a perda de sentido, a gratuidade crescente de um espetáculo que tanto mais engordava na aparência, quanto mais se desmilingüia em seu recheio.

Para nós, a causa fundamental dessa decadência, que vem roendo o cerne da Bienal de longa data, é o erro básico consistente em que a sua direção artística – somente ela capaz dc assegurar uma autêntica manifestação de arte – foi sempre minada, e sucessivamente desprestigiada, a ponto de que os elementos por ela responsáveis não conseguiam manter-se no posto; e foram tantos e tais os valores que o maquinário montado assim moeu, que a presente Bienal chegou ao cúmulo de ser preparada e de instalar-se sem ter direção artística nenhuma.

A Bienal nasceu como uma manifestação do Museu de Arte Moderna, e as melhores Bienais foram precisamente aquelas que receberam, como planejamento, urbanização, montagem e premiação, o influxo da direção artística do Museu. Então, nela, através da direção do Museu, influíram personalidades como Sérgio Milliet, Lourival Gomes Machado, Wolfgang Pfeiffer, Lívio Abramo, Paulo Mendes de Almeida e Mário Pedrosa; especificamente em sua montagem trabalharam artistas do nível de Fernando Lemos e Danilo Di Prete, que somavam às suas qualidades pessoais a disciplina e a visão de publicitários; nem se devendo esquecer a contribuição que para o certame deu a Filmoteca do MAM, implantada por Paulo Emílio Salles Gomes, e que daria origem à atual Cinemateca.

Todos esses homens, entretanto, exatamente na medida de sua seriedade, competência e intransigência, tornavam-se um estorvo a que a Bienal viesse a dar naquilo que – uma vez eliminados eles, um a um, e sem que lhes fosse atribuído substituto – ela agora chegou: uma feira de arte como se fosse uma feira do vestuário, do automóvel ou do mobiliário, sem outra ambição que a de amontoar quantidade de objetos e contar com uma representação numericamente impressionante, embora qualitativamente tão débil; a ponto de que a impressão que se tem hoje, ao visitá-la durante os seus primeiros dias de funcionamento, é a de que estamos passando por um fim de feira, pouco antes de que surjam os caminhões da Prefeitura.

O grave da história é não somente que a Bienal deixou de exercer qualquer função educativa em relação ao público que a visita, como passou a exercer uma função diretamente deseducativa. Desligada do Museu para que nenhuma dificuldade tolhesse a liberdade de ação de quem nela vê apenas um acontecimento social, sequer os prêmios ali atribuídos concorrem agora para o enriquecimento de nosso patrimônio artístico, pois são prêmios aos artistas, que não implicam em aquisição das obras. Em sua programação não se prevê a vinda de salas especiais demonstrativas das mais importantes manifestações artísticas mundiais, por isso mesmo que não há programação nenhuma, cada país improvisando com inteiro arbítrio a própria delegação. E a montagem a trouxe-mouxe, sobre desmoralizar as poucas presenças importantes, espalha, no espírito dos visitantes, a maior confusão, impedindo uma avaliação comparativa de qualidades.

O mais grave ainda é que mais de 90% dos freqüentadores da Bienal são jovens e meninos, estudantes universitários e de ginásio, que para lá acorrem, atraídos pelo renome fixado pelas Bienais anteriores, aos milhares. E toda essa juventude sequiosa de conhecimento artístico, e que quer atualizar-se em relação ao que haveria de moderno, pioneiro e digno de servir de indicação no caminho das artes plásticas, toma, naquele imenso recinto, um profuso banho analfabetizante, e sai dali estimulada a crer que realmente não há critério nenhum válido em arte, que tudo se eqüivale e se nivela por baixo, que a arte não tem passado e que os artistas são todos uns irresponsáveis: exemplo que, em grande número, vão certamente procurar acompanhar.

Despender centenas de milhões de cruzeiros, para chegar a esse resultado, é deprimente. Já seria lamentável se algum Mecenas, mal orientado, assim decidisse esbanjar sua fortuna pessoal; mas em se tratando de recursos que saem dos impostos, e portanto da coletividade, deveria haver rigor e seriedade na sua aplicação, e a esta não deveriam ser estranhos os autênticos profissionais, que não são uma multidão, mas que existem: críticos de arte, especialistas em museologia, historiadores do ramo, professores de estética.

Como a Bienal tornou-se uma estrutura esotérica, provavelmente observações desta natureza não terão grande alcance. De qualquer forma fica o registro do espanto de que uma demonstração artística dessa magnitude possa ser tentada sem que à sua testa se encontre nenhum especialista de arte.

Com o resultado que qualquer um pode ir lá constatar.

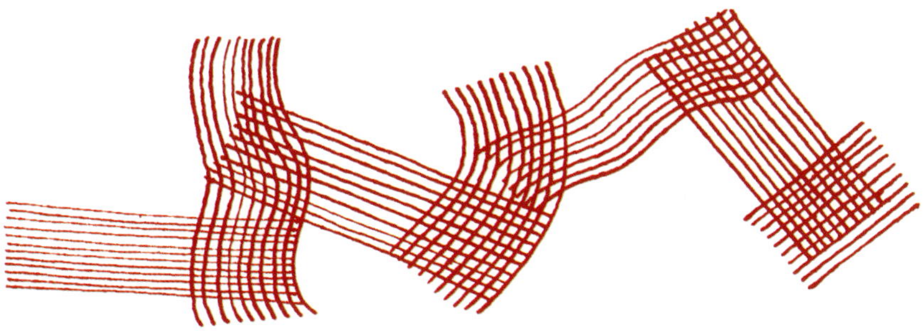

O barroco Lourival

Jornal da Tarde, 29 de outubro de 1969

Os ex-alunos de Lourival Gomes Machado são unânimes em depor no sentido da clareza que caracterizava as suas preleções de professor, todas elas organizadas segundo uma linha lógica de impecável seqüência, e redigidas verbalmente com o rigor e a elegância de um texto miudamente trabalhado. Entretanto, não faltaram a Lourival, ainda em vida, as críticas as mais contundentes a respeito de seu estilo literário, considerado freqüentemente incompreensível e desnecessariamente abstruso.

A oportunidade da publicação póstuma de sua obra *Barroco Mineiro* (Editora Perspectiva, S. Paulo, 1969 – apresentação de Rodrigo M. F. de Andrade, introdução e organização de Francisco Iglésias) permite que se encare de novo esse problema, sob um ângulo especial. O desencontro entre as maneiras das pessoas se exprimirem por escrito e verbalmente é freqüente, sendo raríssimos casos como o de Rodrigo M. F. de Andrade, que introduzia na prosa cotidiana, a mais despretensiosa, requintes de estilista minudente, moldando cada palavra e encaixando-a no lugar preciso da frase, ao mesmo tempo que sabia dar a seus textos literários toda a intimidade e a graça dos relatos coloquiais.

Mas se há uma arte de escrever bem e com clareza, há também o seu contrário, que não será o paradoxo da arte de escrever mal, mas sim a de escrever encobertamente, não desvendando o fundo do pensamento: e isso precisamente em função de um estilo deliberadamente escolhido, que se demora e se compraz em redigir sem dizer, para que o leitor se balance nos volteios da frase, mergulhe na atmosfera redacional que pode ser mais importante, para a comunicação de emoções e sentimentos, que o rápido e ríspido desvendar de conclusões. O próprio Lourival, aliás, anotou a respeito da história do pensamento sobre a arte, que "*o pensamento crítico se tornou diretamente responsável pela incompreensão ou pela má compreensão de períodos inteiros da história da arte*".

Na presente obra, entretanto, o que vemos é a perfeita fusão entre o assunto e o estilo – o barroco na escrita que tem o barroco por assunto, nascendo aquela de uma íntima necessidade espiritual. Assim é que o nosso Autor registra, a propósito de outro teórico da matéria, que a tentativa da explicação da nova morfologia conduz ao "*pleno campo da pura história das formas*" e a buscar "*as origens genéticas do barroco na forma que o antecedeu imediatamente, isto é, na arte dos 'maneiristas' (...)* que *exprimiram* necessidades espirituais profundamente enraizadas no *complexo civilizado em que viviam*".

Também nestes estudos vemos que o estilo, que exprime uma necessidade espiritual profundamente enraizada, é sempre desenhado com a mesma profusão dos modelos arquitetônicos e escultóricos encarados, e o importante nunca é decidir de plano o tema proposto, mas precisamente ficar a bordejá-lo, para assim estabelecer a comunhão entre o assunto e a forma de tratá-lo, induzindo o leitor a participar, não somente das conclusões a serem tiradas, mas de todo o processo de elaboração artístico. Por isso temos uma escrita tão rendada como a pedra ou a madeira que o artista estudado trabalhou, e sente-se o prazer com que o escritor assim desenrolou, e por vezes enrolou, o fio de pensamento destinado a acompanhar a construção e a interpretar a confecção do objeto igualmente barroco que se tem em vista.

Trata-se de uma excepcional capacidade de contornar a evidência imediata, eis que esta poderia ser enganadora em sua aparente simplicidade impositiva; trata-se propriamente de uma incompatibilidade com o óbvio, de uma deliberada busca de processo mais lento de aproximação, que entretanto se quer, afinal, justaposto ao problema. Referindo a opinião de outro estudioso da matéria, Lourival acentua, de maneira significativa, que ele "*não apenas caracteriza, com o máximo de precisão, os aspectos formais do barroco, senão (...) afirma que, assim caracterizado (...) o barroco não pode limitar-se ao período que se deseja reservar-lhe na história, tornando-se uma verdadeira recorrente no curso da evolução da cultura*". Verdade de que o nosso Autor, deliberada ou inconscientemente estava, no mesmo ato, apresentando uma comprovação.

As confirmações que se encontram, no correr do livro, para um enfoque como este, são inumeráveis, e é difícil resistir à vontade de reproduzi-las em abundância. Esta comparação com o tratamento musical tem, por exemplo, o sabor de uma confissão: "*Só o barroco, contudo, haveria de tentar a transfiguração artística dos limites construtivos, fazendo-os definir, em linhas e planos, uma forma que busca exprimir* o espaço ilimitado, musical (...)". E também o crítico embarca nessa tentação, desdobrando o seu estilo em arabescos e em volteios caprichosos, que não são essenciais à configuração em si, mas que são indispensáveis à criação do clima dentro do qual as figuras e as formas, tanto quanto o pensamento a ser comunicado, assumirão o seu pleno esplendor. Isso porque "*(...) a colocação do problema do barroco, desde o primeiro instante, passa a entrelaçar-se com o problema da técnica construtiva de que se serviu"*. O que vale para Antônio Francisco Lisboa, como vale para Lourival Gomes Machado.

São ainda raros, entre nós, os estudos, exegeses e debates tendo por alvo artistas e obras de arte nacionais, equivalentes a este *Barroco Mineiro*. As questões de artes plásticas, neste Brasil, costumam ser tratadas com uma imperdoável leviandade, e qualquer cronista social, ou moça mais ou menos prendada, se arvora, do dia para a noite, em especialista num assunto que, entretanto, requer uma formação demorada e laboriosa. Os estudos agora reunidos em livro pela editora da Universidade constituem uma feliz exceção, e serão de muita valia aos jovens que se dedicam ao assunto.

Arte para a coletividade

Jornal da Tarde, 31 de março de 1971

O fenômeno da criação artística é de caráter estritamente individual e subjetivo. Os caminhos que as idéias percorrem até se aninharem, com prevalência sobre outras, nos meandros do cérebro humano, para ali botar ovos de que vão nascer impulsos traduzíveis em sons, cores, palavras, são inescrutáveis. As variações podem ser infinitas, eis que estamos no terreno da sensibilidade, e esta transforma as experiências recebidas através dos sentidos e as reelabora segundo leis cujo arbítrio nem de longe foi possível, até hoje, intuir.

Isso vale inclusive para os espetáculos artísticos de representação coletiva – um balé, uma orquestra, uma peça de teatro ou um filme – nos quais, além e acima do trabalho de criação e interpretação de cada componente, há o trabalho de invenção, modelagem, direção, adaptação, do diretor ou regente, a cuja concepção subjetiva – enquadrada dentro das características antes apontadas – tudo deve atender, para que o todo constitua uma autêntica criação.

Mas, se a importância do artista é assim determinante no surgimento da obra, se no estágio de sua elaboração interior ela é excludente de influências indesejadas, condição para que possa apresentar-se íntegra – uma vez pronta ela se destina à comunicação, propõe o debate, convoca a crítica. Deixa a redoma e cai no mundo, e vai sacudi-lo tanto quanto maior a força de que veio revestida, o significado que lhe vai ser encontrado, as reações de espanto, aceitação, recusa, adesão e protesto que vai determinar. A arte marcha na frente da sociedade – o artista que não for um desbravador, simplesmente não será um artista – e por isso a intervalos evidencia-se que a vida está realizando coisas e situações cuja ocorrência a arte já representara.

Dessas duas premissas – de que o mistério da criação é inviolável, e de que a obra realizada quer ser consumida – decorre a existência de uma multidão de amadores de arte, no duplo sentido que a palavra tem em nossa língua, de apreciador e de amante, de curioso e praticante do amor. Nem todos amam todas as artes, e em cada arte subdividem-se os gostos e as tendências – o que é uma felicidade.

A obra de arte que nasceu para o mundo e que vai ser consumida entra, pois, no mercado de arte. Vai ser cotada. Vai render dinheiro ao seu criador e aos intermediários que se colocam entre ele e o público. Nos cinemas, teatros, galerias de arte, lojas de disco e livrarias a arte vai ser comercializada para o público, vai conhecer, num ambiente competitivo no qual a cada dia se apresentam novas proposições, um momento maior ou menor de sucesso, e em seguida vai passar ao esquecimento.

Para que, findo o período do êxito comercial ela não se perca, existem os repositórios de arte: as bibliotecas, as filmotecas, as discotecas e as quadrotecas, que são os museus. Mas os museus de hoje não querem ser apenas o lugar onde se acumulam obras de arte que tiveram o seu momento de validade e em seguida foram postas em repouso, para eventual consulta. O museu moderno, não sendo uma loja comercial, também não quer ser um cemitério do passado: a tarefa a que ele ambiciona situa-se em um ponto do equilíbrio a que é preciso estar sempre atento.

Diversas difíceis condições devem ser reunidas, para que isso seja possível no museu. Vamos referir algumas. Para que não se burocratize e não sofra injunções políticas, ele deve ser uma organização particular, e não oficial, embora constitua dever do poder público ampará-lo e assisti-lo. Tratando-se de um serviço público realizado por particulares, é preciso que estes revelem apego à obra a ser realizada, modéstia e capacidade de trabalho em equipe, desambição financeira.

No terreno dos esportes é freqüente que pelo menos alguns desses requisitos se encontrem reunidos no interior de clubes, mas no domínio artístico, por todas as circunstâncias apontadas, isso é raro, e por isso em geral nossos museus ou estão manietados por travas oficiais, ou são meramente autopromocionais de algum suposto Mecenas, ou mirram e ficam clandestinos em função de quem teme que lhe tomem o brinquedo, ou, pela má gestão, tornam-se de tal modo endividados que ao invés de desenvolverem-se, devem cada vez mais cortar na carne de sua razão de ser, que são as suas atividades.

No terreno das artes plásticas temos em São Paulo uma exceção positiva dentro desse quadro museológico: é o representado pelo Museu de Arte Moderna de São Paulo.

Fundado em 1948 por um grupo de 99 personalidades dos meios artísticos, intelectuais e sociais, e tendo como núcleo inicial de seu acervo um conjunto de obras doadas pelo Sr. Nelson Rockefeller, esse museu foi o grande dinamizador da vida artística brasileira no terreno das artes plásticas, tendo determinado o surgimento de museus de arte moderna em quase todos os Estados brasileiros, inclusive a Guanabara. Dele nasceria a Bienal de São

Paulo, que em suas primeiras realizações teve importância decisiva para a formação cultural de enormes contingentes de pessoas. Dentro dele nasceu a Cinemateca, que ganhando autonomia viria a originar a Filmoteca e, hoje, o Museu da Imagem e do Som. A Escola de Gravura, que instituiu, realizou um trabalho exemplar na formação de jovens gravadores. E a partir da direção artística de Sérgio Milliet, o MAM efetuou um trabalho de difusão de nossa arte no exterior que logo resultaria na conquista, pelo País, de prêmios nas maiores mostras internacionais.

A perda, a certa altura, do espírito de trabalho em equipe, em favor de um individualismo que como sempre se revelaria funesto, iria levar esse museu, em 1961, até às portas da agonia, depois de haver ele sido deliberadamente amputado de suas principais realizações, numa corrida suicida de autodestruição. Chegou-se até mesmo ao cúmulo da doação, se não de mão-beijada em troca de um beijo na mão, de um acervo de valor incalculável – do qual a venda de meia dúzia de peças daria para sustentá-lo durante anos seguidos – e que fora o fruto do esforço e da generosidade de um número incontável de pessoas – bastando dizer que somente Di Cavalcanti lhe dera, de uma só vez, 500 de seus desenhos.

Mas, depois de aparentemente morto, o MAM reviveu. Conseguiria preservar o nome, que era a última coisa cuja transferência estava prevista antes de sua extinção completa, e a partir daí renasceu. Sem um tostão nos cofres, sem um quadro nas paredes – sem nem sequer parede, pois nem sede tinha. Mas ele subsistia na convicção e no amor de um grupo de aficionados, que a partir de zero foram de novo reconstruindo-o.

E agora aí está de novo o jovem Museu de Arte Moderna de São Paulo instalado em sua bela sede sob a marquise do Parque Ibirapuera, com um acervo renovado e em caminho de expansão, dentro do qual se destaca a coleção deixada por Carlo Tamagni. Pelo terceiro ano consecutivo, vai ele agora realizar o Panorama da Arte Contemporânea Brasileira, já sucedem-se nele as exposições valorizadoras de nossos principais artistas, amplia-se o contato com os museus e entidades culturais estrangeiras. E, sendo certo que o vinho anima a convivência, lá está o novo Bar do Museu, continuador das tradições do Barzinho da rua 7 de Abril. A entrada custa 1 cruzeiro.

É um museu reconhecido como de utilidade pública pelos governos federal e estadual, o que quer dizer que as doações em dinheiro a ele feitas podem ser descontadas do imposto de renda. Isso não deixará de ser tomado em conta pelos que amam as artes plásticas, e que vão poder, assim, ofertá-las ao museu praticamente sem desembolso, ligando o próprio nome a um acervo de pintura, escultura e artes gráficas de importância mundial.

Hoje o MAM não tem nenhum proprietário a título individual, nem é máquina publicitária para a promoção de vaidades. Dirige-o uma equipe de cidadãos procedentes de todos os setores de atividades – indústria, crítica de arte, lavoura, arquitetura, advocacia, finanças, jornalismo, comércio, medicina, política, diplomacia, administração – unidos, na variedade de sua procedência, pelo comum empenho em assegurar, a esta cidade, um museu digno dos nossos artistas e das necessidades e ambições culturais de nossa população. Gerido com a maior seriedade financeira, precisa contar com o apoio das autoridades governamentais para que possa reassumir o seu papel dinamizador da vida artística brasileira.

Um grupo de artífices

Grupo do Santa Helena – gravuras. Collectio Edição, 1971. Apresentação.

Talvez o traço mais característico do núcleo dos artistas plásticos que viria a ser denominado Grupo Santa Helena tenha sido a comum modéstia. Gente interessada no ofício, sem jeito para a autopromoção, procurando aprofundar a sua arte o quanto possível, e guardando, através do tempo, uma notável coerência dentro da própria linha artística. Em maior ou menor grau, tornaram-se conhecidos e famosos, mas com isso nenhum perdeu a simplicidade pessoal. Suas carreiras foram construídas na medida em que produziam, enquanto aumentava paulatinamente o interesse do público pelas artes plásticas, e conforme persistiam na realização de exposições individuais e na participação em mostras coletivas, tudo o que naturalmente, ia tendo reflexo na imprensa. Foi um desenvolvimento natural, sem nenhuma campanha estrídula que, repentinamente, lançasse o grupo para as alturas. Muito ao contrário. A vida artística de cada um deles é bastante pessoal e diversa para que se possa pretender, a esse propósito, tratá-los englobadamente, mas nenhum deles obteve o sucesso ao preço da íntima coerência.

Página do Caderno de anotações "1962-3 Paris, Espanha, Londres"

É claro que, dentro de sua obra, fizeram pesquisas, como todos os artistas têm fases mais ou menos felizes, e continuam experimentando em torno às suas problemáticas de forma e de cor.

Mário de Andrade chamava-os de "escola paulista", e é curioso que, sendo nascidos na Itália – caso de Volpi – ou descendentes diretos de italianos e espanhóis, eles viessem a introduzir na pintura brasileira uma nota nacional – não no sentido literário ou ufanístico – mas no de representação paisagística, que é das coisas mais autênticas em nosso patrimônio artístico.

Ao contrário de nossos artistas modernos das décadas de 1910 e 1920, que se informaram largamente e diretamente a respeito do que era moderno nas artes plásticas européias, e viajaram repetidamente até lá, este grupo da década de 30 fez-se aqui mesmo, em reação direta contra o academismo da Escola Paulista de Belas Artes. Seus membros reuniram-se para trocar experiências e técnicas num ambiente livre, mantendo-se juntos, embora fossem personalidades artísticas tão diferentes. Os que viajaram, fizeram-no quando já consolidados numa convicção plástica, e a viagem não os levou para um caminho oposto ao que vinham seguindo. Volpi, que na década de 40 seria convencido, com outros, a ir conhecer a Itália, de onde viera garoto, ao voltar de lá, perguntado sobre o que achara de Florença, Veneza e Assis, respondeu, com sua habitual loquacidade:

– É... Ouro Preto interessa mais!

Graciano e Rebolo tiveram o prêmio de viagem do Salão do Rio, passando bom período na Europa. Mas também a eles a Europa não mudou a alma.

Não conheci os componentes do grupo em seu tempo de trabalho mais solidário, mas a partir de meados de 1937, como secretário da revista *Problemas*, que Rubem Braga e outros dirigiram.

Lembro-me de Figueira, que por volta de 1941/42 apaixonou-se violentamente pela pintura, passando a preferi-la à escultura, que até então merecera toda sua dedicação. Morávamos ambos na Casa Verde, e uma noite fui visitá-lo. As paredes da casa estavam todas cobertas de suas novas telas, algumas ainda úmidas, sem moldura nem chassis – paisagens daquele bairro que ele ia testemunhando febrilmente, como se soubesse que lhe restava pouco tempo de vida. O ambiente doméstico tornara-se, de todos os lados, uma festa de cores e o entusiasmo do artista contagiara a família, feliz com a transformação da casa. Figueira, como os demais, era pobre, mas poucas vezes vi alguém tão contente como ele, ao me dar duas paisagens que eu elogiara. E tive que teimar, para levar só essas duas. Ele estava se dando todo à pintura, e com a mesma generosidade queria dar o que produzia.

Este é outro aspecto dos componentes do grupo: trata-se sempre de artistas-operários, seja pela origem, seja pela maneira como procuravam assenhorear-se do ofício, para dele extrair arte. E o que levou à constituição do grupo foi precisamente o desejo de intercâmbio de experiência e técnicas. Por isso, sendo o grupo tão consistente, seus integrantes não tinham consciência de que formavam um grupo. Encontravam-se, nos ateliês que Rebolo, Zanini e Cuccé tinham no Edifício Santa Helena, para trabalhar, desenhar em comum o mesmo modelo, trocar idéias sobre problemas como preparo de tela, emprego de solventes e qualidade de tintas – e Manoel Martins inclusive fabricava tintas. Também se encontravam aos domingos para ir pintar paisagens nos bairros de São Paulo, seguiam de bonde até o Canindé ou Santo Amaro, e é dessa época boa parte das poucas paisagens que Graciano pintou. Mais tarde, Sérgio Milliet levaria vários deles para as paisagens de Campos do Jordão, e Volpi se apaixonaria por Itanhaém. Mas, no tempo do Santa Helena, a naturalidade com que saíam à procura de assunto nos arredores da cidade era tão espontânea que, às vezes, juntavam-se a eles outros artistas que não eram freqüentadores do Santa Helena, e inclusive pintores acadêmicos.

Bonadei teria sido o primeiro do grupo a se afastar da praça da Sé, mas não se desligou dos amigos; ele parece que quis foi concentrar-se na mina de paisagens que descobriu no quintal da própria casa.

Por esse tempo, costumavam encontrar-se no Café Patriarca, na praça do mesmo nome, estes e também outros artistas, como Gobbis, Rossi, Waldemar da Costa, Arnaldo Barbosa, e foram *estes outros* que passaram a falar "no pessoal do Santa Helena" – sendo essa a primeira referência a eles *como grupo*, pois eles mesmos não se haviam dado conta de que constituíam um grupo, não se auto-instituíram, de tal forma que, trabalhando juntos e participando de tantas exposições, nunca lhes ocorreu expor *como grupo*. Apenas tinham ateliês comuns ou imediatamente vizinhos, Humberto Rosa e Pennacchi freqüentando o ateliê de Rebolo, os demais distribuindo-se pelos ateliês de Zanini e de Cuccé, sendo que o deste último era também a sede do Sindicato dos Artistas Plásticos; assim, tinham contato com outros artistas que ali não trabalhavam, e freqüentemente aparecia Paulo Magalhães, conversador incessante, alegre e brincalhão, e sempre informado sobre coisas de arte, falando de livros, mostrando reproduções, contando estórias. Saudades de Paulo Magalhães!

Também é de se registrar que, convivendo com escritores e jornalistas, e sendo, evidentemente, objeto de crônicas e de estudos à medida que desenvolviam sua produção, estes artistas não procuraram, então nem posteriormente, projetar-se através do envolvimento em movimentos literários, como ocorrera em 1922. Um ou outro mereceu, em determinada fase de sua vida artística, a atenção mais pronunciada de críticos como Mário de Andrade, Sérgio Milliet, Mário Pedrosa, Ciro Mendes, Ferreira Gullar, Maria Eugênia Franco, Geraldo Ferraz. Inevitavelmente, houve tentativas de teorização, interpretação e aconselhamento em relação a este ou aquele – como quando Volpi foi declarado concretista, e houve uma avalanche de conferências e discussões em torno a essa proposição. Volpi fechava os olhinhos miúdos e risonhos, como sempre divertindo-se intimamente, deixava que fizessem – mas continuava o seu caminho, que sempre foi o do desenvolvimento de um raciocínio estritamente plástico. Essa capacidade de resistência às intromissões de critérios alheios ao universo da criação autônoma é outro traço comum, e isso é tanto mais notável quanto – à exceção de Graciano, que sempre foi um devorador de livros, e cujas preocupações políticas, assim como aconteceu a Manoel Martins, o levariam a interessar-se mais pela figura humana que pela paisagem – a maioria deles não passou por uma formação intelectual que lhes forjasse uma defesa raciocinada em relação aos críticos de suas obras. Sem exceção de Bonadei, de tanta sensibilidade musical, eles eram e são artesãos, e foi esse artesanato que lhes deu a força necessária a que se conservassem aferrados ao mundo plástico, colocando os valores deste acima de outros quaisquer. O que não é nada fácil, pois o crítico, quando descobre ou pensa que descobriu o que o artista está fazendo ou está querendo fazer, *apropria-se* dele e, a partir de uma coincidência de sensibilidade estabelecida em um dado momento – e ciente de sua maior informação, e convicto de sua capacidade de previsão – quer passar a dizer ao artista como é que ele tem que fazer dali por diante. Alguns realizam isso mediante discretas insinuações, mas ainda hoje não falta quem, com base numa cultura indiscutível, numa informação visual muito ampla, e até conhecimentos matemáticos, pretenda dizer ao artista qual deva ser o desenvolvimento de sua arte. Como se houvesse alguma possibilidade de previsão a respeito do que se passa nos insondáveis abismos onde se processa o mistério da criação artística!

O que aconteceu com Volpi aconteceu com Rebolo, quando quiseram impor-lhe uma *pintura social*, como então se dizia; e com Graciano, quando, a partir de sua preocupação com a figura, pretenderam que essa figuração atendesse a prescrições de linhas partidárias; e ainda quando insistiam em que aqueles eméritos paisagistas mudassem o colorido de suas telas, em função do que alguém decretou que devia ser a *cor brasileira*.

Nesta cidade em permanente demolição, a arquitetura erigida em função de um espaço determinado – que daí por diante ela passa a compor – é de uma hora para outra desmantelada, para ceder lugar a outros edifícios sempre maiores, que vão esmagar o espaço circundante, sempre menor. Chegou, como não podia deixar de ser, a vez da demolição do Edifício Santa Helena, como amanhã irão botar abaixo o Martinelli, e depois de amanhã, seguramente o Edifício Itália e o Hotel Hilton. A poluição tornou irrespiráveis as paisagens que estes pintores fixaram, mas em suas telas elas são cada vez mais transparentes, puras e frescas.

Viva, pois, o inexistente grupo Santa Helena, que inexistindo deixou-nos fixada a lembrança de um tempo e de uma São Paulo que desapareceram, e que eles, teimosamente, continuam a procurar e a representar, seja nas paisagens que vão buscar em bairros cada vez mais distantes – ou no inesgotável fundo de suas lembranças – seja em figuras que se recusam à desumanização publicitária dos cartazes comerciais ou políticos, preferindo ser figuras de sonho e de fantasia, depois de terem sido a de trabalhadores que clamavam por justiça na sociedade.

Assim é preciso prosseguir a empresa

O Estado de S. Paulo, 22 de dezembro de 1971

Escritores e artistas plásticos desde sempre sentiram-se reciprocamente atraídos, uns pelas atividades dos outros. Ambos têm a sua maneira de pesquisar a mesma realidade envolvente, e não podem deixar de debruçar-se sobre os esforços alternativos, eis que estão em comum empenhados na adivinhação, no estudo, na interpretação e representação do mundo.

Essa convivência deu lugar a muitas amizades entre literatos e plásticos, e é tão notório o esforço feito por escritores para traduzir literariamente a linguagem plástica, quanto é abundante a safra literária de artistas plásticos, entregues a obra de crítica em relação às produções de colegas seus, de estudo de períodos da evolução artística, e mesmo de expressão verbal daqueles sentimentos que predominantemente – mas para eles incompletamente – se esforçaram por traduzir com a muda ajuda de pincéis, buris, carvões.

As cartas de Van Gogh a Van Rappard e a seu irmão Théo não são menos trágicas que a sua pintura; a correspondência de Cézanne, na qual avulta a trocada com Émile Zola, está repleta de considerações sobre arte; André Lhote foi um crítico de arte de excepcional agudeza; o *Diário* de Paul Klee, mantido durante 20 anos, caminha paralelamente à sua criação pictórica, e, como nesta, cada capítulo de confissão e auto-interpretação é rigorosamente numerado e datado. Isso, para lembrar apenas uns poucos exemplos referentes ao período de surgimento da arte chamada moderna; qualitativo sabidamente impróprio, pois cada arte é, a seu tempo, moderna – hodierna, dos seus dias. Nem se ignora a atividade, como sempre notável, de Leonardo da Vinci nesse terreno.

De igual modo, os homens de pensamento sempre estiveram intrigados com os mistérios e a magia da produção plástica – e num qualquer catálogo de obras especializadas pode-se ver que entre eles se incluíram nomes de tanto peso como os de Hegel, Stendhal, Diderot, Baudelaire, Taine e, para não deixar de referir um moderno, Malraux; uma relação realmente representativa da importância dessa preocupação entre filósofos, poetas, prosadores, requereria espaço muito longo.

A partir de 1922

Entre nós, a partir do movimento modernista de 1922, acentua-se fortemente a convivência e o intercâmbio entre escritores e artistas plásticos, naquela data fraternalmente unidos em sua revolução estética. A apaixonada atenção com que Mário de Andrade acompanhava, criticava, sofria e comungava com seus amigos escultores, pintores, gravadores e desenhistas; a enorme massa de informação visual colhida nos museus da Europa, e que Sérgio Milliet para aqui transplantou, elevando o nível da discussão artística em seu apostolado sereno, generoso, levemente colorido de ceticismo; a capacidade de identificação, sempre num critério de impecável moralidade, com que Paulo Mendes de Almeida se fez, mais do que o crítico, o deliberadamente humilde historiador, memorialista e arquivista da atividade dos artistas paulistas; a tenacidade com que Quirino da Silva mantém, ao lado de sua produção como escultor e pintor, uma diligência jornalística de apoio aos colegas, que vem desde a época da *revista*; a fartura de letras que José Geraldo Vieira colocou a serviço da arte de julgar o comportamento de nossos artistas, evidenciando, na apresentação de suas proposições, um acervo de conhecimentos realmente impressionante; e a sobre todas valente militância em que Geraldo Ferraz se mantém, desde os tempos pioneiros de *O Homem Livre* – quando inaugurou a novidade de uma seção de imprensa regularmente voltada para o registro e a apreciação das novas modalidades da arte, e em cujo decurso o tempo e os esforços despendidos não lhe amorteceram o ânimo combativo, a ponto de que o impulso com que se apodera sensualmente do objetivo visual não se deixa refrear nem mesmo quando pode chegar a ser polêmico com algum artista que ama mas de que discorda – afinal criaram, entre nós, um ambiente intelectual acalentador das atividades plásticas.

A diligência desse grupo de escritores está na raiz e foi o sustentáculo da transformação operada em nosso meio social, no sentido de obter do mesmo o reconhecimento da alta dignidade das artes visuais, o que possibilitou que tantos estejam em condições, hoje, de viver exclusivamente de sua atividade profissional.

Barreira rompida

Esses jornalistas, escritores, poetas e ensaístas, cada qual segundo a sua maneira peculiar e seu ângulo de visão do mundo plástico, foram os que principalmente romperam a barreira do preconceito que dava aqui à designação de *artista* uma conotação de incompetência em face da vida; na melhor das hipóteses, de sonhador, ao qual o homem abonado favorecia com ajuda intermitente, representada pela generosidade em dar dinheiro em troca de tela, recebida mais como lembrança do que como contra-prestação.

Na geração seguinte multiplicar-se-ia o número de intelectuais comovidos pelas artes plásticas, e que ao conhecimento e difusão delas dedicariam boa parte de seus esforços; não vamos alinhar nomes de críticos mais jovens que os referidos, pois aí seriam inevitáveis as omissões e injustiças; apenas não podemos deixar de lembrar o de Lourival Gomes Machado, que tão cedo se foi.

A variedade de comportamento dos intelectuais em face dessa forma específica de criação, num revelador tumulto de posturas, parece indicar que realmente se trata de duas linguagens intransponíveis. Mas, não sendo transponíveis, elas são, segundo todas as evidências, comunicantes e conviventes.

Pelo que, há que prosseguir a empresa.

Que grande escultor ficou perdido em Rego Monteiro

O Estado de S. Paulo, 26 de dezembro de 1971

O Museu de Arte Contemporânea, cuja visitação, pela posição em que se acha colocado, é um verdadeiro suplício, retomou agora, ampliando-a bastante, uma iniciativa que o Museu de Arte de São Paulo tivera em 1966, apresentando uma retrospectiva de Vicente do Rego Monteiro, que reúne pinturas, aquarelas, monotipias, desenhos, uma grande quantidade de livros e painéis com reproduções de suas poesias. O catálogo foi bem cuidado, com levantamento biográfico, ampla bibliografia, bom número de fotos. A apresentação, do professor Mário Zanini,[28] é criteriosa e adequada – uma completa aula sobre o artista e o homem – e há também textos de Maurice Raynal, Jean Cassou, Michel Ragon, Willy Lewin, Leyla Perrone-Moisés.

Vivendo alternadamente no Brasil e em Paris, Vicente do Rego Monteiro, que experimentou um sem-número de atividades (construtor de planador e de rádio, costureiro, fabricante de aguardente, cineasta, dançarino, tipógrafo, editor, fotógrafo, jornalista, crítico, tradutor, professor, promotor de congressos e exposições), parece, dentro das artes plásticas, haver-se extraviado do caminho que realmente lhe estava indicado, e que era o da escultura monumental, para confinar-se às reduzidas medidas das telas de cavalete, onde as suas figuras, comprimidas, parece que vão estourar.

"Futuristas"

Sendo um dos pioneiros do modernismo no Brasil – participou da Semana de 22 – já em 1920 e 1921 aqui realiza exposições, que parte da imprensa fulminou de "futuristas" e nas quais apresentou aquarelas tão fraquinhas que entusiasmaram Monteiro Lobato, o acadêmico por excelência. Essas aquarelas são uma tentativa de focalização da vida, da mitologia e das danças dos índios do Amazonas, mas nelas pode-se ver tudo, menos qualquer relação com os nossos indígenas, dos quais o autor certamente nunca chegou a defrontar nenhum. O tratamento das figuras é orientalista, e nelas podemos perceber influências que vão desde os assírios até Gauguin e de novo aos persas, para já não falar em *O Sonho do Tuchaua*, escandalosamente japonesa.

28 Por lapso do autor ou do jornal, saiu publicado Mário Zanini, em vez de Walter Zanini.

Também o desenho propriamente dito, de que infelizmente a exposição apresenta poucos exemplares, é inconvincente: duro, grosso, sem sensibilidade, como *Mulher e Cavalo*, já de 1947, e que até parece um decalque.

As monotipias, quase todas sem data, impressionam muito melhor. Seu tratamento é tão forte que à primeira vista temos a impressão de estar diante de linóleos – os traços, em branco e preto, são livres, parecem gravados, quer quando fixam com segurança as figuras, quer quando tendem para o abstracionismo.

Gritar pelo granito

Tirando os pequenos quadrinhos de 1928-29, que lembram as brincadeiras modernistas, a pintura propriamente dita, de Vicente do Rego Monteiro, que em 1923 já apresentava uma obra tão sólida e importante como *A Caça* – estranho título para uma composição de homens-mecanizados – e em 1928 tinha a audácia da concepção do *Batismo de Cristo* – mostra que ele seria realmente um excepcional muralista de baixos e altos relevos, se tivesse recebido maior estímulo para as poucas obras de escultura que realizou, e que fazem muita falta nessa exposição. Telas como a *Santa Ceia*, de composição notavelmente desdobrada no espaço, *Adoração de Reis Magos*, que chega a representar pictoricamente um fundo de pedras, e *Os Calceteiros*, que constitui maciço grupo escultórico, estão todas a gritar pelo granito, pelo mármore, pela madeira entalhada.

Na força e contenção do artista há descaídas, em trabalhos que se fazem alambicados, como também aconteceu com Brecheret, cuja influência é algumas vezes bem patente; assim em *O Menino e os Animais*, e em *Os Boxeadores* de bastante mau gosto. O ponto certo de equilíbrio entre o peso das massas e a doçura do tema encontra realização perfeita em *Mulher e Corça*, e particularmente na obra-prima que é a Vênus de *A Mulher e a Bola*.

As influências pictóricas que Vicente do Rego colheu no ambiente artístico de Paris foram muitas, mas as que marcam especialmente sua trajetória são aquelas que melhor serviram para dar à sua pintura, deliberadamente monástica em matéria de cores – mediante a gradação tonal – o valor arquitetônico e escultural que era dominante em sua visão: Seurat, Signac, Léger.

Que grande escultor ficou perdido em Vicente do Rego Monteiro!

Da escultura imóvel à escultura dançada

O Estado de S. Paulo, 29 de dezembro de 1971

Na galeria Ralph Camargo – Alameda Rocha Azevedo, 1335 – Lygia Clark está expondo *Superfícies Moduladas*, produzidas de 1957 a 1959, *Bichos*, que são de 1959 a 1963, e *Manifestações*, datadas de 1969.

As superfícies moduladas, quase todas constituídas de madeiras pintadas, mantêm relativo parentesco com antigo quadro, embora a modulação – que é a passagem de um tom para outro, na proposição de uma escala de valores – esteja nelas reduzida aos termos mais simples, senão mesmo antagônicos à denominação, pois ali defrontam-se diretamente o preto e o branco; nas vezes em que há um cinza intermediário, este assume um alto valor colorístico.

A busca de formas geométricas, que por vezes surgem de um simples traço branco ziguezagueando sobre o fundo preto, sugere desde logo o aproveitamento decorativo daquelas como que grandes lajotas, que podemos antever se desdobrando em murais, na organização de suas figuras severas, que a intromissão de uma variante dá, na continuidade, bela mobilidade, então, sim, teríamos a modulação, não reduzida ao limite de cada uma das *Superfícies*, mas efetivando-se graças ao desenvolvimento das linhas de seus desenhos – modulação do desenho, antes que de tons.

Requintada realização

Os *Bichos*, em alumínio e metal polido, marcaram um momento de requintada realização escultórica de Lygia Clark. De superfícies muito leves, eles têm uma desenvoltura especial, são seres vivos, e especialmente aqueles que se desenrolam em curvas e meias espirais são cheios de sugestão. Lamentavelmente, sendo numerados no catálogo, não há, junto a eles, a correspondente etiqueta que permita individuá-los, e como são relacionados segundo nomes imaginários – *Em Si, Carruagem Fantástica, Invertebrado* –, é impossível levar até mais perto a sua análise.

Lagartos (detalhe)
1955 / nanquim a bico-de-pena sobre papel / 67 x 94 cm

No catálogo, cujo texto se assenta sobre folha organizada como uma daquelas mesmas esculturas, com cortes e dobras, a artista expõe o seu atual ideário estético, veementemente voltado contra a arte individual, embora ela considere intimista a sua nova proposição. Talvez o objeto a atingir seja a intimidade coletiva, e o paradoxo se resolveria na criação conjunta: cada um experimenta o material oferecido, como quer, e convida outras pessoas à participação. Diz Lygia Clark que assim se desenvolve uma arquitetura viva, com o intercâmbio não somente das realizações, mas também das personalidades; um chega a ser o outro, e é da soma dos significados individuais que resulta o sentido global, que é tribal.

Uma pessoa envolve-se na folha de plástico, outra cria, com as pernas afastadas, túnel para que terceiras sob ele passem; da sua primitiva convicção de que o objeto criado era um veículo necessário à Comunicação, chegou ela à conclusão de que o homem não necessita do objeto para encontrar-se, "agora o corpo é a casa".

Sua teorização estético-sociológica desemboca na conclusão de que "*o artista de fato perdeu seu papel de pioneiro da sociedade atual*", pelo fato de ser respeitado por ela, que se encontra em dissolução, e o digere; nesta inesperada antropofagia, a digestão do objeto, pelo artista, acarreta sua própria digestão burocrática pela sociedade. Conclusão final: "A única maneira, para o artista, de escapar da recuperação, é procurar desencadear a criatividade geral, sem qualquer limite psicológico ou social. Sua criatividade se exprimirá no vivido".

Esperamos haver sumariado fielmente o pensamento da expositora, que, como se vê, se orienta contra "a fixação" da criação artística. Processando-se coletivamente nos parques, nas ruas, nas casas, e existindo apenas no fugaz momento que dura o gesto, passamos, assim, como se vê com freqüência nesta revolução – que os chineses quiseram reduzir ao aspecto político, mas que é cultural no mais amplo sentido da palavra – da majestade arquitetônica da escultura imóvel, à escultura dançada, o bom balé.

1972-1974

Picasso gráfico

O Estado de S. Paulo, 2 de janeiro de 1972
Suplemento Literário

Gravura C (detalhe),
1958 / xilogravura
60 x 48 cm / III estado, 6/20

O Museu de Picasso, de Barcelona, está instalado nos palácios contíguos, Aguillar e Barão de Castellet, na velha rua de Monteada no impressionante Bairro Gótico da capital catalã. Os edifícios, oportunamente salvos por um grupo particular dedicado à preservação do patrimônio histórico municipal, foram mais tarde adquiridos pela Prefeitura, com o objetivo precípuo de ali instalar museus. De construção iniciada no século XII, os prédios sofreram as inevitáveis transformações do tempo, e um deles acabou fixado com o aspecto de uma casa senhorial do século XV, enquanto o outro exibe o estilo de uma moradia neoclássica do século XVIII. Preservadas assim as cascas das edificações, seu miolo foi inteiramente adaptado para exibição das coleções ali reunidas.

O atual Museu Picasso compõe-se: das peças desse artista, que se encontravam no Museu de Arte Moderna de Barcelona – a saber, as doações feitas pelo autor, em 1919 e 1937 – a coleção Plandiura, adquirida em 1932, e a doação Garriga Roig; da extraordinária coleção Jaime Sabartés, amigo e companheiro de Picasso desde 1899, e posteriormente seu secretário, e que ao morrer, em 1968, deixou-a para a cidade; de outras doações particulares, como as de Gala e Salvador Dalí, de Domingo Carles, do editor Gustavo Gili; de aquisições da Municipalidade; de novas doações de Picasso, inclusive uma cópia de cada uma de suas novas gravuras, que continua oferecendo em nome de Jaime Sabartés, a série *As Meninas*, e os 900 trabalhos entregues em fevereiro de 1970, que se achavam guardados com sua família. Ao todo, o acervo permanente do Museu compõe-se hoje de 1.011 pinturas e desenhos, 781 gravuras originais, uma escultura, 32 livros com 239 ilustrações originais, 17 álbuns com 826 desenhos, 6 objetos diversos e numerosos cartazes. O Museu ainda está exibindo, temporariamente, a Coleção Hugué de obras de Picasso, composta de 77 peças.

A seção de pintura e desenho é importante para o conhecimento de alguns períodos e de algumas das principais criações de Picasso.

A época infantil e escolar, que se inicia em 1890, quando ele tinha 9 anos, e que transcorre entre Málaga – sua cidade natal – La Coruña e Barcelona, até 1897, apresenta uma abundante quantidade de desenhos, os primeiros dos quais equivalentes aos de qualquer outra criança; mas logo vê-se como o mundo das linhas empolga o menino, que fica obsedado com a necessidade de reproduzir o que vê: os cavalos, um gesto de mão, a torção de um corpo, rostos familiares – tudo precisa ser fixado: o olho, esbugalhado, não quer perder nada, tudo precisa reproduzir. Aos 16 anos é ele um desenhista consumado, absolutamente dono de sua mão e com uma postura estética de devoção à natureza, que é cultuada e registrada sem deturpação – ao contrário, segundo um ideal de fidelidade; a admiração do artista está concentrada na vida autônoma das linhas que dão contorno a seres e coisas, transformando-se graças à mobilidade delas no espaço.

Segue-se o período de amadurecimento, quando ao desenho sobrepõe-se, sem superá-lo, a pintura – pois Picasso é até hoje dominantemente desenhista. Essa fase transcorre entre Barcelona, que ficará sendo a cidade de sua paixão. Madri, Horta do Ebro, até a primeira viagem a Paris, em 1901. A necessidade da deformação ainda não apareceu: os óleos *Aldeões Galegos* e *Salão do Prado* encaixam-se numa atmosfera impressionista, e *Ciência e Caridade*, no qual se destaca a figura do pai junto à cama da doente, é de sabor acadêmico em seu esforço de identificação com o modelo – apesar da aspereza de algumas pinceladas.

Depois vem o período azul, que corre entre 1901 e 1904, e no qual se evidencia, tanto no *Copo Azul* como no grande *Arlequim*, que o artista começa a conceder-se maior liberdade, especialmente de colorido.

No Museu de Barcelona há um hiato, entre esse último ano e o ano de 1917, que dificulta o acompanhamento da evolução realizada, pois as obras a partir desta última data mostram-no já integrado, como pintor, no cubismo, o que ocorreu depois de sua instalação em Paris, em 1904.

Filho de um professor da Escola de Belas Artes, era natural que os primeiros passos de Pablo Picasso no terreno plástico buscassem acompanhar a linha paterna, como é compreensível que o jovem amadurecido, que também era um artista acabado, sentisse, aos 25 anos de idade, a necessidade de romper a cadeia, para afirmar-se como ser autônomo. A falta de documentação, no Museu, a respeito da produção do artista a partir de 1905, faz aparecer ainda mais explosivamente o estraçalhamento de suas antigas convicções juvenis, na afirmação da total rebeldia do cubista mostrado, subitamente, com obras de 1917. A partir dessa data podemos de novo acompanhar, sem vazios de monta, a produção – entretanto tão variada e abundante – até 1968.

Picasso caracteriza-se, no mundo artístico, como um iconoclasta de tipo especial, pois seu olho de verruma não se aplaca ao alcançar o interior daquilo que contempla, ele tem necessidade, em seguida, de destruir a criação da natureza ou de outrem, para reconstruí-la à sua maneira. Fez isso com inumeráveis temas, e com obras de artistas seus antecessores ou contemporâneos, e o Museu de Barcelona documenta extraordinariamente um tal comportamento, na série *As Meninas*. Extraídas de e contra o famoso quadro de Velásquez assim intitulado, a série foi realizada durante quatro meses e meio, no final do ano de 1957. A admiração que Picasso sente por Velásquez, nascido 282 anos antes dele é uma admiração furiosa, e em conseqüência ele vai estraçalhar o quadro das *Meninas* em 58 outros de sua autoria, cada um dos quais é de polêmica raivosa com um ângulo de visão, ou um detalhe, daquele original que até hoje permanece opticamente revolucionário. Picasso investe contra *As Meninas* em furioso tropel de touro, e chifra-as, caricatura-as, declara-lhes amor, possui-as e pisa-as – obstinado, insatisfeito, enlevado. Não pode admitir que quase três séculos antes, alguém, que não ele mesmo, tenha sido autor de tal obra-prima, e então quer mostrar de quantas maneiras ele mesmo seria capaz de fazê-la; o original de Velásquez deve ser reduzido à condição de apenas uma – e não única – hipótese daquela cena, pois ao estudar o objeto de que se apaixonou o artista, para melhor entendê-lo, destripa-o; é essa a sua maneira de transportá-lo para o seu próprio universo. Ele aliás declara, sete anos antes, quando concebeu a idéia de tomar a tela de Velásquez como modelo, que não poderia deixar de, copiando-a, modificá-la, e que o que afinal sairia "seriam *as suas Meninas*".

Não é possível, nem é propósito desta nota, dar o balanço do Museu Picasso de Barcelona. Entretanto, nele ainda avulta, no terceiro andar, a obra gravada, ao longo da qual está presente a mão que empunha instrumento mole ou duro, não importa, sempre de maneira magistral. A frase jactanciosa de Picasso, segundo a qual *não procura, acha*, é felizmente desmentida pelo acervo desse Museu, que evidencia a riqueza de sua inquietação – condição sem a qual inexiste criação. Quem *já sabe* não tem impulso para perquirir; só quem investiga, conduzido pela dúvida, pode verificar, depois, ao ultrapassar-se, que alguma coisa ficou realizada. O fato de que a investigação, por Picasso, do mundo das linhas visíveis e mutáveis, se faça sob a guia de uma intuição mágica, que apanha os traços em pleno vôo, e assim conduz o pulso que se entrega sem medo às indicações advindas, não só não tira, como acentua o caráter da aventura plástica vivida.

Nesse sentido, numa opinião evidentemente pessoal, seus mais belos e comoventes desenhos têm realizações inconfundíveis na década de 50, quando faz, entre outros, os das ilustrações para *As Metamorfoses*, de Ovídio, segundo linhas de uma pureza que mostra como ele, como desenhista, é desde muito um clássico de linhagem grega; e o Museu de Barcelona faz com que essa evidência nos entre pelos olhos.

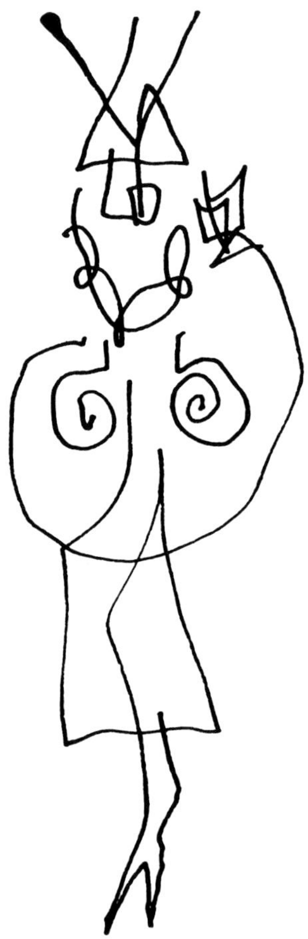

Gravuras e desenhos, o melhor deste Salão [29]

O Estado de S. Paulo, 16 de janeiro de 1972

É desde logo evidente, para quem percorre este III Salão, a superioridade das seções de desenho e gravura – especialmente esta última – sobre as demais que o integram. Não sabemos, até hoje, de nenhum estudo crítico em que se tenha procurado perquirir os motivos porque é de tal forma evidente a superior qualidade da produção dos gravadores e desenhistas brasileiros, tomada em seu conjunto; fato não somente perceptível aqui mesmo, como reconhecido no Exterior, onde nossa produção gráfica se emparelha à estrangeira, sendo freqüentemente distinguida em premiações internacionais; enquanto que os nossos pintores e escultores, mesmo os de mais alta qualificação, e que no mercado nacional alcançam, em termos financeiros, marcas recordistas, não conseguem convencer lá fora; ressalvadas as devidas exceções.

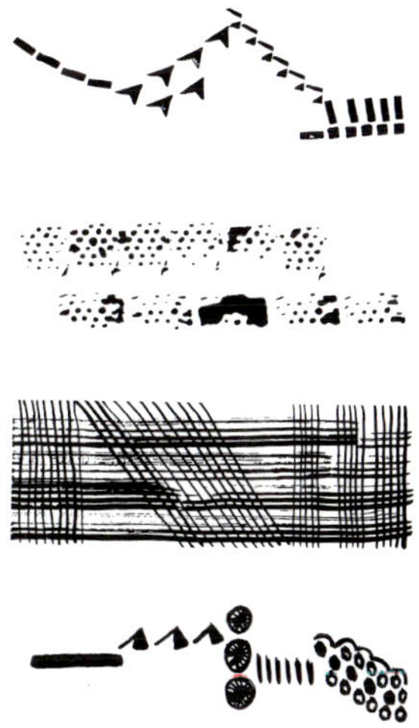

Desenhos a nanquim a bico-de-pena, carimbo, formão, goiva e outros instrumentos sobre pequenos pedaços de papel

Entre os gravadores que podem ser vistos na presente coletiva instalada no subsolo do antigo Trianon, nos baixos do Museu de Arte, é necessário assinalar um grupo de primeira linha, em que se situam os esplêndidos trabalhos de Míriam Chiaverini, Izar do Amaral Berlinck, Edíria Carneiro e Odetto Guersoni; e logo em seguida podem ser referidos os nomes de Conceição Piló e Ilsa Ferreira Leal. Também se destacam, pela originalidade, as obras de Romildo Paiva, e as de nºs 94 e 95, assinadas por Lúcia [ou Lucília?] de Toledo Mezzotero; e pela simplicidade, as de Maria Edith Pereira Cavalcanti e de Yara M. Giovannini, sendo, os desta, miniaturas muito íntimas. Massuo Nakakubo mostra serigrafias transparentes, colocadas entre vidros, formando uma espécie de biombo decorativo, e ilustrativa é a gravura de Mary Kuperman. Paulo Mentem segue, no gênero, uma linha em que ressalta o gosto pelo popular.

Moacyr Rocha reitera a experiência de impressão em papel prateado. Danielle Giger tira efeito da repetição da mesma figura. Há em seguida um numeroso grupo, cujos componentes podem ser assinalados pelo fato de que trabalham conscientemente e apresentam um resultado limpo, mas parecem estar antes exercitando-se, para não perder a mão e o treino, do que mostrando uma criação final. Não haveria nenhum interesse, aqui, em alinhar nomes, inclusive porque é impossível eliminar o subjetivismo em apreciações deste tipo.

29 Última de uma série de três críticas do III Salão Paulista de Arte Contemporânea.

A mão que risca

A seção de desenho é, desta vez, mais numerosa do que a de gravura, mas não lhe é superior em qualidade, talvez pelo fato de que a maioria dos desenhistas mais conhecidos não compareceu; destes, está presente Lothar Charoux, que continua na linha das *vibrações*, que no ano passado mereceram o grande prêmio do Panorama do Museu de Arte Moderna.

Paulo de Tarso Cheida Sans impressiona com seus três trabalhos de grande formato, com o fundo minuciosamente trabalhado. Augusto Monteiro Peixoto Jr. comparece com apenas um desenho, em que uma bela linha corre sobre ampla folha de papel, de uma maneira que lembra o estilo japonês. Há José de Diago, com seus engraçados e múltiplos diabinhos; Gerty Saruê, que recebeu o prêmio da seção, com painéis variados, combinando formas ricas de sugestões, e Hannelore Jacobowitz, com fortes figuras deformadas. Há ainda Robert Babouche e seus bons desenhos surrealistas em pequeno formato, Sérgio de Oliveira Macedo, muito autêntico em trabalhos coloridos, e a mão firme de Ferenc Kiss. Há também Irene Satio Shoyama, que sabe ordenar elementos dispersos, Niobe Xandó, com destacadas formas brancas sobre fundo preto, e uma contribuição original de Paulo Guilherme Ortiz Houayek. O esforço de despojamento realizado por Tuneu – Antonio Carlos Rodrigues – foi levado a um ponto em que pouco restou do desenho.

Ainda é possível referir a presença de Alfredo Mondin (letra set, colorido); Maurício Nogueira Lima, de execução muito exata; Domingos F. E. Guimarães e seus insetos; os exercícios de Manfredo Souza Neto; Fernando Bagolan Jr., desenhando diretamente sobre vidro; e Regina Vater, preocupada em reproduzir cordas sobre papel de embrulho.

Não queríamos encerrar estes apontamentos sem mencionar as colagens transparentes e de bom gosto de Clarisse Gueller, que as deficiências do catálogo não nos permitem saber a que seção ficaram pertencendo. Como o mesmo catálogo não nos permitiu localizar alguns dos expositores nele relacionados, que não conseguimos encontrar, apesar de três demoradas visitas feitas ao Salão; pelo que nos escusamos por alguma involuntária e quiçá injusta omissão.

“Cartemas”, cartões postais que sintetizam o imprevisto

O Estado de S. Paulo, 8 de março de 1972

Cartemas, neologismo formado a partir de *cartão e tema*, foi o título da exposição realizada por Aloisio Magalhães no Museu de Arte Moderna do Rio. Que são os cartemas? Seu autor nos explicara, antes que os víssemos, do que se tratava, mas quando deparamos com os painéis que os apresentavam levamos um susto, pois o espetáculo era completamente diferente do que podia ser imaginado, a partir da explicação lógica e abstrata do processo de sua confecção; começa que estávamos preparados para ver cartões-postais – coisas miúdas – e deparamos com o que, à primeira vista, eram pinturas impositivas, largas formas, soltas dentro de seu espaço. Sensação que, em seguida, seria substituída pela de que defrontávamos um novo tipo de azulejos: o desdobramento repetido de um desenho determinado, leva-o a alcançar uma dimensão superior, que é mais do que a fórmula inicial, embora nesta, em embrião, já se contivessem as suas possibilidades de enriquecimento pela multiplicação.

Como dissemos, a explicação verbal é uma coisa, o impacto visual outra, inteiramente diversa. Em todo caso, vamos tentar a aproximação: Aloisio apanha 36 exemplares de um cartão-postal bem significativo de uma cidade brasileira – São Paulo, Belém, Ouro Preto, Rio; note-se que são 36 vezes, exatamente a mesma foto, nesses cartões comuns, encontráveis em qualquer papelaria. Em seguida arruma-os em faixas longitudinais de 6 cartões, cada uma delas levantando-se, verticalmente, em outra coluna de 6. Mas na arrumação vertical interveio um detalhe: os cartões estão colocados, alternadamente, de cabeça para cima e de cabeça para baixo, de modo que o que em um é céu, em outro é chão, mas chão que se liga imediatamente ao céu sucessivo do cartão de baixo – em conseqüência do que se forma um espaço significante autônomo, que não é mais o céu nem o chão originais: da conjugação da tese com a sua antítese, nasceu uma síntese imprevista. De outro lado, na arrumação longitudinal interfere também um elemento novo: cada cartão não está colocado exatamente na mesma linha em que terminou o seu vizinho: há um pequeno deslocamento, para baixo ou para cima, conseqüente da procura e do encontro de um elemento de aparentamento entre ambos, em que o valor estético sobreleva o formalismo da repetição automática: o encontro é desfocado. Assim, na linha lateral, a imagem não é virada, a cada vez, mas continuada num ponto, escolhido, de comunicação de cor ou de forma; do que também vai resultar uma outra imagem. Há, assim, duas revoluções internas, processando-se simultaneamente no espaço arranjado, e é esse dinamismo intrínseco que dá ao conjunto sua dimensão de vôo pictórico, de arabesco alado; a tal ponto que, a dois metros de distância da parede, o olho do vedor não identifica o cartão-postal básico – mas sem embargo disso, a atmosfera que se respira em cada um dos espaços de 36 retângulos iguais, redispostos, cheira estranhamente ao ambiente de cada uma das cidades que eles fixaram num detalhe: numa nova dimensão, a realidade original é recriada.

*

Encontrada a *maneira* de fazer, o desenvolvimento, o processo pode sofrer múltiplas variações, e não temos dúvida de que o achado de Aloisio Magalhães vai provocar, por aí afora, uma multiplicação de jogos aparentados com o seu. O artista não gosta que se chame os cartemas de *achado*, por emprestar ao termo uma conotação pejorativa. Na verdade, o investigador, em arte, só acha aquilo que estava procurando, aquilo que ele premonia, que como incógnita prometida nele se continha; quando acha, é porque estava na pista certa – o achado não é ocasional, mas laboriosamente possibilitado pelo fechamento de um cerco, em que as hipóteses de fuga vão sendo reduzidas, uma a uma, até que só resta o ponto crucial.

A partir daí, a corrida ao novo garimpo vai ser grande. No caso de Aloisio Magalhães, ao invés de despertar-lhe ciúme, isso é motivo de uma alegria a mais, pois ele valoriza extremamente – a nosso ver supervaloriza – a importância, na arte, do elemento comunicativo. Inteligência incontivelmente generosa, não podendo espargir benesses materiais, trata de contrabandear qualidade artística nos elementos mais insuspeitados – panelas, dinheiro, uniformes profissionais – e está, mefistofelicamente, convencido, conforme transparece em sua cara, de que assim transforma as pessoas, sem que as pessoas disso se apercebam. As pessoas e até os regimes!

*

É de se esperar que algum dos museus de São Paulo traga para cá essa exposição especialíssima e que praticamente não apresenta problemas de transporte nem de montagem.

Quanto às dificuldades de transposição verbal de uma realização plástica como essa, à nossa tentativa os leitores podem acrescer o rico subsídio da apresentação do catálogo, assinada pelo acadêmico Antonio Houaiss. Conforme se vê neste parágrafo: "*Imagino ambientes humano-cartematizados daqui em diante – na infinita diversidade de concretitudes que poderão ser criadas. Imagino-as, até, através de mudanças bidimensivas da célula, de suas mudanças modulares e dos módulos, de mudança na aplicação das superfícies, não apenas parietais, mas tectórias, calceatórias, viárias, flutuantes...*"

Expressionismo de Marianne: sempre lírico, nunca sombrio

O Estado de S. Paulo, 14 de março de 1972

O Museu de Arte Moderna de São Paulo – Parque Ibirapuera, sob a marquise – inicia as suas atividades em 1972 com uma retrospectiva de Marianne Overbeck, homenagem à memória dessa pintora, nascida na Alemanha em 1903 e radicada no Brasil desde 1949, onde faleceu em 1970.

A exposição apresenta 102 trabalhos, cobrindo o período que vai de 1937 a 1970, e compreende desenhos a lápis e a nanquim, pastéis, aquarelas e óleos. Uma quarta parte das obras mostradas foram cedidas por colecionadores particulares; das restantes, que estão à venda por preços a partir de 500 cruzeiros, boa parte foi adquirida pelo público na noite da inauguração.

Paulo Mendes de Almeida, que apresenta o catálogo, assinala serem "raríssimos os artistas estrangeiros de um tal porte, que vieram trabalhar em nosso meio", e caracteriza a pintora como retratista do "grande mar da humanidade, em seu ato de viver entre alegrias e dores".

Marianne Overbeck situa-se na ampla corrente do expressionismo alemão e a solidez de sua arte dá-lhe uma colocação entre os expoentes do mesmo, que a presente retrospectiva permite seja devidamente valorizada. A sua preocupação dominante é a figura humana, no rosto, no corpo e na movimentação, nas diversas situações e ambientes, e vê-se a paixão de conhecimento com que encara os seus semelhantes, e a si mesma. É impressionante a implacabilidade do seu último auto-retrato, em 1967 (nº 76), que na mostra foi posto em confronto direto com outro, de 1955 (nº 13). Em *Tom, o Neto*, é notável o efeito tirado dos grossos fios em relevo do pano de tela, invadindo o rosto do menino sem interferir na ternura com que o modelo é tratado.

*

Ao contrário de muitos integrantes do expressionismo, Marianne Overbeck não tem um gosto unilateral pelo trágico ou pelo sombrio, como foi o caso, por exemplo, de Oswaldo

Goeldi. E assim o seu humor pode dar-nos uma visão tão leve como a das *Moças de Bicicleta* (87), de um lirismo que faz lembrar a atmosfera das marinhas de De Fiori, ou a violência explosiva das *Prostitutas de Manaus*, inacabado porque do ano de sua morte; como o terrível *Mendigo* (66), que parece estar se desfazendo em pústulas, não impede uma realização tão delicada e poética, como o *Moleque* (99).

Cada uma dessas obras é um ato de fé nascido de necessidade íntima, e por isso não há pressa no acabamento, e o pincel ou a espátula vão e vêm, fazendo e refazendo, empastando ou provocando as explosões das transparências, fundindo e separando cores, no prazer de um trabalho que não se compadece com a improvisação. São curiosos dois momentos de íntima aproximação de Overbeck em relação a Segall – outro representante do expressionismo alemão que veio integrar-se no meio brasileiro –, conforme se pode ver em *Mulher Deitada* (79) e *Mulheres na Praia* (68) e ainda no *Pombal* (43): a comunhão dos dois espíritos manifesta-se aí, na composição, no colorido e até na maneira de ver troncos de árvores.

A deformação das figuras não decorre, nesta artista, de uma preconcepção, ela é sempre funcional e enfrentada diretamente, de modo que não se sente estilização, a personalidade do autor está marcada sem recorrer a maneirismos; o corpo humano é uma arquitetura, e é esta que é procurada e mostrada.

Seria de se destacar que nossos museus assegurassem a permanência em seus acervos dos dois grandes trípticos: *Quermesse* (102) e *Noite na Cidade* (95), que mostram, nas vésperas de seu desaparecimento, a artista na plena força de sua expressão. Os preços são razoabilíssimos.

MASP: aos 25 anos 39 telas de Bonnard

O Estado de S. Paulo, 23 de março de 1972

No Museu de Arte de São Paulo – Av. Paulista, 1578, no antigo Trianon – está sendo apresentada, na grande sala em que se encontra o acervo, uma pequena-grande exposição de 39 telas de Pierre Bonnard, pintor francês que viveu de 1867 a 1947. A exposição foi possibilitada pela Fundação Wildenstein, que a patrocina e que é proprietária de parte das obras mostradas. O catálogo, extremamente bem cuidado, inclui um estudo de Raymond Cogniat sobre o pintor.

Desse trabalho extraímos as seguintes observações, que resumem uma apreciação geral da obra de Bonnard: "Esta lógica, esta estabilidade de caráter, se refletem fielmente em sua obra, sendo difícil identificar frases definidas em termos de tempo", " [...] Bonnard conseguiu aperfeiçoar uma técnica luminosa, que dava uma aparência de simplicidade a um esquema altamente complexo", " [...] tendo surgido, como o fez, numa época de dominância do Impressionismo, Bonnard representou a conseqüência final desta tendência, em sua análise íntima do uso da luz [...] ", "Na obra de Bonnard nunca se encontra uma cor sem vida, uma textura neutra ou uma superfície inerte. A importância que ele dá a cada objeto, faz com que o quadro dependa da harmonia íntima existente entre todos os elementos que o compõem. Além disso, muitas vezes os limites entre formas e objetos não se acham claramente definidos; a unidade da tela é o que domina".

Evidentemente, em uma exposição desta natureza, teria pouco sentido destacar uns quadros de outros. Mas acontece que alguns deles são tão belos e tão longamente sugestivos, que não temos mais vontade de deles despegar os olhos. Assim, para quem sobe pela escada do 1º para o 2º andar, a primeira tela que se propõe à vista, *Verdura*, uma paisagem de 1923; e a *Paysage de neige*, de 1910, *Les toits rouges*, de 1895, que é um veludo; e o *Nu Violet*, de 1932, e *Le grant de crin*, de 1939. *Pleine mer*, de 1936, é de admirável audácia, e o auto-retrato de 1903, impressiona pela força. Ainda mais um *Avenue du Bois de Boulogne*, de 1912, que dá de imediato toda a atmosfera de Paris, apesar de que praticamente não se veja seu típico casario.

Está de parabéns o Museu de Arte de São Paulo, que com essa exposição abre as comemorações de seu 25º aniversário.

Descendo-se do 2º para o 1º andar do MASP, vamos encontrar, no saguão, uma variada apresentação de "estandartes", da arquiteta e sambista Vera de Figueiredo; que a artista os propõe como tapeçarias, como decoração externa para sacadas, e também para serem conduzidos em desfiles a céu aberto.

É grande a diversidade, neles, de materiais empregues, de formatos e também de simbologia: sugerem-nos, em cada caso, religião, caricatura, macumba, jogo final, bandeira, mera brincadeira, e há coisas de bom gosto e coisas de mau gosto. Tentando uma síntese, não se consegue visualizar uma linha plástica definida com convicção.

Na sala de exposições desse mesmo andar o MASP apresenta uma numerosa coleção de gravuras devidas a viajantes do Brasil Antigo, reunidas como homenagem a Yan de Almeida Prado. Mostrá-las, foi uma idéia feliz.

Aliás, no balcão de livros existentes ao lado, o interessado pode adquirir os três primeiros volumes, muito informativos e fartamente ilustrados, da série *Brasil Antigo* (Edições Melhoramentos). São eles: *Spix e Martius* (1818-1820), *Maximiliano* (1815-1817) e *Debret* (1816-1831), a preços entre Cr$ 25,00 e Cr$ 30,00 cruzeiros.

Bela aula modernista em ar de bricabraque

O Estado de S. Paulo, 14 de maio de 1972

Há um alegre ar de feira e de circo – o toldo de Piolim está realmente funcionando no terraço que constituía o antigo Trianon, com sessões diárias à tarde e à noite – na exposição comemorativa do cinqüentenário da Semana de Arte Moderna de 1922, ora instalada em amplo salão do Museu de Arte, à Avenida Paulista, 1578.

Evitou-se, com bom gosto, dar ao acontecimento o aspecto convencional das solenidades rememorativas: sem cair no pastiche, recriou-se um ambiente de festa, que foi o que os rapazes da Semana a seu tempo fizeram, divertindo-se muito com o escândalo que programaram e conseguiram atingir.

Isso foi obtido, no MASP, graças a uma bem pensada intercalação, na mostra de artes plásticas, de um documentário vivo e variado, correspondente à época, e que inclui móveis característicos, cartazes comerciais então usados, objetos como vitrolas, caixas registradoras, máquinas de café, sofás e relógios do tempo, tudo visando à reconstrução da situação estética dentro da qual e contra a qual eclodiram os modernistas.

O visitante trança, assim, por um ambiente de bricabraque – vasos, vidros, bibelôs, vitrinas cheias de retratos da época, coleções de selos, cartolas e palhetas pendurados em cabide autêntico. Do teto, pendem vestes usadas há três, quatro e cinco décadas atrás, e são tocados discos da música popular brasileira de antigamente. E, o que mais movimenta e anima a situação, meninas e mocinhas de hoje, de carne generosamente mostrada e ossos bem implantados, aos enxames, aos borbotões, andam rindo de um lado para o outro, aprendendo o passado na mais saudável das aulas.

Pois, disfarçadamente, discretamente dada, a exposição é uma aula, e ao longo do recinto vamos deparando, suspensos, painéis explicativos, informativos e orientadores do público, e a iconografia mostrada inclui os livros dos participantes do movimento, documentos manuscritos dos mesmos, fotos deles, isolados ou em grupos, e amostras de poesia modernista.

O catálogo, fartamente ilustrado e com texto de Pietro Maria Bardi, acentua que a Semana teve o sentido de um encontro, de valores que desde há algum tempo vinham fazendo-se notar por seu inconformismo face à mentalidade dominante; e não de um ponto de partida, como, a seguir à sua verificação, entrou a ser considerada. Ela oficializou um estado de espírito de rebeldia, e por isso o seu evento criou uma data, que inevitavelmente ficou valendo como marco histórico; pois os homens não se passam sem aniversários.

O visitante não deve esperar ver, nesse espetáculo montado no Museu de Arte, uma reconstituição do que foi a exposição de artes plásticas realizada, 50 anos atrás, no saguão do Teatro Municipal, inclusive porque o catálogo de então, segundo o depoimento de contemporâneos, deixou de incluir nomes de artistas que dela participaram, e referiu, como presentes, outros, que não compareceram. Até hoje duvida-se, por exemplo, se Oswaldo Goeldi, de tanta importância na gráfica brasileira, estava representado ou não, conforme registra Aracy do Amaral (*Artes Plásticas na Semana de 22*, Editora Perspectiva). E a representação plástica, em seu conjunto, conforme assinala Paulo Mendes de Almeida (*De Anita ao Museu*, edição do Conselho Estadual de Cultura) correspondia a "um modernismo de fachada, que, aliás, iria ainda viger por alguns anos. É que não se compreendera então que ser diferente, ou ser extravagante, não importava em ser moderno, que a arte moderna constituía, principalmente, uma retomada, em prosseguimento, das mais puras linhas de arte de todos os tempos, no que nelas havia de essencial".

Assim, e dentro de uma concepção museológica coincidente com o referido juízo, vamos deparar obras de Eliseu Visconti (*Mulher*, de 1910, *Alegria Dantesca*, quase abstrato, de 1920), de Belmiro de Almeida (*Menino*, de 1909, tão tênue que quase não se vê), de Décio Villares (a bela *Figura de Mulher*, de 1890), de Benedito Calixto (*Casa Senhorial*, de 1900), de Oscar Pereira da Silva, com o tão sincero *Jardim da Villa Kyrial* e até, certamente para contraste, do pomposo Pedro Alexandrino.

De brasileiros, com trabalhos que precederam e contribuíram para abrir caminho à efetivação da Semana, lá estão, entre outros, de Anita Malfatti, *O Japonês*, de 1917, tão forte, a notória *Estudante Russa*, do mesmo ano, uma outra *Estudante*, de 1916, o *Primeiro Nu*, de igual data, o famoso *Homem Amarelo*, de 1917, e, de 1915, *A lavadeira*, com sua superfície emplastrada. De Lasar Segall há o *Homem com Violino*, de 1908, no qual a marca do artista só é identificável no tratamento do rosto da figura, e, do mesmo ano, *Costurando*, que tem um valor impressionista, e *Desfiando Fumo*, realização de força expressionista, mas com pequenas pinceladas à moda dos impressionistas – como se o seu autor estivesse no limiar da passagem desta última corrente para a oposta, em que afinal se consolidaria; ainda de Segall, de 1910, é um prazer ver como foi trabalhado o rosto do *Homem com Chapéu*, e a ampla concepção de *Morte*, que é de 1919. De Zina Aita há uma *Paisagem Bordada*, da década de 20, e de Victor Brecheret a primeira escultura apresentada é *Os Pombos*, de 1920. De John Graz temos uma sombria *Paisagem da Espanha*, de 1919, e um luminoso *Lago*, de 1920. De Tarsila do Amaral, de antes da Semana, há uma *Figura*, de 1911, ainda traduzindo lições de academia.

Durante a Semana propriamente dita a principal figura de artista plástico foi o jovem Emiliano Di Cavalcanti, que então, e até depois de 1930, trabalhava muito como ilustrador e chargista; podemos ver a sua série, que pouco justifica o renome, dos *Fantoches da Meia-Noite*, um escuríssimo *Retrato*, de 1922, em que somente o rosto é visível, um desenho bastante sardônico, *O Júri*, e as merecidamente famosas *Cinco Moças de Guaratinguetá*, já de 1930.

Na mostra, destaca-se com alegria a Tarsila que se configuraria em seguida, de quem podemos ver de 1924, o encantador *Auto-retrato* e o *Morro da Favela*, que talvez seja o vigoroso pai dessa desencaminhada prole de pintores primitivos que exploram as casinhas de brinquedo; de 1927 há *La Gare*, no qual se identifica a influência cubista. Mas o que entusiasma é a safra de 1929, com a grande *Antropofagia*, o inesperado e valente *Abaporu*, as tão floridas *Flores* e o explosivo *Bichos*.

De gente coetânea, ou imediatamente conseqüente, encontramo-nos com o Rocha Ferreira de *O Municipal*, 1922; Ruthochmidt, com *Luta de Touros*, de 1930; o Segall do grande painel para o baile da SPAM e do projeto de decoração do Pavilhão de dona Olívia Guedes Penteado; Reis Jr., com o *Retrato de Piolim*, de 1927, de interesse puramente documentário; Paim Vieira, 1930, fraco ilustrador; Menotti del Picchia sempre desigual, com caricaturas curiosas, pinturas sem nenhuma razão de ser, e conseguindo êxito, nas esculturas, com as cabeças de Helena e Antonieta Rudge; Victor Brecheret, com o mármore limpíssimo do *Retrato de Daisy*, a embonecada *Fuga para o Egito*, as altamente simplificadas *Cabeça* – estudo e *Cabeça de Anjo*, de 1940; e o imponente *Nu*, de 1939; Vicente do Rego Monteiro, com *Tênis*, de 1928, elegante desenho quase sem cor, e *Gatão*, de espírito algo infantil; Antonio Gomide, de 1926, com suas estilizações; Elizabeth Nobiling, com *Figura*, de1930; Goeldi, com desenhos e gravuras sempre da mais alta classe; algumas bobagens de Ferrignac, Santa Rosa que então começava a aparecer; Gomide, para nosso gosto, feio, e Celso Antonio, grosso; de Guignard há a clássica *Família do Fuzileiro Naval*; também está presente o movimento regionalista pernambucano de 1926, com as maluquices tão espontâneas quanto imaginosas de Cícero Dias.

Na parte final da exposição, ao fundo, estão representados, como conseqüentes da Semana de 1922: Ismael Nery, Figueira, Fulvio Pennacchi, Vittorio Gobbis, Alfredo Volpi, Paulo Rossi Osir, Zanini, Rebolo Gonsales, Portinari, Quirino da Silva, Clóvis Graciano, Lula, Noemia, Milton Dacosta, Nonê, Toledo Piza, Bonadei, Carlos Prado, Antonio Bandeira, Flávio de Carvalho e Sérgio Milliet.

É possível que nos tenha escapado algum nome ou dado, pois, para mal de nossos pecados, e como vai-se tornando inexplicável reiteração em algumas das mais importantes exposições que aqui se realizam, o catálogo dessa também não cataloga, não refere, não relaciona, não indica, não fornece uma lista completa, seguida, conseqüente, objetiva, daquilo que constitui o certame, e que, uma vez findo este, ficará indocumentado. Ou foi de propósito, para repetir o que aconteceu com o catálogo da própria Semana?

A arte temperamental e outra, bem austera

O Estado de S. Paulo, 18 de maio de 1972

O catálogo de Wega Nery, que está expondo 32 *Paisagens Imaginárias* na Galeria Documenta – rua Padre João Manoel, 811, até dia 23 – traz textos críticos de Bernard Denvir, que fala de suas "explosões selvagens de energia visual"; de Jayme Mauricio, que aponta, em sua pintura, "o informalismo gestual de ligeiras conotações paisagísticas", observando que ela continua "pictoricamente algo teatral"; de Geraldo Ferraz, que a localiza numa "situação-limite de conciliação abstrata-expressionista" e chama a atenção para a sua "enérgica afirmação gestual"; e de Antonio da Costa, que vê a sua arte "ligada a um debate interior", revelando "seu apetite expressivo" e deixando transparecer o "gesto pictural que sublinha nervosamente a arquitetura espacial de suas composições". Em nota que os jornais publicaram, a própria pintora informou: "Quando pinto, preciso ouvir música ou poesia".

Esses dados permitem encaminhar a conceituação da arte de Wega Nery: as telas exibem-nos, como num espelho, a gesticulação, o mais das vezes convulsa e impaciente, de que resultaram, a artista sendo conduzida mais pelo ritmo externo da música ou o encantamento literário das palavras que pela lógica intrínseca da necessitação das cores. Por isso os quadros são realmente como explosões selvagens, a teatralidade de sua composição é evidente, e a conjugação do nervosismo, com um apetite expressivo aparentemente inesgotável, dá resultados tão contraditórios como os que podem ser vistos nessa exposição.

Trata-se realmente de uma pintura temperamental, e, quando sua autora demonstra possuir uma competição assim forte e desigual, não é de surpreender que a confissão psicológica assuma, muitas vezes, supremacia sobre a exigência estética; naquele momento, era aquilo que ela sentia, e queria dizer e fixar, como num retrato interior: por isso foi acertado denominar essas paisagens de imaginárias – elas retratam mais a alma que o mundo visível. Vlaminck, rei das paisagens imaginárias, seria um bom patrono para este gênero de arte.

É uma arte orquestral, por vezes espalhafatosa, espasmódica (nº 2), revolta, mas que consegue coerência e mesmo grandiosidade (nº 4), irremediavelmente desarranjada (nº 6), de um mau gosto ostensivo (nº 8), estática e belamente árida (nº 12) ou ruim de não se ter por onde pegar (nº 19), toda desorganizada (nº 22), num abuso de verde que parece ataque de bílis (nº 25), amável na discrição das cores (nº 26).

Esta é uma arte feita de espontaneidade e sinceridade, não refeita segundo um juízo autocrítico, após passado o momento da aura, e na qual a linha de continuidade, que passa de quadro a quadro, é atualmente dada pelo contraste entre as faixas de cores horizontais contrastadas, e linhas verticais que as interrompem, dominam, ou pontas de estalactites e estalagmites, que também podem chegar a configurar-se como bem implantadas árvores (nº 5), ou sob elas se escondem, com o tornar-se insistentes demais (nº 16).

Os momentos melhores são aqueles em que, por não conturbada, a artista mostra o equilíbrio pictórico a que pode atingir quando em estado de serenidade, como no nº 10, coerente e bem ambientado, o nº 14, que é como um porto, numa feliz conjugação do céu com o primeiro plano, o nº 17, sólido e tranqüilo, nº 20, que parece a própria calmaria após a tempestade, e o nº 27, respeitável em suas cores escuras.

Como se traduzisse a busca de uma saída, no gênero perfilhado, o nº 9 propõe uma diferença de textura entre o primeiro plano, como de hábito emplastrado, e o céu liso ao fundo; essa tendência é mais perceptível no grande painel nº 1, ainda de 1971, e chega a uma realização que é agradável surpresa no nº 2, já de 1972, que é como um amplo painel azulado, sobre o qual as manchas de cor ficam como que boiando. Haverá aqui, a indicação de um novo rumo?

Os preços variam de 5.000 e 20.000 cruzeiros.

Figuras de santos

São Paulo conta atualmente cerca de 50 salas de exposições, e galerias há que realizam duas mostras por mês. É evidente que uma só pessoa não pode percorrer todas elas e sobre todas escrever, inclusive porque o jornal não disporia de espaço para tanto; acresce a dificuldade de que algumas galerias fecham cedo, durante a semana, e também no sábado à tarde, justamente quando se teria mais tempo disponível para visitas.

Isso explica que não tenhamos podido ver, entre outras, as pinturas que Ismenia Coaracy mostrou em coletiva recém-realizada na Galeria Azulão (rua Fernando Albuquerque, 28), senão depois de terminada esta, e assim mesmo só os poucos quadros que não foram vendidos.

Azar nosso, pois o pouco visto abriu o apetite dos olhos. A série constou de figuras de santos, pintadas das imagens existentes no Museu de Arte Sacra de São Paulo. Mas isso só se pode saber por informação, pois a transposição realizada pela artista conduziu a uma completa transfiguração, e ninguém descobriria, por conta própria, naquelas mágicas, sombrias, impressionantes representações, qualquer conotação do Brasil colonial, do barroco de raízes portuguesas. A atmosfera que neles domina é eslava, há um *São Francisco* que semelha autêntico mujique, uma *Santa Bárbara* de rosto redondo, como chorosa, pictoricamente muito forte, uma pequena *Imaculada Conceição*, com o menino Jesus ao colo, de particular delicadeza e antigüidade. As cores são gordas, bem velhas, interpretadas, e alcançam uma situação intemporal.

Do que vimos, só não nos persuadiu *A Talha*.

Chuva, macumba, festa: Lívio Abramo no MAM

O Estado de S. Paulo, 26 de maio de 1972

O *Museu de Arte Moderna de São Paulo* (Parque Ibirapuera, sob a marquise, aberto das 15 às 22 horas, de 3ª a sábado, e aos domingos até às 18 horas), que nos deu o ano passado a majestosa retrospectiva de Di Cavalcanti, com cerca de 500 trabalhos, está no momento apresentando uma não menos significativa retrospectiva de Lívio Abramo, com 203 desenhos e 90 gravuras, cobrindo o período que vai de 1926 a 1970.

Geraldo Ferraz, que acompanhou como jornalista toda a evolução da carreira do desenhista e gravador, refere, no bem confeccionado catálogo, as etapas da carreira do artista, que para ele ficou configurado no "*rapaz solitário e seco*".

Modéstia, firmeza, orgulho e autenticidade são os traços marcantes de Lívio Abramo e de sua arte. Não se vê, ao longo de toda esta mostra, um só papel que não tenha sido riscado com emoção e convicção, e em quase 50 anos de trabalho (nasceu em 1903) não se embotou, guardou viva a sensibilidade, e mesmo quando trata temas como a paisagem paraguaia – que o vem ocupando há 14 anos seguidos –, a cada vez que a ele torna, é porque sentiu-o como novo.

Seus desenhos constituem um diário gráfico mantido ao longo da vida, mas não têm o sentido de um diário íntimo, e sim jornalístico, pois comentam os lugares e os fatos da vida pública. Isso pode ser constatado desde 1932, quando *Os Soldados*, da revolução constitucionalista, mostram a mão incipiente, e *Pão*, em si mesmo de reduzido valor, atesta as preocupações políticas do homem.

Com exceções, o forte de Lívio Abramo não será a figura humana; mas as exceções são importantes; as pessoas de sua família, como os retratos de *Larissa*, numerosos, de *Vicente* e de *Maria*; de *Afrânio Zucoloto* e de *Antonio Bandeira*; e particularmente de *Dina*, a negra espetacular, modelo de muitas poses, que parece uma esfinge egípcia, esculpida.

*

30 Trata-se da pintura a óleo de Lasar Segall *Navio de Emigrantes*, 1939-41.

É curioso como, a certa altura, as suas figuras se aparentam com as de Segall: isso pode ser verificado nos desenhos nº 19, de 1933, *Operários*, e nº 10, *Um Qualquer*, que é um personagem tipicamente russo, e também na gravura nº 226, de 1934. Mas trata-se de uma coincidência passageira, embora haja, dela, uma reiteração em 1951, na *Máquina de Navegar*, que lembra, de Segall, o *Navio de Imigrantes*[30].

Mas o melhor desse gráfico são as paisagens, que explodem a seus olhos como revelações, entram-lhe pelo sangue e saem pela ponta do lápis ou da caneta, a seguir se transmudam em gravuras. Isso se patenteia nos registros de *Campos do Jordão*, de visão toda particular; no encantamento da descoberta do *Rio*, que vai render as ricas séries de *Mangue* e das *Favelas*, das palmeiras transubstanciadas, da *Lagoa*, aguada, com excepcionais efeitos de manchas azuladas; de *Ilhéus* em quatro desenhos perfeitos.

E irá desdobrar-se, em seguida, além fronteiras, na tomada de contato com os ambientes estrangeiros, sempre marcantes: o *Noturno* de Estocolmo, com o lápis desenhando em cima do que o lápis desenhou; a emoção do encontro com a Itália, em Veneza. O instrumento do desenhista está sempre no bolso, e a mão o apanha assim que salta à frente algo que impressiona, como na *Tour Saint Jacques*, ou *As Figuras no Parque*, da Inglaterra. O papel usado é o disponível no momento, e nunca é grande, e às vezes é minúsculo, mas em suas andanças o artista vai colecionando paisagem da costa, na Holanda, ou o interior da Suécia, ou o castelo e o morro, em rápido esboço, na Espanha.

Mais adiante virá a integração com a paisagem do Paraguai, onde o próprio desenho já é gravura, e onde nasce a série comovente das *Chuvas*, modelo de síntese e veemência, e revela-se o encantamento das *Missiones*, nº 195, apenas pontilhadas no horizonte longínquo, ou surgem realizações como a série nº 187, que parecem elas mesmas feitas em renda nhandutí, de extrema delicadeza, e quando se instala na mente do artista o casario baixo, acachapado, tão típico, e que vai ser organizado e desorganizado de tantas maneiras imaginosas.

É preciso referir ainda os temas reiterativos, como as *Macumbas*, as *Festas*, os tropéis de *Cavalos*, que a intervalos emergem à consciência, teimosamente insatisfeita com o que já alcançou, e que vai superar-se numa outra e por vezes surpreendente reproposição.

*

O mesmo curso que nesta exposição acompanhamos mais minuciosamente em relação ao desenho, podemos ver o artista seguindo na xilogravura, que foi o seu meio de expressão mais pessoal, depois de alguns trabalhos feitos em linóleo.

De início elas são toscas, buscam apenas o contraste direto entre o branco e o preto; em 1933 passam a tornar-se ilustrativas, mas já em 1935 ganham força, e em 1937 são intensamente expressionistas. Em 1940 surge uma nota lírica na *Paisagem Paulista*, nº 240, e em 1948, está o gravador já na plena posse de sua personalidade, como se vê na série *Pelo Sertão*, quando surge a riqueza dos traços e a preciosidade dos detalhes inumeráveis. Em 1951, o impacto do Rio é traduzido num borbulhar de luzes que se multiplicam umas às outras, e que se refletem nos longos caules das palmáceas, como se estes fossem água ou vidro, devendo-se atentar também, na exposição, para as quatro cariocas pequenas águas-fortes coloridas, de 1952 (nºs 255 a 258).

O dramatismo da paisagem espanhola vai inserir-se na madeira ainda melhor que no papel (nº 259), e o território é aqui muito mais dramático que as figuras que, a seu tempo, haviam decorrido da guerra civil naquele país. *As Festas*, 1954 e 1956, assim como *Mandala*, de 1955 (nºs 263, 267, 268, 269, 270) são girândolas a estourar múltiplos foguetes coruscantes, multifacetadas jóias esplendorosas.

No desenho e na gravura, Lívio Abramo ocupa um lugar ímpar.

Nesta exposição, os primeiros custam de 1.000 a 8.000 cruzeiros, e as segundas de 500 a 1.200 cruzeiros.

A série dos mitos, a série dos fatos

O Estado de S. Paulo, 21 de junho de 1972

Na Galeria Astréia, à rua Padre João Manoel, nº 1253, a preços que vão de 800 a 2.000 cruzeiros, Gerda Brentani está mostrando a sua última fornada de desenhos, todos subordinados ao tema *Mitologia*.

No texto do catálogo, diz a artista: "*Na mitologia, o ser humano é quase sempre o ator principal. Raramente um bicho lhe rouba este papel. Hoje, ele cedeu o lugar de vedete a um objeto – a máquina. Árido mito, a meu ver*". E acrescenta: "*O avião é maravilhoso, o computador é formidável. Mas será que eles têm a graça, o encanto de um Hércules, um Orfeu ou um Dom Quixote? Ou será que esta graça morreu?*"

Que o encanto dos mitos não morreu, vê-se nesta exposição, que também atesta o quanto o trabalho de Gerda Brentani se refinou, e como os seus desenhos, de início puramente caricaturais e em preto e branco, a seguir coloridos, agora situam-se, algumas vezes, propriamente na área da pintura. Então desaparece a margem branca necessária ao destaque das partes riscadas, o contorno e o recheio fundem-se numa só massa pictórica, o quadro ocupa toda a superfície do suporte. Isso verifica-se especialmente em alguns trabalhos de tamanho maior.

Nunca faltou, a essa artista, consciência de trabalho, e ainda desta vez podemos ver como os detalhes são rica e imaginosamente trabalhados, na armação das figuras. E também é evidente que a atmosfera de humor que paira nessas obras é uma conseqüência do prazer que a artista teve em fazê-las. Não estão presos a uma rígida concepção estética, cada qual foi criado como uma aventura, e por isso chegaram, ao fim, a situações diversas. *O Guerreiro* é uma ilustração em grande dimensão, no *Homo sapiens* a mão ri da figura que vai erigindo. Voltada para o passado, a desenhista delicia-se com os ambientes que recompõe, e por isso há sabor histórico na *Madame Pompadour*, e *Circe* é propriamente caricaturesca, e *Pan e Ninfa* é deliciosamente desavergonhado. *Argonautas* está na categoria de pintura, *Montgolfiere* tem aquele gosto dos antigos telões de boca de palco. No *Bandeirante* que é uma proposição nova, há um leve riso contido, enquanto em *São Jorge*, lindo e audacioso, o que importa é a figura do dragão. Há uma *Sereia* delicadíssima de cor e de composição, enquanto As *musas* tendem para a charge de estilo clássico. *Nautilus* é mesmo um molusco gigante, os *Centauros* têm um ar bem feminino e os *Unicórnios* são poéticos.

De modo que o espírito está vivo, e é arte.

Brasiliana

Na Galeria Bonfiglioli, à rua Augusta nº 2995, Manezinho Araújo apresenta uma série de 40 quadros produzidos durante o ano passado, e que podem ser vistos no endereço indicado até o dia 8 de julho. Os preços oscilam entre 3.500 e 13.000 cruzeiros.

O artista, também cantor de rádio, onde se destacou nas emboladas, teve, nessa condição, a oportunidade de viajar o Brasil de alto a baixo, e a ambição desta coletânea é recriar a vida do povo e as paisagens características das diferentes situações que conheceu. Diz ele que essa "*foi a coisa mais importante que já fiz até hoje*", e acrescenta que, tendo começado a pintar em 1950, como autodidata, sem nenhum aprendizado, hoje – "*Já tenho pleno domínio da técnica, da perspectiva, da composição. Não me considero mais um artista primitivo*".

Esta *Brasiliana* mostra que ele não pode ser colocado na vala comum dos meros exploradores de temas populares, não dominados por preocupação estética. Vista em conjunto, logo que se entra no salão da galeria, a exposição apresenta-se como um festival de cores. Depois, parando diante dos quadros, vamos poder distingui-los.

A *Borracha* é bem o ambiente monumental da mata de seringueiras, com grande liberdade de colorido, enquanto *Maracatu* e *Bumba* são dominados pelo decorativo. No *Carnaval Carioca* é alegre a multiplicidade dos figurantes, enquanto em *Querência* ficou evidente a preocupação do registro. *Favela* é feliz no casario que se amontoa, e no *Pelourinho* os edifícios estão entortados, como descendo eles mesmos a ladeira, com um resultado engraçado. Em *Café, Babaçu e Laranjal* o efeito tirado do contraste entre as massas vegetais e as figuras que as entremeiam, é criativo. Na *Feira de Frutas* temos um desafio de verdes e amarelos. *Garimpeiros* é discreto e firme, e *Ver-o-peso*, de tamanho bem grande, ficou válido com os barcos e seus mastros diante da conhecida arquitetura. *Feira do Rio* é um quadro muito bonito, com os atrativos dos barcos cheios de frutas, e os barqueiros destacando-se destes, e os tantos mastros

Gravura C (detalhe)
1958 / xilogravura
60 x 48 cm
III estado, 6/20

e cordames que riscam a tela de baixo para cima. *Algodão*, que é uma chuva de brancos flocos caindo sobre os apanhadores, lembra a atmosfera de alguns trabalhos de José Antonio da Silva. Em *Artesanato de Palha* e nos *Passarinheiros* o documentário foi afrontado com coragem. No fundo dos quadros, muitos azuis.

Boese, um pintor puro

O Estado de S. Paulo, 29 de junho de 1972

É um prazer e uma alegria, em um ambiente artístico tão turbulento como o em que ora vivemos, entrar no recinto da ala esquerda do Museu de Arte Moderna (Parque Ibirapuera, sob a marquise) e poder banhar os olhos nas 145 telas que ora ali compõem a exposição 30 Anos de Pintura no Brasil, de Henrique Boese.

Geraldo Ferraz, no catálogo, acompanha a biografia de um professor de pintura que, na Alemanha, também lecionou a Lasar Segall [31], e que depois estudou com Kaethe Kollwitz, tendo vindo para o Brasil, após a ascensão do nazismo, porque entrementes se casara com uma brasileira, fixando-se desde 1939 entre nós, preferentemente em pontos do litoral – e assim resume o que dele pensa: "*Nada teria a acrescentar a um trecho já definido em enfoque desta pintura, quando o situei como um abstrato que possuía a capacidade de se fazer transmissor de sensações: a visão dotada de colo: ˈdos imprevisíveis, carregava consigo chaves de maravilhosas comportas para a paisagem indefinivelmente desdobrável que propõe em seus quadros, numa mutação constante, viva sempre por novas sensações conduzidas, somadas, argamassadas até*".

Temos, na arte deste artista, uma textura exatamente oposta àquilo que se entende por *pintura lisa*. Numa tela de Boese podemos ler todo o trabalho da composição, acompanhando o seu incansável esforço de procura dos pontos de encontro das zonas de cor, que para atingirem a altura pretendida, ora se superpõem, ora se fundem, ora deixam, pela transparência, ver uma camada sob a outra. Vê-se nitidamente a linha de cada fio do grosso pincel, que vai deixando marcada a sua passagem, pois a superfície é densa, mas nada empastada, e sobre ela dançam traços que são como hieróglifos (nº 13). A aparência mostra-se seca, como se quase não tivesse sido usado solvente.

É pena que seja reduzido o número de quadros mais antigos, para que pudéssemos acompanhar a linha de evolução dessa dedicação pictórica, servida pela sensibilidade de quem também fez a experiência musical, como violinista. A grande maioria do que podemos contemplar é um Boese plenamente abstrato, que é o de sua forma atual, quando os pedaços de cor balançam como panos no varal (nº 16). Estamos diante de um pintor puro, no sentido

31 Foi Konrad Boese, pai de Henrique Boese, quem deu aulas a Segall, em Berlim.

de que pensa e produz cor, consista esta em pesadas massas escuras (nº 7), ou vibre plenamente à claridade do sol (nº 9), ou mostre-se e esconda-se alternadamente em luzes fugazes (nº 6); no nº 11 é atingido um momento plástico particularmente belo.

*

De raro em raro surgem figuras, como no nº 1, de 1964, em meio a um território, e também no nº 11, onde a paisagem é bem nítida, ou nos nºs 4 e 37, nos quais ela está apenas sugerida, e ainda no nº 24, onde é favela.

Em qualquer caso, é uma arte sólida, que não perde o tempo em desconversa (nºs 7, 15). Algumas vezes, lembra-nos a organização das formas de Paul Klee (nºs 12, 22, 31, 39), de outras os volumes desdobram-se em ondas (nº 25), e neste caso o resultado é propriamente majestoso. Sente-se que a vista comanda sempre o espetáculo, não há um preconceito prévio, as cores acotovelam-se, empurram-se, até se acomodarem como ele pensou.

Há raras reminiscências expressionistas (nº 19), que pode chegar a amarga caricatura (nº 10, de 1970). Mas o que domina largamente é a ritmada música das cores e, sintomaticamente, mais de um trabalho é intitulado *Sinfonia*. O nº 17, do acervo do MAM, é notável. Cada peça é uma obra definida, e emociona acompanhar, em cada caso, a luta do artista, que nasce e morre cada vez que começa e termina uma tela, enquanto vai acumulando sua enorme sabedoria plástica. No nº 18, o pintor é patético, e no nº 2, de 1967, apresenta-se lírico. É evidente que estudou a lição do cubismo, mas não se ateve à rigidez deste. Na *Paisagem nº 1*, de 1952, que lembra Campos do Jordão, as cores são as cores de Segall.

*

Podemos haver incorrido em algum equívoco de numeração ou data, pois também a este catálogo, que no mais é bem cuidado e traz boa quantidade de belas reproduções, faltou a relação dos trabalhos que compõem a mostra: o que foi uma injustiça com os colecionadores que emprestaram obras de sua propriedade.

Os quadros vendem-se a preços que variam de 1.600 a 10.000 cruzeiros, os que estão à venda, pois a maioria pertence a colecionadores particulares, em geral estrangeiros. O mercado de arte brasileiro não soube ver a importância deste artista, que crescerá com o tempo.

A mostra pode ser vista, de 3ª a 6ª feira, das 15 às 22 horas, e nos domingos, das 11:30 às 18 horas.

O jogo da mentira, na arte

Jornal da Tarde, 1º de agosto de 1972

Sem nenhuma preparação prévia, estamos, repentinamente, entrando no comércio internacional das artes plásticas. Estes são tempos de falsificação, e entre nós falsificam-se, abusivamente, as palavras, os conceitos políticos, os dados estatísticos. Ganha, na corrida da mentira, quem tem mais imaginação, menos escrúpulo, ou mais poderosos instrumentos para conturbar a mente alheia. Nas vendas de arte, entretanto, a experiência nacional é muito reduzida, e se podemos exportar a mentira do milagre econômico brasileiro, ao começarmos a importar, agora, obras de arte estrangeira, convém que saibamos que, nesse terreno, andam, lá fora, muito mais adiantados do que nós; e os interessados que se previnam, pois vão começar a chover contrafações de toda a natureza.

Líbero Montesi escreveu, para *L'Europeo* (Milão, 9/3/72), uma reportagem indicando algumas das espécies de abusos ora em curso no comércio europeu de artes plásticas, particularmente no que se refere a gravuras, que, por serem obras de preço mais acessível, encontram maior número de interessados. É interessante conhecer certas liberdades que os comerciantes ou editores de arte tomam com essas obras, aparentemente autênticas e inatacáveis.

Diz o jornalista italiano que até o momento somente a escultura se mantém à margem de uma tal degradação; a pintura e as artes gráficas foram avassaladas por larga margem de insegurança, criada seja pela malícia, seja pela ignorância, pois passou a operar no mercado de arte uma multidão de pessoas que até recentemente cuidava de coisas inteiramente distintas.

Com o aviso, não se quer introduzir o pânico em um comércio florescente, nem criar obstáculos ao fenômeno, altamente positivo, que é a ampliação do círculo dos aficionados: apenas, cuida-se de chamar a atenção para a diferença que há, e deve ser mantida, entre o honesto e o desonesto, o verdadeiro e o falso, evitando-se erros afrontosos.

Montesi refere o caso de uma polêmica que se estabeleceu nas páginas de *La Stampa*, de Turim, em janeiro deste ano, a propósito de 29 litografias, intituladas *Portraits imaginaires*, e atribuídas a Picasso. Uma leitora dizia haver recusado a compra das mesmas, a conselho de um amigo que sustentava *não se tratar de originais, mas de reproduções*; enquanto um outro seu conhecido informava haver adquirido algumas delas, acompanhadas de certificado de autenticidade. O crítico do jornal, Angelo Dragone, respondera de maneira incisiva: não se tratava *de litografias autênticas de Picasso, mas de reproduções realizadas por Marcel Salinas*, que as executou, como dizia um anúncio difundido em Paris, "*d'après des peintures sur carton*", estas sim, originais de Picasso; o crítico acrescentava que a fidelidade aos originais fora verificada, pelo autor; em toda a série, havendo Picasso, na prova definitiva, subscrita e datada, dado o "*bon à tirer*", autorizando, assim, a impressão.

O caso é exemplar, para documentar a distinção entre original e reprodução. Picasso pintou, sobre papelão, os originais, e Marcel Salinas, na qualidade de pintor-litógrafo, transportou-os sobre pedra ou zinco. Se o original era de Picasso, se este autorizou a impressão e assinou o "*bon à tirer*", as litografias conseqüentes, reproduzindo fielmente a obra do artista espanhol, devem ser consideradas originais ou reproduções? Não há margem para a dúvida: não se trata de originais, mas de reproduções.

O elemento dominante, numa gravura artística, não está nos meios escolhidos para a impressão, nem na fidelidade ao desenho do autor, mas na intervenção do próprio artista, diretamente na madeira, na pedra ou na chapa de metal. É o artista, pessoalmente, quem deve empunhar o buril ou o lápis litográfico, e trabalhar a matriz; somente neste caso a gravura pode ser considerada original, e isso porque a arte gráfica é autônoma em relação ao desenho ou à pintura, requerendo o uso de instrumentos específicos; é indispensável conhecê-los devidamente, e saber empregá-los, para deles tirar todos os efeitos e sugestões particulares, ditados pela sensibilidade do autor. Grandes pintores podem ser medíocres ou maus gráficos.

Harry Salomon, em seus *Cadernos do Colecionador de Gravuras*, dá, destas, a seguinte definição: "*Gravura original é toda cópia impressa, em geral sobre papel, a partir de uma matriz, tradicionalmente de madeira, de metal ou de pedra, trabalhada diretamente pelo artista, de modo a que o traço cortado, ou deixado em relevo ou de alguma outra forma tornado receptivo à tinta, transfira, para o suporte final, através de uma mais ou menos complexa operação de imprensa, a imagem original, concebida pelo artista com esse mesmo objetivo*". Nestes termos, as gravuras mencionadas são *gravuras de Salinas, d'après Picasso*.

Entre muitos artistas contemporâneos difundiu-se o mau costume de fornecer, ao impressor, um desenho ou pintura original, a ser executado como litografia ou serigrafia; em seguida o autor autentica a cópia com a sua assinatura, como se esta bastasse para modificar a realidade de que não se trata de uma gravura original – pois quando a subscreve o artista está cometendo um autêntico logro em relação aos colecionadores. Costumam recorrer a este expediente artistas que gozam de uma certa fama, mas que não sabem gravar, ou não têm vontade, ou não dispõem de tempo para fazê-lo – mas que também não querem perder a oportunidade que lhes é oferecida por algum comerciante de arte.

Em seu trabalho, Líbero Montesi refere ainda os casos típicos de litografias de dois artistas italianos, Morlotti e Cassinari, dos quais circulam litografias, datadas de 1965/66, em tiragem de 150 cópias, que também não devem ser consideradas litografias originais, mas sim fotolitos. Neste caso, trata-se da reprodução mecânica de desenhos, aquarelas, guaches ou pinturas, não havendo sequer a intervenção do gravador intermediário. O original é transposto para a matriz através de um processo mecânico de fotogravura aproximadamente como já se faz também na imprensa. Em substância, a obra do artista foi fotografada e quimicamente gravada na chapa: não há nada do trabalho original, de gravação manual.

Embora objetivamente essas estampas não constituam falsificação, tornam-se tal quando são lançadas no mercado de arte como se fossem gravuras originais, e vendidas ao preço destas. Seu valor real é mínimo, mas o comércio acha-se invadido por elas, por obra de *marchands* inescrupulosos, e são adquiridas por colecionadores desprevenidos ao preço de gravuras originais. O fotolito abriu enormes possibilidades aos falsificadores, e teoricamente qualquer pessoa que disponha de uma prensa de gravura pode fabricar fotolitos, reproduzindo gravuras de artistas de renome, antigos ou modernos; pois os antigos freqüentemente não assinavam suas gravuras e modernamente há artistas que não recusam a sua cumplicidade a uma falsificação envolvendo o próprio nome.

Há que abrir o olho, pois, em meio a coisas legítimas, vem por aí muita muamba.

Gravuras e suas artimanhas

Jornal da Tarde, 2 de agosto de 1972

Em face da movimentação adquirida pelo mercado de arte brasileiro, algumas galerias começam para aqui trazerem obras compradas no exterior, de artistas de renome, para revenda. É ótimo que isso aconteça, e que o colecionador brasileiro possa ter a seu alcance peças de valia, sem necessidade de sair do País. Entretanto, como se trata de um ramo de negócios complexo, no qual existe gente de toda natureza – da melhor à pior –, e como alguns conhecimentos fundamentais são necessários, para que o comprador desatento não compre gato por lebre, convém conhecer algumas das maroteiras que se praticam nesse terreno.

Como as gravuras são, nesse comércio, as obras mais fáceis de serem transportadas, e como, por seu preço mais reduzido, interessam a maior número de pessoas, é principalmente em torno delas que se verificam os mais freqüentes abusos. Falamos, anteriormente, da *originalidade* de uma gravura, qualidade que requer, como ponto de partida, que a chapa tenha sido trabalhada pela própria mão de quem assina; embora ocorra que artistas forneçam a um gravador profissional originais seus sobre papel ou pintados, para serem transferidos à matriz, as gravuras conseqüentes não são *originais*, ainda que a prova final tenha sido considerada boa para impressão, pelo autor, e ainda que este assine as cópias. São cópias autenticadas, mas não originais.

Afora esses casos ocorre, entretanto, no comércio de arte, coisa muito mais grosseira. O crítico italiano Líbero Montesi refere alguns exemplos, que vamos reproduzir:

Apareceram em diversas galerias gravuras de Salvador Dalí, representativas de uma série de ilustrações da *Divina Comédia*. Dali ilustrara uma edição de Dante, por encomenda de Milko Skofic, editada por Salani; tiragem: 25 exemplares em papel-Japão, 150 em papel especial e 3.000 em edição normal; nenhum dos exemplares fora numerado ou assinado pelo autor, que apenas fornecera a têmpera e a aquarela para a impressão litográfica. Para que as litografias que surgiram, avulsamente, nas galerias, fossem originais, teria sido necessário que Dalí as redesenhasse sobre a pedra litográfica, o que não ocorrera. Então, de onde saíram? O mais provável é que alguém haja fotografado aquelas aquarelas e têmperas, transferindo as fotos para a chapa, imprimindo-as e colocando à venda a um preço equivalente a Cr$ 500,00, cada; se se tratasse de originais, o preço seria incomparavelmente mais alto; mas por um simples fotolito, o preço pedido era altíssimo. Os *marchands* sérios costumam garantir a originalidade de uma gravura mediante atestado colocado no verso; neste caso fora feita uma declaração ambígua, que indicava tratar-se de *técnica litográfica* – o que não prova nada, pois inclusive o fotolito é uma técnica litográfica, ainda quando a obra não seja original.

Na ocorrência, anteriormente referida, dos *Portraits Imaginaires*, de Picasso, a malícia na apresentação foi mais refinada, de modo a melhor ressalvar a responsabilidade do revendedor, e ao mesmo tempo induzir o comprador em engano. Um aviso colocado na parede da galeria dizia: "*Esta litografia foi realizada, depois do 'bon à tirer' de Picasso, por Marcel Salinas, Pintor-litógrafo*" – seguindo-se a indicação da tiragem. Um cliente avisado não cairia em erro, compreendendo logo que não se tratava de gravura original, mas sim realizada *d'après* Picasso. Mas a propaganda em torno da mostra tratava de desmanchar as precisões: nos convites, a galeria anunciava a apresentação de "*29 litografias de Pablo Picasso*", acrescentando: "*Desejamos acentuar a garantia de autenticidade que a galeria dá, em relação a qualquer obra exposta e à venda, particularmente no que se refere a estas últimas litografias de Picasso*". A insistência nas expressões *litografias de Pablo Picasso, cópias litográficas de Picasso,* com o acréscimo do *certificado de autenticidade das litografias de Picasso*, leva o colecionador, em 90 por cento dos casos, a entender que se trata de *litografias originais de Picasso*, embora o fraseado não referisse especificamente a originalidade. A sutileza da distinção entre autêntico e original, termos que muita gente confunde, encaminhava o engodo.

Montesi chama a atenção para a circunstância de que a cópia autorizada de um artista por outro, a utilização de um intermediário na gravação, ou os fotolitos não constituem em si mesmos falsificações. A indignidade surge quando se faz passar uma coisa por outra, uma vez que vale menos, por outra que vale mais, um fotolito que custa 2, por uma litografia original, que custa 100. E refere casos desse tipo, como o do dr. Ciranna, um dos donos da galeria de Milão com maior conhecimento do assunto, a quem tentaram vender, como se fosse desenho original, um fotolito de Manzú, extraído de uma monografia, e acompanhado de um certificado de autenticidade, assinado por um imprudente crítico daquela cidade.

Com ele mesmo aconteceu coisa parecida, quando foi presenteado com uma litografia de Chagall, numerada e assinada, reproduzindo os famosos *Vitrais de Jerusalém*. Vira exposta numa galeria milanesa a série completa, que custava pouco menos de Cr$50.000. Mas sua alegria foi de curta duração, eis que pouco depois vinha a saber que Chagall jamais reproduzira em litografia aquele tema. O que acontecera fora que o editor Sauret, de Montecarlo, publicara um livro ilustrado com fotolitos dos projetos daqueles vitrais, e alguém os desmembrara, numerara as cópias e as assinara, vendendo-as por um preço respeitável; note-se que o livro, de que foram tiradas, custava o equivalente a Cr$ 580,00.

Ainda um outro sucesso envolvendo o nome de Modigliani. Uma galeria milanesa publicou anúncio oferecendo – "*Quarenta e cinco desenhos de Modigliani, apresentados por Lamberto Vitali*", tratava-se do nome de um autorizado crítico de arte bolonhês, provavelmente ilaqueado em sua boa fé. O catálogo dava uma descrição dos desenhos, indicava sua procedência, e a arte de Modigliani era estudada pelo referido Vitali. A marca de Modigliani achava-se neles presente de maneira inconfundível. Montesi entusiasmou-se, indagou quanto custavam: cerca de Cr$ 1.000, cada um; fica estupefato, pois um exemplar daqueles não poderia ser vendido por menos de Cr$50.000. Perguntou à vendedora o que eram eles, realmente, e a resposta foi que se tratava de litografias. Isso era impossível, pois Modigliani jamais executou litografias. A vendedora acabou confessando que se tratava de *litografias, feitas a partir de desenhos, com uma técnica especial*. Pondo-se em campo para tirar a coisa a limpo, Montesi acabou apurando que eram reproduções destacadas de um livro editado por Einaudi, há muitos anos, e que no volume não podiam valer, por unidade, mais do que de 6 a 12 cruzeiros.

Que críticos de arte profissionais possam ser enganados e envolvidos em manobras dessa natureza mostra bem o risco que correm os compradores inteiramente desinformados, e que vão atrás, apenas, da assinatura do artista famoso.

Há que abrir o olho e estar atento, pois coisas desse tipo vão passar a repetir-se entre nós, agora que a movimentação do mercado de arte torna freqüente, aqui, o aparecimento de gravuras dos grandes artistas estrangeiros.

Tomie gravou ou não?

O Estado de S. Paulo, 14 de setembro de 1972

Tomie Ohtake. Cosme Velho Galeria de Arte, Alameda Lorena, 1579, 21 litografias, montadas entre duas chapas de vidro, ou acrílico transparente. Medidas: 50 x 50 cms. Preços: entre 500 e 600 cruzeiros. Tiragem: 30 exemplares, com exceção de uma, de apenas 10 exemplares.

Em declaração à imprensa, Tomie Ohtake, até aqui conhecida pelo elevado nível de suas pinturas e serigrafias, disse a propósito das litografias desta exposição: "*A rigor, nem tenho muito domínio da técnica. Por isso, confio no trabalho de Massuo Nakakubo e Otávio Pereira (Estúdio Urano), que colaboram comigo, num altíssimo nível de execução. Eles têm muita criatividade e eficiência e são fundamentais para a execução das minhas gravuras*".

Não discutimos o nível de execução dos gravadores, apenas não reconhecemos, visualmente, Tomie Ohtake nestes trabalhos. Não sabemos até que ponto terá ido a *colaboração* dos profissionais especializados com a artista criadora, mas a insistência dela, na importância que atribui ao desenho-projeto, de sua autoria, em tamanho reduzido, e que se transforma, depois, de acordo com a mudança da escala, faz-nos supor que isso tenha ocorrido no caso: as litografias teriam sido executadas e ampliadas, pelo Estúdio referido, a partir dos modelos desenhados, à parte, em tamanho pequeno, por Tomie. Estamos no terreno da suposição, entretanto autorizada pelas expressões da autora, inclusive quando fala na *criatividade* dos dois técnicos; mas, a ser ela procedente, não se trata de litografias de Tomie Ohtake, mas sim de litografias de Massuo Nakakubo e Otávio Pereira, *d'après* Tomie Ohtake. Nesse caso, uma teria desenhado fora da pedra, os outros nesta gravado – e a distinção é fundamental, pois *a gravura é de quem trabalha a chapa*.

Com o que não queremos desmerecer a obra, mas apenas situá-la exatamente, pois, apesar de Tomie Ohtake ter uma personalidade tão forte e marcada, a não ser pela assinatura, não a reconheceríamos nestes trabalhos. De execução exatíssima, as litografias são, entretanto, estranhíssimas, por seu colorido sombrio, tão distante das cores características da pintora, e também pelas formas, geométricas demais; nem a idéia do desdobramento de algumas peças, com uma prova colocada na vertical, contra a parede, e outra, a partir da base, inclinada, como imagem refletida no espelho (nºs 5 e 6), pouco acrescenta àquelas produções, opacas e sem vibração. Em geral, elas não nos transmitem a sensação de gravuras, o chapado do colorido parece impresso, mecanicamente, nele não se sente viver a matriz original. As cores, tristes e pesadas, reduzem o sentido da passagem de uma para outra (nº 9), e quando se apresentam vivas (nº 11), parecem cruas. Escapam a estas observações a de nº 13, círculo branco manchado, irregular, sobre fundo preto, que é bem bonita, e a de nº 18, símbolo fálico (de que também há uma versão colorida), na qual transparece melhor a personalidade original da artista[32].

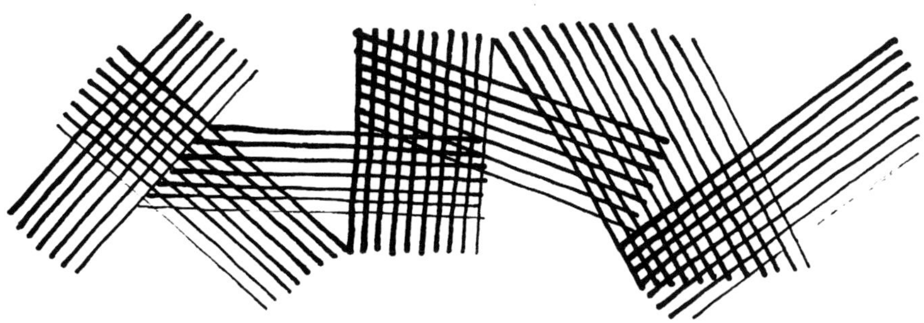

32 Após este texto seguia crítica sobre Antonello L'Abbate e resenha sobre a revista *Arte e Educação*.

Escultura e gravura: o original e a cópia

O Estado de S. Paulo, 4 de outubro de 1972

R. C.A. escreve a esta coluna, a propósito dos problemas implícitos na questão da autoria das obras gravadas, de que temos tratado, para levantar alguns problemas correlatos, mas distintos, que nos parece oportuno discutir, para precisar aspectos que aparentam assemelhar-se, sendo na verdade bem outros. Reproduzimos a parte essencial da manifestação da leitora:

"Tomie gravou ou não?

"Há uns anos atrás li um artigo que contava o processo que a família de um escultor movia contra Renoir, porque na realidade este nunca havia esculpido, mas sim o escultor contratado para executar a obra criada pelo famoso pintor. Terminado o processo, foi considerado o dono da obra o seu criador, Renoir.

"Pena que eu tenha péssima memória, por isto não me lembro do nome do escultor; mas tenho certeza que você já deve ter ouvido falar neste caso, ou pelo menos tem meios de averiguar sua veracidade.

"Os tempos mudaram. Hoje só se fala em trabalho de equipe. Acho que o rumo da arte será o mesmo. As obras se tornarão mais expressivas, fundindo-se capacidades criativas e técnicas, para se obter o resultado final".

*

Em sua aparente simplicidade, essas breves observações estão carregadas de proposições extremamente complexas. Vamos tentar separar as principais:

1 – Na escultura, é freqüente que o artista modele o seu trabalho com material suscetível de ser tratado com as mãos e espátula, como o gesso ou a terra cozida, e em seguida entregue a uma oficina a tarefa de passar aquele molde para material duro – granito, bronze, mármore, o que seja, supervisionando essa transposição, que pode ser no mesmo tamanho, ou ampliada. É normal que o modelo original seja, assim, reproduzido, por uma oficina téc-

nica, em três, cinco, oito cópias, depreciando-se o seu valor financeiro na medida em que aumenta a tiragem e perde-se a possibilidade de controle do número de exemplares existentes. O que não exclui os casos de artistas que, feito, ou não, o estudo preliminar, vão trabalhar diretamente, e sozinhos, bloco de madeira, da pedra ou do mármore, ou os riscam para que sejam desbastados por auxiliares, participando eles da tarefa de acabamento; o mesmo podendo-se dizer das peças que devem ser fundidas. Em todos os casos, a autoria é do criador do modelo original.

2 – A gravura é, por definição, uma obra destinada à multiplicação. Sua função tradicional, no terreno artístico, depois da decoração de tecidos, foi a ilustração de livros, e a confecção de baralhos, antes do surgimento da fotografia. Adquiriu autonomia, em seguida, passando a existir por si mesma, independente de qualquer texto ou finalidade utilitária, mas conservou seu papel vulgarizador. Por destinar-se a existir em muitas cópias, é fundamental, nela, a questão da autoria da matriz, que é aquilo que a individua, pois quem não conhecer as técnicas da gravura não poderá gravar uma chapa, e portanto não será o seu autor. Que a sua tiragem seja confiada a uma oficina profissional, é normal, mas nenhum artista consciente autorizará essa reprodução, sem dar indicações precisas quanto a detalhes técnicos que vão influir na qualidade das cópias – particularmente o papel e a tinta – e é habitual que essa autorização seja feita sob a forma de um *bon à tirer*, registrado numa prova final; pois o próprio artista terá, durante o processo de gravação, tirado *provas de estado*, que lhe permitiram ir acompanhando o resultado do que estava fazendo. Em muitas gravuras antigas encontram-se estas indicações: "Fulano desenhou, Sicrano gravou", distinguindo-se a autoria das duas fases da criação; também foi usual que o artista desenhasse na própria superfície de madeira ou da chapa metálica, vigiando, a seguir, a execução por um terceiro. Os problemas de natureza técnica envolvidos na criação de uma gravura, a variedade de processos que podem ser usados e combinados, tornam-na uma atividade apaixonante, e que abre tantas possibilidades inventivas, que nenhum autêntico profissional transferirá a outrem todos os encargos em que ela implica, ausentando-se por inteiro, contentando-se, afinal, em apor seu nome a cópias, que atestam a fecundação da matriz, reproduzida em filhos que outrem gerou.

3 – Sempre houve trabalho em equipe, no terreno artístico, e também abusos disso decorrentes. Muitos mestres da pintura limitam-se a esboçar seus grandes painéis, cujos espaços marcados eram preenchidos por discípulos, que assim aprendiam o ofício desde o início, até

adquirirem autonomia; é freqüente encontrarmos, nos museus, quadros com a indicação – *Escola tal, ou qual*, pela impossibilidade de individuação da autoria. O mesmo pode dizer-se quanto à escultura, e os ateliês de gravura, em que vários artistas trabalham em equipe, trocando experiência, são igualmente comuns. Isso é uma coisa. Outra coisa é um artista, que fez nome numa atividade determinada – como por exemplo a pintura – mas que não sabe gravar, ou tem preguiça de fazê-lo, ou não quer perder tempo com uma atividade menos remuneradora que a confecção de um quadro a óleo, assinar, como se fosse sua, uma gravura inteiramente feita por outra pessoa. Com assiná-la, ele não se torna o seu autor, como nenhum de nós, assinando um exemplar das atuais notas de cruzeiros em curso, não nos tornamos autores das gravuras do Aloisio Magalhães.

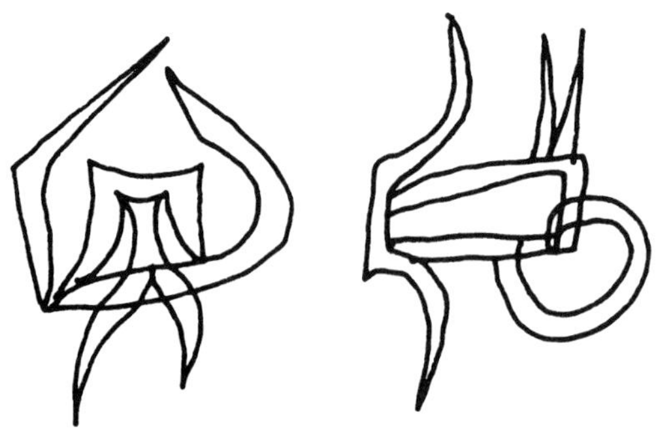

Os rinocerontes

Jornal da Tarde, 7 de novembro de 1972

Estamos aparentemente, em um período de desespero nas artes em geral, o que se evidencia de maneira mais nítida nas artes plásticas. Cresce, nesse meio, o número de manifestações auto-destrutivas e auto-negativas, e vemos proceder-se à degradação do objeto artístico. No terreno das especulações, surgem teorias segundo as quais importa mais o processo do que o resultado da criação, também havendo quem recuse a aceitação, nesse terreno, de juízos de valor; em face do que, não mais haveria o belo e o feio, o fino e o grosseiro, a novidade e a repetição: depois de Deus, também a estética estaria morta.

Antonio Bueno Vallejo, existencialista espanhol, escritor teatral, autor de algumas tragédias, tem, a respeito desse tema, uma posição especial, cujo sentido pode ser transposto para outros terrenos. Diz ele: *"Em geral, todo escritor escreve porque espera. Uma literatura desesperada é uma contradição em termos. Não pode haver literatura desesperada. Mesmo uma tragédia desesperada é uma contradição em termos. Não há tragédia desesperada. Um escritor sem esperança não escreve. A tragédia supõe que o tema da esperança seja afrontado tal como ele é, sem ilusões bobas. Mas com esse elemento purificador, como disse Aristóteles, que é a catarse"*. Para Vallejo, o essencial da tragédia é que toque nos enigmas mais profundos do homem, do contrário, mesmo que tenha um desenlace trágico, não é uma tragédia; nesse sentido, as tragédias são a expressão de uma esperança que duvida, de uma fé vacilante – pois os homens são seres constitutivamente formados de uma esperança insegura de si mesma. E mais: "*a tragédia é a expressão de uma pergunta que não só não pede resposta, como se esgota no formular-se*". E ainda esta bela proposição: "*em toda arte se tateia a transcendência, contando com a cumplicidade de alguém*".

A referência a Aristóteles, no que respeita ao papel intimamente purificador da expressão artística, envia àquela consideração, segundo a qual a tragédia é uma imitação da ação, que por *meio da comiseração e do temor, provoca a purificação de tais paixões*. A generalização desse conceito às diferentes formas de criação artística, valoriza-as exatamente como formas de libertação e de superação de condições de vida agressivas, mediante uma oferta de harmonia e emoção, refúgio contra as dissonâncias ambientes.

Ora, se hoje pululam, nos meios artísticos e particularmente nas artes plásticas, pessoas desesperadas, não se pode falar, também em relação a elas, em arte do desespero, pois este não conduz a nada; ele é uma afirmação de vazio, enquanto que a obra de arte, depois de passar por um processo de criação, cristalizou-se em algo, que ficará como aquele elemento mediante o qual o artista, contando com a posterior cumplicidade de alguém, tateia a transcendência.

No momento a partir do qual o artista se entrega ao desespero, ele desaparece como tal; nada mais vai criar, pois a criação é um ato de fé, tecido de fina malha de contradições. A obra de arte pode, em qualquer setor, refletir condições de angústia, de perplexidade e de desespero, porém ela mesma, ao completar-se, é uma afirmação de valor, é um gesto vital. Por isso a criação é inseparável do sofrimento – o que não significa não seja ela, simultaneamente, um brinquedo realizado com os elementos mais fugazes e imateriais: palavras, gestos, o perpassar de um pincel, notas soltas de piano.

A confusão que largamente se vem espraiando – ocasionada, simultaneamente pela repentina popularização de realizações artísticas, que antes eram mantidas trancadas em museus estáticos; pelo surgimento de uma multidão de novos materiais, não possuidores de tradição, mas suscetíveis de utilização no campo artístico; e por essa anarquia intelectual que vem sendo uma das formas de defesa do espírito, contra a brutalização da vida urbanizada – essa confusão consiste em supor que, não havendo limites para a liberdade, no domínio da criação artística, tudo aquilo que é criado possuiria o mesmo valor. Engano ingênuo, ou desilusão amarga, de quem invadiu ocasionalmente uma esfera de ação, em que não estava preparado para atuar nem nada tinha a fazer nela; ou demissão dolorosa, de quem atingiu o próprio limite, desnorteou-se com o excesso de liberdade, ou capitulou em face da veemência de pressões externas.

Realmente, são tremendas as coações das quais necessita defender-se, hoje, o artista, para resguardar o seu ambiente de trabalho; pois para este ambiente o seu cérebro vai levar os sinais da degradação política, econômica, moral e cultural do meio circundante, e é preciso que ele, ao pôr-se a trabalhar, seja capaz de despejá-lo de todos esses detritos. Um Volpi consegue isso. Milton Dacosta consegue. Outros conseguem. Mas a maioria das pessoas sente-se literalmente esmagada sob o tropel dos rinocerontes, e não encontra outra solução que não seja incorporar-se à avalanche destes, rinocerontizando-se em massa. Ao perderem a qualidade humana, é natural que passem a supervalorizar sua nova condição animal, e queiram medir, pelo metro da animalidade, os padrões humanos de que se despiram, e que por isso lhes parecem, agora, desprezíveis.

Assim se processa, psicologicamente, um curso de idéias que devem conduzir, ou podem conduzir, à instituição dos dejetos como valor supremo, a pura coprologia sobreposta à Literatura.

Mas a arte, que se fez e se manteve, cercada sempre de inimigos e adversidades, perseguida na pessoa de seus criadores, destruída pelo vandalismo que a intervalos desaba sobre a História, vai manter-se e atravessar este triste período do qual, ademais, permanecerá como testemunho.

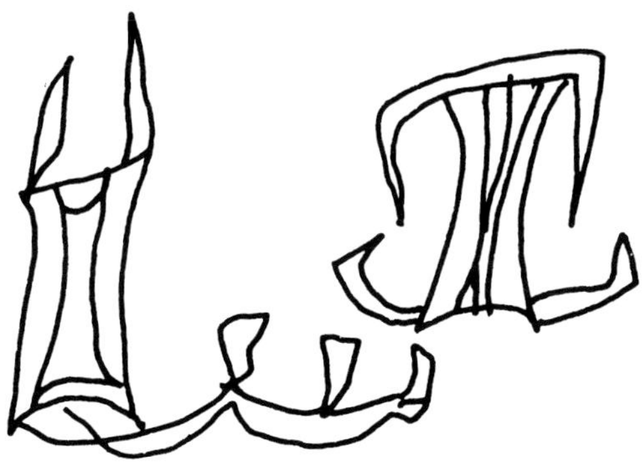

Das bananas em cacho ao cacho de artistas

O Estado de S. Paulo, 23 de dezembro de 1972

Antonio Henrique Amaral

– 20 óleos sobre tela – Tamanhos: de 0,80 x 0,60 cm a 2,00 x 1,50 m. Preços: de Cr$ 3.500 a Cr$ 17.000 – Galeria Bonfiglioli, rua Augusta, 2.995, aberta das 14 às 22 horas.

Escrevendo sobre a presente exposição, Delmiro Gonçalves registrou: *"Nesta sua última fase, os frutos adquirem uma grandeza, uma dramaticidade até então insuspeitadas, principalmente em seus últimos trabalhos, a que acrescenta um elemento novo, a corda enrolada às bananas".*

De seu lado, o artista, falando à imprensa, disse, a respeito do material que utiliza:

"*Óleo sobre tela belga. Não gosto de acrílico e acho que todo pintor deve escolher, muito bem, o material sobre o qual pinta. Tela de algodão ordinário é um desrespeito ao comprador*".

Antonio Henrique Amaral, que expõe desde 1958, e que este ano obteve o prêmio de viagem ao estrangeiro do Salão Nacional de Arte Moderna, tem uma experiência como gravador, e desde há quatro anos vem se empenhando, na pintura, em tratar, como tema, a banana, isolada ou em cacho.

Com esta mostra chega ele ao ponto mais alto dessa sua exploração, principalmente nas telas de grande tamanho. Sente-se, nestes quadros, o ímpeto do artista atirado com paixão à sua tarefa, é visível o apetite com que trabalhou, a desafiadora audácia com que se jogou no trabalho de criação. Assim, *Momento Sul III*, de amplas dimensões, e que é algo novo em pintura, mostra toda a ousadia com que o autor se empenhou na realização, com ela imprimindo sua forte marca no nosso universo plástico.

*

A temática, que antes se resumia às bananas propriamente ditas, agora foi acrescida da presença de cordas, que ora enforcam os frutos, ora os suspendem, como na invenção de *Sus-*

pensa II, onde duas bananas estão sendo como que transportadas. A intimidade do artista com o seu assunto chega ao ponto maior em *Na Corda* e em *Grande Detalhe*, nos quais entrevemos os mistérios da germinação, nas frinchas recônditas em que ocorre a frutificação, junto às ramificações pedunculares do tronco – são belas transposições e revelações dos segredos da Natureza, em sua fantasia elaboradora.

A presença das cordas parece ajudar, por essas artes que só a arte explica, a criação da atmosfera dramática que se respira nos maiores quadros desta exposição, o que pode exemplificar-se com *Manietada*.

Esbanjando-se tão completamente nas superfícies amplas, em que se espojou a gosto, o pintor parece dar-se menos nas telas de proporções mais reduzidas, do que decorre que o efeito nelas obtido é menos convincente, como em *Suspensa III*, que ficou algo caricatural, com seu aspecto de dentadura à mostra. Ninguém pode prever aonde conduzirá o desenvolvimento de um raciocínio plástico, mas se a visita a esta galeria evidencia a existência de um pintor de estatura, de outro lado saímos com a impressão de que aquela temática deu o que tinha a dar a seu explorador[33].

33 Após este texto seguia resenha de *Artes-Reportagem*, publicação de Luiz Ernesto Machado Kawall.

Mecanismos parados, relógios e vísceras

O Estado de S. Paulo, 28 de abril de 1973

Jeanete Musatti

– 30 obras: desenhos em guache e acrílico e estruturas em metal cromado ou oxidado – Preços, entre Cr$1.500,00 e Cr$ 15.000,00 – Museu de Arte de São Paulo, Av. Paulista, nº 1578, aberta de terça-feira a domingo, das 14 às 18 horas, até 5 de maio.

Na apresentação do catálogo, o diretor do MASP, P. M. Bardi, ressaltando a limpeza da idéia plástica e a seriedade da execução destes trabalhos, assinala: "*Seja como for, o brilho do metal e do aço, o modular do acrílico, os parafusos, os motorzinhos, a eletricidade, o som e quantas outras atrações insistentes do cotidiano sugerem a compilação de uma plástica afim à atmosfera de respiro contemporâneo*".

Nos desenhos, realmente limpos e exatos, a artista pôs-se a inventar estruturas de máquinas, que podem semelhar uma rotativa, como em *Cyborg IX*, ou constituir engenhosas engrenagens de desconhecida aplicação. A série é em preto e branco, com pequenas aplicações de cor, tal como um discreto amarelo ou vermelho, e o colorido é também nítido. Em *Cyborg IV* a construção é como uma torre e o nº *VIII* semelha ave de amplo bico. O trabalho é feito com elegância e o resultado algo inquietante; perguntamo-nos se realmente existirão tais geringonças e qual a sua destinação.

Numa segunda série, feita em acrílico, tinta acrílica e guaches sobre papel, surge uma ordenação menos ascética, em esferas, com pequenas aberturas, através das quais temos uma amostragem de vísceras ou gráficos, alternadamente. Estas obras em geral não têm título, pelo que não podemos individualizá-las, mas nelas propõe-se reiteradamente a figura do pêndulo, inclusive com efeito de relevo, dado pelo distanciamento da placa externa de acrílico. Lembram-nos os velhos relógios de parede, mostrados em seus mecanismos interiores; são coisas imaginosas, algo perturbadoras, traduzindo a insatisfação da autora, e que, de repente, exibem, em contraste direto, representações de matéria orgânica.

A terceira série é constituída de estruturas de metal, e a primeira coisa que nelas nos choca, é que não se movimentem; no noticiário da exposição havia referência a *uma* obra cinética, alentada por maquinismo de relógio, mas quando lá estivemos todos aqueles austeros engenhos estavam parados, sem exceção. A passagem dos desenhos para estas esculturas deve ter surgido como uma necessidade lógica, são linhas de trabalho intimamente relacionadas. Aqui, a oposição entre a secura da estrutura e a vida que se quer sugerir, é obtida através do acasalamento do liso metal, oxidado ou cromado, com pedras naturais de enroscado desenho interno, como no nº *IV*, em que há aplicação de ágata, e principalmente o nº *I*, em que entram ágata e cristais de ametista, uma escultura-jóia, realmente preciosa.

Pareceu-nos que o desenvolvimento dessa linha de aplicação pode levar a artista a aprofundar a construção de suas máquinas, dando-lhes a vida que elas estão pedindo, e que é movimento. Por que não voltaremos a ter complexos conjuntos de relojoaria, brinquedos funcionais ou não, marcando o tempo habitual ou tempos outros, e mostrando-se-nos em seu intrigante oscilar, no vaivém das hastes, nos mistérios do prumo e das rodas conjugadas?[34]

34 Após este texto seguia resenha do livro *Pennacchi – Quarenta Anos de Pintura*.

O artista Pennacchi, um populista místico

O Estado de S. Paulo, 3 de maio de 1973

Fulvio Pennacchi: 40 Anos de Pintura

– Retrospectiva, reunindo 152 trabalhos a óleo, guache, carvão e acrílico, inclusive 8 auto-retratos e 4 afrescos, ademais de numerosas cerâmicas, não relacionadas no catálogo – Museu de Arte de São Paulo, Av. Paulista, 1578, aberto das 14 às 18 hs.

O artista é assim situado pelo diretor do MASP, P. M. Bardi:

"Os afrescos de Pennacchi nas igrejas e capelas paulistas, e em sua própria casa, têm, como é natural, um sabor de Itália; mas particularmente, da Toscana: a composição simples, as figuras bem narradas psicologicamente, a paisagem suave, atitudes suadentes [sic] *de um misticismo cordial",* um desses grilos habituais na composição impressa, deve haver colocado esse inexistente adjetivo no lugar de *suarentas* – supomos.

Valério A. Pennacchi, que no mesmo álbum-catálogo da exposição faz, sobre o pintor, um bem conduzido ensaio crítico, ressalta estes seus antecedentes e características: executou decoração floral, publicidade e arte funerária; teve sempre atração pelas cenas campestres; impregnou-se fortemente do ambiente da primitiva Toscana; em suas obras, nada há de teatral, mas sim a efusão de uma religiosidade, que impressiona; a atmosfera habitual dos quadros é de melancolia; neles, predomina o claro-escuro. A realização de maior vulto de Pennacchi foi, juntamente com o engenheiro L. Pettini, a Igreja de Nossa Senhora da Paz, da qual participou da concepção do projeto arquitetônico, nela executando murais-afresco e uma Via-Sacra em cerâmica maiolicada.

Diante de uma retrospectiva como esta, podemos perguntar-nos se nas mostras do gênero o critério deve ser o de mostrar *tudo* o que o artista fez (não quantitativa, mas qualitativamente, é evidente), ou se será preferível selecionar, ao longo de sua criação, o que de melhor houve nela. A primeira alternativa permite, sem dúvida, melhor conhecimento do autor; mas a segunda talvez contribuísse para que dele se fixasse o aspeto mais válido.

A si mesmo, Fulvio Pennacchi, que na pintura realizou estudos acadêmicos, apresenta-se como um autodidata no afresco e na cerâmica, esta última nascida por iniciativa de Paulo Rossi Osir. O traço principal desta personalidade é a solidão. Queixa-se: "*No período de 1954-1962 fiquei completamente isolado e nunca fui convidado a tomar parte em qualquer mostra de arte*"; dois trabalhos seus foram recusados na 1ª Bienal, à qual não voltou a apresentar-se; em 1969, quis concorrer ao 1º Salão Paulista de Arte Contemporânea, mas o júri, que incluía Flávio de Carvalho e Samson Flexor, recusou-o. "*Na minha solidão* – diz ele – *continuarei a ser eu – continuarei a pintar e com exceção de alguns murais, pássaros e cinzeiros, nada mais me era possível vender*". Dura vida para um pai de oito filhos, que chegou ao Brasil em 1929, com 24 anos de idade, entrando a trabalhar como açougueiro, condição de que foi tirá-lo o escultor Emendabili, ao ver os desenhos que ele fazia no papel de embrulhar carne.

Entre a Itália e o Brasil

Em sua terra, concluídos os estudos, Pennacchi começara a pintar em 1928, e a exposição apresenta, de 1929, cinco paisagens bem típicas da região toscana – *Vila Collemandina e Campos Cultivados* – região que é o repositório de muito do que a Itália tem de melhor em matéria de artes plásticas, e que se vê em Florença, Arezzo, Siena e outras cidades próximas; os afrescos de Masaccio, entre outros, não podem deixar de havê-lo impressionado. Será apenas por associação de idéias, que temos a tentação de relacionar os vales do Ombrone, com o sombreado e o claro-escuro destas pinturas?

A verdade é que se trata de um homem triste, operoso, místico sem embargo de apegado ao chão – como se vê no desenho nº 11, *Ressurreição de Cristo*, de 1931. Há, ao longo dessa obra, uma procura de simbiose entre o camponês italiano e o caipira brasileiro – nº 29, *Paisagem Brasileira*, de 1938, tão assemelhada a outras, italianas, do mesmo ano; mas, como ele veio para o Brasil com a personalidade já formada, a mesma vai sustentar-se enquanto ele não romper de todo com as suas raízes originais, enquanto a cultura italiana o impregnar, enquanto não sucumbir inteiramente à tentação de trocar o populismo peninsular, tosco e grosso, pelo alegre e superficial primitivismo brasileiro. Em 1939 vemo-lo tratando o óleo de maneira esponjosa, como em pintura para parede.

Nos estudos a carvão, de 1936/37, mostra que é um retratista que apanha rapidamente os traços da figura, e na série das *Obras de Caridade*, 14 pequenos painéis, a ambiência é escura, como enfumaçada. No nº 31, *Música Sacra, Música Profana*, de 1938, o óleo é trabalhado de maneira muito fina, assim como no nº 35, *Ceia de Camponeses Italianos*, de 1939, dominada por sutil aura religiosa; dez anos depois de aqui chegado, ele continua a ter diante dos olhos a gente em cujo meio nasceu e os ambientes de que procede.

Pouco depois, em 1942, as figuras passam a se multiplicar, sendo que de 1943 há o nº 49, *As Fofoqueiras*, uma idéia bem engraçada. São poucas as paisagens propriamente ditas, mas além de outras, o nº 53, de 1943, *Paisagem Brasileira*, é muito luminosa em sua simplicidade. Pennacchi é o pintor da religião naquilo que ela tem de popular, e por isso ele se dá tão bem com a figura de S. Francisco – *nº 43,* de 1942 – sendo que no mesmo ano realiza com muita felicidade a cena das figuras em uma ruela estreita. Aquela alternância das cenas da vida da gente pobre italiana e brasileira continua a propor-se em seu espírito, como se constata nos nºs 73 e 74, de 1947, respectivamente *O Emigrante* e *Os Retirantes*; de 1948, a assinalar, a graciosa *Aldeia*.

Da década de 50 há uma série de pequenos desenhos humorísticos, e nesse mesmo período são feitos diversos estudos com elementos abstratos. Desde 1951, parece acrescer-se o interesse pelos ingênuos festejos populares do interior brasileiro, multiplicando-se as reduzidas figurinhas.

De 1962, o nº 89, *Arredores de Uruguaiana*, é uma paisagem bonitote, mas já *As Barcas*, de 1969, nº 113, é um quadro feioso: o artista está começando a usar o acrílico, que não tem a dignidade nem o mistério do óleo, e que em sua aparente facilidade vai comprometer a atmosfera rude, rural, religiosa, que marcava a linha de continuidade desta produção, embora, com esse material, tenha saído perfeita uma miniatura, de 1964, *Aldeia em Azul*, nº 94. Mas bem mais forte é o óleo 105, de 1963, *Anunciação Toscana*.

De 1972, o nº 127, *As Mulheres*, é grande e de mau gosto, e o mesmo se pode dizer da *Família*, do mesmo ano: a resina sintética com que foram pintadas, nada tem de comum com os verdadeiros terras, com a porosidade das paredes trabalhadas enquanto ainda úmidas, ou com o apelo sensual do barro que está sendo modelado. Simultaneamente ao enfraquecimento da tinta, as cenas populares guardam cada vez menor ligação com as origens do artista, encaminhando-se para esse primitivismo festivo que tem desorientado tantos artistas nacionais; já não se nota mais nada em comum com, por exemplo, aquela *Anunciação*, de 1947, terrosa, gorda, saborosa.

Há que assinalar, ainda, a boa série dos auto-retratos, em número de 7, nos quais deve-se registrar a particularidade de que somente em um, de 1945, o artista se retrata de frente – em todos os mais ele tem o rosto torcido, e se olha de esguelha. Também é preciso registrar a importância da sua contribuição na cerâmica, de marca bem pessoal, sem embargo de não esconder a identificação do criador com as raízes dessa arte de gosto legitimamente popular; nessa série, merece destaque a *Via Sacra*, de 1953/54. Assinale-se, afinal, que são raríssimos os nus apresentados.

Enfim, Fulvio Pennacchi deve estar contente – ou estará intimidado? – por haver saído da sombra em que, por culpa alheia ou não, por tanto tempo se manteve, podendo dar ao público paulistano uma tão completa e convincente exibição do que fez em 45 anos de atividade artística no Brasil, qual esta sua retrospectiva no Museu de Arte.

Paisagens intimistas, retrospectiva Rebolo

O Estado de S. Paulo, 12 de maio de 1973

F. Rebolo Gonsales

– Mostra Retrospectiva de 40 Anos de Pintura – 320 obras, entre óleos, guaches, desenhos, monotipias e gravuras – Museu de Arte Moderna de São Paulo, Parque do Ibirapuera (sob a marquise). Aberto: de 3ª a 6ª, das 15 e 30 às 22 horas; sábados e domingos, das 14 às 18 horas; fone: 70-3774.

Referindo-se à primeira década em que Rebolo se empenhou em sua atividade artística, Delmiro Gonçalves, que apresenta o catálogo desta exposição, diz que ele era então "*um jovem pintor que estava em plena descoberta de sua arte, dessa descoberta que o levou às suas paisagens simples, puras, ingênuas (no sentido elevado da palavra), da descoberta dos subúrbios de São Paulo, da cor paulista, o primeiro que compreendeu e que nenhum depois soube transmitir tão bem, a tristeza dos nossos cinzentos sujos (...) com seus ocres avermelhados e apagados, com seus verdes pobres*".

O catálogo-álbum desta retrospectiva, que é um belo documentário sobre o artista, inclusive pelas esplêndidas fotografias de Dulce Carneiro, reuniu uma série de depoimentos e de críticas que ajudam a conceituar a obra de Rebolo. Dentre estes, citaríamos um trecho do que sobre ele escreveu Sérgio Milliet, com a acuidade de sempre, em 1961: "*Trata-se de um impressionista, sem dúvida, pelo seu desapego ao desenho, mas um impressionista que renova sua técnica, aproveitando as licenças da linguagem de hoje*".

Rebolo é um dos artistas-operários do Grupo Santa Helena, que, graças à aplicação, à sensibilidade e ao convívio com outros, se elevaria da condição de artesão, à de autêntico e livre criador. Filho de trabalhadores, ex-pintor de paredes, fez apenas o curso primário, e essa formação escolar precária o marcará fundamente, ao tomar contato com o meio intelectual paulistano, pois vai sentir-se numa posição menor, armado de parcos instrumentos para a própria afirmação, em um meio tão competitivo. A ausência de cultura literária é, nele, suprida com vantagem por uma inteligência intuitiva muito grande, uma sensibilidade excepcional, uma pureza que não exclui a malícia, e caráter como só os espanhóis sabem ter.

A visitação desta sua panorâmica deve ser feita a começar da parede esquerda do pavilhão direito do MAM, de modo a acompanhar-se a evolução da carreira do artista. Logo depois dos primeiros quadros, fica evidente que se trata de um pintor intimista, com muita exigência no terreno estético: é arte de gosto seguro e discreto, de muita finura e ele quase não necessita dos elementos externos, senão como pretexto, pois pinta mesmo é com a alma (nº 10), a qual porém é muito perspicaz (veja-se o minúsculo nº 19).

Desde que começa, assinala-se por uma excepcional simplicidade – *Casa de Pescador*, 1934 – comovido com os arrabaldes recatados que São Paulo então oferecia – *Canindé*, 1935 –; do mesmo ano, o fundo de seu ateliê, *Rua XI de Agosto*. Mas, quando sai da cidade ensimesmada e de recantos angulosos, e ganha o ar livre do interior, a luz explode em sua tela – *Fazenda do Prada* – dominada com maestria.

Paisagista até o fundo da alma, ele é, entretanto, muito humano de corpo, e vai anotando, como registros de vida, as cenas de vida que o cercam – *Jogando Cartas*, de 1936, *Pelada*, do mesmo ano, *Lavadeiras*, de 1937. *O Operário*, nº 11, é um retrato decente, mas não é infreqüente que as figuras saiam duras, como na *Cena de Jogo num Bar*, de 1938. O ideal, nesta arte, é que os personagens compareçam como simples acidentes geográficos, como na *Mulher na Estrada*, nº 13, em que ele é apenas o pretexto para uma pequena mancha mais escura; colocação perfeita dos personagens na ambientação vegetal dá-se em *Camponeses*, nº 15.

Os temas que realmente saem na respiração de Rebolo, e que vêm do mais íntimo de sua necessidade poética, são a terra, com todas as suas nuanças de tons e entre-tons, o céu sempre cambiante, os reflexos de beira-d'água (nº 19). Ele alisa as curvas do dorso das colinas, com dedos que buscam sentir o seu aveludado, pois se trata de um sensual.

Vivendo em um meio extremamente polêmico, e trabalhando, durante boa parte de sua vida, em contato com escritores e colegas de variada contextura, ele não pode, às vezes, deixar de mostrar que *também* é capaz de realizar coisas que outros fazem. *O esforço para fazer* é visível no nu, nº 25; pode realizar um bom retrato, como o nº 36, embora o modelo, no caso, seja em si mesmo caricatural; chega a ser elegante, como no *Auto-retrato* nº 39; mas o problema da relação entre o desenho, que para ele é um preconceito, e a pintura, que é um sentimento, manifesta-se bem na *Mulher Sentada*, de 1939, quando não contente com a marcação da figura através da diferença de coloração entre a carne e o ambiente, calca-lhe todo o contorno com uma linha de reiterada definição.

Rebolo é capaz de fazer exercícios felizes com naturezas-mortas e vasos de flores, mas ele se sente bem, mesmo, é ao ar livre. Nos seus retratos de modelos a impressão freqüente é a de que os mesmos estão posando para uma fotografia: o pintor não consegue livrar-se de sua presença. A *Natureza-morta* de 1940 é bela, cezanneana, mas a *Mulher e Jarro de Flores*, de 1941, é forçada e não convence. Para contradizer nossa tese, sai-lhe, de repente, uma *Mulher*, de 1942, tão etérea como se fosse de *Guignard*, ou do antigo Cícero Dias.

Estávamos, nessa visita, olhando o *Auto-retrato*, nº 80, de 1944, em que o pintor se vê como Mocinho, quando a Light, coisa que faz freqüentemente com o Ibirapuera – sede da Prefeitura, de 4 museus, e no momento também da Feira da Bondade, que para lá leva muitos milhares de pessoas – apagou as luzes do parque.

Tivemos que interromper a visita, com a esperança de poder retornar, para concluí-la.

Impressão-expressão: retrospectiva Rebolo – 2

O Estado de S. Paulo, 19 de maio de 1973

Não vamos prosseguir, na forma inicial, o exame de quadro por quadro, da retrospectiva Rebolo Gonsales no MAM; não só porque uma vez interrompida a seqüência de desafios, que vão e vêm das telas aos olhos, é muito difícil repor a estes a condição de que foram retirados – como porque essa mostra dá margem à discussão de algumas questões de caráter mais geral, que interessa debater. Na carreira de Rebolo, elas se propõem com bastante destaque.

A principal delas constitui um problema delicado, sendo difícil escolher por onde pegá-lo; mas, no fundo, trata-se do assunto do relacionamento entre o artista e o público: como se estabelece, como e por que se interrompe, como comportar-se o artista em face das reações que provoca.

Cada amador de arte é um juiz e crítico das obras que o cercam. Ele possui, em conseqüência, critérios pessoais de julgamento e de seleção, firmados na cultura que se formou, em matéria de artes plásticas. Mas, em face da linha de atuação de cada artista, o amador vai, inevitavelmente, escolher na base dos elementos estabelecidos pelo mesmo artista.

Em linhas grossas, desprezados muitos detalhes importantes, esta retrospectiva pode ser dividida em três fases marcantes: a saber, a primeira, que vai do início (1934), até antes da viagem à Europa (1955); a segunda reflete o impacto da pintura européia, principalmente italiana, sobre o suburbano artesão, sensibilíssimo, que daqui saíra completamente virgem de contatos com outros meios citadinos, que não o Canindé ou o Morumbi, e que de repente dá de cara com as milenares fachadas de Roma, com ambientes tão estrangeiros quanto Viena ou Veneza, e toma conhecimento, de um só jato, das montanhas de pinturas armazenadas nos museus europeus; a terceira, que se exibe a partir de 1965, resulta da transposição, para a pintura, da experiência que Rebolo, entrementes, e por artes de Marcelo Grassmann, fez com a gravura em madeira. Essas três fases, menos secamente delimitadas na verdade no que neste texto – há idas e vindas, retornos, inevitáveis experiências – realmente podem ser assinaladas.

O que nos parece menos indiscutível, é o juízo de valor segundo o qual, ao longo desta produção, a fase impressionista constituiria de tal maneira uma conquista pessoal insuperável, que a partir dela os outros caminhos andados foram descaminhos, pelos quais o artista se teria perdido. É preciso ter em conta que a maneira primeira, tão espontânea e pura de Rebolo fixar na tela o seu amor pelo mundo, não teve, ao tempo, o menor reconhecimento público: ele não vendia, seus quadros não tinham cotação, cumprindo-lhe ganhar a vida em outras atividades profissionais. De repente, quando ele mudou *o seu modo*, o público sentiu o choque da passagem, e teve saudades das leves, etéreas paisagens a que estava acostumado, mas que exatamente porque elas lhe pareciam coisa habitual, a elas não dava maior valor: foram valorizadas, pelos amadores, que já as haviam absorvido, a partir do momento em que o pintor, com razão ou sem razão, progredindo ou regredindo, cortou o antigo relacionamento, e se propôs de maneira nova.

O fenômeno é patente no caso de Rebolo, mas ocorre com freqüência na carreira dos artistas: Volpi, por exemplo, teve que teimar anos e anos, até fazer respeitadas as suas bandeirinhas, que quase ninguém queria aceitar, dado o abismo existente entre elas e a sua pintura tradicional.

Não estamos dizendo que o artista tenha sempre razão, quando passa de uma a outra *maneira* de trabalhar; pode ser que piore. Mas a questão está em que, para o criador, não se trata de ter ou não ter razão, em confronto com fatores objetivos, nem ele pode comparar aquilo que já faz, com o que está em caminho de efetivar, e que nem para ele é ainda evidente. O criador é um escravo da exigência de criação, ele tem é que olhar para dentro de si mesmo, e não ficar atentando para os olhares aprovadores ou reprovadores, dos que o cercam; neste último caso, sim, estará definitivamente perdido.

Voltando ao ponto de partida: as pessoas que, de modo perfeitamente compreensível, preferem o impressionismo inicial, ao quase expressionismo de quadros como *Lembranças do Canindé Antigo*, de 1965, onde, como na gravura, o suporte foi recoberto de uma camada de preto, que em seguida vai ser parcialmente retirada, para revelação do verdadeiro colorido – estão jogando com dois dados fornecidos pelo artista, e somente por isso podem pronunciar-se. E, se não tivesse existido a fase anterior, seria tão seguramente negativo o juízo sobre a fase posterior?

Talvez estejamos tentando demonstrar algo óbvio. Mas temos a impressão de que o fundamental, no comportamento de um artista, até hoje não foi perdido pelo artista Rebolo: a sinceridade, o dar-se todo àquilo que faz no momento, a franqueza da postura.

É impossível querer que um pintor – que em sua afirmação inicial é uma autêntica e deslumbrada criança – guarde, ao longo da vida, das influências que sofre, dos contrastes com que se defronta, das experiências que não pode deixar de fazer e do duro exercício a que se submete, a mesma candidez do momento em que nela eclodiu a necessidade artística. Aquele que conseguir assim preservar-se, será provavelmente um cretino.

Enquanto criador, o artista arrisca-se permanentemente, ele nasce e morre em cada obra, para em seguida retomar um caminho, que só ele pode saber qual será, e isso mesmo à medida em que o for palmilhando. Tal, para nós, o principal mérito desta retrospectiva: cada qual escolherá, nela, os quadros ou as fases que prefere, mas Rebolo nela está, do princípio ao fim, íntegro. (Falamos sempre da pintura, ele é fundamentalmente um colorista, o desenho e a gravura, artes gráficas, nada têm a ver com seu temperamento, e não necessitavam ter recebido um tal destaque quantitativo, nesta exposição.)

O desenho infinito

Jornal da Tarde, 21 de agosto de 1973

As conseqüências concretas de uma atividade que, em si, é branda e fluida. As graves repercussões políticas, de uma atuação de aparência neutra. O ir e vir recíprocos, entre as áreas do racional e do irracional. Eis três aspectos da dialética arquitetônica, que surgem nas proposições do diálogo sobre o assunto, travado entre o escritor Salvador Paniker e o arquiteto Francisco Saenz de Oiza, e incluído na coletânea *Conversaciones en Madrid*, de autoria do primeiro.

Veja-se este modo de colocar e desdobrar o tema:

– *O que alguém conquista, para lá da razão, passa, uma vez conquistado, para a zona do racional?*

– *Penso que sim. Essa possibilidade, por exemplo, de sobrepor várias perspectivas de um mesmo rosto, inventada por Picasso, é hoje, todos os dias, aplicada na televisão.*

Quem tem experiência de trabalho em artes plásticas sabe que, nelas, inexiste uma fronteira entre o racional e o irracional. A imaginação, durante o processo criativo, passa tranqüila e necessariamente de uma área para a outra. A sensação da ocorrência desse fenômeno, que se manifesta com naturalidade, tem, entretanto, um fundo perturbador, pois percebe-se como é frágil a aparente separação dos dois estados, e não podemos deixar de perguntar-nos: e se, uma vez espraiados no território da fantasia acima-da-razão, não conseguirmos mais voltar para o chão firme das certezas verificáveis? E se nos submergirmos de vez na imprecisão das suposições, dispensadoras de toda objetividade, para cair no delírio incontrolável?

O risco existe, e sem corrê-lo o artista não transformará o inexistente em existente: é uma aventura emocionante imaginar cores que, uma vez agrupadas, terão um sentido completamente diverso do de cada uma delas em separado, e graças a cuja aproximação vai nascer uma realidade nova; assim também com a tentação, difícil de ser recusada, de, deliberadamente, romper as leis de equilíbrio plástico, colocando o centro do quadro num dos cantos do mesmo, desrespeitando a lei da gravidade visual, e entretanto obtendo que o equilíbrio quebrado se refaça no olho do espectador, mediante um jogo compensatório de massas e linhas. E o importante é que, uma vez isso conseguido, em casos concretos, vai, mesmo, instalar-se uma nova visão estética, os homens começarão a ver de maneira diferente daquela a que estavam acostumados e irão, também, comportar-se diferentemente, levando para outros campos aquilo que aprenderam neste. É o que Francisco Saenz de Oiza está dizendo quando mostra o aproveitamento, em máquina fundada em técnica especializada, da intuição revolucionadora de um artista, atingida em seu ateliê, ao riscar e colorir uma tela que aparentemente terminaria dentro de seus mesmos limites. Mas a conversa continua, e vai voltar-se, especificamente, para a arquitetura:

— ... o homem é um ser que vive, e a vida é movimento e o movimento é mutação. O arquiteto que queira dar forma à imobilidade do homem fixo, estará dando forma a um cadáver. Viver é variar. Entretanto, não posso saber qual será a exigência dos homens de amanhã; mas ao dar forma aos pedidos do homem de hoje, devo ter em conta a trajetória da parábola descrita pelo ser humano. No contexto dessas idéias, o desenho não termina nunca. De certo modo, quando o artista dá forma ao objeto do desenho, mata, com essa interrupção, o processo criador; pois o processo criador é contínuo e ininterrupto.

— Nesse sentido, a obra terminada deve dar sempre uma sensação de derrota.

— Porque nunca está terminada. O que acontece é que o homem tem que suspender o processo criador para que, de vez em quando, o que ele cria possa ser utilizado por outros homens.

Estamos no reino dos paradoxos vivos e fervilhantes. O homem é um ser em permanente mutação, e para ele o arquiteto deve construir formas fixas. Se essa forma realmente permanecer, ela conformará um utilizador morto, imutável. Sendo impossível prever o rumo exato da evolução, é entretanto necessário, com base na experiência vivida, construir para amanhã.

A afirmação seguinte é ainda mais dramática: o desenho não termina nunca; a linha quer sempre continuar desdobrando-se; no mundo plástico, tudo é desenho, e este é contínuo e ininterrupto. Entretanto, a intervalos, há que se deter em determinado ponto de uma forma alcançada, pois do contrário a atividade do artista seria inaproveitável sob qualquer aspecto, e as coisas, de um modo geral, não seriam feitas.

É um problema agudo. O artista que começa uma obra lança-se, de ponta-cabeça, num abismo – do qual deverá sair, ao fim dela, mediante o uso do que não possui. Nas artes plásticas, o artista nasce a cada vez que começa um trabalho, e morre quando é levado a dá-lo por concluído: morreu para que o objeto nascesse, e por isso a criação artística, quando feita a sério e levada às últimas conseqüências que nela se contém, é tão sofrida e apaixonante.

Então, o que sucede é que cada obra, íntegra em si mesma, funciona, entretanto, no conjunto, como capítulo de uma seqüência que não deve ter fim. Transpostos para a arquitetura, esses enunciados apresentam outras dimensões e ganham mais uma contradição, consistente em que o arquiteto faz o projeto, mas não faz diretamente a obra – ao contrário do pintor: a obra arquitetônica vai ser o produto da atividade de uma multidão de trabalhadores, atuando sem necessidade de conhecimento do aspecto final que a coisa tomará. Eis o registro de Saenz de Oiza:

– *Uma obra é experiência para outra obra; hoje, o arquiteto tem que definir tudo nos planos. Os velhos mestres, que percorriam as obras com um bastão, decidindo a respeito das necessidades da construção, seriam os piores artistas de nosso tempo. O desenho é simplesmente a antecipação do processo de criação (...). O arquiteto de nosso tempo vê-se na necessidade de definir até o último parafuso de sua obra, a tudo desenhando. Nada pode ser deixado à improvisação. Mas, ao ter que se envolver com os problemas de tecnologia, está pervertendo a naturalidade do processo criador, que é contínuo. Daí uma certa necessidade de não assistir ao desenvolvimento das obras, que conhece antecipadamente. Um bom arquiteto não tem motivo para ir à sua obra.*

Esta última e chocante afirmativa foi-nos feita por um dos responsáveis pela construção de Brasília, de maneira ainda mais escandalosa: estando já bem adiantada a construção da cidade, e como lhe perguntássemos se ela ia correspondendo àquilo que imaginara, respondeu-nos:

– *Nunca a visitei. Não quero que as condições locais interfiram em meus planos.*

Ou seja, não queria correr o risco de que a realidade esmagasse o sonho, embora o seu sonho devesse ser vivido por centenas de milhares de pessoas, que hoje o estão sofrendo. Por isso, a arquitetura experimenta, como mostra a História e conforme aqui vemos, excepcional desenvolvimento nos períodos e países de regime autoritário: o arquiteto torna-se um instrumento de tirania, pois não somente ergue, à glória desta, monumentos memoráveis, como ajuda-a a impor, ao comum dos cidadãos, realizações projetadas com um mínimo de atendimento aos pontos de vista dos particulares. O desenho no espaço mantém-se puro, ao preço do sofrimento da mente e da carne humanas.

Enquanto se aprofunda o pintor está subindo

O Estado de S. Paulo, 25 de agosto de 1973

Milton Dacosta

– Retrospectiva de 40 Anos de Pintura, em homenagem ao artista, com 50 telas – Preços: de Cr$ 12.000,00 a Cr$ 100.000,00 – Galeria da Praça, rua Maria Quitéria, 41, fone 267-9880 – Rio de Janeiro, GB.

O texto do catálogo desta exposição, aberta a 13 do corrente, é de autoria de José Roberto Teixeira Leite, que qualifica Milton Dacosta como "*um clássico de nossa pintura do século XX, senhor de um estilo pessoal e impermeável a qualquer modismo ou inspiração menos duradoura*", assinalando a transformação de "*seus esquemas bidimensionais em autêntica música visual, das mais puras que já surgiram no Brasil.*"

O artista, em conversa com Maria Lúcia Rangel, reproduzida, nesta oportunidade, pelo *Jornal do Brasil*, fala de sua obra e de si mesmo, e diz coisas assim:

"*A mulher me interessa como forma e como mulher também. A pintura para mim é um instrumento de conquista do que eu quero. Porque talvez a pintura seja uma mulher mais difícil, mais caprichosa, mais cruel. (...) A gente não faz um quadro vermelho, por exemplo, porque quer. Este vermelho teve que entrar e depois sair. Não do tubo, mas do pintor. (...) Por isto esta pintura que sai do tubo é um negócio irritante, porque é cru, não traz sentimento. (...) Agora, na minha pintura eu acho que há grandes contradições, como eu, que sou uma pessoa cheia delas. Às vezes há coisas que se metem num quadro e você não pode tirar. Uma participação estranha, que é fundamental no pintor. (...) Já passei meses sem pintar. Ou repetia coisas ou esperava pacientemente que outras viessem. Porque não vêm pela janela, mas devagarzinho. Por isso uma fase tem várias etapas. O pintor é assim. Se aborrece e no dia seguinte começa outra vez. (...) Então, não há nunca o artista satisfeito. Há épocas em que, no caminho para o ateliê, tenho vontade de dobrar a esquina e fugir.*"

A exposição ocupa os três andares dessa nova galeria carioca.

No 3º pode-se ver uma deliciosa paisagem impressionista de 1938, quando o autor tinha

22 anos – começara a pintar aos 15. Nesse recinto estão também quadros da série do *Alexandre*, nome hipotético com que batizou o filho que não possuía, o qual depois teve realmente que nascer, para assumir o nome que o estava esperando: o Alexandre em carne, osso e cabeleira está hoje com 14 anos, e muito parecido com a mãe.

Descendo para o 2º andar, vamos encontrar a fase mais tensa da pintura de Milton Dacosta, a dos anos 50. Num difícil e doloroso amálgama de Modigliani e Mondrian, ele pinta, então, naturezas-mortas tão severamente ordenadas que semelham composições ferroviárias; e castelos feitos de cubos, em que os múltiplos pequenos espaços geométricos se organizam segundo uma lei cromática misteriosa, rica e exatíssima; e cabeças de mulheres, feitas como a compasso e régua, entretanto tão humanas, e que estão sempre de chapéu. Esse chapéu cubista ganharia, no desenvolvimento da pesquisa, autonomia, até tornar-se pura abstração. A atmosfera do ateliê do pintor, a essa altura uma atulhada água-furtada, era irrespirável: ao entrar ali, era-se agredido pelo peso da concentração mental de que haviam saído aqueles quadros, e que perdurava, enquanto a pesquisa prosseguia, pois da manutenção daquela angústia sensória dependiam a condução e o aprofundamento do trabalho: era necessário ir à essência do desenho e ao mais alto canto da cor, ainda a risco de que a mente estourasse. Temos, então, fundos de preto-intenso, que ficam vibrando em seus pigmentos vivos, marrons e vermelhos fortes, gordos de pensamento interior, grávidos de elaboração mental; porque, se a pintura é uma coisa mental, e se em Volpi, por exemplo, isso é visível, aqui, não somente ela resulta de uma ininterrupta reelaboração imaginária, como ainda está carregada de uma boa bagagem de informação intelectual e de um implacável espírito de auto-crítica, levado ao nível da impiedade.

No 1º andar da galeria, que é o térreo, está a produção mais recente. Em sua evolução, as figuras femininas perderam a angulosidade, são hoje formas contidas numa seqüência de curvas. O artista subiu em cima dos próprios ombros, e mostra-se agora em plena coragem da exibição de cores que nunca existiram, sendo resultantes de uma experiência adquirida em luta ingente. A escala cromática tornou-se extremamente leve, rosa, cinza, alaranjado, mas na suavidade sobrenada a veemência. É uma pintura realmente clássica, como a que melhor o seja, estamos no nível de Lucas Cranach: cores e linhas andam juntas, a obsessão com que Milton Dacosta desenha incessantemente conduziu a uma depuração rara de seu traço, entretanto cheio de malícia. Há particularmente uma grande figura deitada, em tons de cinza, simultaneamente monumental e irônica; estas mulheres, sensuais, brejeiras, enxundiosas, têm sempre a companhia de um pássaro, que nelas se quer aninhar ou já se aninhou, e o namoro de ambos é como um bailado em que o pecado tem graça angelical e o recato feminino não se recusa ao ato do amor. Uma mulher deitada na espuma da praia é um momento de poesia, aprisionado plasticamente. A mulher é anjo, e vê-se ao espelho, a impudicícia mostra-se com o máximo de discrição, tranqüila em seu comportamento oblíquo, ambíguo mesmo quando aparenta completa definição.

É uma pintura feita para ficar, uma lição da mais alta dignidade plástica.

Um caipira paulista e um de Minas, intimista

O Estado de S. Paulo, 11 de setembro de 1973

José Antonio da Silva – Pinturas

– Preços: de Cr$ 1.550 a Cr$ 4.000 – A Ponte, galeria de arte – Rua Haddock Lobo, 1005 – Aberta de 2ª a 6ª, das 15 às 21,30 hs.

O artista, hoje com 64 anos, está completando, com essa exposição, 25 anos de pintura, pois sua primeira mostra individual foi realizada, nesta cidade, em 1948. A data teria merecido exibição mais ampla, que possibilitasse a análise do percurso por ele feito, nesse intervalo; o que, de qualquer forma, não seria possível na pequena dimensão desta galeria, nem esteve, certamente, na intenção dos seus organizadores; acrescente-se, mesmo, que para o espaço disponível há excesso de quadros, e como a qualidade destes é desigual, prejudica-se a impressão do conjunto.

O problema da pintura de José Antonio da Silva não é um fenômeno fácil de ser encarado, pois ele é indesligável de sua personalidade e de sua experiência de trabalhador rural, qualidades as quais, entretanto, em momentos ele sobreleva, para propor-se como fenômeno plástico autônomo. Habitualmente classificado na desmoralizada categoria dos *primitivos*, termo de uma vagueza ímpar, e que contém um pouco de tudo – mas principalmente gente sem aptidão artística – o juízo a respeito de Silva vê-se, por isso, desde logo, desmerecido, por quem o examine superficialmente.

Silva é autêntico caipira paulista, tendo sido trabalhador rural em fazendas do interior do Estado, até que, como autodidata, tornou-se pintor e em seguida escritor. Sua personalidade situa-se entre o gosto fanfarrão, a melancolia, incontível auto-admiração, excepcional coragem colorística e uma bagagem de experiência juvenil que se fixou em seu temperamento de maneira indelével. Como ele consegue conciliar tudo isso, e manter-se fiel a si mesmo nos ambientes cosmopolitas para os quais as exposições o carregaram, é desses mistérios que felizmente não têm explicação.

Uma das dificuldades do exame desta exposição, é que os quadros não são numerados, nem têm etiqueta, e como o mesmo motivo se reitera em vários deles, a identificação vê-se dificultada. O espírito irônico e de observação, relacionado com a liberdade de concepção, é evidente numa tela de *pescadores*. Característica especial do artista é que, para ele, a água não é incolor – a água é branca, decididamente branca, e em conseqüência disso a tela com o casal no barco dá idéia de que ambos se encontram em uma gruta subterrânea. Há trabalhos de formato grande, com os temas do abacaxizal e do algodoal, que propõem problemas de perspectivas, mas o tratamento ondulado das nuvens, no alto, que a certo momento foi uma descoberta engraçada, está-se tornando um tique estereotipado. Em compensação, vemos, também na dimensão grande, uma bela mata escura, entremeada de índios de penachos brancos, toda cheia de mistério: é um assunto novo e o desafio foi enfrentado com humor e inteligência.

Assinale-se, ademais, uma linda casa amarela, que se situa como sob queda de água, que começa a cair a partir da metade da linha do céu, um verdadeiro achado pictórico. E há o trem de ferro, com indecifrável mancha ao fundo e o rio, ao qual os nadadores se atiram, e que barra com força o primeiro plano – no gênero, algo extraordinário. E ainda uma espetacular paineira, dominadora, centrada no quadro, cercada de pássaros, galinhas, roda de gente de mãos dadas, e bois e cavalos, um raro espetáculo de festa campestre. E mais a grandiloqüência comovedora do grande tronco de árvore, preto, caído ao chão, sob chuva entremeada de relâmpago, com a casa ao fundo.

Quando puxa pela imaginação, ou quando esta o domina, José Antonio da Silva continua em plena forma; ele precisa cuidar-se é para não ficar repetindo temas que já dominou, e que obtiveram sucesso, somente para atender a novas demandas do mercado. Esse tem sido o precipício pelo qual já despencaram, irremediavelmente, muitos de seus colegas. Não se trata de mudar, obrigatoriamente, de assunto: trata-se é de encarar qualquer assunto, mesmo antigo, como se fosse sempre novo.

Carlos Bracher

– 32 pinturas a óleo – Preços: de Cr$ 1.900 a Cr$ 4.500 – Galeria Portal – Rua Augusta, 1961, tel. 282-0126.

Nascido em Juiz de Fora, Minas Gerais, em 1940, este artista mereceu o prêmio de viagem ao Exterior, do Salão Nacional de Arte Moderna, em 1967, e tem realizado numerosas exposições individuais, no País e fora dele.

O texto do catálogo é da autoria de Geraldo Ferraz e nele lê-se: "*A pintura de Carlos Bracher fez-se adulta: impressões tornaram-se solucionadas em sólidas escoras de parede que ele articula, entrosa e inter-relaciona e insere, arquiteturas nas topografias, linhas determinadas na contenção dos ângulos, uma pintura seriamente trabalhada, densamente colorida, de que emerge uma poesia em 'maestoso' intenso, com seu peso referencial próprio, para o que deve ser dosado em equilíbrio e em reflexa orquestração melancólica, de acordes muito distantes, surdamente aqui vindo repercutir, não, arquejar, que é do arquejamento que se trata e agora que os quadros se foram e Bracher deixou sua lembrança, esta espécie de esteira sonora ficou*".

A primeira coisa que nos incomoda, na sala desta exposição, são as larguíssimas molduras brancas, dentro das quais foram colocados os quadros: a pintura, que é toda ela nuançada, em *dégradés*, vê-se repentinamente hostilizada e contraditada por aquela agressiva alvura gritante.

O artista esmera-se no tratamento das cores, que refletem sombras e luzes enfraquecidas. O desenho suporta espaços esfumaçados, de modo que sendo, ele próprio, firme, o resultado semelha um nevoeiro de entardecer (*nº 3*). O ritmo, que se repete, busca uma espécie de envolvimento do centro do espaço trabalhado, por formas arredondadas que vão se fechando (*nº 18*); é insistente esse recurso às linhas ondulantes de montanhas que se desdobram em abas (*nºs 14 e 35*), sendo que neste último a trama consiste, mesmo, somente nisso.

No *nº 10* a cor é cuidada de maneira caprichada, no *nº 8* domina uma atmosfera de sonho, o *nº 4* é bem decorativo. Quase sem exceção – há dois retratos – estamos em face de paisagens montanhosas; é um maneirismo, mas com seus momentos de validade (*nº 28*) graças ao desequilíbrio de certas linhas, ao embaraçado discreto da superfície sonolenta: mais uma vez sofremos a evidência de que as molduras nada têm a ver com o intimismo dos ambientes criados.

Num certo sentido, os quadros nos são apresentados como cenários e por isso vacilamos em aderir inteiramente a eles: ficamos interrogando-nos se a obra poderia ser contemplada longamente, propiciando novas descobertas e sensações, pois o que nos é proposto é já um resultado completo, que termina em seus limites. As paisagens transmitem uma sensação de lugares mortos, vazios, abandonados e algumas vezes também têm algo de presépio. Êh, Minas Gerais.

O desenho que vai se tornando pintura

O Estado de S. Paulo, 23 de setembro de 1973

Gerda Brentani

– 25 desenhos coloridos. Preços: de Cr$ 1.800 a Cr$ 5.000. Galeria Opus, Rua Haddock Lobo, 1430. De 2ª a 6ª, das 14 às 22 hs. e aos sábados das 10 às 13 hs. Até 30 de setembro.

Os trabalhos expostos subordinam-se ao título – *Variações sobre um Tema de Cervantes*, e sobre eles Paulo Mendes de Almeida, que escreve o texto do catálogo, diz:

"*Muitos artistas, pintores, escultores e desenhistas se têm ocupado, nestes três séculos, da fascinante personalidade do cavaleiro errante. Gerda Brentani o encara e o sente de um modo muito seu, muito particular, que em nada lembra os que a antecederam nessa tarefa. Vale-se, para isso, da graça, do sutil senso da cor, da limpeza, da exação, numa fatura que só tem merecido encômios, e que é tão ela mesma, e só ela, tão Gerda Brentani, que dispensaria assinatura*".

A artista, falando à imprensa, assim situou essa série: "*D. Quixote é quase sempre apresentado como uma figura trágica, cansada, desiludida. O meu D. Quixote tem um certo otimismo: pelo menos o otimismo necessário para sobreviver. Esse D. Quixote se mostra, então, disposto, afável, passeador, catador de flores, idealista e romântico. Finalmente, um dia, é vencido pelas circunstâncias, perde suas batalhas, desiste de tudo, senta-se defronte a uma lareira e recorda saudosamente o seu passado*".

O que vemos nesta exposição é uma mudança sensível na técnica de trabalho da autora. Isso já se prenunciava na mostra realizada pela artista, em 1972, na Galeria Astréia, quando os desenhos coloridos, em alguns casos, deixavam de apresentar-se envolvidos pelo branco do papel, as cores invadindo todo o suporte; o que então era exceção, tornou-se agora a regra, tudo indicando que a autora encontra-se em vias de deixar o desenho pela pintura.

Assim, há lucro ou prejuízo para a qualidade? O que se pode dizer é que o desenho não decaiu, mas surge menos valorizado. Em certas obras (*nº 4*) os detalhes continuam a ser tão imaginosamente cuidados como antes, mas em outras dominam (*nº 3*) largas superfícies chapadas, em acrílico, havendo também (*nº 5*) a combinação de uma maneira de proceder com outra. Disso resulta que o conjunto apresenta menos unidade; os desenhos da série da *Mitologia* haviam assumido uma categoria inteiramente autônoma, como obras de arte, ao passo que agora temos de certa maneira um retorno à ilustração.

Como dissemos, ainda não se trata propriamente de pintura, mas o traço já deixou, com freqüência, de ser o elemento predominante. Há coisas delicadas e sutis, como os *nºs 19, 21 e 12*, este bem gracioso; um achado como aquele dos carneirinhos (*nº 16*) perde parte de sua força por causa do fundo neutro. Gerda continua a ter a graça irônica que sempre a conduziu, mas essa qualidade está nas suas linhas. Conseguirá ela transferi-la para o universo das cores?

O artista em combate está vivo e veemente

O Estado de S. Paulo, 29 de setembro de 1973

Aldo Bonadei

– 35 pinturas – Preços entre Cr$ 9.000 e Cr$ 40.000 – Galeria Bonfiglioli, rua Augusta, 2995.

Uma curiosidade do bem cuidado catálogo da exposição, que reproduz, a cores, seis dos quadros expostos, é que sob cada uma das fotos encontramos alguns versos do artista, aparentemente relacionados com o tema ou o momento pintados. São versos singelos (*Ai! que sonho encoroado | todo flores pelos ombros!*) nos quais o autor também procura traduzir verbalmente aquilo que expressou plasticamente: *Azuis tem muitos | O que eu quero | É um só*.

À entrada da sala defrontamo-nos com quadros de tamanho inabitual, de mais de um metro, e que pela sua envergadura semelham antes painéis; neles, como no *nº 1*, buscam-se efeitos de luminosidade, que substituem a atmosfera íntima tantas vezes criada por Bonadei, e é preciso olhar esse trabalho à distância, para que se opere o verdadeiro equilíbrio das cores. Na natureza-morta *nº 2*, a dimensão parece responsável por um relativo tumultuamento dos valores.

Mesmo nos trabalhos menores (*nº 18*) o colorido mostra-se menos aveludado, mais audacioso e afirmativo, mas há retornos à maneira antiga, como na natureza-morta *nº 22*, leve e acolhedora. Como ser vivo, o artista discute consigo mesmo e mostra seus experimentos, inclinado-se ora pelas superfícies grossas, gordas (*nº 6*), ora pelas lisas e chapadas (*nº 4*), ambas datadas deste mesmo ano de 1973.

Outra alteração na linha pictórica do artista, é que agora se vêem em bem menor quantidade os fortes traços pretos com que costumava separar as zonas de cor, que ficavam situadas como em vitrais; tais traços subsistem, mas são mais finos e freqüentemente funcionam também como elementos colorísticos de ligação, e não mais de separação.

Sem prejuízo disso, são freqüentes os momentos de veemência: no *nº 16* os brancos, no centro da tela, são por demais evidentes, e no *nº 9* há uma convulsão de brancos e amarelos. O pintor vai trabalhando mediante o amontoamento de valores conflitantes, que em seguida trata de dominar, e pode introduzir o desafio de coisas brutas, como no *nº 29*, que é uma realização petulante.

Muito belo é o *nº 30*, de sentido vertical, uma proposta nova, quase abstracionista, e também a natureza-morta *nº 24*, digna. Bonadei segue criando plenamente, jogando com muitas luzes e muitos planos, e o resultado, desigual, é vivo e estimulante. A arte é um combate, uma conquista continuada e é bom que o artista se atire a realizações tão polêmicas como o *nº 5*, que é simultaneamente natureza-morta, interior e paisagem.

Em obra fotográfica: primor renascentista

O Estado de S. Paulo, 2 de outubro de 1973

Mario Gruber Correia

– 22 pinturas. Preços de Cr$ 25.000 a Cr$ 39.000. Galeria de Arte Ipanema, Rua Oscar Freire, 789.

Com catálogo luxuoso, a exposição é intitulada *Espaço – Terra – Mar* e sua temática é constituída de estandartes, figuras de corpo inteiro e peixes. O artista alcançou um grau máximo de virtuosismo, sem dúvida à custa de um esforço, de uma aplicação e de uma tenacidade incomuns nos dias de hoje.

A paixão de Gruber por Rembrandt van Rijn, o extraordinário iluminador das sombras, mantém-se firme, e o seu desafio mental consiste, no momento, em revalorizar a maneira renascentista de encarar a pintura, nos processos de trabalho, com uma temática modernizada. Há como que um balanço da inteligência, que pode aplicar-se na construção gratuita, qual o *Estandarte nº 1*, demonstração de esmero na matéria, e que a mais não pretende – ou pode enveredar pela extraordinária série dos quatro peixes. Sobre fundo bem escuro, um olho misterioso está primeiramente espreitando, e é forte nota clara de luz (*nº 21*), em seguida a pupila cresce sobre a tela (*nº 22*), no quadro seguinte o ser define-se como animal do mar, e afinal é um peixe com a sua cara absurda, surpreendido nas profundezas da água. A monstruosidade da cabeça do animal lembra aquela *Natureza-morta Compondo uma Face Humana*, de Giuseppe Arcimboldi, artista do século XVI.

*

Na pintura da Renascença, e particularmente da Escola Flamenga, dominam as cores marrons, verde-escuras, amarelas, vermelhas, com muitas zonas propriamente pretas: dificilmente nela se vê uma nota de azul, e essa é uma diferença em relação a Gruber, que às vezes sai fora daquele universo cromático, talvez para descansar a vista, como no *Cavaleiro da*

Espada. Pois é preciso muita força de vontade e disciplina para, durante o trabalho, ter à frente longamente aquele rigoroso limite colorístico, e nele ir assinalando, refinadamente, as leves passagens, que vão situar-se sobre o negrume sem destruí-lo, ao contrário, ressaltando as suas nuanças.

Dessa plataforma o artista passa para outra, a de suas figuras, que são figurinos, compondo estranha e sem dúvida premeditadamente contraditória galeria de tipos. Estamos entre o realismo fotográfico, a farsa, a magia, a dança, havendo gente da maior modernidade, como o *nº 12, Figura Aprisionada*, que é um negro bailarino, a *Figura nº 16*, e há um árabe, e há um índio.

É evidente que uma preocupação filosófica subjaz a essa ligação, alternada, de representação de aristocratas da Antigüidade e figuras populares da atualidade. Isso se pode ver também no formato de alguns quadros, redondos como costumavam ser os da *Madona com o Menino*, e que agora nos mostram aqueles bonequinhos de pano, de costura evidente, como pequenos fetos boiando em seu elemento; nessa linha, o *nº 23*, não relacionado no catálogo, é misteriosamente belo.

Mas, como tema dominante da exposição, o que vemos são aquelas burlescas figuras de corpo inteiro, teatrais, desfilando como em carrossel; e são jograis, carnavalescos, chocarreiros, histriões, mas também são guerreiros requintados, como o *Rei do Maracatu, nº 6*, ou semelham mosqueteiros, como o *Cavaleiro da Espada*, *nº 5*, e parecem saltimbancos e malandros, quando não autênticos nobres, como o *Fidalgo, nº 7*; para em seguida se mostrarem como cruas figuras de cartaz publicitário, tal como a *Figura nº 18* e o *Cantador em Azul, nº 10*. São tipos clownescos, com roupagens requintadíssimas e incluindo detalhes chocantes, como as espadas de madeira atravessando os altos chapéus dos *nºs 8 e 9*.

*

Devemos honrar o grau de sabedoria pictórica a que chegou o artista, mas não podemos deixar de sentir-nos perturbados com a polêmica que se estabelece entre a sua alta cozinha e o aparentamento de alguns de seus personagens com os produtos da mais recente pintura realista. É evidente que essa discussão também se processa no espírito de Gruber, que com ela convive, ou quem sabe a resolverá numa síntese imprevisível.

O ledo engano de apenas amontoar coisas misturadas

O Estado de S. Paulo, 4 de outubro de 1973

Vai abrir-se a XII Bienal de Artes Plásticas de São Paulo. Que se pode esperar dela? A julgar pelo desenvolvimento que veio tendo nos anos anteriores, teremos, com o que possa mostrar de bom, a confirmação dos vícios e defeitos já assinalados nessa instituição, e para cuja eliminação ou correção, entretanto, nada foi feito.

A Bienal foi uma criação do Museu de Arte Moderna. Este possuía política artística, e inclusive diretor artístico: tornada autônoma, ela deixou de ter um e outro elementos; como instituição cíclica, ficou reduzida a uma estrutura burocrática, que nos intervalos apenas ocupa o edifício em que o certame se realiza, e mantém eventual correspondência com centros artísticos estrangeiros. Decorridos os dois anos de praxe – como agora – ela se reanima e infla, para acolher as representações nacional e estrangeiras, em cuja seleção não houve critério uniforme, pois cada país manda aquilo que entende.

Então, não temos uma exposição de artes plásticas, mas uma demonstração da confusão hoje instalada nesse terreno; como amostra destes tempos convulsos, o esforço talvez possa justificar-se; mas, sem dúvida, o tempo, o espaço e o dinheiro gastos poderiam encontrar melhor aplicação.

A Bienal representou, em suas primeiras apresentações, um fato da mais alta importância para a vida cultural brasileira: foi alavanca que impulsionou o desenvolvimento das artes plásticas entre nós, e os que sabem o que estas eram em 1951 – ano da primeira – e o que são hoje, constatam que, enquanto nosso meio artístico expandiu-se extraordinariamente, a Bienal, responsável primeira por esse fenômeno, regrediu, burocratizou-se, deixou de continuar orientando esse desenvolvimento.

Pois um acontecimento da magnitude que ela se propôs assumir, e que efetivamente alcançou nos primeiros certames, valia pelo significado didático, acima de tudo, e não há ensino sem programação. Essa programação, com as modificações impressas pelas personalidades que dela se incumbiam, foi-lhe dada enquanto a sua chefia esteve a cargo, sucessivamente, de Léon Degand, Wolfgang Pfeiffer, Sérgio Milliet, Lourival Gomes Machado, Paulo

Mendes de Almeida, Mário Pedrosa. Depois, por diversas vezes foi assinalado o desvirtuamento da instituição, foram indicadas as medidas que deviam ser tomadas para que ela se corrigisse; mas a estrutura burocrática permaneceu insensível às indicações, graças ao que a deterioração só tem feito acentuar-se. Inclusive a tentativa de uma pré-bienal brasileira, como a que se efetuou há um ano atrás, revestiu-se dos mesmos males da que agora vai abrir-se, para mostrá-los em ponto maior: a ausência de diretriz que organize, para o público que vai visitá-la, os aportes vindos das várias direções, para que possam ser entendidos com alguma coerência.

Isso relativamente ao problema visto de dentro para fora. Visto de fora para dentro, é inevitável que, ao abrir as portas de um edifício do tamanho desse do Ibirapuera, aquilo que se produz no mundo de hoje, sob a denominação genérica de artes plásticas, tenhamos como conseqüência um espetáculo em que predominam o circo, a feira, o parque de diversões. E o mal não está em que isso aconteça, pois o que existe deve ser conhecido e reconhecido, mas sim que se continue a dar o mesmo nome, aquilo que se modificou completamente.

Arte e Antiarte

A desintegração da arte antecipou a degradação de nossa civilização, mas paralelamente a esse fenômeno continuaram a produzir-se obras artísticas da mais alta qualidade. O grande engano está em apresentar, hoje, uma coisa envolvida pela outra. Quando a arte acadêmica sofreu o impacto do surgimento da arte moderna, as duas concepções, para se distinguirem devidamente, separaram-se, inclusive em salões concorrentes. Hoje, assistimos a um fato de não menor magnitude, que é a instalação, dentro da arte moderna, de uma nítida e direta afirmação de antiarte: é necessário, novamente, que se proceda à cirurgia, e se disjuntem os ramos tornados incompatíveis.

Pode-se exibir lixo de diferentes qualidades e variada composição, pode alguém querer assinar um monturo, apresentar a sua coleção pessoal de detritos orgânicos ou restos de material de construção, e até pode haver graça no acasalamento de determinados dejetos. Isso tudo corresponde, ademais, a uma filosofia de vida, a um julgamento do mundo atual, a uma profecia relativamente àquilo que nos espera. Sendo idéias exponenciais de uma civilização, não há motivo para que não sejam expostas.

Apenas não é recomendável realizar exposições coletivas de gatos e ratos, de cães e gatos, de gatos e pássaros. A exposição da antiarte é uma coisa, a arte que continua a afirmar-se e a procurar-se, que reconhece as suas origens e pretende desenvolvê-las, é outra. E, para entendimento do público, que é a quem as exposições se destinam, essas manifestações devem ser separadas, para que possam ser apreendidas, para que a denominada mostra de arte não se torne um torneio de confusão mental.

Há mais. Sob a designação de arte conceitual, e outras correlatas, surgiram iniciativas objetivando, não apenas exibir determinada produção, ou afirmar a inutilidade do objeto artístico, mas sim efetivar a transformação de todo um ambiente. São experiências perfeitamente válidas, mas que também têm endereço completamente outro: trata-se de algo híbrido, que mexe com arquitetura e urbanismo, e quer provocar susto ou gargalhada, tem um pouco de monumento, algo de invento e outro de irreverência; provoca, desaponta, agride.

Cada uma dessas montagens resulta numa geringonça especial, e sem dúvida há público para as engenhocas. O que nos parece contra-indicado é que também elas sejam arrumadas de cambulhada com os ciscos recolhidos por aí, metendo-se de permeio os objetos propriamente artísticos, que ainda querem ficar pendurados a uma parede, ou ser colocados no chão, de modo a que possam ser vistos em sua individualidade. Aquelas são peças mais próprias para serem instaladas num parque, ao ar livre, não dentro de casa.

A Bienal, que é uma Fundação particular, custa, entretanto, milhões de cruzeiros aos cofres públicos, que são os que a mantêm. Dissemos anteriormente, e parece-nos conveniente insistir: não há motivo para que esse dinheiro seja despendido sem critério, sem que ninguém fique, afinal, responsável.

Quem sabe se a mostra deste ano – que, pela improvisação, a uma semana da data da inauguração, ainda não dava, sequer, idéia do que seria exibido – conseguirá evidenciar a necessidade do remendo de que a iniciativa carece, e sem o qual não há sentido em que continue a ser bienalmente montada?

Esta Bienal não é uma exposição. É um castigo

Jornal da Tarde, 22 de outubro de 1973

Apesar da mediocridade de seu nível geral, comparado ao das primeiras da série, a Bienal, ora instalada no Ibirapuera, ocupa os quatro andares do amplo prédio, devendo o visitante percorrer alguns quilômetros de chão e parede, em andanças reiteradas, antes de formar uma idéia completa da exposição. O que se vai ler, pois, não é um balanço da mostra, mas uma primeira tentativa de apanhado de alguns de seus aspectos.

O primeiro deles refere-se ao desleixo com que a realização foi conduzida. Uma semana depois de aberta ao público, com milhares de pessoas pagando os cinco cruzeiros do ingresso – ainda não existia catálogo, nem havia informação segura sobre para quando poderia ser esperado. O interessado vê-se, assim, impossibilitado de traçar-se o roteiro a percorrer, nem pode selecionar as salas que de preferência lhe interessaria ver, pois não dispõe de qualquer indicação a respeito de onde se encontram situadas, qual o critério seguido na distribuição das peças por aqueles vastos espaços. Porque não colocar, ao longo do trajeto, tabuletas e setas indicativas da arrumação feita, com as diferentes representações nacionais e estrangeiras?

Essa displicência em relação ao interesse dos amadores de arte, desdobra-se em outros detalhes pertinentes à montagem, com a freqüente falta de papeletas identificadoras junto aos quadros e objetos.

Ambientação

É freqüente, nas manifestações de arte moderna, que artistas isolados, ou grupos de artistas, ao invés de apresentarem obras concretas, que começam e terminam dentro de seus próprios limites, queiram criar *ambientes* completos, dentro dos quais os vedores sejam envolvidos pelos elementos reunidos, e por eles influenciados, sofrendo o impacto das cores, da decoração, da música, das imagens: são como pequenos teatrinhos íntimos, e a Bienal contém diversos deles, mais ou menos originais; são como tendas, armadas a intervalos, entre os quadros, as esculturas e as propostas de destruição da arte.

Entretanto, o visitante, que já não dispõe de um guia geral para a caminhada, e ainda mais perturbado pelo fato de que, se a Bienal contém algumas daquelas procuras de criação de ambiente, nela mesma, como exposição, não houve nenhum cuidado, ou orientação perceptível na montagem da mostra: as coisas não foram colocadas tendo em vista um projeto prévio de relacionamento no espaço disponível, dentro do miolo de uma arquitetura que possui lances de grandiosidade; mas sim dispostas ao acaso, umas interferindo nas outras, num descritério estético que só serve para perturbar os interessados. É realmente inadmissível que uma exibição destas dimensões, de que participam cinqüenta países, não tenha sido previamente estudada, sob o aspecto da arrumação, por um arquiteto ou decorador, de modo a que se chegasse à montagem de um espetáculo visualmente coerente, devidamente enquadrado na moldura do edifício em que se realiza.

Logo na entrada, no rés-do-chão, há a pobre charge relativa ao esburacamento continuado da cidade, com o pequeno corredor coberto de cascalho, os cavaletes isoladores do espaço, as placas de *Pare, Desvio, Devagar*; a crítica, que não denota imaginação particularmente rica, pois todos os dias estamos vendo coisas idênticas em nossa cidade – volta-se, no caso, contra a instituição que a acolheu, e onde os transeuntes vão também esbarrar, a todo o momento, em equivalentes escolhos.

O que nos veio à memória, logo por ocasião da primeira visita a esta Bienal, foi o espetáculo das Feiras de Indústrias, que se realizavam no antigo Palácio das Indústrias no Parque D. Pedro, com o mostruário misturado de máquinas de toda a natureza e seus produtos; hoje as feiras que se efetuam no Parque Anhembi especializaram-se, mas a Bienal, ao contrário, aumentou a indiscriminação do que oferece para ser visto como artes plásticas: a crítica social mais veemente e agressiva está colocada ao lado de séries de trabalho finamente trabalhados, objetos brutos vizinham delicadas composições, a sátira impiedosa e maldosa oferece-se no mesmo campo visual em que está uma bela afirmação poética, e até uma árvore de Natal, dessas que qualquer um compra nas lojas, apresenta-se a certa altura, tendo ao lado extenso texto de propaganda de uma firma comercial – deixando-nos interditos.

Dentro e fora

Dir-se-á que esse tumulto corresponde ao do mundo em que nos situamos; mas, se é para ficar nessa conclusão, não seria necessário organizar uma exposição internacional para comprová-lo. Quando deixamos a rua e chegamos em casa, queremos, nesta, ver-nos livres das buzinas, da poeira, da contaminação atmosférica, da poluição de todo tipo produzida pela industrialização e a excessiva concentração urbana; a ninguém ocorreria instalar, em sua própria residência, uma réplica das fontes de irritação que são hoje as ruas dominadas pelo trânsito de automóveis.

Também a uma exposição vamos para respirar, inclusive emocionalmente. É inevitável que o artista mostre em sua obra os reflexos da civilização de seu tempo, mas ele o fará *artisticamente*. A arte é um meio de comunicação, de modo que aquilo que ela pretende transmitir deve ser organizado, para poder ser entendido. Usando um outro tipo de linguagem, muito mais direta, o jornal é também um meio de comunicação; como tal, ele não pode esconder do leitor aquilo que acontece no meio social, e deve noticiar o que há no mundo de apreciável, de estimulante, de repousante, e também o que existe de desagradável, de ruim, de assustador. Mas, ao fazê-lo, preocupa-se com os títulos, a redação e a ilustração das matérias: estas não são despejadas de cambulhada em páginas arbitrárias, para que o leitor se perca nos labirintos dos fatos contraditórios. No mundo real, os fatos são contraditórios: mas para a inteligência dos leitores, eles se apresentam jornalisticamente organizados, de modo a que possam ser digeridos.

Nas artes plásticas, com os seus materiais específicos, o mesmo deve ocorrer, para que iniciativa dispendiosa como esta tenha alguma justificativa. Para apresentar a arte degradada, capitulando, desrespeitando-se a si mesma, valeria a pena fazer o esforço que foi feito?

A exaltação do óbvio

Pondo um primeiro pé no terreno propriamente artístico desta Bienal, não podemos deixar de sentir-nos chocados e deprimidos ante a freqüência com que artistas dela participantes se apresentam reivindicando a invenção do lugar-comum.

Um descobre a existência de tubulões de cimento armado, pinta-os com uma faixa de verde e amarelo, e amontoa-os uns por cima dos outros, sem qualquer verdade própria, mas assina-os com o seu nome; aliás, uma parte da tralha não coube no recinto, tendo sido deixada fora – com o que parece não ter havido prejuízo para ninguém. Outro se maravilha com a produção em série, e faz uma pilha de cavalinhos, todos iguais, ou de garrafinhas, também exatamente iguais: é o retorno à idade infantil; as crianças brincam com botões, latas vazias, pedaços de pau – mas acontece que a imaginação das crianças transfigura esses cacarecos em maravilhosos personagens e situações que se vão integrando e movimentando nas histórias que elas vão inventando e vivendo; aqui, ao contrário, é só ausência de imaginação.

A arte sempre riu da arte, inclusive porque uma de suas manifestações é a caricatura. O desrespeito conduzido com graça é estimulante, puxa pela cabeça das pessoas, indica que podem existir alternativas inesperadas, inclusive no terreno do critério estético. Nestes casos, e em outros com que vamos esbarrando enquanto andamos pela Bienal, as proposições são simplórias, pobres de espírito, inartísticas. Reuni-las, em um certame que já gozou de invulgar prestígio internacional, é apenas homenagear a falta de idéia, a mediocridade auto-suficiente.

A Bienal tem coisas boas – em não muito grande quantidade – mas o ambiente que cerca o visitante, desde a entrada, é deprimente.

Pobreza das homenagens

A Bienal quis homenagear Picasso, mas o fez de maneira lastimável: em painéis junto à entrada, foram projetados fotograficamente ampliações de um retrato do artista e de dois desenhos seus. E só.

Embora não sejam em grande número, São Paulo possui, entretanto, em seus museus e nas casas de colecionadores, obras de Picasso, inclusive pinturas, que poderiam ter sido solicitadas, para sala especial que justificasse a homenagem. É triste a comparação entre o que não foi feito agora, e o que tivemos a oportunidade de ver na 2ª Bienal, quando aquele artista esteve aqui altamente representado.

Mas, no terreno das homenagens, houve algo pior e ainda mais contristador. Muitos artistas de primeira plana, que não se haviam interessado em expor na presente Bienal, receberam, a certa altura, da direção da mesma, pedido de que enviassem obras para uma sala especial, que seria de homenagem a Tarsila do Amaral e Flávio de Carvalho – também desaparecidos recentemente – e atenderam ao convite.

Pois essas obras estão lá, montadas como *salas especiais* dos artistas que as enviaram, sem nenhuma indicação do motivo de sua reunião.

Eis um deplorável panorama de incompetência, desrespeito, ausência de amor à arte, falta de atenção para com os artistas e desprezo em relação ao público.

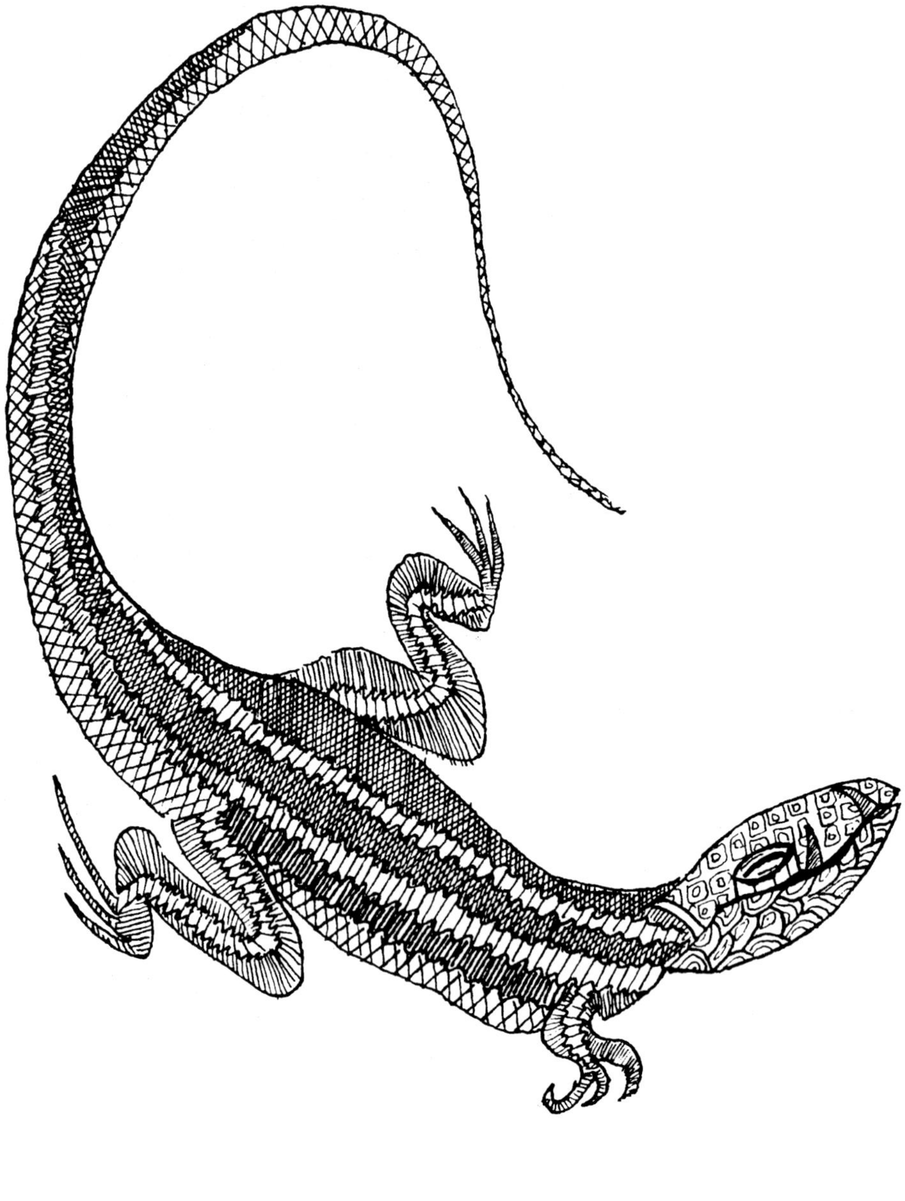

Percorrendo a Bienal: umas salas especiais

O Estado de S. Paulo, 23 de outubro de 1973

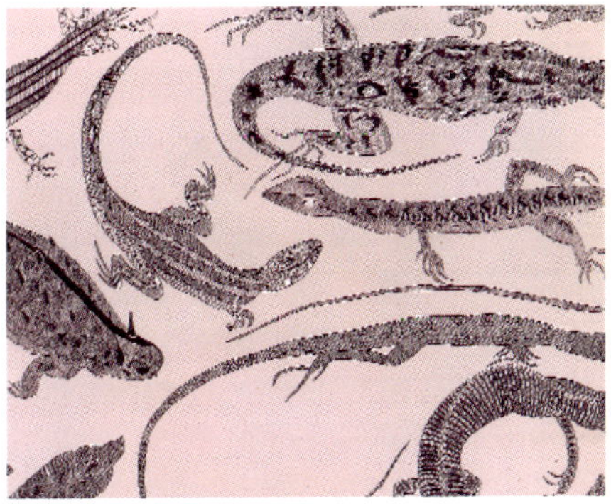

Lagartos (detalhe)

1955 / nanquim a bico-de-pena sobre papel / 67 x 94 cm

Não teria muito sentido, numa exposição como a Bienal, de tão amplas dimensões materiais, proceder-lhe à análise como se se tratasse de mostra comum, em que importa exemplificar, obra por obra, as observações feitas. Mas, como a falta de roteiro para a visita torna inevitavelmente arbitrário qualquer ângulo de que se parta para exame, pareceu-nos que valia a pena começar seu estudo pelas salas especiais dos artistas brasileiros, no 2º andar do edifício, pelo fato de se tratar de gente que continua a prestigiar a iniciativa, com sua presença ativa. Como, apesar disso, muitos convidados não atenderam à convocação, o visitante desprevenido irá estranhar que haja salas especiais para os que lá se encontram, quando não existem para outros nomes de destaque; embora essa deficiência não seja da responsabilidade da direção do certame, a distância entre o que nessa seção deveria haver, e o que realmente há, é enorme.

*

Fazendo-se a volta do recinto pela esquerda, nessa parte do edifício, depois de passar pelos festivos bambus coloridos de *Ione Saldanha*, deparamos a sala de *Di Prete*. Acha-se ali reunida uma série de objetos para parede, redondos e inquietos como pupilas vivas, de leve pintura e lento movimento; a obra está menos espacial e mais elegante. É uma bela série, imaginosa e de pesquisa muito pessoal, destacando-se, entre as formas de proporções modestas, uma construção maior, que é como aquário cheio de sugestões; o artista mantém-se no alto nível em que quase sempre se situou.

Segue-se *Wega*, que parece aqui menos conturbada que de hábito, operando, na massa das tintas, mais aberturas e com melhor organização. *Vida I* define bem a paisagem e *Vida V* é bonito.

Vem depois *Odriozola*, em sua linha que não sofreu alterações. Destacaríamos particularmente *Tozzo e Mulher Deitada*, ambos em técnica mista, e igualmente a *Paisagem nº 5*, na qual, entretanto, a assinatura por demais evidente desequilibra a orquestração dos brancos e amarelos.

Há uma sala de homenagem a *Waldemar Cordeiro*, único dos artistas falecidos e relembrados na exposição, que mereceu uma sala significativa, com a apresentação de sua última modalidade de trabalho: fotos processadas e traduzidas em linguagem de computador, coisa que tanto se assemelha, visualmente, a pontos de crochê.

Deparamos o grupo dos concretistas: *Maria Helena Andrés*, em composições geométricas, linearmente construídas; *Arcangelo Ianelli*, com abstrações dos amplos espaços planos, qual fachadas em que se abrissem os batentes de portas ou janelas; *Ludolf*, uma pintura feita de pinguinhos simétricos sobre fundo chapado, com resultado às vezes coruscante, e outras formando padrões como para tecidos.

A sala vizinha é a de *Charoux*, talvez a mais bela, pela coerência, dignidade e firmeza. Está ele num ponto alto de seu desenho e a intervalos concede-se a liberdade de sair dos duros limites do preto e branco. São variados jogos de linhas, que mereciam ser ampliados nas paredes de grandes edificações, enriquecendo e diversificando esta nossa triste e monótona paisagem urbana.

Ubi Bava mostra a sua invenção das vitrinas-montagens, com espelhos – numa delas são 100 espelhinhos ordenados: na verdade trata-se de cem aberturas redondas, pelas quais se desdobra a imagem refletida no único espelho existente ao fundo da caixa de madeira; de um para outro desses objetos, muda o jogo das cores e num deles, entre a superfície externa e o espelho do fundo, situa-se uma rede de arame, num elegante efeito.

Fiaminghi comparece com trabalhos em que as cores e os quadrados desenvolvem entre si um jogo. É mais vivo e imaginativo na série dos desenhos, de belos efeitos, decorrentes do tracejar superposto.

Abelardo Zaluar, que corresponde à designação de *arte construída*, pois parte de algo preexistente, formula desenhos de linhas brancas, sobre a superfície de fotografias. Trata-se de brincadeira divertida, na qual o arabesco do desenho acrescentado acentua, altera, comenta ou desvirtua a foto original; no caso da foto das *Odaliscas*, de Ingres, ficou engraçado.

Depois de *Maurício Nogueira Lima* e *Aluísio Carvão*, sempre rigorosamente geométricos, comparece *Manabu Mabe*, que, saindo das facilidades e descaminhos em que andou se extraviando, mostra-se agora, de novo, com força. *Solene, Vivo, Forte, Vibro* – títulos de seus quadros, correspondem, como qualidade, à matéria pictórica.

Izabel Pons faz, em público, com as gravuras que apresenta, uma demonstração do desenvolvimento de seu trabalho: as provas de estado têm, cada qual, um comentário indicativo da modificação a ser introduzida na chapa para encaminhamento do resultado pretendido, até o estágio final. A série do *Mosaico Noturno* é bela e a do *Rendez-vous* lembra gravura japonesa.

Wladyslaw, em sua sala, mostra-se bem russo, na linha Chagall, com trabalhos entretanto diversificados: é abstrato em *Aquecendo*, tem influência fotográfica em *Visitante; Imagem* possui inspiração religiosa, em bela e sofrida textura, e *Face Oculta* é como que se está desfazendo.

Carybé apresenta-se com tapeçarias de motivos indígenas e de cenas populares baianas. Quanto à pintura, é desigual: há uma cavalhada movimentada, um *São Sebastião* feíssimo; na *Hora do Meio Dia* organiza uma subdivisão de quadros menores no espaço grande da tela – como em teatro – para mostrar a rua das prostitutas; já com *A Mulata Grande* e *Praia do Bogari*, parece encaminhar-se para um tipo pessoal de surrealismo – o que, eventualmente, poderá vir a constituir-lhe uma saída.

O ponto final desta visita ficou sendo o espaço reservado para *Maria Bonomi*, e por ela não preenchido: apenas escreveu à mão, na parede do estande, recado mandando o visitante ir ver o que ali não se encontra, em filme que fez com Farkas. Como piada ficou fraca, pois o que não falta na Bienal são salas vazias e painéis em branco, sucedendo-se monotonamente.

Foi feito em Chicago: é mostrado na Bienal

O Estado de S. Paulo, 27 de outubro de 1973

Uma exceção, no desleixo com que está montada esta 12ª Bienal, é a sala dos Estados Unidos, limpa, bem ordenada, cujo arranjo procura facilitar ao visitante a apreciação do que é exibido.

Sob o título de *Feito em Chicago* estão reunidos 12 artistas oriundos daquela cidade, ou que nela se fixaram, com 56 pinturas, esculturas e objetos. A exposição foi organizada pelo Museu de Arte Contemporânea de Chicago e o crítico e artista Donald Baum fez a seleção final das obras. A idéia dessa mostra partiu de Walter Hopps, curador da Galeria Nacional de Belas Artes, de Washington, que justifica a escolha por ser a arte de Chicago "*a variedade mais vital da arte contemporânea norte-americana, que ainda não recebeu suficiente reconhecimento nacional, para não dizer internacional*".

Hopps caracteriza esse grupo como "*rústico, ativo e irascível*", relacionado por certa tendência ao surrealismo, com imagens "*ao mesmo tempo identificáveis e enigmáticas*", expressando "*a alienação do mundo contemporâneo, geralmente com humor inquietante e expansivo*", revelando "*pontos de vista provocantes a respeito do mundo moderno*".

Catherine Millet, escrevendo sobre o grupo – composto de Cliff Westermann, Karl Wirsun, Kerig Pope, James Nutt, Gladys Nilsson, Ed Flood, Philip Hanson, Christina Ramberg, Roger Brown, Barbara Rossi, Ed Paschke e Ray Yoshida – assinala Flood como ex-faxineiro de um industrial de Chicago e Karl Wirsun como antigo pedicuro profissional de salão para homens e diz que o principal traço comum do conjunto é um "*humor, às vezes amargo*" e a "*devoção a alegre isolamento*" de gente "*totalmente descompromissada*"; essa atitude comum é possível porque a cidade praticamente os desconhece e assim não interfere em seu trabalho.

*

Ao contrário da Bienal, esta sala possui catálogo, muito bem redigido e ilustrado, e por ele podemos acompanhar a representação plástica norte-americana. O que desde logo marca o ambiente é o tom de realismo bem pintado dos quadros de Brown, que se apóiam em uma espécie de reversão à pintura primitiva, com tratamento entre academizante, foto-realista, ingênuo e teatral; ele recorre à força do repetitivo e pode tornar tétrica a simplificação dos elementos, como em *Ponte Natural*. Kerig Pope tende mais para o decorativo, num colorido leve, festivo ou superabundante. Yoshida trabalha na base de uma pilha de revistas de histórias em quadrinhos, cujas figuras recortou a seu arbítrio, recolando-as e reagrupando-as segundo critério próprio, com o resultado, em *Analogias*, de semelhar coleção de asas de borboletas. *Green Thron* e *Jizz and Jazz* são fortes e novos, nos efeitos das linhas sóbrias e insistentes.

Senhor das Tristezas, de Barbara Rossi, gravura e estampa em cetim, com aplicação de contas e penas, é repulsivo; mas em duas outras obras, *3-D* e *Shep Step*, acrílico sem plexiglás, construções pontilhistas, muito minuciosas, em diversos planos superpostos, atrai pela aplicação. Edward Paschke apresenta grandes figuras, como de cartazes: *Elcina*, um enorme óleo (152 x 97) e nas mesmas dimensões *Lucy*. *Red Bag*, ainda maior (168 x 114), é perturbadora e os *Heavy Shoes* são obscenos; na mesma linha, mas mais calma, encontra-se Christina Ramberg.

Gladys Nilsson representa-se bem com *Very Wordly*, acrílico e colagem em forma de grande charge, James Nutt é caricatural-histriônico, Karl Wirsun tem um mau gosto ofensivo.

*

Um prêmio internacional da Bienal foi caber, nessa sala, a H. C. Westermann, que trouxe uma coleção de objetos construídos – num caso, *Pig House*, é um porquinho de borracha, já esfolado, pendurado no interior de caixa de madeira; noutro, *Death Ship of no Port with a List*, é o casco de navio de madeira, dentro de caixa do mesmo material, com metal e guarnições de corda; e ainda *Walnut Box*, uma caixa de nogueira, com tampa de vidro, através da qual se vê uma boa quantidade de nozes, com casca. Invenções bem infantis, para um cinqüentão.[35]

35 Vinha, a seguir, resenha com subtítulo *Publicações*

Branco e vazio: comunicação é isso?

O Estado de S. Paulo, 7 de novembro de 1973

A representação da Itália nessa 12ª Bienal de São Paulo constitui mais uma exposição de filosofia, que de artes plásticas: o que há para ver é pouco, mas as intenções subjacentes são metafísicas.

O catálogo da exposição é apresentado pelo crítico Umbro Apollonio, e sua linguagem é bastante ilustrativa da situação que o visitante vai deparar. Curiosamente, a ênfase posta, neste certame, no *problema da comunicação*, faz ressaltar esse desencontro entre as intenções proclamadas e as realizações.

No terreno artístico, como no político ou no econômico, instalam-se, a intervalos, palavras e expressões que pretendem corresponder a necessidades novas, ou substituir outras, peremptas, ou mesmo representar autêntica novidade em matéria de pensamento. Assim, agora, acontece com essa corrida à *comunicação,* como se a arte não tivesse sido, em todos os tempos, meio de comunicação entre artista e público, criador e apreciadores – como se somente depois da descoberta da televisão é que houvesse surgido essa problemática; o resultado é, com freqüência, que o esforço para emprestar sentido inconsueto a expressão na verdade bem definida, vai levar ao oposto, ao hermetismo de alusões incomunicáveis, pois um subjetivismo exasperado destruiu os elementos normais e habituais de transmissão de idéias e sentimentos, sem conseguir dar-lhes substituto.

Assim é que Apollonio refere os trabalhos de Mario Balloco, que apresenta uma série de estudos sobre as leis da forma, em painéis ilustrativos de teorias de luz e de cor, como tendo *"o tácito intuito duma oportuna intervenção no âmbito da comunidade humana, para facultar esse equilíbrio arte-vida, que durante muito tempo foi estorvado pelo absurdo isolamento em que se conservaram essas duas entidades, embora participem ambas do destino humano de maneira imprescindível".* Dizer que a vida participa do destino humano, parece-me muito a tautologia; quanto à arte, desde o tempo das cavernas, foi sempre sentida como necessidade de expressão da vida e do destino, com as inevitáveis mutações de tempo e lugar.

Pino Tovaglia, também com preocupações gráficas, exibe arranjos de grandes letras brancas sobre fundo preto, e vice-versa, e formas soltas, rearranjadas, coloridas ou não; são elementos bem simples, curiosos, aparentemente sem nexo; que comunicam eles, além do prazer ocasional de sua visão?

Amalia Del Ponte, que recebeu Prêmio Internacional, montou saleta de ingresso por porta estreitíssima, em cujo interior o visitante vai deparar duas colunas triangulares, transparentes – todo o ambiente pintado apenas de branco ofuscante; não sabemos se o público sentirá aquilo que Apollonio registra a respeito: *"O sólido absorve o meio exterior e dispõe-se a mutações e convergências recíprocas, para se integrar afinal no ambiente natural"*. Na mesma linha coloca-se Giancarlo Zen, como o nome indica, que montou uma outra saletinha vazia, tendo apenas um fio de luz que desce do teto, no centro. É a comunicação daquilo que, pelo próprio princípio religioso, é incomunicável.

Quanto a Calzolari, segundo Apollonio, a sua produção pressupõe *"a conjugação entre os objetos colocados ou acionados e outrossim um estímulo ao espectador para se coordenar com eles de tal sorte que obra e observador sejam dois termos interdependentes, antes do que contrários"*. O que o espectador aí vai deparar, realmente, são dois colchões brancos, colocados no chão, uma decoração de néon, ao lado uma escadinha e pequeno tanque com água. Para acioná-los deverá, provavelmente, deitar-se num colchão, subir e descer a escadinha, eventualmente molhar os pés no recipiente de água: assim se produz a interdependência – pois na própria casa ninguém se deita, nem sobe escada, nem toma banho.

Paolini – menção honrosa – arrumou 32 estantes para partituras musicais, organizadas como para orquestra, só que em lugar de partitura cada uma delas apresenta, na metade da folha, uma foto, estando a outra metade em branco. Apollonio explica: *"O espaço estende-se, nesse caso, na direção de quem estiver disposto a contemplá-lo, exigindo-lhe uma intervenção ativa: sucede, portanto, que se estabelece realmente uma comunicação entre ambos"*.

Agnetti é artista desesperado, o que nos mostra não é realmente nada; sua caracterização, pelo crítico eminente: *"usou muitas vezes o meio lingüístico a fim de desbaratar as acepções convencionais"*. Comunicação, mediante o desbaratamento.

Mirella Bentivoglio chega ao auge dessa linha metafísica: seu nome justifica a presença de enormes painéis totalmente brancos, sem absolutamente nada pintado, alguns deles tendo a cercadura de uma luz total: o vazio absoluto, o paroxismo da comunicação.

Da gravura intimista, de amor e melancolia

O Estado de S. Paulo, 14 de novembro de 1973

Evandro Carlos Jardim – Gravuras, desenhos e objetos. Álbum: A Noite no Quarto de Cima.
Museu de Arte de São Paulo, Av. Paulista, 1578. Aberta das 14 às 18 horas.

A exposição é apresentada por P. M. Bardi, que assim retrata o artista: "*Trabalhou com constância, em isolamento voluntário, fiel à tradição da arte do buril, sem responder às sugestões decorrentes das muitas intervenções ocorridas no campo das artes plásticas. Em um certo sentido, o respeito ortodoxo à tradição o condicionou aos limites da comunicação, impostos pela execução e pelo tema*".

Relativamente às gravuras contidas no álbum editado pela Galeria Seta (Cr$ 3.500,00, com 20 gravuras), Antonio Maluf assinala: *"As diversas provas, o uso de água forte ou água tinta, a mistura ou não de técnicas, os diversos tipos de papel, as cores, tonalidade e espessuras diferentes, solicitam uma atenção rica, graduada, que deve saber efetuar a passagem entre pesquisa de técnicas, acervo de memória e objetualidades".*

Vemos a obra de Evandro Carlos Jardim a uma distância de sete anos, em relação à pequena individual que realizou, em 1966, quando assinalamos a nostalgia nela dominante, e a gravação consciente e meticulosa, a indicar artista de boa perspectiva.

A atual mostra, organizada com carinho, e de ampla proporção, confirma aquelas indicações. Entramos em um mundo de extremada sensibilidade, de introspecção e meditação, servido por inteligência gráfica minuciosa e requintada. É a valorização de cada linha traçada, dentro de experiências que se desdobram, com os ácidos que vão comendo a chapa, produzindo, na superfície desta, variada diferença de matéria.

O visitante pode acompanhar, ao longo dos painéis em que se encontram os trabalhos – quase sem exceção de pequenas dimensões, como convém ao intimismo dos registros – as etapas sucessivas de um desenho e de sua transposição em gravura. São figuras de bichos, principalmente pássaros, árvores, limitadas paisagens. Há uma realização amorosa e ao mesmo tempo angustiosa dos detalhes, lembramo-nos daquelas doridas confissões de Kafka, em suas cartas a Milena.

Aqui temos, dispostos ante nossos olhos, os elementos componentes de um jornal pessoal, no qual colhemos tanto a obra acabada como um pequeno borrão ocasional e as pontas de fios separados, que ao depois vão relacionar-se; há desde o grão inicial da semente que irá germinar, às fases sucessivas de crescimento e agregação; temos meros apontamentos para a memória e temos, de repente, a forma encontrada, dentro de seu clima exato.

É, esta, uma apresentação bem didática, no que se refere ao mundo interior do artista e à sua maneira de operar, humildemente mas com teimosia que não se deixa vencer, na procura daquilo que sabe que é capaz de encontrar, se a busca for conduzida com paciência e amor; o quadro dentro do qual atua pode ser bem limitado, o que importa é, nele, aprofundar-se. Veja-se, a propósito, *O Mar com Suas Infinitas Linhas Ondulantes*, o jogo das linhas contrastantes em *Vista da Margem*, a delicadíssima série *Imagens do Caminho*, de 1965, e as mutações que sofre a figura do coelho, em *A Noite no Quarto de Cima*. O *Maracujá-açu* tem o sabor de gravura do século XVII.

Há ainda uns poucos objetos, que são esculturas, inclusive um belo *Pássaro*, de 1968, e outro *Pássaro e Árvore*, este muito elegante, sendo notável, em ambos os casos, a apreensão da linha no volume, a firmeza da transposição do traço linear, para a forma situada no espaço; e um excepcional, pelo tamanho e qualidade, desenho de grande formato, nuvens sobre céu azul.

Didaticamente não dá, a democracia na arte

O Estado de S. Paulo, 17 de novembro de 1973

2º Salão Bunkyo – 106 artistas, com 204 pinturas, esculturas e objetos.

– Preços entre Cr$ 300 e Cr$50.000. Sociedade Brasileira de Cultura Japonesa, rua São Joaquim, 381.

A exposição ocupa três andares do edifício em que se acha instalada, e divide-se entre artistas convidados, alguns dos quais também integraram o júri que selecionou os demais, espontâneos. Entre os primeiros inclui-se Manabu Mabe, com quadro grande, de dominante vermelho e preto. Sem embargo dessa separação, as obras estão apresentadas lado a lado, numa demonstração de democracia artística. Para o visitante, entretanto, a falta de divisão, não só entre os valores, como entre as escolas, constitui dura prova, pois os olhos sofrem quedas e ascensões sucessivas, às vezes desnorteantes: passamos do acadêmico mais passadista ao abstrato, em seguida ao figurativo e de novo ao informal, do ruim ao bom e do ótimo ao péssimo.

Sendo de si difícil olhar uma coletiva, as circunstâncias apontadas podem haver-nos levado a não atentar para coisas que merecessem maior exame, bem como a demorar-nos em outras que nos tenham impressionado pela simples circunstância de estarem melhor colocadas. Com essa ressalva, e tendo em vista, também, que há artistas representados com 3, 2 e somente 1 obra, anotamos os trabalhos que, por um ou outro motivo, nos despertaram atenção.

Tikashi Fukushima, com duas paisagens ventosas, em gênero entre Mabe e o Di Prete da série abstrata; Kenichi Kaneko, presente com realizações bem superiores às que mostrou recentemente, na Associação dos Amigos do Museu de Arte Moderna, particularmente o polêmico *nº 11*; Mitsutaka Kogure, cuja paisagem *nº 13* tem sabor de pintura metafísica; Bin Kondo, com duas bem executadas paisagens abstratas; Tetsuo Nomura, abstrato de cores valentes, bem organizadas em planos sucessivos, especialmente o *nº 18*.

Tomie Ohtake choca-nos com enormes espaços geométricos, de cores fortemente contrastantes – pareceu-nos bem menos feminina do que antes; Yukio Suzuki, em realizações de estranha composição, sem dúvida valorizadas pelo amplo listrado branco e preto; Yutaka Toyota, exibindo objetos escultóricos para parede, espelhados, que refletem a figura de quem os examina.

Alfredo Carlos del Santo Silva tem dois trabalhos delicados; Ana Maria Vasconcelos Barbini lembra, no *nº 3*, as cores de Pancetti; Arimori Sumiko, no *nº 6*, é de primitivismo ingênuo e lírico; Takashi Fukushima fez, no *nº 20*, paisagem suavíssima, quase inexistente, embrumada; Chizuko Ishihara é um decorativo deliberado, sua superfície é aveludada e o rosto da mulher surge entre enfeites. Cachiko Koshikoku realiza pintura de signos, bem oriental, pessoal e estranha.

Os trabalhos de Joji Kussunoki são muito sobrecarregados de superfície empelotada, talvez ganhassem em harmonia se a massa de cores fosse aliviada daqueles excessos; o tema de Kurt Hollander são crianças, tratadas com muita meiguice plástica; Ken Mabe propõe retratos em novo sentido, com as figuras petulantes, no primeiro plano; Florinda Minomo *Nami* faz curioso embaralhamento de tons.

Yoshiyuki Miura entrou com larga paisagem de mocambo, tratada com amor; Mori Emiko detém-se em formas humanas agigantadas, apresentadas apenas em um de seus detalhes – coisa violenta, impositiva; o *nº 98*, de Natiko Nakade, ganha muito no efeito decorativo, quando visto a certa distância; o *nº 105*, de Neide A. A. Fronzi, é conturbado, mas intriga; no *nº 110*, de Tsukika Okayama, as árvores são bem ajaponesadas, e o efeito da água branca tornou leve o conjunto.

Kahoko Saito que tem desenho marcado e sabe fazer economia de cores, dá tratamento pessoal às figuras humanas; há surpresa no colorido do *nº 119*, de Massi Sakamoto, mas o mesmo não se dirá do *nº 118*; quanto às paisagens de Takeo Sawada são constituídas de aplicadas pinceladas; Toyoji Suganuma parece preocupado com os mistérios do sexo feminino, em suas dobras, mas o assunto é tratado com elegância; finalmente, o *nº 157*, de Yasuko Watari, é um quadro composto.

Os juízos do público e obras desajuizadas

O Estado de S. Paulo, 23 de novembro de 1973

O pavimento em que o visitante desta 12ª Bienal sente maior coerência relacionando as coisas mostradas é o 3º, dito de *arte-comunicação*, e que é um conseqüente parque de diversões, no estilo mambembe. Aqui não há pintura, arte gráfica ou escultura para conturbar a atenção do público: as artes plásticas, como tal, estão excluídas, o que se vê são pesquisas ambientais de pretensão sociológica, divertidas proposições críticas de costumes, reprodução de situações mais ou menos habituais, referências a espetáculos populares, e coisas que tais.

E não havendo, ali, nenhum compromisso com o mundo da estética e suas exigências, ganha destaque a iniciativa do francês Fred Forest, que resultou numa reportagem sobre a própria Bienal, com curiosas indicações a respeito do estado de espírito do público que a ela acorreu. Como se sabe, tendo obtido lhe fossem cedidos alguns painéis vazios, o francês passou a distribuir, entre as pessoas que passavam pelo seu recanto, um convite a que manifestassem, de alguma forma, o que pensavam a respeito do certame; para isso havia, no mesmo folheto, o correspondente espaço em branco; alguns ali escreveram uma frase, outros desenharam. Hoje, há uma multidão de papeletas preenchidas, apensas aos painéis. Tomamos nota, a título de ilustração do resultado, de algumas das respostas:

Um: *Viva a Monarquia!* Outro: *Dê-nos de comer e teremos inspiração para nos comunicar*. É curioso como a preocupação política subjacente emerge à menor oportunidade. Como este, bem direto: *Paradoxo: enquanto tivermos liberdade para escrever em espaços brancos, nunca conseguiremos liberdade para jornais, TV e etc. Tudo ou nada, e veremos...* E mais: *É proibido proibir*.

Mas a maioria dos comunicantes volta-se mesmo é para a crítica da própria Bienal. Diz este: *Acho que perdi meu tempo*. Ironiza outro: *Mesmo vendo o vazio, sorria*. E um julgamento do júri: *O 1º prêmio da Bienal chama-se passividade*. Revolta contra a mediocridade generalizada: *Aqui nada se cria, tudo se copia*. E a perplexidade de quem, no labirinto das salas, não encontrou justificativa para o que viu: *O que é arte plástica?*

O mais, neste pavimento, como dissemos, são brinquedos, porém propostos com a maior seriedade de fundamentação: quanto mais pobre é o material utilizado na arrumação dos estandes, mais profundas são as preocupações filosóficas consignadas nas respectivas memórias justificativas; o óbvio entrelaça-se ao metafísico.

Há a montagem de um arremedo de cirquinho bem ordinário, desses encontráveis pelo interior do Brasil afora, e a intenção é significar a morte daquele tipo de espetáculo, vencido pelos modernos meios de comunicação.

Deparamos uma pescaria-quermesse, daquelas em que o interessado com o anzol na ponta da linha de uma vara, tenta pescar um dos brindes expostos; justificativa: "*natureza lúcida e diversional, a partir dos festejos populares (...) meio de entretenimento das camadas humildes onde a surpresa e a manipulação são os elementos característicos*".

Quanto maior a ausência de imaginação criadora, quanto mais extensa a apropriação de elementos alheios preexistentes, quanto mais vulgar a proposição, mais se complica a linguagem pernóstica, como se esta pudesse imantar o insignificante, sublimando-o. Um túmulo, com duas gavetas, cheias de areia e o dístico: "*Plantaram alfaces, comi todas*"; trecho da memória: "*várias situações podem ser encontradas, como 1º — nascimento, vida e morte de uma obra; 2º — o objetivo de dessacramentalização da morte; 3º — espaço e tempo, representado pelo percurso de Belo Horizonte, Rio e São Paulo; 4º — conseqüência constituída pelo comportamento de três sociedades (mentalidades) distintas num mesmo país (...); 5º — o fim: o túmulo irá morrer afogado na lagoa de Pampulha, buscando as origens de onde nasceu, sendo previamente fotografado num cemitério e nas vizinhanças de um matadouro, zona de putrefação e presença de urubus*".

Não se sabe o que mais admirar, se o subjetivismo de um encadeamento de pressupostos estritamente individuais, se a pretensão da descoberta do que todo o mundo já conhece, se o ridículo inútil de um espetáculo puramente imaginário, a que os que passaram pela exposição não irão assistir, e que portanto não lhes pode comunicar coisa nenhuma. E número considerável de visitantes da Bienal sequer puderam tomar conhecimento do que os autores desses projetos pretendiam com eles, pois as *memórias* informativas constam apenas do catálogo, saído com grande atraso.

Não sendo possível referir tudo o que ali se encontra, estas observações são apenas exemplificativas. E para que não pareçam puramente negativas, registramos que há coisas válidas dentro de seus limites naturais, como a *Homenagem ao Mito do Super-herói*, que no caso é o Fantasma, das histórias em quadrinhos; é uma arrumação variada e imaginosa, entre charge e piada, como nesta reclamação do Dragão, ao ser atacado pelo Fantasma a cavalo: *Sempre Dois contra Um!*

Desenho, série Pássaros (detalhe)
1960, nanquim a bico-de-pena e pincel sobre papel
49 x 35 cm

Não conseguimos ver a *Proposta do Amor*, da equipe Darcy Penteado: estivemos lá por duas vezes, dentro do horário noturno em que nos informaram se faziam as projeções, mas de ambas as vezes a sala estava às escuras: não havia espetáculo.

A alegria criadora e a violência temática

O Estado de S. Paulo, 28 de novembro de 1973

Alfredo Volpi – 22 têmperas.
– Preços de Cr$ 16.000 a Cr$ 40.000. Galeria Cosme Velho, Alameda Lorena, 1579.

A exposição mereceu um belo catálogo a cores. Nele, a introdução é assinada por Maria Eugenia Franco, que assinala: *"Das primeiras fachadas e quadros de bandeiras à série recente exposta pela Galeria Cosme Velho, Volpi consegue larga variedade de utilização dos mesmos elementos, sempre em cores, luzes, atmosferas e arranjos estruturais diferentes, em revelações súbitas"*. Há também um estudo sobre o artista, de autoria de Olívio Tavares de Araújo, que chama a atenção para a circunstância de que o pintor manteve-se à margem do trajeto oficial do modernismo, escapando "... *às influências que marcaram mesmo os nossos mais talentosos criadores. E sua pintura continua a não se parecer com a de ninguém"*.

Acentua o mesmo crítico a importância da experiência artesanal que a origem operária de seu autor trouxe para a pintura de cavalete, sendo "... *significativo o fato de que o próprio Volpi faz, até hoje, todas as tarefas preparatórias de sua pintura, desde a construção da tela até a mistura do solvente, à base de verniz, água de torneira e um ovo, tudo medido na casca deste último"*.

A exposição insere-se dentro de uma pequena retrospectiva do artista. Olhando os seus quadros, vamos pensando: é um mágico, é um inventor, é místico, tem lirismo de menino; é audacioso, irônico, possui sabedoria secular; sua coragem não tem limites, caminha de pé firme pela beira do abismo da cor; joga como quer com as leis da composição, não há ninguém mais livre do que ele; tem profundo sentimento da religiosidade, mas esta não pode ser enquadrada em igreja.

Aos 77 anos, Volpi mostra a plena alegria criadora, alicerçada em saudável físico de camponês e servida por inteligência plástica extremamente aguda, uma coragem de ousar só limitada por sua autocrítica íntima, que é extremamente severa. A espiritualidade que hoje ressuma de suas telas é relativa à religião da pintura, de que ele se fez monge de dedicação integral: seus quadros atuais lembram-nos a atmosfera que respiramos em Assis.

Por isso a verticalidade impõe-se, ainda nos quadros horizontais; nem exclui a atração sensual pela matéria gostosa, como em *Fachada com janelas azuis*, ou *Fachada em refração*. A concentração íntima de que resulta cada um desses trabalhos aparece inclusive em paisagens relacionadas com a conturbação urbanística, como *Bandeira verde*.

Estamos no reino mágico da cor, Volpi pinta as cores da cor, e por isso brinca com elas, não há limite para a sua poesia plástica: o desenho já nasce colorido, o traço não é limitação para a tinta, e então os objetos se transfundem, não têm a impeditiva materialidade tradicional, e assim os mastros erectos são eles mesmos bandeiras ao vento, como em *Luzes no azul*.

Inocente e de uma cultura visual assustadora, inteiramente disponível mas com uma pontaria que não se poderia querer mais certeira, Volpi é gênio.

Sergio Ferro – Montagens, colagens, agregações.

Preços de Cr$ 3.000 a Cr$ 10.000. Galeria Fernando Milan, Av. Europa, 641, aberta de 2ª a Sábado, das 14 às 22 horas.

O texto do catalogo é de Flávio Motta, e nele lê-se, a respeito daquilo que o visitante da mostra irá encontrar: *"Colagens fantásticas de seres e coisas que vêm de muitas partes. E estão juntas porque alguém quis. A colagem traz fragmentos de outros universos. Não estão ali pelo ajuntamento arbitrário que gera o monstruoso, apesar de estarem encostadas umas às outras, sem uma linha mestra que se evidencie"*.

O artista é arquiteto e professor de História da Arte, tendo realizado sua primeira exposição individual há dez anos. A mostra deseja constituir-se em denúncia da violência urbana contemporânea e a primeira sensação do visitante é mesmo de haver ingressado em ambiente dominado por ímpeto tumultuoso e irascível.

É obra gesticulante, na qual a intervalos podemos localizar momentos de pintura reflexiva, devidamente elaborada (*nº 18*), mas a nota dominante (*nº 19*) é explosiva. Trata-se de produção de predomínio intelectual, no sentido da informação literária, e algumas peças têm mesmo a adição de textos escritos. Passamos do cartaz impositivo (*nº 17*) para uma liberdade *pop* exasperada (*nº 16*), chegamos à quase construção de um objeto original e diferente (*nº 27*) e logo deparamos brinquedo inconseqüente (*nº 26*).

A preocupação de atualização interfere na obra e com ela polemiza, como no *nº 23*, que seria muito melhor se ficasse nos limites da pintura, que é austera, sem a superposição dos fios e relevos que apontam para direção oposta, no terreno da sensibilidade. O mesmo pode ser observado em relação ao *nº 14*, onde a placa branca com parafuso escorrendo sangue é comentário sarcástico, que desnatura a pintura de sentido surrealista, dela debocha.

O *nº 11* ficou engraçado, na bem efetivada combinação da superfície pintada com a colagem de gravata e paletó sob chapéu, de novo pintado. O *nº 9* é por demais empetecado, parece presépio de que estão ausentes o menino, o burro e a vaca.

O artista transmite, como deseja, o nervosismo e a impaciência de sua inteligência, e perguntamo-nos se poderá dominá-la, na continuidade desse ritmo ou se não irá, a certa altura, partir para coisa inteiramente diferente, colhida como fruto da atual inquietação. São evidentes a sua afirmação de negatividade, a vontade da afronta, a necessidade do desafio, mas não nos parece que, no momento, tenha chegado a uma conclusão; se é que ele a deseja ou considera possível.

Bienal de quê? Por quê? Com quem? Para quem?

Argumento. Revista Mensal de Cultura, ano 1, n. 3, São Paulo, jan. 1974

A primeira indagação a fazer, a respeito de uma realização como a Bienal – antiga promoção do Museu de Arte Moderna de São Paulo, hoje submetida à sorte ocasional, decorrente do fato de estar entregue a um grupo amador, desprotegida de qualquer programação ou orientação didática – é no sentido de saber se ainda tem cabimento tal tipo de certame, questionando, antes de mais nada, sua própria denominação.

Há 22 anos atrás, quando teve lugar o primeiro desses certames – estávamos em 1951 –, o encontro internacional de artes plásticas aqui realizado, embora com as limitações e falhas inevitáveis nos primeiros passos, estourou, em nosso meio ambiente, como autêntica bomba de escândalo, tão salutar espiritualmente quanto fora, a seu tempo, pelas conseqüências decorrentes, a Semana de 22.

Praticamente não tínhamos, na época, galerias comerciais de artes plásticas, eram raríssimos os nossos artistas que viviam exclusivamente de tal atividade, e ainda em menor número, entre eles, os que tinham conhecimento do que no exterior se fizera e se fazia, no mesmo terreno. De modo que a Bienal constituiu-se em núcleo estimulante de intercâmbio de experiências, de aprendizado vivo, de valorização do trabalho artístico – coisas essas que Bienais seguintes ainda mais aprofundaram. Particularmente a segunda – quando para cá vieram, pela primeira vez, obras de Munch, Yamaguchi, Marino Marini e Severini, Santomaso e Henry Moore, Germaine Richier, André Marchand e Léon Gischia, Fresnaye e Juan Gris, Brancusi e Braque, Picasso e Georges Adam, Henri Laurens, Alexander Calder, Antonio Tàpies, James Ensor, Klee e Kokoschka – , representou a apreensão de um acervo cultural imenso, para muitos milhares de pessoas, abrindo, aos artistas brasileiros, perspectivas estéticas impensadas.

De tudo isso, e mais do passar do tempo, decorreu uma profunda transformação no meio artístico brasileiro: são centenas, hoje, as galerias comerciais existentes nas principais cidades; sucedem-se os leilões, que mantêm ativo o mercado de arte; a regra passou a ser que os artistas em evidência vivam exclusivamente de seu trabalho, e bem folgadamente;

simultaneamente, as viagens ao estrangeiro tornaram-se, de exceção, coisa corriqueira, qualquer um vai, hoje, a qualquer parte, ver o que lhe interessa.

Em conseqüência do que, não há mais uma *verdade bienal* a ser mostrada, a tal intervalo: a renovação da produção artística – inclusive pelo emprego, nela, de materiais antes inimaginados, e também pela intercomunicação que se estabeleceu entre as diferentes linhas de produção artística, antes separadas e especializadas – ocorre agora mensalmente, diariamente. As novidades nos chegam sem esperar pela abertura da Bienal seguinte, de modo que esta, quando se instala – mesmo sem falar no desleixo da montagem e na falta de programação desta XIIª – não nos mostra coisas novas, mas coisas já conhecidas.

É evidente que o intercâmbio artístico internacional continua a ser necessário; mas, já agora, como fato natural e permanente, não como *acontecimento* bienal, que, na verdade, deixou de ser, porque mudaram as circunstâncias do mundo, e também mudamos nós.

Referimo-nos à intercomunicação estabelecida entre diversas artes, e esse é um aspecto que precisa ser ressaltado, pois, com ele, transformou-se a ambiência em que antes se realizavam as mostras de artes plásticas.

Mesmo em se tratando de arte moderna, as exposições dessa natureza guardavam, até há algum tempo, o ambiente de circunspecção característico dos museus, e indispensável à análise *visual* de obras que tinham no olho o elemento fundamental. A circunstância de que se destinava à visualização sossegada e meditativa, por parte do visitante, implicava em duas coisas: que a obra devia permanecer estática e ser, ela mesma, silenciosa. Com a hibridação que aos poucos foi invadindo esse campo, passamos a ter obras móveis, transformáveis cineticamente e emissoras de ruídos, que em alguns casos chegam à mais agressiva estridência. Desapareceu, com isso, a possibilidade de recolhimento para exame de determinada peça – eis que o espectador está, no mesmo momento, sendo atacado por luzes e barulhos que o assaltam de todos os lados.

Há, certamente, público para esse tipo de proposição, que recebe passivamente, senão com prazer, a ferocidade do mundo atual, pela qual se deixa dominar e que em seguida vai, contaminando-se, propagar e desenvolver. Deixou, porém, de haver compatibilidade entre uma coisa e outra, e a menos que se decrete o desaparecimento das artes propriamente plásticas, o que cumpre fazer é montar, com as realizações desta última natureza, outra e particular feira de amostras, deliberadamente encaminhada a proporcionar a interação das artes cinematográfica, circense, escultórica, futebolística, de iluminação e eletricidade em geral, mediante os mais novos produtos industriais e em meio às descargas dos escapamentos de motocicletas – para consumação do clima, também válido, de quem só entra em estado de gozo em ambientes de alta turbulência.

Não estamos ironizando, mas realçando grave tendência antiarte, nascida no seio da própria arte, e que, para não esmagar a esta, necessita ser devidamente separada, tornada autônoma. O crítico norte-americano Donald Baum, chefe do Departamento de Arte da Universidade Roosevelt, em Chicago, escreve, na apresentação da sala que organizou para esta Bienal:

"Quando convidado pelo Museu de Arte Contemporânea, em 1969, para organizar mostra de arte típica de Chicago, eu e os artistas concordamos em que o andar de baixo do Museu deveria ser devolvido à sua função original – a de um porão. Isto foi conseguido graças à instalação de um forno em forma de polvo e à divisão do espaço em um número de pequenas salas, ornamentadas com papel de parede imitando tijolos, incluindo salas de recreação e uma mesa de ping-pong e outros objetos típicos de um porão.

"São essas pequenas coisas que dão o sabor e refletem a atitude de muitos artistas de Chicago. Dada a oportunidade de mostrar os seus trabalhos, todos concordam em que a atmosfera deve evitar a pureza preestabelecida e a grandiosidade. Na realidade, o contrário deve ser criado. Objetos e decorações de parede devem ser introduzidos de modo que rivalizem visualmente, e ao mesmo tempo forcem o visitante a observar os trabalhos em ambiente que não realce, mas sim intensifique o caráter obsessivo das obras. Quando o visitante se acostuma com os elementos discordantes, é simultaneamente tocado pelo 'mau gosto' de visões que não são '*arte*' ".

É uma linha, essa, de destruição guerrilheira da verdade artística, e não se vê porque, dentro dela, as rampas do edifício da Bienal não foram abertas ao trânsito de automóveis, que com suas buzinas teriam contribuído bastante para a desejada degradação do local, já poluído pela fumaça e os gases da betoneira colocada junto à porta de entrada – bem abaixo de onde se situam os quadros de Kandinsky, cada um dos quais vale uma fortuna.

Esse espírito de violência fascista, que ameaça o futuro do mundo artístico, é no caso das artes plásticas, de tanto mais difícil oposição e eliminação, quanto é impossível, hoje em dia, definir o que seja artista, ou quem não o seja.

Reconhecem-se os profissionais liberais por seus diplomas. Não se pode compreender um escritor analfabeto. Os músicos labutam duros anos de aprendizado, antes de ter a possibilidade da realização de concertos. Os atores devem estudar, entrosar-se, obedecer a uma direção. No terreno das artes plásticas, não: qualquer um chega, empunhando um cabo de vassoura, e quer expor aquilo com sua assinatura pessoal; qual o critério de aceitação ou recusa?

Esse critério tem que ser tão aristocrático e absolutista quanto o individualismo exacerbado do produtor da obra. Queremos dizer, voltando ao que estava implícito em nosso ponto de partida, que toda exposição tem que ter um diretor, que é quem determina o critério que a presidirá. Este pode ser bom ou ruim, melhor ou pior, certo ou errado, péssimo ou ótimo, maravilhoso ou vergonhoso: será, entretanto, comportamento caracterizado, e o critério da direção irá, afinal, ser julgado pelo público, juntamente com o material apresentado. Uma exposição é como uma orquestra, e necessita ter seu regente. Esta Bienal, a exacerbar as desabusadas interferências do espírito anarquizante, teve a agravante de não haver merecido uma direção, no plano da escolha estética.

Falamos em guerrilha antiartística, sentimento anárquico, niilismo.

Ao lado deste último, que se manifesta sob várias formas, há ainda que assinalar a difusão, no terreno das artes plásticas, de um sentimento de religiosidade ingênua, espontaneísta e mal definida, que busca trazer, para o ambiente da exposição, preocupações relacionadas com o zen-budismo, a umbanda, o espiritismo, a macumba, a telepatia, o interesse pela vida interplanetária, a divinização da máquina, o levantamento de altares ao Vazio; assim mesmo, tudo misturado, em indigestos coquetéis de gosto variado.

Tudo aquilo que procede do homem deve ser considerado humano – no sentido próprio do adjetivo e sem nenhuma conotação de *bondade*. Com a Igreja católica, que já foi uma das mais importantes e exclusivistas, abrindo-se, hoje, ecumenicamente, para contato e intercâmbio com as religiões ou seitas antes concorrentes, o que nos ocorre é sugerir um outro tipo de parquinho para a realização de grande competição de confraternização inter-religiosa. Cada grupo ou tendência se instalaria com suas barracas, capelas, terreiros, haveria procissões variadas, jogos de capoeira, venda de amuletos e santinhos, quem fosse capaz faria em público seus milagres e suas mágicas e o espírito de Deus presidiria a festa. Federico Fellini seria um digno organizador desse espetáculo.

Da presente Bienal poderiam ser mandados, para esse encontro dos deuses, dos santos e seus pastores e profetas, o cacho de *ex-votos* assinado por Aderson Medeiros; a pequena árvore de Natal naturalista, que uma firma comercial patrocinou; o templo cabalista intitulado *À procura do Nome de Deus*, de Sulamita Mareines, com versos de Paulo Bonfim e referência a Chico Xavier, que aconselha a *"entrar em sintonia com o infinito e a eternidade"*, e no interior do qual Deus é o próprio visitante, que se vê refletido em espelhos multiplicadores, situados nas paredes e no teto, sobre o qual corre água, em meio a luzes e relógios e pisando chão de areia, e ao qual se entra por porta bem estreita e enviesada – num ambiente de atemorização que não deve ter custado nada barato; e mais o *Projeto Índio* da equipe de Santa Catarina, com o manequim do índio feiticeiro, seu espelho e músicas; também deve possuir significado transcendente a extensão de terra propriamente dita, de uns cem metros quadrados, que Mário Cravo Neto assinou depois de espalhá-la diante de uma parede preta, onde se alinham fotos que não têm nada que ver com coisa alguma, e que por isso mesmo devem eqüivaler à decoração das grutas sagradas, onde os visitantes costumam deixar os seus retratos.

Na mesma linha, poderia ser recolhida, da Itália, a contribuição de Calzolari, com seus convidativos colchões brancos; e, do mesmo país – honrado com Prêmio Internacional da Bienal –, Del Ponte: uma cabana de entrada estreitíssima, tendo no interior duas colunas triangulares, transparentes, soltas – todo o ambiente em volta pintado de um branco ofuscante, produzindo a impressão de túmulo violado; e também Bentivoglio, responsável pela vinda de enormes painéis brancos, sem absolutamente nada pintado – exatamente iguais a quaisquer outros, do mobiliário da Bienal – mas com a estupenda invenção de se encontrarem cercados por fios de *néon* colorido; e ainda, da mesma representação, a sala Zen: sala vazia, tendo, no interior, apenas um fio luminoso, colorido, pendurado do teto; local sem dúvida ideal para a meditação e a dispersão da alma universal – embora sob a orquestração dos uivos das máquinas infernais do espanhol Lugan, ali bem vizinho.

Esta relação é apenas exemplificativa.

São Paulo é uma cidade triste, sem divertimentos, e a população, sequiosa de lazer, descobre imediatamente onde haja alguma coisa para ver, com o intuito de distrair-se; por isso, são milhares os visitantes da Bienal.

Sem dúvida, recreiam-se nela, com as coisas inesperadas que vão deparando, nas quais freqüentemente são convidados a mexer. A população percorre-a como a uma feira de diversões mais ou menos compreensíveis. Não seríamos nós que votaríamos pela extinção de tão raro passeio.

Achamos, como dissemos, que iniciativas de jocosidade cafajeste, de folclore popular, de fundo religioso, de caráter ruidoso e desrespeitoso, têm, cada qual, sua validade – tanto assim que atraem público. Exposição internacional de pintura, escultura e artes gráficas, entretanto, é outra coisa, envolve muita gente séria, que nela crê e a ela dedica sua vida. Por isso, merece ser tratada com respeito.

Nem se suponha que estamos, em São Paulo, em face de acontecimento isolado: o fenômeno ocorre mundialmente. A nossa Bienal nasceu como co-irmã do certame de nome idêntico, que desde há muito se realizava em Veneza; outras cidades patrocinaram mostras equivalentes. Veja-se o que, a respeito da XV Trienal de Milão, realizada em outubro deste ano, escreveu o arquiteto e crítico italiano Bruno Zevi:

"... a temperatura desta Trienal, aberta depois de cinco anos de paralisação, pode ser sentida, emblematicamente, no Pórtico, à entrada e na escadaria: paredes sombrias, tétricas, espaços vazios, deprimentes, algumas insígnias luminosas de gosto duvidoso, um teto talvez apropriado para circo de província. Que mensagem é transmitida por tal arrumação? Evidentemente a de funeral. A Trienal morreu em 1968, quando os contestadores contestaram a mostra da contestação, concebida para contestar a política da instituição, por sua vez contestadora de si mesma: a manifestação milanesa já se encontrava em estado de coma há muito tempo (...)

"E não poderia ressuscitar. Teria sido mais sábio evitar um enésimo papelão (...)

"A falência da XV Trienal é atestada pela recusa da maioria dos países estrangeiros (...) de gastar dinheiro com empreendimento que sequer se esforça mais por ser útil e significativo.

"Nas precedentes trienais, fixara-se um tema: a escola, o tempo livre, a habitação coletiva; resultados insatisfatórios, que todavia permitiam um confronto de experiências, um debate. Este ano, nenhum tema, regride-se ao estágio infantil, cada um expõe o que lhe parece, ao acaso. Resultado: não o caos, que ao menos seria divertido, mas o vazio chato".

Isto é uma reportagem crítica do tipo de certame que são as bienais, e que foi esta XII[a] Bienal de São Paulo.

Seria necessário, agora, que alguém, bastante competente no campo estético, fizesse a filosofia dessa situação, em face da história da arte.

Biografia

1914 No dia 5 de dezembro, em São Paulo, nasce Arnaldo, o sexto dos oito filhos de Agostinho Schwenck d'Horta e Izolina Pedroso d'Horta.

1928 Cursa o Ginásio de São Bento e a Escola Normal da Capital. Enquanto estudante foi professor particular, funcionário público, comerciário e militante político. Em 1931, aos dezesseis anos de idade, ingressa na vida jornalística, tendo colaborado, a partir dessa época, como jornalista profissional ou escritor, para o *Correio da Tarde*, *Jornal de Santo Amaro*, *A Idéia*, *Correio de São Paulo*, *Folha da Manhã*, *O Estado de S. Paulo*, *Folha da Noite*, *Correio Paulistano*, Rádio Cultura, Rádio Tupi, Rádio América, *Hoje*, *Vanguarda Socialista* (Rio de Janeiro), *Folha Socialista*, *Diário da Noite*, *Folha Vespertina* (Belém), revista *Anhembi*, *Revista Acadêmica* (Rio de Janeiro), revista *Diretrizes* (Rio de Janeiro), *Jornal do Brasil* (Rio de Janeiro), *Correio do Povo* (Porto Alegre), *Boletim Bibliográfico Brasileiro*, *O Dia* (Curitiba), revista *Casa e Jardim*, revista *Senhor*, entre outras publicações. Participa da Editorial Pax, da Editora Unitas, da revista *Problemas* - da qual é um dos fundadores em 1938 -, da agência United Press International, e da Dominus Editora. Mais tarde seria redator de *O Estado de S. Paulo* e colaborador do *Jornal da Tarde*, com matérias sobre política e crítica de arte. Em 1932 traduz *O Despertar da Ásia* de I. Worsky e A. Riera, 2 vols., Editorial Pax, São Paulo. Em 1934 traduz *No Misterioso País de Tamerlão*, de Paul Vaillant-Couturier, Edições Nosso Livro, São Paulo. Em 1937 diploma-se bacharel em Ciências Jurídicas e Sociais pela Faculdade de Direito do Largo de São Francisco.

1941-50 Exerce a advocacia até 1941. Em agosto de 1945 ingressa na Esquerda Democrática, que em 1947 passou a denominar-se Partido Socialista Brasileiro. Militou ativamente até meados do decênio de 1950, tendo sido membro da Comissão Executiva, seção de São Paulo, de 1947 a 1949. Entre outras atividades, liderou também o GP-1 (Grupo Profissional nº 1), que reunia intelectuais do Partido Socialista Brasileiro, atuando ativamente na redação da *Folha Socialista*. Em mais de uma eleição, atuou como coordenador da campanha partidária

Desenho (detalhe)
1956 / nanquim a bico-de-pena sobre papel / 65 x 46 cm

No escritório de casa, ao lado dos livros e de desenhos seus, c. 1972

na capital de São Paulo. Publica artigos na *Revista Acadêmica*, Rio de Janeiro, editada por Murilo Miranda, em *Hoje: O Mundo em Letra de Forma*, entre outras publicações. Primeiros artigos sobre arte e crítica publicados nos jornais *Folha da Manhã* e *O Estado de S. Paulo*. Ingressa na agência Inter-Americana de Publicidade e funda em São Paulo a agência jornalística Escritório de Serviços de Imprensa, por meio da qual promoveu ampla divulgação dos artigos de escritores nacionais e estrangeiros por todo o Brasil. Sócio fundador da Associação Brasileira de Escritores, é delegado paulista ao 1º Congresso da ABDE, São Paulo, 1945, no qual surgiu a Declaração de Princípios que deu início à derrocada da ditadura de Getúlio Vargas. Também integra a delegação paulista ao 2º Congresso da ABDE, Belo Horizonte, 1947, bem como participa do 1º Congresso Paulista de Escritores, Limeira, 1946. Paralelamente ao trabalho de jornalista, em 1949 começa a pintar e desenhar, como autodidata. Publica uma série de artigos sobre a questão da criação artística em *O Estado de S. Paulo*, série que teria seqüência em 1956. O conjunto desses artigos seria republicado em 1958, no *Jornal do Brasil*.

1951 Apresenta-se publicamente pela primeira vez como artista plástico. Participa, com três pinturas a óleo, do 1º Salão Paulista de Arte Moderna onde recebe a Pequena Medalha de Prata, e da 1ª Bienal do Museu de Arte Moderna de São Paulo, com um óleo.

1952 Exposição individual no Museu de Arte Moderna de São Paulo. Em outubro, mostra 42 desenhos feitos com caneta de feltro e guaches em individual no Museu de Arte de São Paulo. Participa do 2º Salão Paulista de Arte Moderna, com dois óleos e do 1º Salão Nacional de Arte Moderna, Rio de Janeiro. Em outubro, participa, com um óleo, da Exposición de Pintura, Dibujos y Grabados Contemporaneos del Brasil no Museu de Arte Contemporânea da Universidade do Chile, Santiago. Viaja à Itália, visitando a 30ª Fiera Internationale di Milano, como representante da Comissão do IV Centenário da Cidade de São Paulo e enviado do jornal *O Estado de S. Paulo*. Segue para Cannes como delegado da Cia. Cinematográfica Vera Cruz, onde divulga, no 5º Festival International du Film, o filme *Tico Tico no Fubá*. Inicia colaboração na revista *Anhembi,* com artigos sobre arte, filosofia e política.

1953 Publica com Rubem Braga o livro *Dois Repórteres no Paraná*, edição da Câmara de Expansão Econômica do Paraná, Curitiba. Em outubro, exposição individual de 40 desenhos a nanquim no Museu de Arte Moderna de São Paulo. Participa do 2º Salão Nacional de Arte Moderna, com um óleo. Recebe o prêmio regulamentar de Melhor Desenhista Nacional na 2ª Bienal de São Paulo, pelo conjunto de 6 desenhos enviados. Participa, com 5 desenhos, da The Second International Art Exhibition, Tóquio.

1954 Publica o álbum *20 Desenhos de Esqueletos de Animais*, com apresentação de Lourival Gomes Machado. Realiza o painel *São Paulo Industrial* (tinta a óleo sobre aglomerado de madeira, 2,5 x 7,0 m), para a Exposição de História do IV Centenário da Cidade de São Paulo, no Parque do Ibirapuera. Desenha a capa e contracapa do álbum do Ballet IV Centenário. Em outubro, exposição individual no Museu de Arte Moderna de São Paulo, onde mostra 35 *Esqueletos de Animais e Outros Desenhos*. Está presente na Exposição do Acervo do Museu de Arte Moderna, sob os auspícios da Comissão do IV Centenário, São Paulo. É o primeiro brasileiro premiado na Bienal de Veneza, recebendo, pelo conjunto de 12 desenhos, o prêmio Incom "a um desenhista ou gravador estrangeiro". Participa, com 9 desenhos, da Mostra di Pittura Brasiliana Contemporanea na Galeria Nacional de Arte Moderna, Roma, e, com 3 desenhos, da Mostra dei Premiatti alla 27ª Biennale, Messina. Participa, com 2 desenhos, do 3º Salão Nacional de Arte Moderna e, com 3 desenhos, do 3º Salão Paulista de Arte Moderna, onde recebe a Pequena Medalha de Ouro.

1955 Em setembro, exposição individual de 25 desenhos a caneta de pena de feltro, desenhos a nanquim e guache, na Petite Gallerie, Rio de Janeiro; no catálogo, texto de Mário Pedrosa. Exposição individual de 20 desenhos na Galeria Oxumaré, Salvador. Participa da 3ª Bienal de São Paulo com 8 incisões (recortes sobre diversos materiais), sendo autor do projeto vencedor para capa do catálogo da 3ª Bienal. Grande Medalha de Ouro no 4º Salão Paulista de Arte Moderna, onde expõe 3 desenhos. Participa com 4 desenhos da mostra Incisione e Disegni Brasiliani - Mostra Internazionale di Bianco e Nero, Lugano e do 9º Premio Lissone, com um trabalho recortado. Participa ainda com 3 desenhos do 4º Salão Nacional de Arte Moderna, onde recebe Prêmio de Isenção de Júri, e do 5º Salão Baiano de Belas Artes, Salvador, com 3 desenhos. Realiza painel em cerâmica para residência particular em São Paulo e para o Edifício Paquetá, na praia de Pitangueiras, no Guarujá, execução da Cerâmica Alabarda.

1956 Em abril, exposição individual no Museu de Arte Moderna de São Paulo, em que mostra 16 desenhos e 24 incisões e recortes; no catálogo, publica o texto "A Bico-de-pena, Formão e Bisturi". Participa do 5º Salão Paulista de Arte Moderna e, com 3 desenhos, do 5º Salão Nacional de Arte Moderna, onde recebe Prêmio de Aquisição. Participa também, com 4 desenhos, da mostra Arts Primitifs et Modernes Brésiliens, no Museu de Etnografia, Neuchatel e da exposição 50 Anos de Paisagem Brasileira, organizada pelo Museu de Arte Moderna de São Paulo. Realiza projeto de mesas com tampo de cerâmica (3 desenhos diferentes), execução da Cerâmica Alabarda.

1957 Prêmio Leirner de Arte Contemporânea, primeiro prêmio de desenho ex-aequo com Lothar Charoux. Prêmios de Aquisição no 6º Salão Paulista de Arte Moderna, onde mostra um desenho carimbado e 2 recortes, e no 6º Salão Nacional de Arte Moderna, onde expõe 3 desenhos. Participa, com 5 desenhos, da 4ª Bienal de São Paulo. Está presente, com 4 desenhos, na mostra Arte Moderno en Brasil, organizada pelo MAM do Rio de Janeiro, que se apresenta no Museu de Arte Contemporânea, Santiago do Chile e no Museu Nacional de Belas Artes, Buenos Aires. Ilustra *Os Mortos do Sobrado* de Emílio Moura, no Suplemento Literário de *O Estado de S. Paulo*.

1958 Em novembro, exposição individual na Associação dos Amigos do Museu de Arte Moderna de São Paulo, mostrando 15 desenhos a nanquim, 1 xilogravura e 2 tampos de mesa em cerâmica. Participa do 7º Salão Nacional de Arte Moderna com 3 desenhos, e do 7º Salão Paulista de Arte Moderna com 3 xilogravuras, onde recebe o Primeiro Prêmio Governador do Estado. Prêmio de Aquisição (xilogravura) no 6º Salão de Belas Artes, Santos. Realiza painel de azulejos cerâmicos (3,70 x 9 m) em residência particular no bairro do Morumbi, em São Paulo. Ilustra "Imitação da Água" de João Cabral de Melo Neto, no Suplemento Literário de *O Estado de S. Paulo.*

1959 Exposição individual, em maio, na Galeria Gea, Rio de Janeiro, mostrando 35 desenhos, xilogravuras e recortes. Participa de mostra coletiva que inaugura a Galeria São Luis. Em novembro, ao lado de Marcelo Grassmann, mostra 20 *Desenhos de Pássaros* na Galeria São Luis, São Paulo. Participa do 8º Salão Paulista de Arte Moderna, do 8º Salão Nacional de

Arte Moderna e da 5ª Bienal de São Paulo. Também está representado na Exposición del MAM de São Paulo no Salão Carlos Antonio Lopez, Assunção e na Exposição do MAM de São Paulo, Brasília. Exposição itinerante Artistas Brasileiros Contemporâneos, organizada pelo MAM do Rio de Janeiro para diversos países da Europa; participa com 5 xilogravuras. Ilustra "Borrão de Epitáfio" de Ledo Ivo, no Suplemento Literário de *O Estado de S. Paulo*.

1960 Em março, exposição individual na Galeria Aremar, Campinas, mostrando 5 desenhos e 2 xilogravuras. Participa do 9º Salão Paulista de Arte Moderna e do 9º Salão Nacional de Arte Moderna, onde recebe o Prêmio de Viagem ao Estrangeiro. Participa ainda da mostra 12 Artistas Brasileiros, no Museu Besabel, Jerusalém, do Primer Certamen Latinoamericano de Xilograbado, Buenos Aires, da Exposição Itinerante de Pintura Moderna Brasileira, sob os auspícios do MAM do Rio de Janeiro em Paris, Munique, Viena e Lisboa, e da Exposição Conjunta de Artistas dos Estados Unidos e do Brasil, sob patrocínio do Contemporary Arts e da American Arts, no Ministério da Educação, Rio de Janeiro. Desenha estampa de tecido com motivos de semente de café, usado em modelo do costureiro Dener, para a coleção Café da Rhodia. Paralelamente às colaborações habituais para *O Estado de S. Paulo,* começa a assinar uma seção quinzenal, aos domingos, intitulada "Letras Políticas Estrangeiras", em que comenta livros de política internacional.

1961 Em julho, viaja à Europa, em gozo do prêmio de viagem, visitando diversos países. Exposições individuais na Galeria São Luis, São Paulo, na Galeria Interdomus, Brasília. Em novembro, ao lado de Aldemir Martins, expõe 6 desenhos a nanquim e 8 xilogravuras na Casa do Brasil, Roma; no catálogo, seus desenhos são apresentados por Murilo Mendes. Em dezembro, faz exposição individual na Artist's House, Jerusalém, onde mostra 25 desenhos a nanquim e 8 xilogravuras. Tem sala especial na 6ª Bienal de São Paulo. Participa do 8º Salão de Belas Artes, Santos.

1962 Em outubro, exposição individual de 22 desenhos a nanquim e 8 gravuras na Galerie Valérie Schmidt, Paris; no catálogo, textos de Roger Bastide e Francisco Luiz de Almeida Salles. Participa da "Exposição de Artistas Brasileiros", sob patrocínio da Embaixada do Brasil, Rabat, e da "Exposição de artistas latino-americanos" no Museu de Arte Moderna, Paris.

1963 Em fevereiro retorna ao Brasil. Em junho vai ao México por dois meses, realizando uma série de reportagens políticas para *O Estado de S. Paulo.* Xilogravuras suas com motivos do mar ilustram a capa e os poemas da *Oda Maritima*, de Fernando Pessoa, edição Ecuador 0º 0' 0", *Revista de Poesia Universal*, México (versão castelhana de Francisco Cervantes). No mês de junho faz exposição individual com 32 desenhos a nanquim e 8 xilogravuras na Galeria Juan Martín, Cidade do México. Participa ativamente da reorganização do Museu de Arte Moderna de São Paulo, após a instituição ter sido extinta em assembléia polêmica que doava seu acervo à Universidade de São Paulo. É indicado, por vários períodos, diretor do MAM de S. Paulo e membro de sua Comissão Artística.

1964 Desenha a capa e contracapa da *História Natural de Organismos Aquáticos do Brasil,* organização de Paulo Emílio Vanzolini, edição Fapesp, São Paulo. Em maio, viaja ao Chile, produzindo matérias políticas para *O Estado de S. Paulo.* Nesse mesmo mês, faz exposição individual com 26 desenhos a nanquim e 8 xilogravuras na Galeria de Arte do Centro Brasileño de Cultura, Santiago do Chile e na Galeria do Centro Chileno-Brasileño de Cultura de Valparaiso y Viña del Mar.

1965 Publica o livro *México, uma Revolução Insolúvel*, Editora Saga, Rio de Janeiro. Ilustra "Soneto dos Cinquent'anos" de Odylo Costa Filho, no Suplemento Literário de *O Estado de S. Paulo.*

1966 Ao lado das reportagens e dos artigos sobre política internacional para *O Estado de S. Paulo,* em janeiro desse ano inicia colaboração regular como crítico de arte do *Jornal da Tarde*, com duas a três matérias semanais, durante dois anos.

1967 Desenha a capa e contracapa do *Manual de Coleta e Preparação de Animais Terrestres e de Água Doce*, organizado por P. E. Vanzolini e Nelson Papavero, edição do Departamento de Zoologia da Secretaria de Agricultura do Estado de São Paulo.

1968 Desenha a capa e contracapa do *Índice dos Topônimos Contidos na Carta do Brasil do IBGE*, de P. E. Vanzolini e N. Papavero, edição Fapesp, São Paulo.

1969-70 Realiza, com patrocínio da Fundação de Amparo à Pesquisa do Estado de São Paulo, uma pesquisa sobre *A Revolta Estudantil e a Reforma Universitária,* ouvindo sobre o tema quarenta professores universitários. Ilustra, com dois desenhos da série Pássaros, o poema "Paysage", de Dieter Hoffmann, em *Humboldt* (ano 9, 1969, nº 19). Em 1970, faz exposição individual na Associação dos Amigos do Museu de Arte Moderna de São Paulo. Voltava a pintar a óleo.

1971 Publica o livro *Peru - Da Oligarquia Econômica à Militar*, Editora Perspectiva, São Paulo. Exposição individual de desenhos na Galeria Bonfiglioli, São Paulo. Participa de mostras coletivas em Assunção do Paraguai e no Museu de Arte Moderna do Rio de Janeiro. Retoma a atividade regular de crítico de arte em *O Estado de S. Paulo.* Continua a escrever sobre política internacional para esse jornal e sobre política nacional para o *Jornal da Tarde*, onde também publica crônicas.

1972 Participa de mostra no Paço das Artes, São Paulo e na Galeria de Arte do Instituto Cultural Brasil-Estados Unidos, Washington, D.C.

1973 Além de *O Estado de S. Paulo* e *Jornal da Tarde*, colabora com *Argumento*: *Revista Mensal de Cultura*, enviando artigo sobre a Bienal, que seria publicado no nº 3, de janeiro do ano seguinte. Em 19 de dezembro é vítima de atropelamento, em conseqüência do qual vem a falecer no dia 29 desse mês.

Arnaldo Pedroso d'Horta:
artigos, ensaios e críticas de arte

1943

* Críticos e artistas. *Folha da Manhã*, São Paulo, 7 set.1943.

* Plataforma da nova geração. *O Estado de S.Paulo*, São Paulo, 7 out.1943. p.4.

* Arte social, populista e revolucionária. *O Estado de S.Paulo*, São Paulo, 4 dez.1943. p.4.

* O Intelectual e o meio social. *O Estado de S.Paulo*, São Paulo, 23 dez.1943. p.4.

1950

* O Aprendiz de pintor. A Tela branca. *O Estado de S.Paulo*, São Paulo, 3 jun.1950. p.6.

* O Aprendiz de pintor. Interior do artista. *O Estado de S.Paulo*, São Paulo, 25 jul.1950. p.8.

* O Assunto e a obra de arte - a loucura de Van Gogh e o equilíbrio de seus quadros - causas da modificação do clima em S.Paulo. *O Estado de S.Paulo*, São Paulo, 11 nov.1950. Revista de revistas. p.5.

1951

História do Liceu de Artes e Ofícios - o romance da bomba de hidrogênio. *O Estado de S.Paulo*, São Paulo, 1 abr.1951. Revista de revistas. p.8.

1952

* Pequenos aspectos do grande problema da arte. *Anhembi*, 6 (16): 174-177, São Paulo, mar.1952.

1956

* A Folha de papel. *O Estado de S.Paulo*, São Paulo, 17 nov.1956. Suplemento Literário. p.6.

* Desenho da mão. *O Estado de S.Paulo*, São Paulo, 1956 (?). Suplemento Literário.

* *A Bico-de-pena, formão e bisturi*. São Paulo: Museu de Arte Moderna, 1956. (catálogo de exposição)

1957

* A Tinta desfiada. *O Estado de S.Paulo*, São Paulo, 1 jun.1957. Suplemento Literário. p.4.

* Morreu ou nasceu Lasar Segall ? *Anhembi*, *28* (82): 207- 209, São Paulo, set.1957.

1958

O Aprendiz de pintor. Interior do artista. *Jornal do Brasil*, Rio de Janeiro, 3 ago.1958.

O Aprendiz de pintor. A Tela branca. *Jornal do Brasil*, Rio de Janeiro, 5 ago.1958.

O asterisco indica os textos selecionados, e aqui reproduzidos em ordem cronológica

Croquis do desenho (III). A Folha de papel. *Jornal do Brasil*, Rio de Janeiro, 6 ago.1958.

Croquis do desenho (IV). A Tinta desfiada. *Jornal do Brasil*, Rio de Janeiro, 7 ago.1958.

Croquis do desenho. Desenho da mão. *Jornal do Brasil*, Rio de Janeiro, 8 ago.1958.

1959

Espátulas e cristais. *O Estado de S.Paulo*, São Paulo, 30 dez.1959. Artes Plásticas. p.7.

1966

* Crítico deve é ensinar o público a ver a arte. *Jornal da Tarde*, São Paulo, 15 jan.1966. Arte. p.15.

* Propostas para a destruição da arte. *Jornal da Tarde*, São Paulo, 23 jan.1966.

Pintura primitiva, pintura selvagem, pintura ingênua. *Jornal da Tarde*, São Paulo, 29 jan.1966. Artes. p.15.

* Artista quer o seu mercado. *Jornal da Tarde*, São Paulo, 21 fev.1966. Arte. p.13.

* Bolsa de valores no mercado de arte. *Jornal da Tarde*, São Paulo, 26 fev.1966. Arte. p.15.

* Três mulheres em três exposições. *Jornal da Tarde*, São Paulo, 17 mar.1966. Arte. p.8.

* 1 pintor em 2 lugares. *Jornal da Tarde,* São Paulo, 25 mar.1966. p.10.

* Pintor ingênuo acha o mundo uma maravilha. *Jornal da Tarde*, São Paulo, 29 mar.1966. p.13.

Casa, bicho e homem na volta da figura. *Jornal da Tarde*, São Paulo, 1 abr.1966. p.13.

* Pintora cumpre seu destino. *Jornal da Tarde*, São Paulo, 12 abr. 1966. Exposições. p.10.

Um estranhíssimo expositor. *Jornal da Tarde*, São Paulo, 13 abr. 1966. Exposições.

Um bom caminho a desenvolver. *Jornal da Tarde*, São Paulo, 14 abr. 1966. Exposições. p.10.

* Como surgiu o abstracionismo. *Jornal da Tarde*, São Paulo, 15 abr. 1966. Exposições. p.10.

* Um pintor de notável coerência. *Jornal da Tarde*, São Paulo, 18 abr. 1966. Exposições. p.10.

Um artista de alto nível. *Jornal da Tarde*, São Paulo, 20 abr.1966. Exposições. p.10.

Pintura figurativa, desenho desigual. *Jornal da Tarde*, São Paulo, 21 abr.1966. Exposições. p.8.

Artista dá vazão ao seu lirismo. *Jornal da Tarde*, São Paulo, 22 abr. 1966. Exposições. p.10.

* Um processo cria nova realidade. *Jornal da Tarde*, São Paulo, 27 abr.1966. Exposições. p.10.

Nossas historinhas. *Jornal da Tarde*, São Paulo, 29 abr.1966. Exposições. p.10.

* Vender quadro é luta de artista no Brasil. *Jornal da Tarde*, São Paulo, maio 1966 (?).

Os do Norte, bons e maus. *Jornal da Tarde*, São Paulo, 3 maio 1966. Exposições. p.10.

* Marcelo, menos monstros. *Jornal da Tarde*, São Paulo, 4 maio 1966. Exposições. p.10.

* Um primitivo avança. *Jornal da Tarde*, São Paulo, 5 maio 1966. Exposições. p.10.

O Fim do velho quadro. As Festas do primitivo. *Jornal da Tarde*, São Paulo, 10 maio 1966. Exposições. p.10.

* Eis uma boa proposta. *Jornal da Tarde*, São Paulo, 13 maio 1966. Exposições. p.10.

Por falar em tapeçaria. *Jornal da Tarde*, São Paulo, 17 maio 1966. Exposições. p.10.

Jesuino visto de perto. *Jornal da Tarde*, São Paulo, 19 maio 1966. Exposições. p.10.

Madeira para toda obra. *Jornal da Tarde*, São Paulo, 24 maio 1966. Exposições. p.10.

* Que os quadros apareçam. *Jornal da Tarde*, São Paulo, 25 maio 1966. Exposições. p.10.

* O Diabólico Trindade. *Jornal da Tarde*, São Paulo, 27 maio 1966. Exposições. p.10.

* O Emprego das mãos. *Jornal da Tarde*, São Paulo, 31 maio 1966. Exposições. p.10.

Perceba os detalhes. *Jornal da Tarde*, São Paulo, 1 jun.1966. Exposições. p.10.

Como tratar as máquinas. *Jornal da Tarde*, São Paulo, 2 jun.1966. Exposições. p.10.

* Tio Quincas conta casos. *Jornal da Tarde*, São Paulo, 7 jun.1966. Exposições. p.10.

* Grave bem o nome delas. *Jornal da Tarde*, São Paulo, 8 jun.1966. Exposições. p.10.

O Desenho por dentro. *Jornal da Tarde*, São Paulo, 9 jun.1966. Exposições. p.8.

Não é o que parece. *Jornal da Tarde*, São Paulo, 13 jun.1966. Exposições. p.14.

A Velha matéria. *Jornal da Tarde*, São Paulo, 14 jun.1966. Exposições. p.10.

Arte em toda parte. *Jornal da Tarde*, São Paulo, 15 jun.1966. Exposições. p.10.

O Jovem deslumbrado. *Jornal da Tarde*, São Paulo, 16 jun.1966. Exposições. p.10.

* Hábito não faz mosaico. *Jornal da Tarde*, São Paulo, 17 jun.1966. Exposições. p.10.

Na Galeria Chelsea... *Jornal da Tarde*, São Paulo, 21 jun.1966. Exposições. p.10.

A Expressão de Lúcio. *Jornal da Tarde*, São Paulo, 23 jun.1966. Exposições. p.10.

* Time da arte alegre. *Jornal da Tarde*, São Paulo, 24 jun.1966. Exposições. p.10.

Luz não deixa ver pintura de Pavel. *Jornal da Tarde*, São Paulo, 25 jun.1966. p.13.

* Nossa arte está em casa. *Jornal da Tarde*, São Paulo, 28 jun.1966. Exposições. p.10.

Fábio tem boa memória e Márcia cuida da matéria. *Jornal da Tarde*, São Paulo, 29 jun. 1966. p.8.

A Mostra de três. *Jornal da Tarde*, São Paulo, 5 jul.1966. Exposições. p.10.

* Um moço no Ponto. *Jornal da Tarde*, São Paulo, 8 jul.1966. Exposições. p.8.

* Arte de ser galeria. *Jornal da Tarde*, São Paulo, 11 jul.1966. Exposições. p.8.

* Um mundo de primitivos. *Jornal da Tarde*, São Paulo, 12 jul.1966. Exposições. p.8.

* Tamanho é documento. *Jornal da Tarde*, São Paulo, 13 jul.1966. Exposições. p.9.

* Eis a linha irônica. *Jornal da Tarde*, São Paulo, 20 jul.1966. Exposições. p.8.

Português surrealista. *Jornal da Tarde*, São Paulo, 21 jul.1966. Exposições. p.10.

* O Escândalo da Semana. *Jornal da Tarde*, São Paulo, 22 jul.1966. Exposições. p.10.

* Tédio em pop-arte. *Jornal da Tarde*, São Paulo, 26 jul.1966. Exposições. p.10.

* A Posição dos quadros. *Jornal da Tarde*, São Paulo, 28 jul.1966. Exposições. p.8.

* Bienal sem Mam é circo da arte. *Jornal da Tarde*, São Paulo, 3 ago.1966. p.8.

Bahia pintada com amor. *Jornal da Tarde*, São Paulo, 8 ago.1966. Exposições. p.10.

* Na Galeria Astréia... *Jornal da Tarde*, São Paulo, 9 ago.1966. Exposições. p.10.

A Arquitetura contada. *Jornal da Tarde*, São Paulo, 11 ago.1966. Exposições. p.10.

O Francês que acha sua pintura o máximo. *Jornal da Tarde*, São Paulo, 13 ago.1966. Exposições. p.4.

Muito jovem, pouca informação. *Jornal da Tarde*, São Paulo, 16 ago. 1966. Exposições. p.10.

À procura dos autores. *Jornal da Tarde*, São Paulo, 17 ago.1966. Exposições. p.10.

Pintor e arquiteto. *Jornal da Tarde*, São Paulo, 22 ago.1966. Exposições. p.8.

* Novos bem colocados. *Jornal da Tarde*, São Paulo, 23 ago.1966. Exposições. p.10.

Problemas são o traço e a cor. *Jornal da Tarde*, São Paulo, 24 ago.1966. Exposições. p.10.

* Estranha máquina do mundo de Grassmann. *Jornal da Tarde*, São Paulo, 26 ago.1966. Exposições. p.8.

* As Cores do outro mundo. *Jornal da Tarde*, São Paulo, 30 ago.1966. Exposições. p.10.

* O Jogo está feito. *Jornal da Tarde*, São Paulo, 1 set.1966. Exposições. p.9.

* Gravura não tem segredo para Maria. *Jornal da Tarde*, São Paulo, 3 set.1966. Exposições. p.4.

* Não se sabe quem é quem. *Jornal da Tarde*, São Paulo, 5 set.1966. Exposições. p.13.

* O Escultor quando desenha. *Jornal da Tarde*, São Paulo, 6 set.1966. Exposições. p.8.

Pintor de perfil. *Jornal da Tarde*, São Paulo, 8 set.1966. Exposições. p.8.

Há bons no Arena. *Jornal da Tarde*, São Paulo, 12 set.1966. Exposições. p.13.

* Nem tudo é pesquisa. *Jornal da Tarde*, São Paulo, 15 set.1966. Exposições. p.13.

* A Tentação da matéria. *Jornal da Tarde*, São Paulo, 16 set.1966. Exposições. p.8.

* Gravura é forte em metal. *Jornal da Tarde*, São Paulo, 19 set.1966. Exposições. p.13.

* Uma senhora desenhista. *Jornal da Tarde*, São Paulo, 20 set.1966. Exposições. p.8.

* Cravo brigou com a Europa antes de modelar sua arte. *Jornal da Tarde*. São Paulo, 21 set.1966. Exposições. p.10

* Pinturas sem data. *Jornal da Tarde,* São Paulo, 23 set.1966. p.10.

Perigos da arte feita a dinamite. *Jornal da Tarde*, São Paulo, 24 set.1966. Exposições. p.6.

* Quadros de pintores quando jovens. *Jornal da Tarde*, São Paulo, 26 set.1966. Exposições. p.13.

* Há algo de novo nessa galeria. *Jornal da Tarde*, São Paulo, 27 set.1966. Exposições. p.13.

Jagobo está de volta. *Jornal da Tarde*, São Paulo, 29 set.1966. Exposições. p.10.

A Boa arte está em leilão. *Jornal da Tarde*, São Paulo, 30 set.1966. Exposições. p.10.

* Pequena escultura dá o tamanho do escultor. *Jornal da Tarde*, São Paulo, 3 out.1966. Exposições. p.12.

* Há algo de podre nesses quadros. *Jornal da Tarde*, São Paulo, 4 out.1966. Exposições. p.10.

* Ele pintou o seu povo. *Jornal da Tarde*, São Paulo, 5 out.1966. p.10.

* Uma lição a Ultra Arte dá. *Jornal da Tarde*, São Paulo, 6 out.1966. Exposições. p.8.

* Maria pensa e vive a cor. *Jornal da Tarde*, São Paulo, 10 out.1966. Exposições. p.15.

* Batman, o anarquista. *Jornal da Tarde*, São Paulo, 12 out.1966. Exposições. p.10.

* Morros e ladeiras melhores que anjos e santos. *Jornal da Tarde*, São Paulo, 14 out.1966. Exposições. p.8.

* Carybé, mestre desenhista que vive em cor. *Jornal da Tarde*, São Paulo, 17 out.1966. Exposições. p.13.

* Três artistas num Ponto tumultuado. *Jornal da Tarde*, São Paulo, 18 out.1966. Exposições. p.8.

Na madeira o melhor da obra. *Jornal da Tarde*, São Paulo, 19 out.1966. Exposições. p.8.

Vários caminhos e nem um fim. *Jornal da Tarde*, São Paulo, 20 out.1966. Exposições. p.8.

* A Máquina tem seus mistérios. *Jornal da Tarde*, São Paulo, 24 out.1966. Exposições. p.10.

* Maquinações que a máquina produz. *Jornal da Tarde*, São Paulo, 26 out.1966. Exposições. p.8.

A Mão de Vera borda desenhos. *Jornal da Tarde*, São Paulo, 27 out.1966. Exposições. p.8.

* As Fotos contam toda a história. *Jornal da Tarde*, São Paulo, 28 out.1966. Exposições. p.8.

Os 7 de Campinas estão na Aliança. *Jornal da Tarde*, São Paulo, 1 nov.1966. Exposições. p.8.

* Uma artista que rege suas cores. *Jornal da Tarde*, São Paulo, 4 nov.1966. Exposições. p.10.

O Pintor peruano tem algo a dizer. *Jornal da Tarde*, São Paulo, 7 nov.1966. Exposições. p.15.

A Pintora Malu e sua macumba. *Jornal da Tarde*, São Paulo, 9 nov.1966. Exposições. p.13.

* A Rex-filosofia e os Rex-rapazes. *Jornal da Tarde*, São Paulo, 11 nov.1966. Exposições. p.10.

Este artista se exibe muito. *Jornal da Tarde*, São Paulo, 15 nov.1966. Exposições. p.10.

* Darel atingiu a sua perseguição. *Jornal da Tarde*, São Paulo, 17 nov.1966. Exposições. p.10.

* Os 2 pintores da Tod-Arte. *Jornal da Tarde*, São Paulo, 18 nov.1966. Exposições. p.8.

* Genilson esconde qualquer sexo. *Jornal da Tarde*, São Paulo, 22 nov.1966. Exposições. p.10.

* A Pintura, aqui, é coisa séria. *Jornal da Tarde*, São Paulo, 24 nov.1966. Exposições. p.10.

* A Gravura de Emanoel é uma festa de cores. *Jornal da Tarde*, São Paulo, 25 nov.1966. Exposições. p.10.

O Espanhol pinta coisas de índios. *Jornal da Tarde*, São Paulo, 27 nov.1966. Exposições. p.16.

A Nota de Conte é de tédio e vazio. *Jornal da Tarde*, São Paulo, 30 nov.1966. Exposições. p.8.

Leopoldo Lima esculpe e lavra. *Jornal da Tarde*, São Paulo, 1 dez.1966. Exposições. p.8.

Estique o pescoço para ver Libânio. *Jornal da Tarde*, São Paulo, 5 dez.1966. Exposições. p.12.

* A Pintura de Balloni é para ver de perto. *Jornal da Tarde*, São Paulo, 7 dez.1966. Exposições. p.10.

Um balanço do Grupo Santa Helena. *Jornal da Tarde*, São Paulo, 9 dez.1966. Exposições. p.10.

* A Música quer viver neste álbum. *Jornal da Tarde*, São Paulo, 13 dez.1966. Exposições. p.13.

* Um pintor em busca dos ossos do mundo. *Jornal da Tarde*, São Paulo, 15 dez.1966. Exposições. p.10.

* Esse pintor seria melhor fotógrafo. *Jornal da Tarde*, São Paulo, 19 dez.1966. Exposições. p.12.

* Salvador, o melhor desta Vanguarda. *Jornal da Tarde*, São Paulo, 21 dez.1966. Exposições. p.10.

Elza Souza e a pintura do negro. *Jornal da Tarde*, São Paulo, 22 dez.1966. Exposições. p.10.

* Os Bronzes de Zélia Salgado. *Jornal da Tarde*, 23 dez.1966. Exposições. p.10.

* Anésia Pacheco Chaves... *Jornal da Tarde*, São Paulo, 26 dez.1966. Exposições. p.10.

Está na praça a revista das artes. *Jornal da Tarde*, São Paulo, 28 dez.1966. Exposições. p.10.

*As Esculturas e jóias de Amelia. *Jornal da Tarde*, São Paulo, 30 dez.1966. Exposições. p.10.

A Ironia lírica de Gerda Brentani. *Jornal da Tarde*, São Paulo, 31 dez.1966. Exposições. p.4.

1967

Deram belo livro, os quadros de Tarsila. *Jornal da Tarde*, São Paulo, 4 jan.1967. Livros. p.10.

A Exposição dos alunos da Fundação. *Jornal da Tarde*, São Paulo, 10 jan.1967. Exposições. p.12.

Uma boa exposição mal organizada. *Jornal da Tarde*, São Paulo, 12 jan.1967. Exposições. p.10.

* O Artista e o sexo na publicidade. *Jornal da Tarde*, São Paulo, 12 abr.1967. Exposições. p.10.

Na Galeria Atrium... *Jornal da Tarde*, São Paulo, 14 abr.1967. Exposições. p.8.

* A Família não está completa nesta reunião. *Jornal da Tarde*, São Paulo, 17 abr.1967. Exposições. p.19.

* Os Três pintores de Art Galeria. *Jornal da Tarde*, São Paulo, 20 abr.1967. Exposições. p.10.

Juarez, o moço que sabe dominar a pena. *Jornal da Tarde*, São Paulo, 22 abr.1967. Exposições. p.4.

Os Nus estão sem nenhuma proteção. *Jornal da Tarde*, São Paulo, 25 abr.1967. Exposições. p.8.

A Paixão do pintor está no azulejo. *Jornal da Tarde*, São Paulo, 27 abr.1967. Exposições. p.13.

* A Pintura está ausente, mas Jô está se divertindo. *Jornal da Tarde*, São Paulo, 29 abr.1967. Exposições. p.4.

Boris precisa inventar mais. *Jornal da Tarde*, São Paulo, 3 maio 1967. Exposições. p.13.

* Rebolo se arrisca e com 60 anos renova sua pintura. *Jornal da Tarde*, São Paulo, 8 maio 1967. Exposições. p.18.

* Renée Sasson e sua arte de esmaltar o cobre. *Jornal da Tarde*, São Paulo, 9 maio 1967. Exposições. p.15.

* Fernando aprendeu a harmonizar desenho e tintas. *Jornal da Tarde*, São Paulo, 10 maio 1967. Exposições. p.13.

* Bonadei e suas várias soluções. *Jornal da Tarde*, São Paulo, 12 maio 1967. Exposições. p.13.

Duas artistas. *Jornal da Tarde*, São Paulo, 19 maio 1967. Exposições. p.8.

Sheila tem idéias, tem habilidades, mas só isso. *Jornal da Tarde*, São Paulo, 23 maio 1967. Exposições. p.10.

* Um casamento entre o renascimento e a ficção científica. *Jornal da Tarde*, São Paulo, 25 maio 1967. Exposições. p.15.

Lourdes só precisa levantar seu vôo. *Jornal da Tarde*, São Paulo, 30 maio 1967. Exposições. p.10.

* Aqui, a tinta é gorda como manteiga. *Jornal da Tarde*, São Paulo, 5 jun.1967. Exposições. p.20.

Os Bons desenhos de Keating mal mostrados pelo Ponto. *Jornal da Tarde*, 8 jun.1967. Exposições. p.17.

Veja o que fez Flávio de Carvalho. *Jornal da Tarde*, São Paulo, 10 jun.1967. Exposições. p.4.

* Essa exposição da nova objetividade está um desleixo. *Jornal da Tarde*, São Paulo, 15 jun.1967. Exposições. p.8.

*Desta vez, Mabe está muito mais japonês que antes. *Jornal da Tarde*, São Paulo, 17 jun.1967. Exposições. p.4.

* Surrealistas. *Jornal da Tarde*, São Paulo, 22 jun.1967. Exposições. p.15.

* O Salão tem umas coisas. *Jornal da Tarde*, São Paulo, 28 jun.1967. Exposições. p.13.

* O Que há de bom no Salão. *Jornal da Tarde*, São Paulo, 29 jun.1967. Exposições. p.13.

* Sante Scaldaferri,... *Jornal da Tarde*, São Paulo, 30 jun.1967. Exposições. p.13.

O Verniz estraga o lirismo piegas. *Jornal da Tarde*, São Paulo, 3 jul.1967. Exposições. p.16.

* O Brás, sua arte e onze artistas. *Jornal da Tarde*, São Paulo, 5 jul.1967. Exposições. p.13.

A galeria se divide em quadros, objetos e desenhos a nanquim. *Jornal da Tarde*, São Paulo, 8 jul.1967. Exposições. p.4.

* Este Bernardo Cid é um bom pintor; pode vencer sozinho. *Jornal da Tarde*, São Paulo, 10 jul.1967. Exposições. p.21.

* Essa novidade é mais da decoração do que da pintura. *Jornal da* Tarde, São Páulo, 17 jul.1967. Exposições. p.14.

* Silva fica melhor quando trabalha com a imaginação. *Jornal da Tarde*, São Paulo, 19 jul.1967. Exposições. p.13.

A Força de Maria Alice é a escultura. *Jornal da Tarde,* São Paulo, 24 jul.1967. Exposições. p.14.

* Isto é Israel. *Jornal da Tarde*, São Paulo, 28 jul.1967. Exposições. p.13.

*Terra e fogo juntos, no óleo de Armando. *Jornal da Tarde*, São Paulo, 9 ago.1967. p.13.

Luis Carlos, seus nanquins fantásticos. *Jornal da Tarde*, São Paulo, 10 ago.1967. Exposições. p.17.

* As Casas de Brill. *Jornal da Tarde*, São Paulo, 14 ago.1967. Exposições. p.23.

* A Gravura austera e preocupada de Antonio Henrique Amaral. *Jornal da Tarde*, São Paulo, 16 ago.1967. p.13.

Movimentos fortes, eis Itajahy. *Jornal da Tarde*, São Paulo, 17 ago.1967. Exposições. p.12.

Jasmin consegue um preto e branco sensual. *Jornal da Tarde*, São Paulo, 22 ago.1967. p.13.

* A Natureza se recria com Burle Marx. *Jornal da Tarde*, São Paulo, 24 ago.1967. p.17.

O Abstracionismo de Maria Polo está aqui, comentado. E há uma nova mostra, na Tod Arte. *Jornal da Tarde*, São Paulo, 28 ago.1967. Exposições. p.21.

* Surrealismo caipira, com Naum. *Jornal da Tarde*, São Paulo, 1 set.1967. Exposições. p.13.

Há muito mais decoração do que drama nos quadros de Jandyra Waters, na F. Domingo. *Jornal da Tarde*, São Paulo, 6 set.1967. Exposições. p.15.

* Pavel Kudis e coisas estranhas... *Jornal da Tarde*, São Paulo, 11 set.1967. Exposições. p.16.

José parou entre Segall e Portinari. *Jornal da Tarde*, São Paulo, 13 set.1967. Exposições. p.11.

* Você pode ver os dez gravadores argentinos... *Jornal da Tarde*, São Paulo, 18 set.1967. Exposições. p.23.

* Uma pintura poética, meio tristonha. *Jornal da Tarde*, São Paulo, 21 set.1967. Exposições. p.15.

Surrealismo de Gilson é comunicação. *Jornal da Tarde*, São Paulo,22 set.1967. Exposições. p.13.

* O Pintor que trabalha com madeira. *Jornal da Tarde*. São Paulo, 29 set.1967. p.15.

* Uma natureza pura, a de Chico da Silva. *Jornal da Tarde*, São Paulo, 2 out.1967. p.21.

* A Gravura rica. *Jornal da Tarde*, São Paulo, 4 out.1967. Exposições. p.10.

* Wladyslaw, o momento da pesquisa. *Jornal da Tarde*, São Paulo, 9 out.1967. p.23.

* Retrospectiva, uma idéia bem recebida. *Jornal da Tarde*, São Paulo, 10 out.1967. Exposições. p.12.

* Alegria e erotismo nos quadros de Walter Lewy, um pintor que se renova. *Jornal da Tarde*, São Paulo, 12 out.1967. Exposições. p.15.

Veja a arte de Geraldo. *Jornal da Tarde*, São Paulo, 14 nov.1967. p.15.

Veja o norte como Tamaki. *Jornal da Tarde*, São Paulo, 16 nov.1967. p.17.

A Porção mais desafiante... *Jornal da Tarde*, São Paulo, 18 nov.1967. Exposições. p.4.

Hannelore Jacobowitz... *Jornal da Tarde*, São Paulo, 23 nov.1967. Exposição. p.15.

Paulo Chaves... *Jornal da Tarde*, São Paulo, 28 nov.1967. Exposições. p.17.

* As Marias não são... *Jornal da Tarde*, São Paulo, 4 dez.1967. Exposições. p.16.

Enzo Sivieri... *Jornal da Tarde*, São Paulo, 5 dez.1967. Exposição. p.14.

* O Que há de curioso... *Jornal da Tarde*, São Paulo, 7 dez.1967. Exposições. p.14.

A Pintura de Cirso Teixeira... *Jornal da Tarde*, São Paulo, 14 dez.1967. Exposições. p.19.

O Sentimento do azul. *Jornal da Tarde*, São Paulo, 18 dez.1967. p.26.

Veja o 6° Salão do Trabalho, com muitas obras de qualidade... *Jornal da Tarde*, São Paulo, 25 dez.1967. p.13.

1968

As Minúcias da paisagem. *Jornal da Tarde*, São Paulo, 8 jan.1968. Exposições. p.19.

1969

* Imagens e sons. *Jornal da Tarde*, São Paulo, 12 mar.1969. p.4. (ass. João Batista da Silva)

* Bienal. *Jornal da Tarde*, São Paulo, 13 ago.1969. p.4.

* Ainda a Bienal. *Jornal da Tarde*, São Paulo, 22 out.1969. p.4.

* O Barroco Lourival. *Jornal da Tarde*, São Paulo, 29 out.1969. p.4.

1971

Artes plásticas em 1922. *Jornal da Tarde*, São Paulo, 18 mar.1971. p.4.

* Arte para a coletividade. *Jornal da Tarde*, São Paulo, 31 mar.1971. p.4.

Artes integradas. *Jornal da Tarde*, São Paulo, 18 nov.1971. p.4.

* Um grupo de artífices. *In*: d'HORTA, Arnaldo Pedroso & ALMEIDA, Paulo Mendes de. *Grupo do Santa Helena - gravuras*. São Paulo: Collectio,1971. p.1-2.

* Assim, é preciso prosseguir a empresa. *O Estado de S.Paulo*, São Paulo, 22 dez.1971. p.10.

* Que grande escultor ficou perdido em Rego Monteiro. *O Estado de S.Paulo*, São Paulo, 26 dez.1971. p.12.

* Da escultura imóvel à escultura dançada. *O Estado de S.Paulo*, São Paulo, 29 dez.1971. p.7.

1972

* Picasso gráfico. *O Estado de S.Paulo*, São Paulo, 2 jan.1972. Suplemento Literário. p.6.

As Falhas de um salão que fecha muito cedo. *O Estado de S.Paulo*, São Paulo, 9 jan.1972. p.12.

Surrealismo ressurge no III Salão Paulista. *O Estado de S.Paulo*, São Paulo, 12 jan.1972. p.7.

* Gravuras e desenhos, o melhor deste Salão. *O Estado de S.Paulo*, São Paulo, 16 jan.1972. p.20.

Experiências em vidro e pequenas coletivas. *O Estado de S.Paulo*, São Paulo, 19 jan.1972. p.8.

Uma exposição de estudantes de arte. *O Estado de S.Paulo*, São Paulo, 25 jan.1972. p.20.

* "Cartemas", cartões postais que sintetizam o imprevisto. *O Estado de S.Paulo*, São Paulo, 8 mar.1972. p.7.

* Expressionismo de Marianne: sempre lírico, nunca sombrio. *O Estado de S.Paulo*, São Paulo, 14 mar.1972. p.12.

Sobre as gravuras de Picasso na Portal. *O Estado de S.Paulo*, São Paulo, 18 mar.1972. p.8. (correspondência)

Os Brasileiros fantásticos e os holandeses corriqueiros. *O Estado de S.Paulo*, São Paulo,19 mar. 1972. p.22.

* MASP: aos 25 anos 39 telas de Bonnard. *O Estado de S.Paulo*, São Paulo, 23 mar.1972. p.14.

Caprichado desalento & gráfico nigromante. *O Estado de S.Paulo*, São Paulo, 26 mar.1972. p.22.

Destruição da linha, a meta do desenhista. *O Estado de S.Paulo*, São Paulo, 29 mar.1972. p.8.

Da pintura laboriosa e da outra que não é. *O Estado de S.Paulo*, São Paulo, 4 abr.1972. p.12.

Confusão primitiva e primitivismo de hoje. *O Estado de S.Paulo*, São Paulo, 9 abr.1972. p.19.

Uma alemã, um alemão: guaches e serigrafias. *O Estado de S.Paulo*, São Paulo, 14 abr.1972. p.7.

Temática brasileira, sem compasso, no Paço das Artes. *O Estado de S.Paulo*, São Paulo, 16 abr.1972. p.23.

A Pintura cantada do autor guerreiro. *O Estado de S.Paulo*, São Paulo, 19 abr.1972. p.7.

Um escultor vulcânico e um pintor submarino. *O Estado de S.Paulo*, São Paulo, 25 abr.1972. p.10.

Ambiente infantil e crianças figuradas. *O Estado de S.Paulo*, São Paulo, 27 abr.1972. p.19.

De Helena Wong e George Luiz e também de Bandeira. *O Estado de S.Paulo*, São Paulo, 4 maio 1972. p.15.

Desenhista que parece querer se conhecer. *O Estado de S.Paulo*, São Paulo, 5 maio 1972. p.9.

Do desenho à pintura, uma só personalidade. *O Estado de S.Paulo*, São Paulo, 10 maio 1972. p.9.

* Bela aula modernista em ar de bricabraque. *O Estado de S.Paulo*, São Paulo, 14 maio 1972. p.30.

* A Arte temperamental e outra, bem austera. *O Estado de S.Paulo*, São Paulo, 18 maio 1972. p.12.

Santo oriental, bicho de ferro e mulher nua. *O Estado de S.Paulo*, São Paulo, 21 maio 1972. p.30.

O Casario de Bonadei está subindo em 1972. *O Estado de S.Paulo*, São Paulo, 24 maio 1972. p.12.

* Chuva, macumba, festa: Lívio Abramo no MAM. *O Estado de S.Paulo*, 26 maio 1972. p.10.

Mundo em fuga, tempo parado. E 3 mulheres. *O Estado de S.Paulo*, São Paulo, 31 maio 1972. p.10.

Formas tecidas e não tapeçaria. *O Estado de S.Paulo*, São Paulo, 3 jun.1972. p.7.

Mar, alagado, tapete com saliência demais. *O Estado de S.Paulo*, São Paulo, 11 jun.1972. p.26.

Maria salta, o jovem pinta e o rei desenha. *O Estado de S.Paulo*, São Paulo, 16 jun.1972. p.14.

* A Série dos mitos, a série dos fatos. *O Estado de S.Paulo*, São Paulo, 21 jun.1972. p.11.

Sete senhores afins, dois jovens incertos. *O Estado de S.Paulo*, São Paulo, 24 jun.1972. p.7.

* Boese, um pintor puro. *O Estado de S.Paulo*, São Paulo, 29 jun.1972. p.12.

Três pinturas: aérea, aquosa e muralista. *O Estado de S.Paulo*, 2 jul.1972. p.19.

Retrospectiva póstuma é homenagem a Flexor. *O Estado de S.Paulo*, São Paulo, 5 jul.1972. p.8.

Austeras bolas, jóia esculpida e folclore. *O Estado de S.Paulo*, São Paulo, 12 jul.1972. p.8.

O Estado e a Cultura. *Jornal da Tarde*, São Paulo, 18 jul.1972. p.4.

Emoldurando ferragem, desenhando sambistas. *O Estado de S.Paulo*, São Paulo, 21 jul.1972. p.12.

Do acadêmico ao pior modernoso. *O Estado de S.Paulo*, São Paulo, 23 jul.1972. p.10.

Os 4 de Santo Amaro. *O Estado de S.Paulo*, São Paulo, 26 jul.1972. p.7.

O Leilão de arte como festa de prestígio e improvisação. *O Estado de S.Paulo*, São Paulo, 30 jul.1972. p.29.

* O Jogo da mentira, na arte. *Jornal da Tarde*, São Paulo, 1 ago.1972. p.4.

* Gravuras e suas artimanhas. *Jornal da Tarde*, São Paulo, 2 ago.1972. p.4.

Mercado sem critério. *O Estado de S.Paulo*, São Paulo, 3 ago.1972. p.12.

Que vale na gravura: gravação ou nome ?. *O Estado de S.Paulo*, São Paulo, 9 ago.1972. p.7.

Cotação de gravuras: exterior e no Brasil. *O Estado de S.Paulo*, São Paulo, 12 ago.1972. p.7.

Paisagismo abstrato, paisagismo fantasmal. *O Estado de S.Paulo*, São Paulo, 17 ago.1972. p.9.

Gravador renomado e escultor do vazio. *O Estado de S.Paulo*, São Paulo, 22 ago.1972. p.10.

Itinerário da pintura de Waldemar da Costa. *O Estado de S.Paulo*, São Paulo, 26 ago.1972. p.8.

Objetos "pop", pintura ingênua, arte sumi-ê. *O Estado de S.Paulo*, São Paulo, 1 set.1972. p.7.

Op-arte de Vasarely: 6 artistas nacionais. *O Estado de S.Paulo*, São Paulo, 6 set.1972. p.12.

Pré-Bienal nacional: o hara-kiri estético. *O Estado de S.Paulo*, São Paulo, 9 set.1972. p.7.

* Tomie gravou ou não?. *O Estado de S.Paulo*, São Paulo, 14 set.1972. p.14.

Um japonês abstrato, a magia nos desenhos. *O Estado de S.Paulo*, São Paulo, 19 set.1972. p.8.

Pintura: cor empanada. Escultura: cirúrgica. *O Estado de S.Paulo*, São Paulo, 27 set.1972. p.10.

Relevo fixo, pintura móvel, muita gravura. *O Estado de S.Paulo*, São Paulo, 30 set.1972. p.7.

* Escultura e gravura: o original e a cópia. *O Estado de S.Paulo*, São Paulo, 4 out.1972. p.9.

Proposta de comunhão e resposta agressiva. *O Estado de S.Paulo*, São Paulo, 7 out.1972. p.7.

Surreal desenhado, gravado, fotografado. *O Estado de S.Paulo*, São Paulo, 10 out.1972. p.9.

Onde a escultura nem sempre foi esculpida. *O Estado de S.Paulo*, São Paulo, 14 out.1972. p.7.

Charoux e nova gravadora. *O Estado de S.Paulo*, São Paulo, 17 out.1972. p.17.

Manabu Mabe e Juarez. *O Estado de S.Paulo*, São Paulo, 21 out.1972. p.8.

Em Sacramento, algo não é sacramentável. *O Estado de S.Paulo*, São Paulo, 25 out.1972. p.8.

A Ênfase deslocada e a consequência disso. *O Estado de S.Paulo*, São Paulo, 29 out.1972. p.21.

Do Nordeste ao Norte e de outros planetas. *O Estado de S.Paulo*, São Paulo, 31 out.1972. p.16.

* Os Rinocerontes. *Jornal da Tarde*, São Paulo, 7 nov.1972. p.4.

Revelação de desenho brasileiro na França. *O Estado de S.Paulo*, São Paulo, 8 nov.1972. p.12.

Desenhos e aquarelas de homem do comércio. *O Estado de S.Paulo*, São Paulo, 10 nov.1972. p.9.

Dois universos em Aldemir: da pintura e do desenho. *O Estado de S.Paulo*, São Paulo, 15 nov.1972. p.11.

Filosofia da moldura e balanço de leilões. *O Estado de S.Paulo*, 18 nov.1972. p.14.

Material parco, arte rica: tudo é alvura. *O Estado de S.Paulo*, São Paulo, 21 nov.1972. p.14.

Escultor argentino e artesanato boliviano. *O Estado de S.Paulo*, São Paulo, 24 nov.1972. p.12.

Um mestre cozinheiro e jovens que começam. *O Estado de S.Paulo*, São Paulo, 28 nov.1972. p.14.

Clubes de artistas e pintor de literatura. *O Estado de S.Paulo*, São Paulo, 2 dez.1972. p.7.

Um abstrato maduro e paisagem de oriental. *O Estado de S.Paulo*, São Paulo, 5 dez.1972. p.11.

Da arte requintada à tela que se constrói. *O Estado de S.Paulo*, São Paulo, 10 dez.1972. p.38.

O Ex-voto na pintura e folhinha de Clóvis. *O Estado de S.Paulo*, São Paulo, 19 dez.1972. p.11.

* Das bananas em cacho ao cacho de artistas. *O Estado de S.Paulo*, São Paulo, 23 dez.1972. p.9.

O Salão contemporâneo e algo do que há nele. *O Estado de S.Paulo*, São Paulo, 28 dez.1972. p.13.

Dela, tapetes índios; dele, magia abstrata. *O Estado de S.Paulo*, São Paulo, 30 dez.1972. p.8.

O Preço da arte e a arte do preço: o 'boom' do mercado e brinquedo a la Montessori. *O Estado de S.Paulo*, São Paulo, 31 dez.1972. Suplemento Especial. p.6.

1973

Arquitetura; barroco e colonial; múltiplo. *O Estado de S.Paulo*, São Paulo, 13 fev.1973. p.12.

Arte única e copiada, calendários de 1973. *O Estado de S.Paulo*, São Paulo, 17 fev.1973. p.7.

Mostra estudantil, publicações de arte. *O Estado de S.Paulo*, São Paulo, 22 fev.1973. p.15.

O Traço de uns moços que desenham o humor. *O Estado de S.Paulo*, São Paulo, 8 mar.1973. p.10.

4 artistas plásticos de variadas técnicas. *O Estado de S.Paulo*, São Paulo, 17 mar.1973. p.7.

Os Segredos arcaicos pintados com requinte. *O Estado de S.Paulo*, São Paulo, 20 mar.1973. p.8.

Uma desenhista audaz e de forte expressão. *O Estado de S.Paulo*, São Paulo, 27 mar.1973. p.9.

Movimento simbolista ou o onirismo judeu?. *O Estado de S.Paulo*, São Paulo, 1 abr.1973. p.26.

Luz, som e movimento em escultura de aço. *O Estado de S.Paulo*, São Paulo, 4 abr.1973. p.7.

Pesquisas em nylon, desenhistas, objetos. *O Estado de S.Paulo*, São Paulo, 7 abr.1973. p.7.

Num traço implacável, a mutilação feminina. *O Estado de S.Paulo*, São Paulo, 12 abr.1973. p.18.

Coletiva de 4 jovens requintados. *O Estado de S.Paulo*, São Paulo, 20 abr.1973. p.6.

Desenho caligráfico, criação da linguagem. *O Estado de S.Paulo*, São Paulo, 25 abr.1973. p.9.

* Mecanismos parados, relógios e vísceras. *O Estado de S.Paulo*, São Paulo, 28 abr.1973. p.10.

* O Artista Pennacchi, um populista místico. *O Estado de S.Paulo*, São Paulo, 3 maio 1973. p.19.

Ítalo Cencini, o desenhista das alusões ambíguas. *O Estado de S.Paulo*, São Paulo, 6 maio 1973. p.15.

* Paisagens intimistas, retrospectiva Rebolo. *O Estado de S.Paulo*, São Paulo, 12 maio 1973. p.7.

* Impressão-expressão: retrospectiva Rebolo-2. *O Estado de S.Paulo*, São Paulo, 19 maio 1973. p.8.

O Café pontilhista, pintura ou cartaz ?. *O Estado de S.Paulo*, São Paulo, 24 maio 1973. p.17.

Darcy pinta retrato, santo, criança, amigo. *O Estado de S.Paulo*, São Paulo, 26 maio 1973. p.17.

Ramiro: solto, livre; Márcia: seca, geômetra. *O Estado de S.Paulo*, São Paulo, 29 maio 1973. p.11.

Rayo dobra o papel, pinta, imprime, grava. *O Estado de S.Paulo*, São Paulo, 2 jun.1973. p.7.

O Desenho não vulgar e a gravação redonda. *O Estado de S.Paulo*, São Paulo, 6 jun.1973. p.9.

Recriando, em adulto, a infantilidade visual. *O Estado de S.Paulo*, São Paulo, 9 jun.1973. p.8.

Senhor expressionista e jovem foto-realista. *O Estado de S.Paulo*, São Paulo, 14 jun.1973. p.18.

Pintora disciplinada e novos ilustradores. *O Estado de S.Paulo*, São Paulo, 16 jun.1973. p.7.

Uma pintura japonesa e gravura brasileira. *O Estado de S.Paulo*, São Paulo, 20 jun.1973. p.9.

Tema novo em pintora e o desenho rosa-cão. *O Estado de S.Paulo*, São Paulo, 24 jun.1973. p.26.

Quadros em movimento e sucessão de slides. *O Estado de S.Paulo*, São Paulo, 28 jun.1973. p.16.

Artista de arte vária, em pintura, picassiano. *O Estado de S.Paulo*, São Paulo, 30 jun.1973. p.8.

Plattner, Frans Post, revistas e catálogos. *O Estado de S.Paulo*, São Paulo, 9 ago.1973. p.13.

Os Iorubas. Gravuras. E quem não é pintor ?. *O Estado de S.Paulo*, São Paulo, 12 ago.1973. p.26.

Estes seis arquitetos de pinturas variadas. *O Estado de S.Paulo*, São Paulo, 16 ago.1973. p.15.

Arte em aço e bronze e o dilema do pintor. *O Estado de S. Paulo*, São Paulo, 19 ago.1973. p.20.

* O Desenho infinito. *Jornal da Tarde*, São Paulo, 21 ago.1973. p.4.

Arte no espaço, moça incerta, audio-visual. *O Estado de S.Paulo*, São Paulo, 23 ago.1973. p.14.

* Enquanto se aprofunda o pintor está subindo. *O Estado de S.Paulo*, 25 ago.1973. p.13.

O Desenhista educador e escultura literária. *O Estado de S.Paulo*, São Paulo, 31 ago.1973. p.9.

Singeleza da paisagem, anarquia da linguagem. *O Estado de S.Paulo*, São Paulo, 2 set.1973. p.27.

Uma arte de pelúcia; e outra de asperezas. *O Estado de S.Paulo*, São Paulo, 4 set.1973. p.11.

* Um caipira paulista e um de Minas, intimista. *O Estado de S.Paulo*, São Paulo, 11 set.1973. p.13.

Estes 2 surrealistas: pinturas e esculturas. *O Estado de S.Paulo*, São Paulo, 15 set.1973. p.12.

Da gravura à pintura e as trucagens nesta. *O Estado de S.Paulo*, São Paulo, 20 set.1973. p.25.

* O Desenho que se vai tornando pintura. *O Estado de S.Paulo*, São Paulo, 23 set.1973. p.30.

As Aventuras da arte em 4 faces distintas. *O Estado de S.Paulo*, São Paulo, 26 set.1973. p.12.

* O Artista em combate está vivo e veemente. *O Estado de S.Paulo*, São Paulo, 29 set.1973. p.9.

* Em obra fotográfica: primor renascentista. *O Estado de S.Paulo*, 2 out.1973. p.14.

* O Ledo engano de apenas amontoar coisas misturadas. *O Estado de S.Paulo*, São Paulo, 4 out.1973. p.112.

Pintores veteranos e moços que se iniciam. *O Estado de S.Paulo*, São Paulo, 14 out.1973. p.31.

Pintura documentária do mundo do trabalho. *O Estado de S.Paulo*, São Paulo, 19 out.1973. p.24.

* Esta Bienal não é uma exposição. É um castigo. *Jornal da Tarde*, São Paulo, 22 out.1973. p.31.

* Percorrendo a Bienal: umas salas especiais. *O Estado de S.Paulo*, São Paulo, 23 out.1973. p.21.

Aos 42 anos eclode um paisagista. *O Estado de S.Paulo*, São Paulo, 26 out.1973. p.16.

* Foi feito em Chicago: é mostrado na Bienal. *O Estado de S.Paulo*, São Paulo, 27 out.1973. p.16.

Novidade em acrílico e o carvão que volta. *O Estado de S.Paulo*, São Paulo, 31 out.1973. p.12.

Abstração, paisagem, figuras e ilustração. *O Estado de S.Paulo*, São Paulo, 4 nov.1973. p.22.

* Branco e vazio: comunicação é isso? *O Estado de S.Paulo*, São Paulo, 7 nov.1973. p.12.

* Da gravura intimista, de amor e melancolia. *O Estado de S.Paulo*, São Paulo, 14 nov.1973. p.9.

* Didaticamente não dá, a democracia na arte. *O Estado de S.Paulo*, São Paulo, 17 nov.1973. p.7.

* Os Juízos do público e obras desajuizadas. *O Estado de S.Paulo*, São Paulo, 23 nov.1973. p.9.

* A Alegria criadora e a violência temática. *O Estado de S.Paulo*, São Paulo, 28 nov.1973. p.10.

Barroco em Arte e Letras. *Jornal da Tarde*, São Paulo, 29 nov.1973. p.4.

Valentia abstrata, Gauguin. *O Estado de S.Paulo*, São Paulo, 2 dez.1973. p.41.

Formas sintomáticas: pintura em evolução. *O Estado de S.Paulo*, São Paulo, 5 dez.1973. p.12.

Xilo em belos ritmos e a pintura populista. *O Estado de S.Paulo*, São Paulo, 8 dez.1973. p.18.

Jovem descrente e estudo sobre Nery. *O Estado de S.Paulo*, São Paulo, 13 dez.1973. p.24.

Da arte e da técnica. *Jornal da Tarde*, São Paulo, 14 dez.1973. p.4.

Desenho de labirinto, alquimia pintada, Klee. *O Estado de S.Paulo*, São Paulo, 16 dez.1973. p.44.

Um sabe o ofício, 40 ainda estudam. *O Estado de S.Paulo*, São Paulo, 19 dez.1973. p.10.

Das igrejas barrocas à cidade atual: fotos. *O Estado de S.Paulo*, São Paulo, 22 dez.1973. p.8.

* Bienal de quê? Por quê? Com quem? Para quem? *Argumento 1* (3):106-117, São Paulo, jan. 1974.

Índice

Letra A

Letra B

Letra C

Letra D

Letra E

Letra F

Letra G

Letra H

Letra I

Letra J

Letra K

Letra L

Letra M

Letra N

Letra O

Letra P

Letra Q

Letra R

Letra S

Letra T

Letra U

Letra V

Letra W

Letra X

Letra Y

Letra Z

Dados Internacionais de Catalogação na Publicação (CIP)
(Câmara Brasileira do Livro, SP, Brasil)

Horta, Vera d'
O Olho da Consciência / Vera d'Horta. – São Paulo: Editora da Universidade de São Paulo, 2000.

ISBN: 85-314-0533-5

1. Horta, Arnaldo Pedroso d', 1914-1973
2. Intelectuais – Brasil I. Título.

99-3944 CDD-928.699

Índices para catálogo sistemático:
1. Intelectuais Brasileiros: Escritores: Vida e Obra 928.699

Edusp – Editora da Universidade de São Paulo
Av. Prof. Luciano Gualberto, Travessa J, 374
6º andar – Ed. da Antiga Reitoria – Cidade Universitária
05508-900 – São Paulo – SP – Brasil Fax (0xx11) 818-4151
Tel. (0xx11) 818-4008 / 818-4150
www.usp.br/edusp – e-mail: edusp@edu.usp.br

Printed in Brazil 2000

Foi feito o depósito legal

Texto da Orelha
Armando Ferrari

Fotografia das Obras e Documentos
Vera Albuquerque

Índice
Elza Maria Barbosa

Revisão
Oswaldo de Camargo

Revisão de Provas
Alice Kyoko Miyashiro
Évia Yucari Yasumaru
Tania Mano Maeta

Divulgação
Mônica Cristina G. dos Santos

Secretaria Editorial
Eliane Reimberg
Rose Pires

Papel
Cartão supremo 300 g/m² (capa)
Couché fosco 120 g/m² (miolo)

Número de páginas
412

Tiragem
1500

Fotolito
Macin Color

Impressão e Acabamento
Imprensa Oficial do Estado de São Paulo S.A.

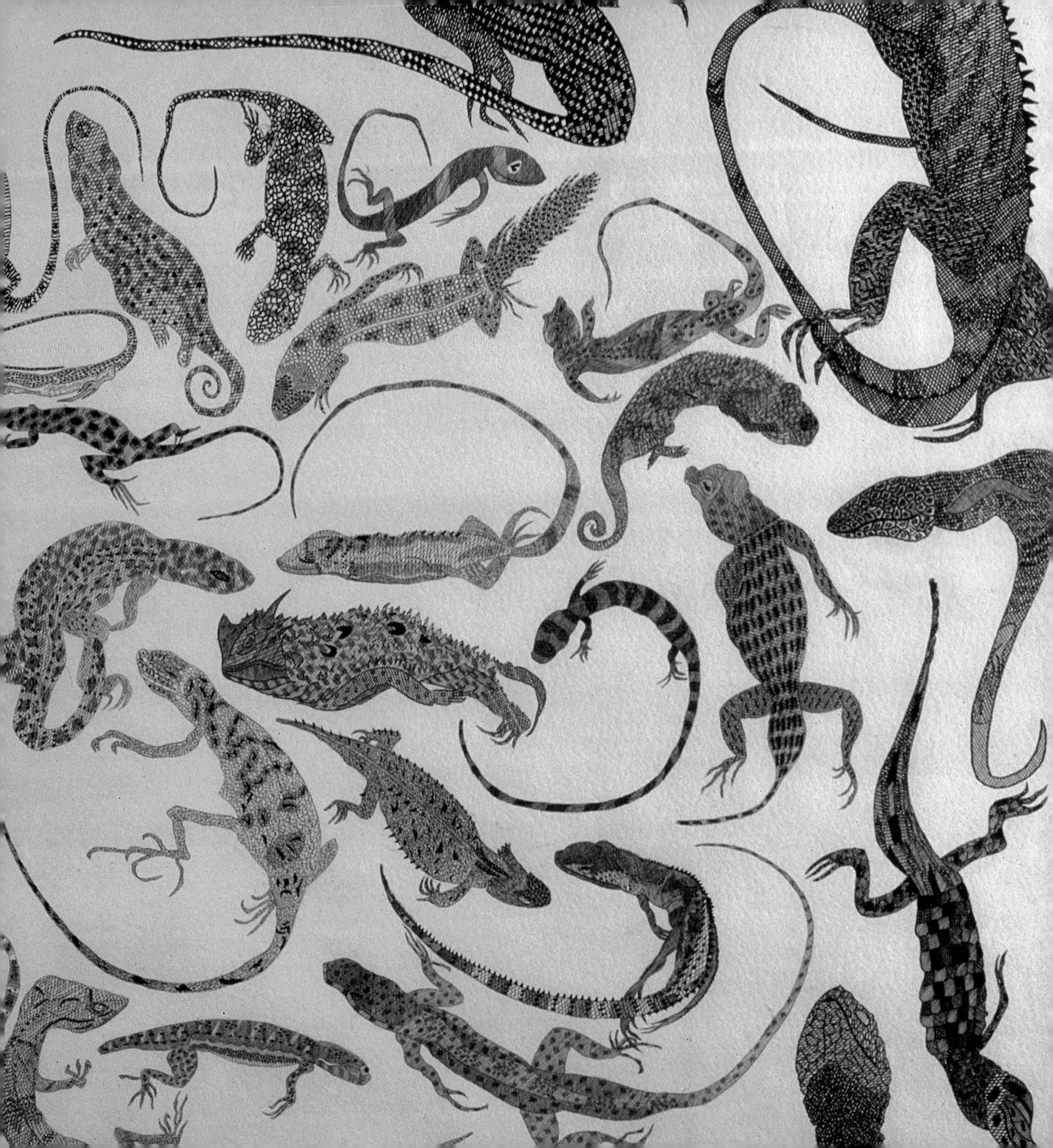